JN444663

역사철학 강의

Immanuel Kant, Johann Gottfried Herder, Georg Wilhelm Friedrich Hegel, Karl Marx, Karl Jaspers, Hannah Arendt, Max Horkheimer, Theodor Adorno

역사철학 강의

백훈승

© 1800. Austrian National Library. all rights reserved.

Lectures on the Philosophy of History

전북대학교출판문화원

들어가는 말

우리는 물리적 시간·공간 속에, 곧 역사(적 흐름) 속에 살고 있다. 그리고 비록 체계적으로는 아니지만 우리 각자는 어떤 인생관 내지 세계관을 지니고 살아간다. 어떤 이들은 세상을 고해(苦海)라고 생각하고 또 어떤 이들은 아름다운 것으로 생각하며, 또 어떤 이들은 세상을 개혁의 대상으로 생각하며 살아간다. 그리고 많은 사람들은, 세상을 마음대로 살아가는 사람들을 향해, "역사의식을 가지고 살아라!"고 말한다.

과연 역사란 무엇인가? 이 책은 이 물음에 대한 하나의 답변이다. 역사란 실제로 일어난 일(사건)을 가리키기도 하고, 그것에 대한 기록이기도 하며, 또 이 양자에 대한 탐구이기도 하다. 마지막 것은 우리가 '역사학'이라고 부름으로써 앞의 두 가지와 구별하기도 한다. 그렇다면 이 저술의 제목에 있는 '역사철학'은 무엇을 다루는 분야인가? 그것은 이 세 영역 모두에 대한 철학적 탐구를 가리킨다. 그리고 이 탐구는 크게 사변적 역사철학[speculative philosophy of history]과 분석적(비판적) 역사철학[analytic (critical) philosophy of history]으로 나뉜다. 전자는 역사 속의 사건의 과정, 패턴 혹은 의미를 찾아내려고 하며, 역사의 시작·전개·목표, 역사적 사건의 기원(근원)은 물론, 역사를 추진하는 원동력이나 주체적인 힘, 역사의 발전원리, 그리고 역사에 어떤 법칙 같은 것이 있는가 하는 물음들에 대한 철학적 탐구이며, 후자는 '역사학에 대한 학'이라고 할 수 있는데, 역사학이란 무엇이며 또 무엇일 수 있는가에 대한 과학이론적(과학철학적)인 탐구다.

필자는 우선 서론의 부분으로서, '역사', '역사학', '역사철학'의 의미와 그것들의 관계를 살펴본 후, 책의 전반부에서 분석적(비판적) 역사철학의 주제들을 다루는데, 그것들은 '역사와 진실', '역사와 설명', '역사와 인과', '역사와 필연', '역사와 자유', '역사와 발전' 등의 문제들이다. 후반부에서는 여러 철학자들의 사변적 역사철학을 다루는데, 칸트, 헤르더, 헤겔, 맑스, 야스퍼스, 아렌트, 호르크하이머와 아도르노 등의 인물들이 거론된다. 그리고 부록에는 '역사의 종말' 문제와 관련하여 논의를 전개한 후꾸야마의 주장에 대한 고찰을 실었는데, 특히 그만이 아니라 많은 사람들이 오해하고 있는 헤겔의 인정(認定) 내지 인정투쟁(認定鬪爭) 개념에 논의를 집중하였다. 나는 『신국』(*De civitate Dei*)이라는 저술을 통해 자신의 역사관을 피력한 아우구스티누스의 사상은 저술의 내용에 포함시키지 않았는데, 그것은 그의 사상이 역사철학이라기보다는 역사신학으로 분류되어야 한다는 생각 때문이다.

독자들이 이 책을 통하여 역사철학의 주제들을 파악하고 그것들과 관련된 물음과 문제들을 인식하며, 세계를 더욱 충실하게 이해하고 역사의식을 지니고 시대의 정신을 파악하면서 뜻깊은 삶을 살 수 있기 바란다. 공부한다는 핑계로 많은 시간을 빼앗은 아내와 두 딸에게 미안한 마음과 고마움을 전하며, 책을 만들어주신 전북대학교 출판문화원 관계자 여러분들에게 감사드린다.

2024년 늦여름에

제1장

예비적 고찰

I. 역사·역사학·역사철학[01]

1.1. '역사(歷史)'의 의미

1.1.1. 어원적 고찰

1.1.1.1. 역사(歷史)

• '역사'에서의 '역(歷)'은 '지날 력'으로 새기는데, 이것은 곧, '지나간 일' 혹은 '일어난(경과한) 일·사건'을 가리킨다. 이에 해당하는 영어 동사 부정형은 'to pass'이고 명사형은 'past'로서, 과거(過去)를 뜻한다. '과거'는 '지나[과(過)]간[(去)] 것'이라는 말이다.[02] '사(史)'는 원래, 지나간 일의 기록을 맡아보는 사람, 즉 사관(史官)을 가리키는 말이었다.[03]

---

01 역사철학은 계몽주의 시대에 형성되었고, '역사철학'이라는 개념을 만든 사람은 볼테르(1765)다.

02 "歷자의 갑골문을 보면 나무 두 그루와 止(발 지)자가 함께 그려져 있었다. 이것은 숲으로 걸어 들어가는 모습을 그린 것으로 '지나다'라는 뜻이다. 그런데 금문에서는 木(나무 목)자가 禾(벼 화)자로 바뀌게 되었고, 厂(기슭 엄)자가 더해지게 되면서 지금의 歷자가 만들어지게 되었다. 비록 글자의 조합이 바뀌기는 했지만 歷자는 '지나다'나 '겪다', '세월'과 같이 지나온 발자취를 뜻하고 있다"
(https://hanja.dict.naver.com/#/entry/ccko/88d2551601e341068948e810a6e24432).

03 "史자는 '역사'나 '사관'이라는 뜻을 가진 글자이다. 史자는 口(입 구)자가 부수로 지정되어는

그래서 '좌사기사(左史記事) 우사기언(右史記言)'이라는 말은, 과거 중국에서 황제나 왕의 왼쪽에 있는 사관은 황제나 왕이 한 일[사(事)]을 기록하고, 황제나 왕의 오른쪽에 있는 사관은 황제나 왕이 한 말[언(言)]을 기록한다는 것을 말한다.

약 2천 년 전 후한(後漢)의 허신(許愼)이 쓴 『설문해자(說文解字)』에 보면, '사(史)'는 '사(事)를 기록하는 사람'으로 풀이하고, 史라는 글자를 손 수(手)와 가운데 중(中)의 합성어로 풀이하고 있다. 이것에서 전진하여 '사(史)'는 '기록한 것 = 사기(史記)'라는 뜻을 갖게 된다. 또한 '사(史)' 속에 있는 '中'은 '바를 정(正)'을 뜻하므로 '史'는 곧 '정수(正手)', 즉 '바르게 쓴다'는 의미를 지니고 있는 것으로도 해석한다. 그러나 '史'의 가운데 있는 글자를 'ㅁ'로 보고, '史'를 '책(册)'을 들고 있는 '사람(人)'으로 해석하는 입장도 있다. 이 내용을 종합해 보면, 한자의 '歷史'는 일어난 일의 기록, 즉 '역사서'를 뜻하는 것으로 이해할 수 있다.

1.1.1.2. history / Historie (Geschichte) / histoire

• 영어 history(독어 Historie, 불어 histoire)의 어원은 희랍어 ἱστορία (historia)다. ἱστορία는 ① 탐구, ② 탐구하여 얻은 지식(정보), 어떤 사람의 탐구의 기록[account], ③ 이야기 등을 의미한다. 희랍과 로마·중세시대에는 ἱστορία와 historia는 (과거의) 사건에 대해 ① 탐구(조사)하

있지만 '입'하고는 아무 관계가 없다. 또 史자를 中(가운데 중)자와 又(또 우)자가 결합한 것으로 보기도 하지만 이 또한 사실이 아니다. 史자는 본래 신에게 지내는 제사를 주관하는 사관을 뜻했던 글자였다. 사관들은 제를 지내거나 점을 칠 때 사용하던 주술 도구를 지니고 다녔는데, 史자는 그것을 손에 쥐고 있는 모습을 그린 것이다. 후에 사관이 임금의 언행이나 역사를 기록하는 역할을 담당하게 되면서 지금은 '역사'나 '사관'이라는 뜻을 갖게 되었다" (https://hanja.dict.naver.com/#/entry/ccko/a333f8d9f24043bfab28304747581f5f).

는 일과, ② 그 탐구의 결과로서의 '기록'이라는 의미로 사용했는데, 중세 말에 와서 historia는, ① (과거에 일어난) 사건 그 자체(역사의 객관적 측면)라는 의미와, ② (과거에 일어난) 사건에 대한 탐구의 결과, 즉 기록(역사의 주관적 측면)이라는 두 가지 의미를 갖게 된다.

1.1.2. '역사'의 세 가지 의미[04]

1) 사건(사실)으로서의 역사

• Geschichte(< geschehen), res gestae: 이것은 '일어난 일', '사건'을 가리키며, 역사의 '객관적 측면'을 나타낸다.

• 우리의 고찰에서 관심대상은 이 중에서도 〈자연사〉[natural history]가 아닌 〈인간사〉[human history]다

• 예컨대 "이 음식점(대학)은 오랜 역사를 가지고 있다"라고 말하는 경우의 '역사'는 사실(사건)로서의 역사를 가리킨다.

2) 기록으로서의 역사

• Historie(< historia), historia rerum gestarum: 이것은, 일어난 일의 기록을 가리킨다. 기록은 다른 말로 사료(史料)[05]라고 할 수 있는데, 여기에는 ① 문자화된 기록(문헌)[written records], ② 언어로 전승되는 기록[unwritten records][예컨대 설화(說話)], ③ 언어·문자 이외의

---

04 "Geschichte (혹은 Historie)라는 단어는 역사의 과정(경과)[Verlauf] 자체 및 그것에 대한 서술과 탐구를 가리킨다"[Hügli und Lübcke(hg), *Philosophie-Lexikon,* Hamburg, 1998, 234].

05 document < documentum (=lesson) < docere (=teach)

기록[예컨대 유물(遺物), 유적(遺蹟)]이 포함된다. 이것은 역사의 '주관적 측면'이다.

• '선사시대'와 '역사시대'로 시대를 구분하는 경우의 '역사'는 '기록'이라는 의미다. 즉, 선사시대는 기록이 있기 이전의 시대이고 역사시대는 기록 이후의 시대다.

3) 역사학(=탐구)으로서의 역사

• Geschichtswissenschaft = Historik [가) 역사학, 나) 역사학 방법론]

• 사료(史料)를 수집하여 평가하고 해석하고 비판한다: 사료가 언제, 어디서 누구에 의해 작성되었는가를 확인하며 진본(眞本) 여부도 확인한다. 예컨대 『환단고기(桓檀古記)』에 대해 이러한 작업을 수행한다.

• 개인에 관련된 사료(순전히 개인적인 기록)는 역사학의 대상에서 제외되며, 그것이 사회적인 의미를 지닐 경우에 연구된다(예: 『난중일기(亂中日記)』, 『안네의 일기』). 즉, 역사는 1차적으로 인간의 활동과 관계되며, 항상 개인의 활동과 관계되지만 개인의 활동 자체와 관계되는 것은 아니다. 만델바움(Maurice Mandelbaum, 1908-87)이 말하는 "사회적 의미"[06]를 갖고 있지 않은 한, 어떤 활동이든 역사가의 주제가 되지는 못하는 것이다. 다시 말하면, 역사 속에서 일어난 모든 일들이 '역사적으로 중요한' 일은 아니다. 영어에도 이 양자에 각각 해당하는 형용사가 있는데, 전자는 'historical'로서, 이것은 '물리적인 시공간 속에서 발생한'이라는 의미이며, 후자는 'historic'으로서, 이것은 전자의 일들 중에서도 '중요한', '의미심장한' 의미를 지니고 있는 일들에 대해 사용된다.

---

06 *The Problem of Historical Knowledge*, NY., 1938, 9, 14.

두 번째로는, 역사학자나 역사철학자가 관심을 갖는 대상은 자연사가 아닌 인간사라는 점이다. 물론 자연적 사건들이 언급될 수 있지만 그것은 어디까지나 인간에게 영향을 미쳤거나 문제를 제기한다고 생각되는 경우에 한해서다.[07]

1.2. 역사철학의 여러 의미들

• 볼테르(Voltaire, 1694-1778)는 '역사철학'이라는 용어를 만들었는데, 그는 이 말로, 우리가 '비판적 문화사'라고 지금 부를 수 있는 것과 유사한 것을 의미했다. 『제민족의 풍습과 정신』("Customs and the Spirit of Nations")이라는 그의 1769년의 에세이에서 그는 루이 14세(1643-1715)의 통치에 이르기까지의 유럽의 봉건시대뿐만이 아니라 중국과 인도를 포함하는 문화들과 고전적인 문화들을(주로 그들의 풍습과 종교와 관련하여) 개관했다. 그의 의도는 어떤 종류의 내재적으로 의미 있는 패턴이나 이야기로서의 오늘날의 이러한 거대한 역사적 조망(전망, 예상)이 아니라, 그러한 '역사'로부터 도덕적으로 유용한 교훈을 이끌어내는 것이었다(예컨대 전통과 권위에 대한 감상적이거나 위압적인 존경을 경시하고, 자기 자신의 사회 속의 도덕적 단점과 불합리한 점들을 강조함으로써 현재뿐만 아니라 미래를 '역사의 빛 속에서' 고양하는 일이다).[08]

---

07 William Dray, *Philosophy of History*, Englewood Cliffs, N.J., 1964, 4 참조.

08 M.C. Lemon, *Philosophy of History*, London and NY., 2006, 7 참조.

1.2.1. 사변적(思辨的)[09] 역사철학[speculative philosophy of history]

• 이것은 역사적 사건[1.1.2.의 1)]에 대한 철학으로서, 역사 속의 사건의 과정, 보통의 역사가의 시야를 넘어서 있는 패턴 혹은 의미를 찾아내려고 하며[10], 역사의 시작(기원, 근원)·전개·목표는 물론, 역사를 추진하는 원동력이나 주체적인 힘, 역사의 발전원리, 그리고 역사에 어떤 법칙 같은 것이 있는가 하는 문제에 대한 철학적 탐구다.

---

09 '사변(思辨)'이라는 용어는, 현실적이고 지성적으로 사유하는 사람들 사이에서는 예로부터 별로 신뢰받지 못하고 있는 말이다. 자기가 설정한 목표의 실현이 자기 자신의 행위에도, 그리고 어느 정도 확실하게 계산될 수 있는 요소들에도 의존하지 않을 때 우리는 'spekulieren [투기(投機)한다]'고 말한다. 그리고 철학의 영역에서도, 자연과학의 학문이해에 정향된 경험론적 철학이 존재한 이래, 형이상학은 일반적으로 사변이라는 의혹을 받아온 것이 사실이다. 그러나 사변에 대해서 항상 그렇게 생각했던 것은 아니다. 'speculatio'는 보에티우스(Boethius)에 의해 희랍어 'theoria'에 대한 용어로 사용되었다. 아우구스티누스, 스콜라철학자(예컨대 아퀴나스), 그리고 신비주의자[예컨대 소이제(Seuse), 니콜라우스 쿠자누스(Nicolaus Cusanus)]는 이것을 speculum (거울)과 결합하고 사도 바울을 따라서(고린도전서 13:12), 하나님은 직접 보이거나 알려질 수 없고, 마치 거울 속에서처럼 그의 일이나 성과 속에서만 보이거나 알려질 수 있다고 논증한다. 그러므로 사변은 감각경험을 초월하여, 신적인 것 혹은 초자연적인 것에로 나아간다. 토마스 아퀴나스는 결과 — 예컨대 우주론적 신 존재 증명에서 나타나는 — 로부터, 결과를 야기하는 원인에로 소급할 수 있는 가능성과 사변개념을 연관시킴으로써 이 개념의 의미를 더 정확하게 규정했다(*Summa theol.* Ⅱ. 2, qu. 180, art. 3. 무엇보다도 여기서 그는 다음과 같이 말한다: "어떤 것을 거울을 통해서 본다는 것은, 결과를 통해서 원인을 보는 것을 뜻한다. 그런데 결과 속에서는 원인과 유사한 것이 다시 발생한다.") 'Speculatio'는 현실적으로 주어진 것을 초월하여 그것의 궁극적인 규정근거들에로 고양되는 것을 뜻했다[Inwood, A *Hegel Dictionary*, ebd., 271; Walther C. Zimmerli, *Die Frage nach der Philosophie. Hegel-Studien Beiheft* 12, Bonn, 1974, 99 ff. 그리고 Werner Becker, "Der Begriff der Spekulation und seine Stellung im Rahmen der transzendentalphilosophieschen Erkenntnistheorie der Neuzeit," in: Ders., *Selbstbewußtsein und Spekulation. Zur Kritik der Transzendentalphilosophie,* Freiburg, 1972(45-65), 45 f. 참조].

10 Dray, ebd., 1 참조.

• 사변적 역사철학은 역사의 실제내용에 관한 사유로 구성되어 있어서, '전체로서의 역사'가 어떤 의미로 설명될 수 있거나 의미 있는 것인지를 살펴본다. 그것은 "과거에 관해 총체적으로 설명하는 평가(보고)를 제공하려는 중심적인(주요한) 열망"[11]이라고 할 수 있다.

1.2.2. 분석적(비판적) 역사철학[analytic (critical) philosophy of history]

1.2.2.1. 이것은 역사기록(서술)[1.1.2의 2)]에 대한 철학으로서, 역사기록의 원칙(방법)에 대한 비판·사료(史料) 편찬방법에 대한 비판이라는 작업을 수행한다.

1.2.2.2. 이것은 역사학[1.1.2의 3)]에 대한 철학으로서, '역사학에 대한 학'이라고 할 수 있는데, 역사학이란 무엇이며 또 무엇일 수 있는가에 대한 과학이론적(과학철학[12]적)인 탐구다.

• 구체적으로는

1) <역사학>에서 사용하는 개념(槪念)[명사(名辭)]들의 의미를 분석한다: 예) '역사'란 무엇인가, '발전'이란 무엇인가, '목적'이란 무엇인가? 등.

---

11 Patrick Gardiner(ed.), *The Philosophy of History*, *Oxford*, 1982, 2.

12 '과학철학'이라는 번역에 해당하는 원어는 영어로는 'philosophy of science'이고 독어로는 'Wissenschaftstheorie'다. 그런데 이때의 science나 Wissenschaft는 가장 좁은 의미의 과학인 '자연과학'을 뜻하는 것이 아니라 '학' 혹은 '학문'을 가리킨다. 오해를 피하기 위해서는 '학(문) 철학'이나 — 독어의 표현처럼 — '학문이론'이라고 부르는 것이 좋을 것이다. 왜냐하면 많은 사람들이 '과학철학'을 '자연과학철학[philosophy of natural science]'과 동일한 것으로 생각하기 때문이다. 자연과학철학은 과학철학의 일부분일 뿐이다. 예컨대 헴펠(C.G. Hempel)의 '자연과학철학[*philosophy of natural science*]'을 참조할 것.

2) 〈역사학〉에서 사용하는 판단(判斷)[진술(陳述)]들의 의미를 분석한다: 예) "역사는 발전한다.", "만물에는 목적이 있다.", "절대권력은 반드시 부패한다."

3) 〈역사학〉의 추론(推論)[논증(論證)]들을 비판적으로 검토한다: 예) "절대권력은 반드시 부패한다.", "박정희 정권은 절대권력이다." ∴ "박정희 정권은 반드시 부패한다."

• 이와 더불어, 역사학 방법론의 문제도 다룬다.

• 사변적 역사철학자는 역사를 살아서 움직이는 운동으로 보는 데 반해, 비판적 역사철학자는 역사를 역사에 대한 역사학자의 기록으로 보고 있다고 할 수 있다.[13]

---

13 Lemon, ebd., 281 ff. 참조.

II. 역사와 시간

1. 시간과 공간

1.1. 시간·공간·우주·인간

우리말 내지 한자(漢字) 표현은 '시간과 공간', '시공간적인' 등으로, 시간을 앞에 내세우는 반면에 영어나 독어는 'space and time', 'Raum und Zeit' 등으로, 공간을 먼저 말한다. 일설에 의하면, 시간을 앞세우는 표현은 농경사회로부터 나온 것이라는 주장이 있다. 즉 농경사회에서의 농사란, 물론 농사짓는 땅(공간)도 중요하긴 하지만, 언제 씨를 뿌리고 비료를 주며, 언제 가지를 치거나 열매를 거두어들여야 하는가 하는 '때(시간)'이 중요한 데에서 유래한 것이라는 말이다. 양력으로 되어 있는 24절기가 농사짓는 일과 많은 연관이 있다는 것을 알 수 있다. 이에 반하여, 공간을 앞세우는 표현은 유목사회에서 유래한 것으로 보는데, 유목사회에서는 말이나 양과 같은 짐승들을 거느리며 일정한 곳에 잠정적으로 머무르면서 생활하다가, 풀과 같은 짐승의 먹이가 고갈되면, 새로운 먹이가 있는 장소를 찾아 떠나는 생활을 하게 된다. 따라서 이들에게는 상대적으로 '공간'이 중요한 것이 되었다는 것이다.

• 한편, 한자에는 시간과 공간을 가리키는 '우주(宇宙)'라는 표현이 있는데, '宇'는 본래, '천지사방(天地四方)의 온 공간'을 가리키며, '宙'는 '무한히 먼 태고 또는 태초의 과거로부터 오늘을 거쳐 무한한 미래로 뻗어가는 시간'을 나타내는 말이다.[14] 어떤 공간도 시간을 떠나서는 인식될 수 없고, 어떤 시간의 변화도 공간개념을 떠나서 인식될 수 없기 때문에, 옷감의 천이 날줄과 씨줄로 이루어지듯 시간과 공간은 이 우주의 역사 속에 항상 공존하고 있다. 우리는 흔히 공간상의 선(線)을 1차원, 면(面)을 2차원, 그리고 입체를 3차원이라고 말한다. 그러나 각각 이들을 2차원, 3차원, 4차원이라고 할 수도 있는데, 그것은 전자의 경우에 시간이라는 또 하나의 차원을 추가하여 생각하기 때문이며, 이러한 상태를 시공 연속체[space-time continuum]이라고 부른다.

• 그리하여 우주란 본래, 무한한 시간과 공간의 세상을 가리키는 것이었는데, 지금은 '공간적인 측면'에 강조점을 두어 사용하는 용어가 되었다. 또 한편, '인간(人間)'이라는 용어는 본래, '사람' 혹은 '사람과 사람 사이'를 뜻하는 것이 아니라, '사람이 사는 공간으로서의 이 세상'을 뜻하는 말이었다. 그러나 오늘날 이것은 '사람'을 뜻하는 용어로 사용되고 있다.[15]

---

14 이 경우에는 공간 표현이 앞에, 시간 표현이 뒤에 나온다.

15 최창렬, 『어원산책』, 한신문화사, 1993, 249 ff. 참조.

1.2. 시간과 공간의 관계

1.2.1. 사람은 시간과 공간의 제약을 받고 산다

• 이 말은 바로, 인간이 '현실'에 살고 있다는 뜻이다. '현실적'이라는 것은 영어로는 'real'에 해당하며, 'real'은 라틴어 물(物) 혹은 사물(事物)을 뜻하는 'res'에서 유래한 용어로서, 그 의미는 '물리적인 시·공간의 제약을 받고 있다'는 것이다. 우리는 시간적 제약을 받고 산다. 우리가 중세시대에 산다거나, AD 2,500년에 산책을 하러 갈 수 없다. 그런데, 타임머신(time machine)을 만들 수 있다면 과거로 갈 수 있다는 주장이 제기될 수 있겠지만, 만약 그것이 가능하다 할지라도, 과거에 일어났던 사실들이 남아있지도 않을 뿐만 아니라 그것을 되살릴 수도 없다. 한편, 영혼이 윤회한다면, 과거와 미래의 삶도 가능하다는 주장이 제기될 수 있다. 그러나 그 경우에도, 우리가 과거·현재·미래의 삶을 동시에 살 수 있는 것은 아니다.

또한 우리는 공간적 제약을 받고 있다. 우리는 한국과 일본에서 동시에 살 수 없다. 도가(道家)의 선인(仙人)의 경우에는 분신(分身)이 가능하여 나$_1$은 지금 한국에, 나$_2$는 동일한 시간에 일본에 존재할 수 있다고 주장하나, 이것이 사실로 입증된 바는 없다. 그런데 도펠갱어(Doppelgänger[16])가 실제로 존재하는 것은 아닌가? 그러나 사실 이것은, 같은 인물이 동시에 다른 공간에 존재한다는 주장이 아니라, 어떤 사람과 아주 비슷한 사람을 발견했을 때 우리가 말하는 감탄적인 표현

16 독일의 작가 장 파울(Jean Paul, 1763-1825)이 처음으로 만든 용어.

에 불과하다. 일란성 쌍둥이라 할지라도 동일한 것은 아니며 — 동일한 것[das Identische]은 그것 자체 밖에 없다! — 복제인간이 만들어진다 해도 그런 일은 불가능하다.

1.2.2. 공간은 가역적(可逆的)인 반면 시간은 비가역적(非可逆的)이다

• 나는 어떤 공간의 지점 A로부터 B로 갔다가, B에서 A로 되돌아 올 수 있다. 예컨대 나는 전주에서 군산으로 갔다가 다시 전주로 돌아올 수 있다. 그러나 나는 시간을 거슬러 올라갈 수 없고, 지나간 시간을 다시 살 수도 없다. 시간은 모든 것을 싣고 가서 되돌아오지 않으며, 나는 시간 때문에 무엇 하나 고정시킬 수가 없다. 그러나 우리는 시간에는 완전히 예속되어 있지만, 공간에 대해서는 어느 정도 자유롭다. 시간의 비가역성에 대한 나의 비극적인 무력(無力)은, 나로 하여금 과거를 마주보게 하는 체험과 또한 나를 미래로 향하게 하는 체험 속에서 동시에 드러난다. 즉, 회한(悔恨)의 고통은 과거에 대한 나의 무력을 나타내는 것이다. 즉 나는 옛날에 자유롭게 어떤 선택을 했다. 그러니까 나는 다른 식으로 행동할 수도 있었던 것이다. 그러나 오늘 나는 손쓸 도리가 없으며, 그것은 이미 엎질러 진 물이다. 하나의 계획에 불과했을 때 내가 자유롭게 선택할 수 있었던 그 행위는 이미 완료되었으며, 다시는 되돌릴 수가 없다.[17] 회한의 고통에 대응하는 것은 미래에 대한 기대의 고통[18]이다.

---

17 앙드레 베르제즈·드니 위스망, 『철학강의』, 이재형 역, 청하, 1987, 77 ff. 참조.

18 미래는 불확실하기 때문에 우리에게 고통을 안겨줄 수 있다. 그러나 미래에 대한 기대가 고

1.2.3. 시간의 공간화 혹은 공간의 시간화

• 시간을 공간으로 측정하는 것은 대단히 흔한 일이다. 예컨대 어떤 사람이 "여기서 전북대학교 신정문까지 얼마나 걸어가면 됩니까?"라고 물을 때, ① "보통걸음으로 5분만 걸어가면 되요"라거나 ② "500미터만 가면 되요"라는 두 가지 대답이 가능하다. 그러나 시간표상은 공간표상에 의존해 있다. '10분 전 또는 후'라는 표현에서, '앞' 또는 '뒤'라고 하는 것은 '공간표상(공간이미지)[Raumvorstellung]'이다.

• 과학적인 견지에서 보면 시간의 측정이란, 동일한 속도로 운동한다고 가정되는 동체(動體)가 편력하는 공간, 즉 시계바늘이 문자판 위에서 편력하는 공간을 측정하는 것을 의미한다. 그러나 베르그손(Henry Bergson, 1859-1941)에 의하면, 공간에 의해 측정되는 이 추상적이고 규칙적인 시간은 실재하는 시간, 의식이 체험하는 지속[durée]을 왜곡시킨다. 공간과 〈혼합지속[dureé bâtarde]〉[19] 개념인, 괘종시계들에 의해 억제되는 시간은 자유롭고 무질서한 자연시간, 즉 우리가 기쁠 때는 약동하며 지루할[20] 때는 무기력해지는 질적이며 측정 불가능한 〈체험된 지속〉을 왜곡하는 것이다. 예컨대 흥미진진한 영화와

통스럽기만 한 것은 아니고, 희망적일 수도 있다. 오히려 미래가 확정되어 있고 또 그것을 지금 알 수 있다면 고통스러울 수도 있다.

19 '혼합지속'이란, 누구에게나 동질적이며 균등하게 나누어진 지속인 데 반하여, 분할되지 않고 공간화될 수 없으며 계량화할 수 없는 순수한 시간을 가리켜 '순수지속[dureé pure]'이라고 부른다. 순수지속으로서의 시간은 개별자의 내면에서 각기 다르게 일어날 수 있는 지속으로서의 시간, 곧 내면적이며 주관적이고 상대적인 시간이다.

20 '지루하다'라는 우리말은 '지리하다'라고도 표현되는데, 이것은 '길다'는 뜻을 지닌 '질다'와 동계어다. 독일어로도 '지루하다'는 것은 '길다'을 뜻하는 'lang'과 관계되는 'langweilig'다.

지루한 회의는 괘종시계에서는 똑같이 한 시간 반으로 측정되지만, 심리적으로 본다면 전자는 후자보다 지속감이 짧다는 것이다.[21]

2. 철학적 시간관(역사 이해와 관련된 시간관)

2.1. 희랍인의 시간관

• 희랍인은 봄, 여름, 가을, 겨울이라는 계절이 바뀜에 따라 식물이 싹터서 성장하고 꽃을 피워 결실하고 번식하고 시들어 가는 것이 반복되는 일련의 과정에서 보는 시간의 흐름을, 지상에서 보는 천체의 순환하는 모습처럼 생각하였다. 해가 떠오르면 다시 지고, 다음날 다시 떠오르는 것처럼, 봄여름이 가고 가을겨울이 지나면 다시 봄이 오게 마련이어서 하나의 원형의 회귀성(回歸性)을 갖는 것으로 보았다. 그리하여 희랍의 시간관에서는 같은 것이 끊임없이 되풀이 될 뿐이라는 생각을 함으로써, 역사의 발전을 인정할 수 없게 되었다고 말해진다. 이렇게 보면, 희랍의 사유에는 본질적으로 새로운 것의 출현[das Auftreten des Neuen]이라는 〈역사의 요소〉가 빠져 있다고 할 수 있다. 그래서 많은 사람들은 유대·기독교의 구원사(救援史)적인 시간관념을 받아들임으로써 비로소 역사적 사유가 가능하게 된다고 주장한

---

21 베르제즈·위스망, ebd., 81 참조. 내적 시간의식에서는 상대성이 작동한다.

다.[22] 그러나 희랍인의 시간관을 '순환적(循環的, circular)'인 것이라고 단편적으로 확정할 수는 없다. 그래서 나는 원환적인 시간관을 주장하는 희랍인과 직선적인 시간관을 주장하는 희랍인의 입장을 대비하여 소개하려고 한다.

2.1.1. 헤라클레이토스(Herakleitos, Ἡράκλειτος ὁ Ἐφέσιος, BC 535년경–475년경)의 시간관[23]

1) 자연의 영원한 순환과정으로서의 순환적인 시간관

헤라클레이토스에게 있어서 "참된 것은 됨·되어 감의 과정인데, 헤라클레이토스는 구별되는 것들이 이렇게 일체화되는 것[dies Sichineinssetzen der Unterschiede]을 명확한 형식으로 표현하였다"(TW 18, 326). 이러한 '대립의 통일'은 예컨대 화성(和聲)[화음(和音)]의 경우에서도 잘 볼 수 있다. 즉, "동일한 음의 단순한 반복과 같은 단순한 것은 화성을 이룰 수 없으며, 이를 위해서는 구별이 필요하다. 즉, 본질적이며 단적으로 구별이 존재해야 한다. 이러한 화성이야말로 절대적인 됨·변화다. (…) 화음이나 사유 속에서 우리는 변화를 통일체로 인정한다"는 것이다. 이러한 사상이 바로 "헤라클레이토스의 위대한 원리"이며 "사변적"이라고 헤겔은 평가한다.

또한 이러한 '됨[das Werden]'과 '대립의 통일'이라는 현상 내지 원

---

22 Emil Angehrn, *Geschichtsphilosophie. Grundkurs Philosophie*, Bd.15, Stuttgart, 1991, 25 참조.

23 이 내용은 백훈승, 『헤겔과 변증법』(서광사, 2022)중, <헤라클레이토스>(87-94)부분을 정리한 것이다.

리를 우리가 살펴볼 수 있는 대상이 바로 시간이기도 하다고 헤겔은 보고 있다. 그 이유를 그는 다음과 같이 말하고 있다: "시간 속에는 과거의 것과 미래의 것이 아닌 오직 지금만이 존재하는데, 그러면서도 또 이 지금은 존재하다가 존재하지 않으며 곧바로 소멸되고 사라진다. — 그리고 이 비존재는 어느덧 존재로 전환되는바, 왜냐하면 지금은 어디까지나 존재하기 때문이다. 시간에서는 바로 이러한 전환의 추상적인 직관이 존재한다. 헤라클레이토스가 본질로 인식한 것이 그가 인식한 이 순수한 형태로 의식에 대해 존재한다고 우리가 말하려고 할 때, 우리는 이에 합당한 것으로는 시간을 말할 수밖에 없을 것이다. 따라서, '되어가는 것의[des Werdenden] 첫 번째 형태는 시간이다'라고 하는 것은 전적으로 옳은 말이다. 이와 같이 시간의 문제는 헤라클레이토스의 사상원리와 밀접하게 연관되어 있다"(TW 18, 329 f.). 이 주장의 의미는 다음과 같다. 우리에게 현전(現前)하는 시간은 오직 현재[혹은 지금] 밖에 없다. 왜냐하면 과거(過去)는 글자 그대로 '흘러[過] 가서[去]' 존재하지 않는 것이고, '미래(未來)'는 '오지[來] 않은[未]' 것이기에 존재하지 않는 것이기 때문이다. 그러나 시간은 흐르기 때문에, 현재는 계속 현재로 머물러있을 수 없다. 만약 현재가 지속한다면 — 즉, 이것이 '서 있는 지금[nunc stans]'인데 — 그것은 아마도 '영원(永遠)'일 것이다. 그렇다면 시간이 흐른다는 것은 현재가 과거로 미끄러져 가는 한편, 미래가 현재로 미끄러져 들어옴으로써 성립되는 것이라 하겠다. 이러한 시간의 흐름이란, 하나의 운동이며 변화다. 현재라는, 시간의 한 양상(樣相)은 순간적(瞬間的)·찰나적(刹那的)인 모습을 지니고 있는바, 이를 다음과 같이 나타낼 수 있다.

지금$_{-3}$ 지금$_{-2}$ 지금$_{-1}$ 지금$_{1}$ 지금$_{2}$ 지금$_{3}$ 지금$_{n}$

<---지금 전체(보편자)

t_{-3} t_{-2} t_{-1} t_{1} t_{2} t_{3} t_{n}

현재, 지금$_{1}$이라는 시점은 지속되지 못하고, 곧바로 지금$_{-1}$이라는 순간으로 미끄러져 간다. 이와 동시에 지금$_{2}$라는 순간이 이전의 지금$_{1}$의 자리에 들어서게 된다. 그러나 지금$_{2}$ 또한 곧바로 지금$_{1}$의 자리를 지금$_{3}$에 내어주고 말며, 이러한 현상은 계속해서 발생한다. 이러한 현상이 바로 <시간의 흐름>이라고 말할 수 있다. 그러나 지금$_{2}$가 지금$_{1}$을 부정하는 것도 아니고, 지금$_{3}$이 지금$_{2}$를 부정하고 지금$_{1}$의 자리를 차지하는 것도 아니다. 이러한 부정작용은 인간의 사유 속에서 일어나는 것이다. 개별자로서의 지금$_{1}$, 지금$_{2}$, (…) 지금n은 계속 사라져가지만(비존재), 그럼에도 불구하고 '지금'이라고 하는 보편자는 자기동일적으로 존속한다.

헤라클레이토스가 말하는 '위로 향하는 길[ὁδὸς ἄνω]과 아래로 향하는 길[ὁδὸς κάτω]'에서, 분열과 일체화 과정을 볼 수 있다. 헤라클레이토스가 말하는 이 두 길은 자연과정에 존재하는 본질적인 것으로서, 분열은 실재화 내지 대립물의 존속이고, 다른 한쪽은 통일의 자기 내 복귀 내지 지속적인 대립의 지양이다. 그는 이 두 요소를 "적대성(敵對性), 증오, 투쟁[πόλεμο, ἔρις]과 우정, 조화[ὁμολογία, εἰρήνη]", 즉 분열과 통일이라고도 규정하였는데, 이것은 신화에서 말하는 "사랑[Amor]"이기도 하다(Aristoteles, *Metaphysik* I, 4 참조). "이 두 가지 중에서 적대성, 투쟁은 구별된 것이 발생하는 원리로서, 이것이 연소될 때 화합과 평화가 이루어진다"(Diogenes Laërtios IX, § 8). 인간들 사이에 적대관계가 생길 때면 한쪽이 다른 편에 대해서 자기를 독립적인 자로 정립하거나 자기를 내세우는데, 어쨌든 이때 분열·실재화 작용이 일어난다. 그러나 이와는 달리 화합과 평화가 이루어지면 자기중심적인 입장이 가라앉으면서 무구별적인 상태 또는 비실재성이 대두된다. 이렇듯 헤라클레이토스에 의하면 만사(萬事)는 삼항성[Dreiheit]에 의한 본질적 통일성을 지니고 있지만, 자연의 경우에는 이렇듯 한시도 쉼이 없이 불안정한 상태에서 모든 것이 한편에서 다른 한편으로, 즉 분열에서 통일로, 통일에서 다시 분열로 향하는 이행작용이 있을 뿐이다(TW 18, 331 f. 참조).

그는 자연을 이처럼 순환적인 것으로 보았는데, 이런 의미에서 그는 다음과 같이 말한다: "우주를 만든 것은 신도 인간도 아니다. 그것은 과거에도 항상 있었고 현재에도 있으며 미래에도 있을, 늘 생동하는 불로서, 이것이 자기의 법칙에 따라서[μέτρῳ] 불붙고 꺼지고 하는 것이다"(Clemens Alexandrinus, *Stromata V*, 14)(TW 18, 332 f.). 헤라클레이토스는 만물의 원질(原質)[archē]을 '불[pur, πῦρ]'로 보았다. 그런데 이 '불'은 자연에 존재하는 물질적인 것이기도 하지만, 사람의 마음속에도 있는데, 그것을 로고스(Logos)라 한다. 그가 도입한 Logos 개념은 기독교 신학에서는 〈하나님의 말씀〉이라는 뜻으로 받아들여지게 되었으며, 에페소스의 요한은 요한복음 첫 머리에서 "Logos는 하나님이다"(요한복음 1:1)라고 말한다. 자연에서의 불은 만물로, 만물은 다시 불로 변한다. 즉 불에서 공기로, 공기에서 물로 변하고, 물에서 흙이 생기며[내려가는 길, 하도(下道)], 다시 흙이 물이 되고 물이 다시 공기로, 공기는 불로 되는데[올라가는 길, 상도(上道)], 이 두 과정이 영원히 순환하는 가운데 만물이 생성·변화한다. 이리하여 그는 유동(流動)

과 변전(變轉)만이 있다는 것이며, 이 유동·변전에는 일정한 법칙이 있는데, 그것이 Logos라고 한다. 따라서 헤라클리이토스의 Logos는 세계가 그것에 좇아서 생성·변화하는 세계이법(世界理法)인 것이다. 위의 상반된 두 길은 대립하면서 동시에 균형과 조화를 유지하는데, 이는 Logos에 의해 질서지어지기 때문이다. 그리하여 Logos는 대립된 것을 통일하는 작용이다.

헤라클레이토스에 의하면 모든 존재자는 고정되어 있지 않고 끊임없이 운동·변화한다. 생겨난 것은 언젠가는 소멸할 것이고, 또 새로운 생성이 이루어질 것이라는 점을 말하고 있다. 헤겔은 자신의 『논리학』에서 이러한 헤라클레이토스의 사상에 대해 평가하면서, "존재하는 모든 것은 그의 탄생 자체 속에 자기 소멸의 씨앗을 가지고 있으며, 또한 반대로 죽음은 오히려 새로운 삶으로 들어가는 입구라는, 흔히 일컬어지는 유별나게 동양적인 격언들"(TW 5, 84)이라고 말하고 있는데, 예컨대 힌두교나 불교에서도 인간의 환생·윤회(輪回, samsara)를 인정하고 있는 것을 볼 수 있다. 해탈(解脫) 내지 열반(涅槃)에 이르기 전에는, 죽음 후에 새로운 생이 시작된다. 노자(老子)는 "반자도지동(返者道之動)"(『도덕경(道德經)』 제40장)[24]이라고 하였다[反者道之動(반자도지동). 弱者道之用(약자도지용). 天下萬物生於有(천하만물생어유). 有生於無(유생어무)].

위와 같은 명제를 다시 요약하여 헤겔은 다음과 같이 말한다. 즉, 참된 것은 '됨[das Werden]'이지, '존재[das Sein]'가 아니라는 것이다. '됨'이란, 존재하면서 또한 동시에 — 다른 한편으로는 — 존재하지

---

24 노자(老子), 『도덕경』, 삼성출판사, 『노자(老子)/장자(莊子)』, 장기권·이석호 역, 1990.

않는 것이다. 우리는 '됨' 속에서 존재와 더불어 비존재도 갖는다. '됨'에는 생성만이 아니라 소멸도 따를 수밖에 없기 때문에 이 양자는 각기 단독으로 있는 것이 아니라 동일하게 '됨' 속에 담겨있는 것이다. '존재는 비존재와 마찬가지로 존재하지 않는다'는 주장은 모순된 것이 아닌가? '비존재'라는 것은 글자 그대로 '존재하지 않음'이니, 존재하지 않는 것이라고 말하는 데에는 아무런 문제가 없다. 그러나 '존재가 존재하지 않는다'라는 것은 분명 자체 모순된 진술로 보인다. 그러나 사실 이 명제에서 전자, 즉 주어로서의 '존재'와 후자, 즉 술어로서의 '존재'는 그 의미가 다르다. 전자는 '있음' 혹은 '불변적으로 있음'이라는 의미로 사용되고 있는데 반하여, 후자는 '참으로 있음'이라는 의미로 사용되고 있다. 따라서 이 명제의 진의(眞意)는, '운동·변화하지 않고 불변적으로 있는 것은 참으로 있는 것이 아니다'라는 것이다. 헤라클레이토스는 '참된 존재자[ontos on]'를 불변적인 존재자가 아니라 되어가는 존재자로 본 것이다. 그리고 사실 현실에 존재하는 것들은 고정불변한 것들이 아니며, 현실에는 끊임없는 유동과 변전만이 있다는 것이다. 따라서 '무(無)'가 존재하지 않는 것처럼 '고정불변의 존재'또한 존재하지 않는다고 그는 주장하는 것이다. 다시 말하면, 있음도 없음도 고정불변한 것, 즉 실재하는 것이 아니라 무상(無常)한 것이라는 것이다. 그리고 오직 '흐름', 곧 존재로부터 무로의, 그리고 다시 무로부터 존재로의 변화만이 실재한다는 것이다. 그러므로 그의 주장은 '존재와 무'의 단순한 있음과 없음의 문제가 아니라 '진정한 있음', 즉 '실재성' 내지 '진정성'의 문제에 관련되어 있다. 이것은 바로 희랍 철학자들이 생각한 우시아(ousia)의 문제다. 존재하는 것들도 항상적(恒常的)인 것이 아니라 무상한 것이고, 없다고 해서 계속

없는 상태로 있는 것이 아니라 무언가가 생긴다. 무 역시 무상한 것이다. 끊임없는 생성(무 ⇨ 유)과 소멸(유 ⇨ 무)만이 실재한다고 생각한 것이다.

불변하는 존재 혹은 무가 진리를 지니고 있는 것이 아니라 이 양자의 통일이 진리를 지니고 있다고 그는 말한다. '됨[das Werden]' 속에는 이 양자가 포함되어 있다. 물리적인 세계 속에서 일어나는 '됨'은 그 하위 요소로 '생성[das Entstehen]'과 '소멸[das Vergehen]'을 포함하고 있는 바, 전자는 '무 ⇨ 유'로의 이행이고, 후자는 '유 ⇨ 무'에로의 이행을 가리킨다. 따라서 '됨' 속에서 이 양자는 각기 분리되어 존재하지 않고 함께 존재하는 것이다. 헤겔은 이러한 '됨' 속에서, 아리스토텔레스가 그 당시까지의 철학에 결여되었던 것으로 지적했던 문제, 곧 운동의 문제가 보완되었다고 평가하고 있다. 이러한 '됨'의 원리가 자신의 『논리학』의 첫머리, 즉 존재와 무의 바로 뒷자리를 차지하고 있다고 헤겔은 말한다.

2) 자연의 영원한 순환과정 속에 존재하는 인간사의 직선적 진행

헤라클레이토스에 의하면 모든 것은 흐른다. 따라서 존재도 비존재도 진리가 아니며, 이 양자의 통일이 진리다. 헤겔은 헤라클레이토스의 말을 인용하면서 그의 변증적인 사상을 언급한다: "존재는 비존재 이상의 것이 아니며, 그것은 비존재와 마찬가지로 존재하지 않는다. 달리 말하면 존재와 무는 동일한 것으로서 이때 본질은 변화[Veränderung]다"(TW 18, 323 f.). 다시 말하면 "모든 것은 흐른다(panta rhei, πάντα ῥεῖ). 어떠한 것도 그대로 정지된 것이라고는 없다." 이와 같은 생각을 표현한 다른 구절을 찾아보면 다음과 같다: "우리는

두 번 다시 같은 강물에 들어갈 수 없다"(Herakleitos, Fr. 91). 왜냐하면, "같은 강물에 들어가는 사람에게는 거듭해서 다른 강물이 흘러오기"(Herakleitos, Fr. 12) 때문이다. 이렇게 보면 "우리는 같은 강물에 들어가기도 하고 그렇지 않기도 하며, 우리는 존재하기도 하고 존재하지 않기도 하다"(Herakleitos, Fr. 49a)(TW 18, 324).[25] 뿐만 아니라 "태양은 헤라클레이토스가 말했듯이 날마다 새로울 뿐만 아니라 항상 새롭다"[26]는 주장도 발견된다. 이처럼, 헤라클레이토스의 사상에서는 순환적인 시간관과 직선적인 시간관이 함께 나타나고 있다. 그러면 플라톤에 있어서는 어떤 시간관이 나타나는가?

2.1.2. 플라톤에 있어서의 영원(永遠)과 시간(時間)

• 플라톤은, 일자(一者)에 머무르는 원형(原型)적인 영원[aiōn, *αἰών*]과, 그것의 움직이는 영상(映像)인 시간[chronos, χρόνος]을 대립시킨다(*Timaios*, 37 d). 시간은 영원 자체는 아니지만, 그것의 영구적인 모상(模象)[aiōnion eikona, *αἰώνιον εἰκόνα*, *Timaeus* 37d7]으로 불린다.

---

25 『논리학』 <존재론>에서도 이와 유사한 주장이 발견된다: "그런데 심오한 사상가였던 헤라클레이토스는 저 단순하고 일면적인 추상성에 반대하여 됨[Werden]이라는 좀 더 높은 차원의 통체적인 개념을 강조하면서 '무가 실재하지 않는 것과 마찬가지로 존재도 실재하지 않는다' 혹은 '만물은 유전(流轉)한다', 즉 '모든 것은 되어가는 중에 있다'라고 하였다"(TW 5, 84).

26 "ὁ ἥλιος οὐ μόνον, καθάπερ ὁ Ἡράκλειτός φησι, νέος ἐφ' ἡμέρηι ἐστίν, ἀλλ' ἀεὶ νέος συνεχῶς [The sun is not only young (or new, νέος) each day, as Herakleitos says, but always continually young]."(Fr. B6, 그리고 Aristoteles, *Meteorologica* II.2, 355a13. 후자, 즉 아리스토텔레스의 『기상학』에는 'φησι'가 'φησιν'으로, 'ἡμέρηι'가 'ἡμέρῃ'로 표기되어 있다).

1) 플라톤에 있어서의 '영원'의 세 가지 의미

㉮ aeternitas [영원]

• 이것은 원래의 의미의 '영원'으로서, 무시간·초(超)시간의 상태인데, 점(點)이라는 이미지로 나타낼 수 있다. 이러한 의미의 aiōn은 플라톤 철학에서 참다운 존재계(存在界)로 표시되며, 생성 및 시간성의 부정(否定)을 내포한다.

㉯ sempernitas [항상, 늘]

• 이것은 '무한'이라는 의미의 '영원'이다. 즉, 시작은 있으나 끝이 없는 상태로서, 원 혹은 한 쪽이 열린 직선으로 표상될 수 있다(○ / ⇨). 다시 말하면 이것은 언제나 존재하는 시간적 존재·무한한 지속을 뜻한다. 이것은 데미우르고스(Demiourgos)에 의해 만들어졌으므로, 그 자체가 만들어진 것인 한, 원칙적으로는 파멸될 수 있는 것이다. 실제로는 파멸되지 않는 것이지만, 원칙적으로는 파멸될 수 있는 2중의 성격을 지닌다.

• 이 운동은 끝없는 원환운동인데, 영원한 것 바로 다음에 해당된다. 피조물 가운데서 우주와 우주적 시간은 최상의 것이다. 천체의 운동·자연의 성장과 소멸의 주기성(週期性)에 구현된 우주적 시간의 운동은 자기동등성이 가장 완전하게 실현된 형태다.

㉰ modus vivendi [삶의 양식]

• 생명체가 자기의 타자를 흡수 · 동화(同化)하고 이화(異化)[분비·배설]하는 과정으로서, 계속되는 원환과정으로 표상된다. 이것은 1과 2의 중간적인 위치를 갖는다. 이때의 aiōn은 〈삶〉과 연관되어 있기 때

문에 chronos와 관계를 갖는다.

• aiōn은 ① 근원적인 생명력, 삶의 원천, 삶의 근원과 원리를 뜻한다. ② 두 번째 발전된 의미는 삶, 삶의 연관, 삶 전체를 뜻한다. ③ 생물의 삶은 일생 동안의 기간이며, 그것은 시간을 포함한다.

• 이러한 의미의 aiōn은 차안과 피안, 원형과 영상을 부분적 일치와 부분적 차이로 보는 것이다. 이 둘의 관계는 유기체의 발전과정과 비유돼서 〈진화(進化)〉로 생각될 수 있다. 여기서는 닫힌 것의 개방(開放)을 위해, 자기발전과 자기해석이 중요하다.

※ ㉮에서 ㉰까지에서 ㉮는 피안에 속하는 것으로서 '역사적인 것'이 아니며, ㉯는 역사적인 것이지만 '자연사'에 속하는 것이고 ㉰가 '인간사'에 속하는 것이다. 그런데 인간사는 같은 것이 반복되면서도(원환적) 무엇인가 새로운 것이 발생하는(직선적) 이중적인 것이다.

• 주지하듯 플라톤에 있어서 이데아계는 무시간적·초시간적 세계로서 아무런 변화도 존재하지 않는 완전무결한 세계다. 거기에는 역사가 존재하지 않으며 정지(停止)와 고요만이 존재하는 영원한 세계다. 역사는 우리가 살고 있는 현실계·감각계·유한하고 가멸적인 것들이 변화하는 세계에서 발생한다.

• 현상계의 개체들과 이데아는 어떤 관계에 있는가? 현상계(역사적 세계)는 이데아계(초역사적 세계)와 어떤 관계를 지니고 있는가? 이데아는 현실개체들에 ① 임재(臨在)[27]해 있고, 현실개체들은 이데아에

---

27 임재를 희랍어로 parousia(παρουσια)라고 하는데, 이것은 'para [by]'+ 'ousia [substance,

② 관여(關與)[28][참여(參與)한다. 그리고 ①과 ②를 포괄해서 <공존(共存)>[koinōnia, κοινωνία]이라고 한다.

이데아는 보편적인 것·본질적인 것·이상적인 것·개별자가 추구해야 할 목표인 데 반하여, 현실개체들이 활동하는 현실계는 개별적인 것·비본질적인 것·다양성이 존재하는 감각적 세계다. 역사의 세계는 주체들의 환원될 수 없는 다양성(다원성, Pluralität)의 세계이며, 역사기술은 다양한 것과 특수한 것의 문화이지 추상적·보편적인 것의 문화가 아니다.

존재론적으로 파악해보면, 시간적·역사적인 것은 항구적인 것과 거리를 유지하면서 동시에 관련을 맺는 것으로 규정된다. 이러한 연관관계는 특히 플라톤의 『티마이오스』(*Timaios*)에서의 세계와 시간의 창조에 관한 이야기가 그것이다.

2) 영원의 모상(模象)으로서의 시간

• 『티마이오스』에 나타난 세계창조 신화의 출발점은 존재와 생성의 엄격한 구분이다. 즉 <어떠한 생성도 지니지 않고 영구히 존재하는 것>과 <결코 정지한 채로 존재하지 않고 항상 생성되는 것>(27d)이 엄격히 구분된다. 역사적인 것은 생성에 속하는 것으로 '존재론적으로 파생된 것'이다. <모형(模型)과 원형(原型)>(29b)의 관계를 넘어서서 여기에서는 동시에 참된 존재로의 접근이 이루어진다. 모든 유한자가 참된 것에 참여하게 되는 가장 보편적인 토대는 창조행위 자체다. 여

현실개체]'로서, '이데아가 현실개체 곁에 있음'을 의미한다.

28 '관여(關與)[참여(參與)]하다'를 희랍어로 methexis(μέθεξις)라고 하는데, 이것은 'meta [초월하여]' + 'echein [가지다]'로 구성된 단어로, '~을 초월하여 가지다'라는 뜻이다.

기에서 조물주[Demiourgos]는 세계를 자기의 형상을 본떠 만듦으로써 <항구적인 것을 겨냥하고> 우주, 즉 <모든 생성된 것 가운데에서 가장 훌륭한 것>을 만든다(29a). 피조물 가운데에서 가장 완벽한 형태는 공[구체(球體)]이다. 공은 <가장 완전하고 그 자체로 모든 형태에 가장 가까운 것이다>(33b). 또한 공의 운동은 원환의 자기관계적인 완전성을 띤다. 형태와 운동이 가시적·가변적인 것의 대표적인 특성이라면, 그것을 구체와 원환으로 특징짓는 것은 그것들이 다수성과 구별성을 포괄하는 이상적인 자기동등성에 가장 가깝게 접근함을 의미한다. 결국 조물주는 자기의 작품을 계속하여 완성할 목적으로 시간 자체를 만든 것이다(56).

> 이것을 생기게 한 아버지가 이것이 영원한 신들의 상(像, agalma, ἄγαλμα)으로서 생겨나 운동하게 되고 살아있는 것을 보았을 때, 그는 경탄하며 기뻐한 나머지, 그것을 그 본(本, paradeigma, παράδειγμα)에 대해 한결 더 닮은 것으로 만들어내야겠다고 생각했습니다. 그러니까, 본이 살아있는 영원한 것이듯이, 그는 이 우주도 그처럼 가능한 한 그런 것이도록 만들어내려고 꾀했습니다. 그런데 그 살아있는 것의 본성은 영원한 것이어서, 이를 생성된 것에 완전히 부여하는 것은 사실 불가능했습니다. 그러나 그는 움직이는 어떤 영원의 모상을 만들 생각을 하고서, 천구에 질서를 잡아 줌과 동시에, 단일성 속에[en heni, ἐν ἑνι]머물러있는 영원의 모상, 수에 따라 진행되는 영구적인 모상[aiōnion eikona, αιώνίον εἰκόνα]을 만들게 되는데, 이것이 바로 우리가 시간[chronos]이라 이름 지은 것입니다(37c-d).

• 일(日), 월(月), 연(年)의 주기구분 및 과거·현재·미래라는 체험적인

시간형식은 영원을 모사(模寫)하는 이러한 시간의 형태들이다. 영원한 것[29]이 〈항상 동일한 것에 따라〉 존재하는 것이라면, 끝없는 원환운동[30]은 영원한 것 바로 다음에 존재하는 것이다. 피조물 가운데에서 우주와 우주적 시간은 최고의 것이다. 천체의 운동의 주기성 및 자연의 성장과 소멸의 주기성에 구현된 우주적 시간의 운동은, 어쨌든 이러한 것이 세속적인 세계에서 생각될 수 있는 한에서, 자기동등성이 가장 완전하게 실현된 것이다. 역사는 이러한 시간 속에 있다.

• 원형(原型)으로의 다각적인 접근(공의 형태, 원환운동, 순환적인 시간)에 상응하는 것은, 역사가 참된 것과 이중적으로 거리를 두고 있다는 사실이다. 즉, 역사는 ① 시간적인 것이 영원한 것으로부터 떨어져 나오는 것 그리고 ② 자연적인 것의 순환적인 과정으로부터 벗어나는 것이다, 항등적(恒等的)인 것이라는 기준으로 평가해보면, ③ 역사는 말하자면 참된 존재로부터 이중적으로 떨어져 나온 것이다.[31] 이 내용을 아래와 같이 표현해볼 수 있다.

㉮ 본래적인 의미의 '영원'[aeternitas]=항등적(恒等的)인 것, 참된 존재: •
㉯ '항상, 늘'이라는 의미의 '영원' [sempernitas]: ○
㉰ 인간사(세속사): ⇨
※ 이때, ㉰는 ㉮ 로부터 두 번(이중적으로) 떨어져 나온 것(플라톤 식으로 말하면 '타락한 것')이다.

---

29 플라톤에 있어서, 첫 번째 의미의 '영원', 즉 무시간 내지는 초시간을 의미한다.

30 플라톤에 있어서, 두 번째 의미의 '영원', 즉 끝없는 원(환)운동으로서의 영원을 뜻한다.

31 Angehrn, ebd., 38 ff. 참조.

2.2. 기독교의 시간관

• 기독교에서는 신이 무(無)로부터 세계를 창조했다고 주장한다[creatio ex nihilo]. 세계는 신처럼 영원으로부터 영원토록 존재하는 것이 아니라 특정한 시점에 시작하여 특정한 시점에 종말에 이른다. 신은 특정시점에 천체와 지구의 각종 생물들과 무생물, 그리고 인간을 만들었고, 첫 사람들인 아담과 하와는 선악과를 먹어 신에게 죄를 범했고, 인간을 죄에서 구원하기 위해 예수 그리스도가 인간세계에 내려와 십자가에 달려 죽고 부활하였으며 언젠가 이 세상에 다시 올 것이고 세상은 종말을 맞게 된다. 이러한 역사의 진행과정은 직선적[linear]이라 할 수 있다. 이들의 시간관은 직진하는 직선으로 인식되어, 분명한 시작과 끝이 있다.

* 세계의 시작(창조) ⇨ 인간의 타락(범죄) ⇨ 예수의 초림·죽음·부활 ⇨ 예수의 재림·천년왕국[32] ⇨ 세계의 종말

• 기독교의 구원사(救援史)[구속사(救贖史), Heilsgeschichte]를 통하여 새로운 방향설정이 이루어질 수 있는 토대가 형성되는데, 이 지향점은 세 가지로 요약된다.

---

32 예수가 천년왕국 이전에 재림한다는 전(前)천년설[premillenialism], 천년왕국 이후에 재림한다는 후(後)천년설[postmillenialism], 그리고 문자적 천년을 부정하고 상징적 또는 영적으로 해석하는 무(無)천년설[amillenialism]이라는 세 입장이 존재한다.

① 직선적인 진행의 통일성과 일회성(一回性). 즉, 동일한 사건이 반복되는 일은 없다. 모든 사건은 유일무이(唯一無二)한·전무후무(前無後無)한·단 일회적인·처음이자 마지막인 사건일 뿐이다 ['once for all'; 'ein für allemal']

② 비가역성(非可逆性, irreversibility): 과거로 되돌아갈 수 없다

③ 목적지향성(이것은 나중에 발전·진보사관의 토대로 작용한다) 그리고 이와 관련된, 미래의 우월성[이것은 사실의 기원(起源)에 사로잡히거나 반복을 강요하는 태도와 대립한다][33]

• 그러나 기독교에서는 순환적인 시간관도 발견되는데, 「전도서」에서는 다음과 같이 말하고 있다: "전도자가 가로되, 헛되고 헛되며, 헛되고 헛되니 모든 것이 헛되도다"(전도서 1:2); "이미 있던 것이 후에 다시 있겠고, 이미 한 일을 후에 다시 할지라. 해 아래는 새 것이 없나니"(전도서 1:9).

그런데 여기서, "이미 있던 것이 후에 다시 있겠고"라는 것은 <인간사 및 자연사 모두>에 해당하는 것이고, "이미 한 일을 후에 다시 할지라"라는 말은, <인간사>에 해당하는 말이다. 따라서 니체의 영원회귀 사상을 연상케 하는 이 구절에서는 희랍인과 같은 순환적 시간관이 발견된다. 역사 속에서는 새로운 것들이 발생하기도 하지만, 같은 일이 되풀이되기도 한다. 그러나 그렇다고 해서 니체처럼 '동일한 것이 영원히 반복된다'는 <영원회귀 사상>은 수용될 수 없다. 그의 주장은, '시간이 무한하고 공간이 유한하다'는 가정 하에서 제시되는 생각일 뿐, 그것을 정당화할 수는 없다.

---

33 Angehrn, ebd., 27 참조.

2.3. 나선형적(螺旋形的, spiral) 시간관

• 순환적 시간관과 직선적 시간관이 결합되면, 같은(유사한) 것이 반복되면서 새로운 것이 발생하며 전진하는 '나선형적 시간관'이 나올 수 있다. 역사 속에서는 같은 것 혹은 유사한 것들이 패턴을 이루면서 되풀이되는 한편, 여러 분야에서 발전과 퇴보를 거듭하다가 대체로 발전을 향하는 경향(추세)을 보이는데, 발전은 새로운 것의 출현과 관련된다.

제2장

분석적 역사철학

I. 역사와 진실

1. 역사 속의 사건을 객관적으로(사실 그대로), 그 자체로 파악할 수 있는가?

1.1. '객관성'의 의미 규정: '객관성'이란 무엇인가?

• 우리는 흔히 "역사는 객관적인가?"라는 물음에 접하게 된다. 그런데 이 물음의 의미는 여기서의 '역사'와 '객관적'이라는 용어가 무엇을 가리키느냐에 따라 몇 가지로 구분될 수 있다. 이 물음은 "사건으로서의 역사는 객관적인가?", "기록으로서의 역사는 객관적인가?", 그리고 "역사학으로서의 역사는 객관적인가?"라는 세 물음으로 이해할 수 있다. 그런데 세 번째의 물음도 물론 역사철학에서 다루어야 할 문제이긴 하지만 여기서 중점적으로 다룰 문제는 아니다.

첫째로, "사건으로서의 역사는 객관적인가?"라는 물음에 어떻게 답할 수 있을까? 이 물음에 정확하게 대답하기 위해서 우리는 또한 '객관적'이라는 말이 어떤 의미로 사용되는가를 알아야 한다. '객관적

[objective]'이라는 것은, ① '주관이 아닌 객관(대상)에 속한'이라는 의미와, ② '하나의 주관에만 해당하는 것이 아니라 모든 주관에 해당하는 보편적인 것'이라는 의미를 지니고 있다.[01] 이에 따라 보면, 이 물음에서의 '객관적'이라는 용어는 ①에 해당함을 알 수 있다. 이것은 당연한 것이다. 역사적 사건은 역사학에서 다루어야 할 하나의 '대상', 곧 '객관'이기 때문이다. 그렇다면 우리가 제기하는 물음은 주로 "기록으로서의 역사는 객관적인가?" 하는 물음이라는 것을 알 수 있다. 이때에도 다시 '객관적'이라는 말의 의미가 문제된다. 그런데 이 경우에 '객관적'이라는 용어는 ①과 ② 모두에 관련되는 것이다. 그래서 '기록으로서의 역사가 객관적이다'라는 것은, '기록이 어떤 개인의 주관적인 판단에 의해 왜곡되지 않고 실제로 일어난 일을 있는 그대로 서술하고 있다'라는 의미를 지닌다.

• 그런데 이와 관련하여 두 가지 상반된 주장이 대립한다. 첫 번째 입장은 역사의 사건들을 객관적으로 파악하고 서술할 수 있다는 입장이며, 두 번째 입장은 역사의 사건들은 이미 지나가서 지금 존재하지 않기 때문에 그것을 있었던 그대로 서술할 수 없다는 입장이다. 각각의 입장에 대해 좀 더 자세히 살펴보자.

---

01 이에 대응하여 '주관적[subjective]'이라는 것은, ① '하나의 주관에만 해당하는(속하는)'이라는 의미 — 객관적(보편타당한)과 대립되는 의미 —와, ② '객관(대상)이 아닌 주관에 속하는'이라는 의미를 지니고 있다(백훈승, 『헤겔 법철학 강요 해설: 〈서문〉과 〈서론〉』, 서광사, 2016, 355 참조).

1.2. 역사의 사건들을 있었던 그대로 파악할 수 있다는 입장 - 실증주의 역사관

• 랑케(Leopold von Ranke, 1795-1886)는 역사의 사건들을 역사가가 편견 없이 객관적으로 서술할 것을 요구했다. 즉 그는 사실을 "있었던 그대로[wie es eigentlich gewesen ist]"[02] 가감 없이 서술해야 하며, 따라서 이때에 자신의 선입견이나 편견을 배제해야 한다고 주장한다. 물론 이 주장 자체는 당위적인 것이다. 그러나 랑케는 역사가가 실제로 역사를 객관적으로 기술할 수 있다는 것을 전제하기 때문에 그렇게 해야만 한다고 주장하는 것이다.

• 이러한 입장에 서 있는 역사학자들은 역사적 사건들을 객관적으로 (있는 그대로) 파악할 수 있다고 믿기에, 완벽한 사료 수집을 위해 노력한다. 그러나 1차적으로, 역사의 사건들의 기록 자체가 이미 기록자의 특정한 입장이 반영된 것으로서, 객관적인 서술이다고 하기에는 무리가 있다. 뿐만 아니라 2차적으로, 그러한 기록들에 대해 우리가 객관적으로 접근하여 객관적인 해석을 내릴 수 있는가 하는 점에 대해 의문이 제기된다. 이렇게 볼 때 우리는 2중적으로 역사적 진실을 파악하는 데 어려움을 겪게 된다.

---

02 Leopold von Ranke, *Geschichten der romanischen und germanischen Völker von 1494 bis 1535*, vol. 1, Leipzig/Berlin, 1824, vi.

1.3. 역사의 사건들을 있었던 그대로 파악할 수는 없다는 입장

• 위와 같은 입장과는 달리 드로이젠(Johann Gustav Droysen, 1808-84)은 역사의 사건들은 이미 지나가서 지금 존재하지 않기 때문에 그것들을 실제로 일어났던 그대로 재구성할 수 없다고 주장한다. 그에게 있어서 '역사적 사실'은 오직 '파악된 사실'일 뿐이다. 그는 『역사학』(*Historik*, 1939)의 서론[Einleitung]에서, 기록으로서의 역사의 상대성에 관해 말한다. 즉, 우리의 수많은 "관념들과 견해들[Anschauungen], 기억들, 경험들, 확신들"은 "더 이상 현존하지 않는, 지나가 버린 사물들과 관계되는 것"이어서 "오직 우리의 정신 속에서 아직도 기억과 관념으로서만 살아있으면서, 정신으로부터 지속적으로 작용하고 함께 작용할 뿐"[03]이라는 것이다. 그는 우선, 서론의 〈시간과 공간〉이라는 항목(6-9)에서 마치 로크(John Locke, 1632-1704)의 인식론을 상기시키는 듯한 서술을 하고 있다. 즉, 그는 물 자체와 그것에 대한 우리의 감각[Empfindungen] 및 지각[Wahrnehmungen]의 관계를 언급하는데, 물 자체는 "푸르거나 달거나 따뜻하거나 높이 울리지는 않으며, 이 현상들은 우리의 해당 감각 속에 그것들의 작용이 유발하는 감각들"(6)이라는 것이다. 이것은 로크가 대상의 제2성질[secondary qualities]이라고 부른 내용과 일치한다.[04] 이로써 드로이젠

---

03 Johann Gustav Droysen, *Historik. Vorlesungen über Enzyklopädie und Methodologie der Geschichte*, hg. v. Rudolf Hübner, 8. unveränderte Auflage, München/Wien, 1977, 5 f. 참조. 이하에서는 쪽수만 기입함.

04 로크는 대상의 제2성질에 대하여 다음과 같이 말한다: "대상 자체 속에서는 실제로는 아무것도 아닌 성질들이지만, 대상의 제1성질들, 즉 대상의 감각할 수 없는 부분들의 크기(부

은, 실제로 일어난 일은 물 자체와 같은 것이어서 우리가 제대로 알 수 없는 것이며, 우리는 다만 그것이 우리에게 나타나고 우리에 의해 해석되는 한에서만 파악될 뿐이라는 점을 시사하고 있다. 그리하여, 기록으로서의 역사는 일어난 일로서의 역사의 "모사[*Abbild*]"가 아니라 하나의 "기호(상징, Zeichen)"(6)로서, 인간에 의해 해석되어야 할 것으로 보고 있다.

이런 맥락에서 그는 칸트가, 사고하는 정신은 물 자체에, 그것의 확실성에 도달하지 못한다는 결론을 내렸다는 점을 다시 거론하면서, 이와 동일한 주장을 사건으로서의 역사에 적용한다. 즉, 탐구로서의 역사는 자기의 내부와 주위에 존재하고 있는 것들이 어떻게 그렇게 형성되었는가를 탐구하기 위해 과거로 향할 수는 없다는 것이다. 왜냐하면 과거는 이미 지나가 사라져 버렸기 때문이다. 따라서 탐구로서의 역사는 아직도 경험적으로 파악될 수 있는 것들 속에서, 우리가 과거에 관

피), 모양, 조직, 그리고 운동에 의해 우리 속에 다양한 감각들을 산출하는 능력인 성질들로서, 예컨대 색, 소리, 맛 등의 성질이다"(Book Ⅱ. Ch.Ⅷ. § 10)이다. 색, 소리, 맛과 같은 제2성질들은 오직 지각자의 주관에만 존재할 뿐이다. 그것들은 전적으로 외부의 대상들과 감관들의 접촉에 의해서 우리들의 내부에 만들어진 결과들이다. 색깔은 일정한 크기의 파장을 가진 광파(光波)가 인간의 시감관(視感官)을 자극할 때 일어난다. 색감각은 이 시감관의 흥분상태에 대한 우리의 느낌이고 빨강, 파랑, 노랑이라는 관념은 이 느낌에 대한 인간 나름의 표현이다. 예컨대 붉은 사과의 '붉음'은 사과 자체 속에 있는 것이 아니라 빛이 사과에 반사되어 우리의 시감관을 자극할 때 우리가 얻게 되는 감각성질인 것이다. 따라서 색(色)감각의 주요원인 중 하나는 빛이다. 그러므로 우리말로는 색깔을 '빛깔'이라고 한다. 맛 성질도 마찬가지다. '설탕이 달다'고 할 때, 설탕의 '닮'은 설탕이라는 객관적 대상 속에 있는 것이 아니다. 설탕의 '단 맛'은 설탕의 입자가 우리의 미각기관을 자극할 때 우리의 미각기관인 혀가 느끼는 맛이며, 따라서 그것은 '주관적인' 성질이다. 여기서 색깔이나 맛이 주관적이라고 하는 것은, 사람마다 제각기 다르다는 의미에서의 개인적·주관적이라는 뜻이 아니라, 인간적·주관적이라는 뜻이다(백훈승, 『서양근대철학』, 전북대학교출판문화원, 2017, 203-4 참조).

해서 경험하고자 하는 바를 찾을 수밖에 없다. 그러나 과거 자체를 재건할 수는 없다. 왜냐하면 우리가 영원히 지나간 과거의 객관적인 사실들을 관찰할 수는 없기 때문이다. 따라서 우리는 과거의 모사를 얻을 수 없다. 우리가 얻을 수 있는 것은 다만 우리의 관념 속에만 있는 것, 단지 상상 속에 있는 상(像, Bild)일 뿐이다. 그리하여 우리의 과제는, 과거의 기억들과 전승들, 잔존물들과 기념물들을 통해, 그것들을 우리에게 남겨놓은 사람들이 원했던바·그들이 말하려고 했던 바를 인식하고자 탐색하는 데에 있을 뿐이다.

그러므로 드로이젠은, 과거들을 객관적으로 확인하는 것은, 마치 원(圓)의 구적법(求積法)[die Quadratur des Zirkels]을 발견하고자 하는 것과 같은 무의미한 일이라고 말한다. 오히려 가치 있는 일은, 과거들에 관한 우리의 1차적인 좁고 단편적이며 불분명한 관념과 이해를 확대하고 보완하고 교정하며 항상 새로운 관점들에 따라 전개하여 제고하는 일이다(19 ff. 참조).

1.4. 역사기록의 주관성과 객관성

• 카아(Edward Hallett Carr, 1892-1982)는 역사는 "역사가와 그의 사실들 사이의 끊임없는 상호작용 과정이자, 현재와 과거 사이의 끝나지 않는 대화"[05]라는 말을 한 적이 있는데, 이 말의 의미는, "역사학으로서

---

05 "a continuous process of interaction between the historian and his facts, and unending dialogue between the present and the past"(Edward Hallett Carr, *What is*

의 '역사'는, 기록으로서의 '역사'를 통해서 사건으로서의 (과거)역사를 발견(확인)하는 끊임없는 작업"이라는 의미로 해석되어야 할 것이다.

• 역사기록의 주관성(상대성) 문제에 대해 좀 더 자세히 생각해보자. 역사적 사건은 각각 1회적으로[once for all, ein für allemal] 발생한 것이고, 이미 발생한 것으로서 그 자체로 확정된 것이다. 그래서 이 확정된 사건을 파악하는 것이 관건(關鍵)인데, 비교적 가까운 시기에 발생한 사건들은 파악하기 용이한 반면, 오랜 시간이 지난 사건들을 정확히 파악하기 어려운 경우가 많다. 더욱이, 우리가 기록을 통해 알게 되는 역사적 사건들의 대부분은 우리가 직접 관찰하지 못한 것들이다. 따라서 대부분의 역사적 사건들의 참모습[진상(眞相)]을 안다는 것은 실로 어려운 일이 아닐 수 없다.

• 그런데 역사적 기록(기록으로서의 역사)이 모든 다 주관적인 것은 아니라는 반론이 제기될 수 있다. 예컨대 1919년 3월 1일에 기미독립선언이 이루어졌다는 것은 우리가 기록을 통해서 알 수 있고, 그것은 변치 않는(틀릴 수 없는) 역사적 사실이 아닌가 하고 말이다. 그러나 이 문제도 반드시 그렇게 볼 수만은 없는 성질의 것이다. 역사의 기록으로는 서류, 그리고 비석 같은 유물 등이 있다. 그러나 우선, 이런 자료들 자체가 모두 객관적이라고 할 수 없다. 왜냐하면 그것들은 당시의 어떤 특정 계급이나 어떤 특정인의 입장에서 쓰이거나 만들어진 것들이기 때문이다. 나는 기록으로서의 역사가 지닌 두 가지 측면과 관련하여 이 문제를 살펴보겠다. 하나는 ① 사건에 대한 정확한 기록(사실에 대한 기록)의 문제이고, 또 하나는 ② 사건에 대한 가치판단(사실에

History?, NY., 1961, 35).

대한 가치평가의 기록)의 문제다. ① 사실에 대한 기록의 경우, 동시대인들이 체험하지 못한 아주 먼 옛날의 일들에 대한 기록들에 대한 사실확인은 불가능하고, 전적으로 기록에 의지하여 사실을 추론할 수밖에 없다. 따라서 이 경우에는 사실이라고 생각된 것에 대한 기록자가 믿을만한 사람인가에 따라 기록에 대한 신뢰도가 결정될 것이다. ② 사실에 대한 가치평가의 기록의 경우에, 우리는 우선 사실여부를 확정한 후에는, 우리 자신의 가치관에 따라 가치평가를 하면 될 것이다.

더욱이 이러한 사료들 모두를 우리가 조사하고 사용하는 것이 아니라 그것들 가운데 일부를 선별하여 분류하여 자료로 사용한다. 즉, 그것들을 분석·해석하고 평가한다. 여기에서 소위 '취사선택'의 주관성이 개입된다.

1.4.1. 사건에 대한 정확한 기록의 문제 — 기록으로서의 역사의 진실성 문제. 역사(의 사건)는 입장(관점)에 따라 다르게 쓰인다

• 우리가 역사기록을 어디까지 신뢰할 수 있는가 하는 것 역시 사건으로서의 역사의 진실성에 접근하기 위해 중요한 문제다. 이미 말한 것처럼, 역사 속에서 일어난 일들은 이미 확정된 것으로서 돌이킬 수 없으며 그런 의미에서 '절대적'이다. 그러나 우리가 그러한 사실 자체에 이르기 어렵다는 것이 문제다. 그런데 이미 일어난 일에 대한 기록을 통해서 역사적 사실을 알 수 있지 않을까? 그러나 여기에서도 우리는 한계에 직면하게 된다. 과연 기록이 얼마나 사실(진실)을 반영하고 있는가 하는 것이 문제다. 즉, 역사는 역사를 쓰는 사람의 주관성과 입장에 따라 달리 쓰인다.

• 우리가 역사적 사건에 대해 올바로 알고 그것의 의미와 가치를 평가하기 위해서 가장 먼저 해야 할 일은 일어난 일(발생한 사건)을 제대로 파악하는 일이다. 그러나 문제는, 과거에 일어난 일을 과연 있었던 그대로 파악할 수 있는가 하는 것이다. 우리의 눈앞에서 일어난 일에 대해서는 아마도 의견이 일치할 수도 있을는지 모른다. 그러나 이마저도 반드시 그러하다고 할 수는 없다. 왜냐하면 우리는 많은 경우, 동일한 사건도 다르게 보기 때문이다. 이는, 우리의 판단력이 상이하기 때문이기도 하고, 사건의 전모(全貌)를 파악하는 것이 인간에게 어렵기 때문이기도 하며, 각자가 보고 싶어 하는 것만을 보려는 우리의 성향(편집성향)이기 때문이기도 하다. 사실파악이 제대로 안 되는 몇 가지 이유를 더 자세히 살펴보자.

사실파악이 제대로 안 되는 이유는, ① 사건에 대한 기록 자체가 없거나 불충분하기 때문에, ② 기록들이 존재하지만, 사실파악의 노력의 없거나 부족하기 때문에 혹은 실수나 부주의로 역사적 사실을 오인하는 경우이기도 하며, 혹은 ③ 기억력의 감퇴나 기억력 자체가 지니고 있는 '기만성(欺瞞性)' 때문이기도 하다. 혹은 ④ 어떤 사실에 대한 〈기억〉이 사람에 따라 다를 수 있기 때문이기도 하다. 우리의 기억은 많은 경우에 우리를 속인다. 동일한 사건에 대해서도 여러 사람이 각기 상이한 측면에 초점을 맞추고 보기 때문에 편파적인 해석이 나올 수 있다. 여기서 ①과 ②는 주로 '오래된' 일들에 관련된 것이고, ③과 ④는 지금 일어나고 있는 사건이나, 비교적 가까운 과거에 일어난 사건과 관련된 것이라고 할 수 있다. 그러나 다른 한편, 위와는 전혀 다른 차원의 문제로, ⑤ 아예 기록 자체를 왜곡했기 때문에 사실이 파악되지 못하는 경우가 있다. 이 문제들을 차례로 살펴보자.

① 사건에 대한 기록 자체가 없거나 불충분하기 때문에 사실파악을 잘 못하는 경우

• 앞에서 말한 것처럼, 비교적 가까운 시기에 발생한 사건들은 파악하기 용이한 반면, 오랜 시간이 지난 사건들을 정확히 파악하기 어려운 경우가 많다. 고대인들의 생몰연대는 잘 알 수 없는 경우가 많다. 이들의 생몰연도는 객관적이지만, ① 아예 생몰연대를 알 수 없다고 물음표로 표기된 기록들이 많고, ② 그것에 대한 기록(기록으로서의 역사)은 주관적이어서, 기록에 따라 생몰연대가 차이가 있는 것을 발견할 수 있다.

• 통상적으로 예수의 탄생일을 양력 12월 25일로 기념하고 있다. 그러나 이것은 고증(考證)과 전혀 부합하지 않는다. 결론적으로 말하면 예수의 탄생일은 BC 6년 5월 14일 경(BC 7년 9월 3일에 잉태된 것으로 추정)[06]이라는 기독교 연구가들의 결론이 있다. 그 몇 가지 증거를 제시하면 다음과 같다. 예수 탄생 시, 세 별 즉 목성, 금성, 토성이 나란히 모이는 현상이 발생하였다. 그런데 목성은 왕(王)을 상징하고 (Jupiter=Zeus) 금성[Venus]은 처녀를 상징하며 토성은 Jupiter의 아버지(Saturn-Kronos)를 상징한다. 이것은 예수가 처녀로부터 태어나 아버지로부터 왕권을 이어받는다는 의미로 해석될 수 있다. 그런데 목성의 태양 공전 주기는 11년이고 토성의 태양 공전주기는 30년인데, 목성과 토성은 20년 마다 한 번 씩 나란히 있게 된다. 목성이 토성을 보통 앞질러 가다가, 잠깐 멈췄다가 다시 앞서 가는 현상은 854년마다 일어난다(이 현상은 케플러가 발견했다). 이 현상은 BC 861년, BC 7년,

---

06 김명현, 동방박사 메시아의 별(동영상).

AD 848년, AD 1702년 등에 나타났다.

또한 예수가 태어날 때 유대의 분봉왕(分封王)이었던 헤롯왕이 BC 4년 3월 11일에 사망했는데, 예수 탄생은 이보다 최소 1-2년 전의 일이다. 왜냐하면 헤롯이 동방박사로부터 예수탄생 이야기를 듣고 난 후, 2살 아래 아이들을 다 죽이라고 명령했기 때문이다. 터툴리안은 사투르니누스(Saturninus)[07]가 시리아를 통치할 때 예수가 탄생했다고(BC 9-6년) 말하고 있고, 성(聖) 클레멘트(Clement[08], 150-220)는, 이집트력(歷)으로 Pachom월(9월) 25일, 즉 이스라엘 력(=음력) lyar (2), 2월 28일이라고 말했는데, 이를 양력(Gregorian력)으로 바꾸면, BC 6년, 5월 14일이 된다. 뿐만 아니라 침례자 요한[09]이 예수보다 6개월 전에 출생한(12월 15일경) 점과도 대체로 일치한다.[10]

② 기록들이 존재하지만, 사실파악의 노력이 없거나 부족하기 때문에 혹은 실수나 부주의로 역사적 사실을 오인하는 경우

• 많은 사람이 확실한 것으로 알고 있던 사실이, 다른 조사와 탐구를 통해 사실이 아닌 것으로 밝혀지는 경우도 있다. 예컨대 줄리어스 시이저가 언제 태어났는지를 우리는 어떻게 알 수 있는가? 물론 시이저가 태어난 연·월·시는 — 물론 사람들이 잘 못 알 수는 있으나 — 이미

---

07 사토르닐루스(Satornilus)라고도 함.

08 Alexandria에 있었음.

09 아버지: 사가랴(제사장: 아비야 반열) / 어머니: 엘리사벳

10 다윗왕은 제사장을 24개 팀으로 구분하여 각 1주일 동안 성전(聖殿)봉사를 하도록 했는데, BC 7년 3월 24일 경은 아비야 반열에서 제비 뽑힌 사가랴(침례자 요한의 아버지)가 성전봉사 하던 때다. 그가 성소에 들어가니 가브리엘 천사가 수태고지(受胎告知)를 했다고 복음서에 전해진다.

정해진 것, 불변하는 것, 객관적인 것이다. 그러나 헤겔이 말하듯, "그 것들 가운데 하나를 알기 위해서는 많은 것이 비교되고, 또한 책들에서 참조되거나 어떠한 방식으로든 탐구되어야만 한다."[11] 즉, 예컨대 수에토니우스(Suetonius), 플루타르크(Plutarch), 아피안(Appian)이 시이저가 살해된 것이 56세 때였다고 말했기 때문에 사람들은 시이저가 BC 100년에 태어난 것으로 믿어왔으나, 헤겔이 죽은 지 몇 십 년 후에 몸젠(Theodor Mommsen, 1817-1902)은, 시이저가 BC 102년에 태어났다는 점을 대부분의 역사가들에게 확신시켰다는 사실을 카우프만은 상기시키고 있다.[12]

③ 기억력의 감퇴나 기억력 자체가 지니고 있는 '기만성(欺瞞性)' 때문

• 이에 대한 예는, 우리들 자신이 일상생활에서 겪는 많은 일들에서도 찾아볼 수 있을 뿐만 아니라, 대한민국의 인사청문회에서도 흔히 볼 수 있는 일이다. 즉, 인사청문회에서 사실을 말하지 않는 것은 두 가지 경우로 나누어볼 수 있을 텐데, 그 하나는 진실을 말하게 되면 자신의 입장이 불리하게 되기 때문에, 진실을 알고 있음에도 불구하고 거짓을 말하는 경우이고, 또 하나는 진실을 말하고자 하지만, 과거에 일어난 사건에 대한 기억이 불충분하거나 잘못되었기 때문에 거짓을 말하는 경우다. 지금 여기에 해당하는 것은 물론, 후자의 경우다.

---

11 G.W.F. Hegel, *Phänomenologie des Geistes*,(PhG로 줄임) hg.v. Johannes Hoffmeister, Hamburg, 1952, 35. § 41.

12 Walter Kaufmann, *Hegel. Texts and Commentary. Hegel's Preface to His System in a New Translation with Commentary on Facing Pages, and "Who Thinks Abstractly?"*, NY., 1966, 63 참조.

④의 경우, 즉 동일한 사건(사실)에 대해서 상이한 여러 서술들과 평가들이 생기는 경우를 예컨대 우리는 아쿠타가와 류노스케(芥川龍之介, 1892-1927)가 1922년에 발표한 「덤불 속」(藪の中, やぶのなか)이라는 단편소설을 통해서 생각해볼 수 있다.[13]

한 남자의 죽음을 둘러싸고 등장인물들은 각기 다른 증언을 한다. 즉, 1. 먼저 다조마루(多襄丸, 도적)는 그 남자[가나자와 다께히로(金澤武弘)라는 이름을 가진 26세의 사무라이]를 자신이 죽인 것이라고 자백한다. 그러나 여자[마사(眞砂)라는 이름의 19세 여인]는 죽이지 않았다고 주장한다. 2. 다음은 기요미즈데라(清水寺)에 은둔해 있던 여자의 참회가 이어진다. 다조마루가 자신을 강제로 욕보이고 나서는 묶여 있는 남편을 바라보며 비웃었다고 한다. 남편은 무어라 표현할 수 없는 번뜩이는 눈빛으로 자신을 노려보았고, 이 모든 것을 지켜본 남편과 함께 살아갈 자신이 없어 남편을 자기 손으로 죽였다고 고백한다. 그것도 남편이 자신을 경멸하며 죽여 달라고 부탁했다는 것이다. 3. 마지막으로 무녀의 입을 빌려 남편의 혼령이 진술하게 된다. 도적은 아내를 겁탈하고 나서 아내를 위로하는 체하며 유혹하려 했고, 아내도 도적의 말에 넘어가는 듯 보였다. 자신은 그 모습을 보며 질투로 온몸을 떨었다고 한다. 마침내 아내는 도적에게 "저 사람을 죽여줘요. 나는 저 사람이 살아 있는 한 당신과 같이 살 수 없어요"라며 미친 듯이 울부짖었다고 한다.

---

13 이 작품을 근간으로 하고 거기에 동 작가의 『라쇼몽(羅生門)』이라는 작품을 도입부와 종결부분에 넣어서 1950년에 『라쇼몽(羅生門)』이라는 영화가 구로사와 아끼라(黑澤明, 1910-98)에 의해 만들어졌고, 이 작품은 1951년에 베니스 영화제에서 황금사자상을 수상하였다.

아내의 울부짖는 소리를 듣고는 도적이 조용히 팔짱을 끼고 내 곁으로 오더니 "저 여자는 어떻게 할 셈인가? 죽일까? 아니면 살려줄까? 대답은 머리를 끄덕이기만 하면 돼. 죽일까?"라고 물었고 이 말만으로 자신은 도적의 죄를 사해주고 싶었다고 말한다. 그 사이 아내는 덤불 속으로 도망갔고, 도적도 자신의 밧줄을 풀어 주곤 사라졌다고 한다. 그리고 지친 몸을 일으켜, 자기 아내가 떨어뜨린 단도를 자기 가슴에 꽂았고 서서히 죽어가는 가운데, 얼마 후 누군가 자기에게 다가와 가슴에 꽂힌 단도를 뽑았고, 그 후 중유(中有)[14]의 어둠 속으로 빠져들어 갔다는 것이다. 소설은 혼령의 이 말을 마지막으로 끝을 맺는다.[15]

이 점과 관련하여 우리는 가다머에 있어서의 <이해의 역사성>, 즉 이해[Verstehen]와 선입견[선판단, Vorurteil]의 문제를 생각해볼 수 있다. '이해'는 인간의 존재방식이다. 즉, 인간이 다른 동물이나 사물과 다른 것은 바로, 인간이 끊임없이 의미에 대한 물음을 던지고 그 물음을 통해서 얻어지는 의미를 이해하고자 하면서 산다는 점이다. 그런데 인간의 이러한 이해는 언제나 선입견에 의해서 제한되어있다. 인간은 자신이 처한 상황에서 자신에게 주어진 한정된 이해의 지평 위에서만 어떤 것을 이해할 수밖에 없기 때문이다. 이것은 역사적이고 시간적

---

14 <중음>(中陰)이라고도 한다. 성불하지 않는 한, 영혼은 육체의 죽음과 더불어 <중유>(中有)라고 하는 시간으로 들어가는데, 그 기간은 49일간이다. 이 기간 동안에, 다음에 환생할 장소가 정해진다. 그래서 조금이라도 좋은 곳에 태어날 수 있도록 스님을 통해 공양(供養)을 바친다. 이 일은 초이레부터 시작하여 7일마다 행해지며, 이윽고 49일째가 되는 날, 그 사람이 생전에 했던 좋고 나쁜 일에 따라 환생할 곳이 정해진다. 여기서, 중음에 있는 시간이 끝난다. 이것으로 '중음을 채운 것'이 되므로 '만중음(滿中陰)'이 된다.

15 芥川龍之介, 「藪の中」, 『나생문(라쇼몽) 외(한국어판)』, 소와 다리, 2015, 179-200; [네이버 지식백과] 덤불 속 [藪の中, やぶのなか](낯선 문학 가깝게 보기: 일본문학, 2013.11., 손지연, 최충희, 위키미디어 커먼즈).

인 존재자인 인간의 숙명이기도 하다. 우리는 "선입견을 가지고 텍스트를 읽고 선입견이 우리의 선이해(先理解, Vorverständnis)를 규정한다."[16] 계몽주의에 의해 선입견이라는 개념이 부정적인 의미로 부각되었지만, 원래 선입견이란, 어떤 사물의 의미를 규정하는 모든 요소들을 최종적으로 검토하기 전까지 내리는 판단을 뜻하며, 원래 법률용어 Vorurteil은 재판과정에서 최종판결을 내리기 전에 이루어지는 '예비평결'을 뜻한다. 따라서 '선입견'이 반드시 잘못된 판단을 뜻하는 것은 아니다. 이 개념은 긍정적으로 평가될 수도 있고 부정적으로 평가될 수도 있다. 선입견은 "인간적 권위에 의해 생겨난 선입견"과 "경솔함으로 인한 선입견"으로 구별될 수 있다.[17] 이처럼 가다머는 계몽주의로 인해 부정적인 함의를 갖게 된 이 개념의 명예를 회복시키려고 많은 노력을 기울인다. 가다머는 정당한 선입견을 언급함으로써 권위와 전통의 명예를 회복시키고 또한 이성과의 대립을 부인한다.

• 이번에는, 사건이 아니라 어떤 대상에 대한 파악이 상이한 경우를 <장님과 코끼리> 이야기를 통해서 살펴보자. 석가모니 부처가 장님과 코끼리에 관해 한 다음과 같은 이야기를 우리는 잘 알고 있다. "선남자(善男子)[18]여, 어떤 임금이 대신에게 분부하되 '너는 코끼리를 한 마리 가져다가 소경들에게 보여라' 하였다. 대신은 임금의 명령을 받고, 여러 소경을 모아놓고 코끼리를 보였더니, 소경들은 제각기 손으로 만져보았다. 대신은 돌아가서 임금에게 여쭈기를, 신이 코끼리를 보였나이

---

16 Hans-Georg Gadamer, *Hermeneutik I. Wahrheit und Methode, Grundzüge einer philosophischen Hermeneutik* (4th edn.), Tübingen, 1986(1960), 272.

17 Gadamer, ebd., 275 ff. 참조.

18 성품이 착한 남자. 불법(佛法)에 귀의한 남자.

다. 그때에 임금은 여러 소경들을 불러서 각각 묻기를 '너희들은 코끼리를 보았느냐?' 소경들은 제각기 보았다고 대답하였다. 임금은 코끼리가 무엇과 같더냐고 물었다. 상아를 만져 본 사람은 코끼리 모양이 무와 같더라 하고, 귀를 만져 본 사람은 코끼리가 키와 같더라 하고, 머리를 만진 사람은 코끼리가 돌과 같더라 하고, 코를 만진 사람은 코끼리가 절굿공이와 같더라 하고, 다리를 만진 사람은 코끼리가 나무절구와 같더라 하고, 등을 만진 사람은 코끼리가 평상과 같더라 하고, 배를 만진 사람은 코끼리가 독과 같다 하고, 꼬리를 만진 사람은 코끼리가 동아줄과 같더라고 여쭈었다.[19] 선남자여, 저 소경들이 코끼리의 전체를 말하지 못하였으나 말하지 않은 것도 아니니, 만일 그 여러 모양이 모두 코끼리가 아니라면 그것을 떠나서는 따로 코끼리가 없느니라."[20] 원문의 정확한 내용파악을 위해 번역문을 그대로 인용하였으나, 어색한 번역에 대해 언급할 필요가 있다. 즉, 임금이 대신들로 하여금 소경들에게 코끼리를 보이라고 할 때의 '보이라'는 것은 '제시하라'는 의미로 이해되어야 하고, 임금이 소경들에게 코끼리를 '보았느냐'고 묻고 그들이 '보았다고' 대답할 때의 '보았다'는 것은 '확인했다'는 의미로 이해되어야 한다는 점이다. 그런데 이 경우 장님들의 잘못은, 부분을 전체로 착각한 점이다. 즉, "코끼리는 전체 모습이 무 같은 모습이다"라는 식으로 주장한 것이 잘못이다. 그러나 만약에 그들이, 코끼리라는 동물은 무 같이 생긴 측면도 있고, 키 같이 생긴 측면, 돌처럼 보이는 측면 혹은 절굿공이 같은 측면도 있다는 식으로 말했다면 아무런 문제가 없었을 것이다. 이론적으로는,

---

19 이를 가리켜 맹인모상(盲人摸象), 군맹무상(群盲撫象), 군맹상평(群盲象評)이라고 한다.

20 이운허·김달진 역, 『大般涅槃經 ② 外』, 동국대학교부설 동국역경원, 1995(1990), 80.

한 사람의 장님 또는 여러 명의 장님들이 코끼티 전체를 그 부분을 나누어 순차적으로 살펴보고 그 모양을 순차적으르 부가·종합해나간다면, 마침내 코끼리의 온전한 모습을 파악할 수도 있을 것이다. 이러한 대상 파악 방법이야 말로 본래의 변증적인 사유방식이며, 이는 바로 우리의 인식이 부분적·저차적인 단계로부터 점차로 고차적 내지는 온전한 인식에로 이르는 과정이며 방법인 것이다. 이 경우, 그 각각의 모습인 1, 2, (…) n은 프레게의 지시론적 의미론으로 말하면 의미[Sinn]에, 그리고 A라는 물체는 지시대상[Bedeutung]에 해당하는 것으로 볼 수 있다.

⑤ 아예 기록 자체를 왜곡했기 때문에 사실이 파악되지 못하는 경우

• 이것은 역사적 사실을 의도적으로 왜곡하는 경우다. 즉, 사실파악은 제대로 되었지만 그것을 인정하면 자기에게 불리하게 될 것이기 때문에 사실을 인정하지 않을 수 있다[일본의 역사-왜곡, 중국의 동북공정(東北工程), '단군조선'을 '단군신화'로 왜곡하는 일 등을 생각해보라].

그렇다고 해도, 우리는 역사적 진실에 접근하기 위해서는 역사의 기록, 즉 사료(史料)를 매개체로 삼아야 한다. 그러나 각각의 사료는 나름대로의 편향성을 지니고 있음을 전제하고, 가능한 한 신빙성 있는 다수의 사료들을 비교·탐구함과 동시에, 가능한 한 합리적인 추론을 통해 진실에 접근하려는 노력을 경주해야 할 것이다.

1.4.2. 사건에 대한 해석 및 가치판단의 차이

• 앞에서 말한 것처럼 역사의 기록에는 기록자의 '주관성'이 개입될 수 있는바, 이에는 그 사람의 ① 역사관(가치관), ② 시대적·지역적 한

계 등이 포함된다. 다시 말하면 역사의 기록에는 특정한 계급이나 계층의 이해관계가 반영될 수 있다는 말이다.

역사의 기록은 대체로 당시의 지배권력에 의해 이루어지므로 지배권력의 이해관계를 반영하는 경향이 있다고 생각할 수 있다. 따라서 역사적 사실을 그들의 이익에 부합하도록 과장할 수도 있고, 자신들의 치부를 드러내는 사건은 기록하지 않거나 극소화할 수 있다.

• 뿐만 아니라, 사실의 단순한 기록에 있어서만이 아니라, 사실에 대한 해석이나 가치평가에 있어서도 편견과 왜곡이 발생할 수 있다. 예컨대 링컨의 남북전쟁을 당시의 북군(北軍)의 입장에서는 억압받고 있는 노예의 자유를 위한 해방전쟁으로 규정하는 반면에, 남군(南軍)의 입장에서는, 표면적으로는 노예 해방전쟁으로 보이는 전쟁이, 사실은 남쪽의 노예를 북쪽의 공장노동자로 사용하기 위한 전략을 내포하고 있었다고 볼 수 있다. 또한 인도에서의 '세포이의 항쟁[Sepoy Mutiny]'을 '세포이의 반란'으로 표현하는 입장도 마찬가지다. '세포이'는 식민 지배국인 영국의 용병인데, 이들의 봉기는 자신들이 받는 부당한 처우에 대한 것이기도 하지만, 다른 한편으로는 식민 지배국인 영국으로부터 독립하기 위한 해방운동이기도 하였다. 따라서 이러한 항쟁을 '반란'이라고 표현하는 것은 식민 지배국인 영국의 입장을 중심으로 한 것이다. 마찬가지로, 식민 지배국인 일본의 압제로부터 독립하기 위한 해방운동인 '3.1운동'을 '3.1반란'으로 표현하는 것은 일본의 입장이며, 우리에게는 3.1(기미)만세운동 내지 3.1(기미)독립운동이다.

• 이순신 장군이 무과(武科)시험을 치르는 중, 말에서 떨어진 사건을 두고서도 상이한 평가가 나올 수 있다. 그를 칭찬하는 쪽에서는, 비록 그가 말에서 떨어지기는 했지만 기지를 발휘하여 버드나무 가지를 꺾

어 부목(副木)을 삼고 다시 말에 올라 달려서 시험에 합격할 수 있었다고 주장하는 반면, 비판적인 시각으로 보는 사람은, 무과시험에 응시하는 사람은 말을 능숙하게 다루고 탈 수 있어야 하지만 이순신은 그렇지 못했다고 비난할 수도 있는 것이다.

II. 역사와 설명

1. 증명과 설명

1.1. 증명

• 증명[proof]과 설명[explanation]은 어떻게 다른가? 양자 모두 논증[argument]과 관련된다는 점에서는 차이가 없다. 우선 증명이 무엇인지 알아보기 위해 기초개념부터 살펴보자.

1.1.1. 개념, 판단, 추리

1.1.1.1. 개념(概念, concept, notion; Begriff)

• '개(槪)'는 명사로는 '평미레', '평목(平木)'을, 동사로는 '평미레질 하다'를 뜻하고, '념(念)'은 '생각'이라는 뜻. 한다. '평미레'란, 말이나 되로 곡식을 될 때 윗부분에 쌓인 곡식을 밀어서 고르게 하는 원기둥꼴의 나무방망이를 가리킨다. 예컨대 됫박에 쌀을 수북이 담은 후에, 위에 올라온 부분을 평미레로 밀어내면 한 되의 쌀이 계량된다. 이 같은 일

을 되풀이 하면 '한 되의 쌀'이라는 같은 양의 곡식을 여러 번 만들어낼 수 있다. 이때, 됫박 위에 쌓여 있다가 평미레에 의해 '됫박 밖으로 밀려난 곡식'과 '됫박 안에 들어있는 곡식'이 구별된다.

우리말 개념(槪念)에는 바로 이런 의미가 들어 있다. 우리가 개념 — 보편개념(일반개념) — 을 만드는 과정을 살펴보면 이런 사실을 잘 알 수 있다. 예컨대 '개'라는 개념을 살펴보자. '개'라는 이름으로 불리는 수많은 개체들을 비교해보면 전적으로 '동일한' 것은 없다. 뿐만 아니라 '진돗개'라는 같은 이름으로 불리는 하나하나의 '개들' 가운데 동일한 것은 없다. 그럼에도 불구하고 우리는 그것들을 모두 '진돗개'라는 이름 아래 포섭하여 부른다. 왜냐하면 그 개체들 간에는 차이점과 더불어 '공통점'이 존재하기 때문이다. 이때, 차이점이란, 위에서 말한 바와 같이, 평미레에 의해 '됫박 밖으로 밀려난 곡식'에 해당하고, 공통점이란, '됫박 안에 들어있는 곡식'에 해당한다. 이처럼 (보편)개념이란, 공통점을 지니고 있는 사물들에 대해 부여한 '이름[명사(名辭), term]'이라고 할 수 있다. 그리고 이렇게 하는 일을 가리켜 '개념화한다[conceptualize]'라고 말한다.

'됫박 안에 들어있는 곡식'은 소위 '본질(本質)'이라 할 수 있고, '됫박 밖으로 밀려난 곡식'은 '우유적(偶有的) 속성'이라고 할 수 있다. 같은 이름으로 불리는 사물들에는 공통점(이것을 본질이라 한다)이 있을 뿐만이 아니라 차이점도 존재한다. 예를 들면, '책상'이라는 개념을 살펴보자. 현실에 존재하는 수많은 책상들은 모두 다, 그 위에 책을 올려놓고 볼 수 있도록 만들어져 있다. 만일 어떤 물체를 책상이라고 부르기는 하는데, 우리가 그것을 사용하여 책을 볼 수 없다면 그것은 책상이 아닌 것이다. 그러나 책상을 구성하는 재료와 모양은 다를 수 있고 부수적인 기능들에 있어서의 차이도 존재할 수 있다.

• 개념에 해당하는 영어에는 크게 'concept'와 'notion'이 있는데, 전자는 'con(함께)'과 'capere(잡다)'라는 단어로 이루어져 있다. 여기에도 공통성을 뜻하는 'con'이라는 단어가 포함되어 있다. 'notion'은 'notare [know]'라는 라틴어에서 유래한다. 어원으로 볼 때, 이 용어는 어떤 대상의 이미지를 떠올리는 것과 관계되는 것 — 이에 해당하는 것이 바로 '관념(觀念)'·'표상(表象)'이다 — 이 아니라, 대상을 개념적으로 파악하는 것(즉, '알다')을 뜻함을 알 수 있다. 개념에 해당하는 독어는 'Begriff'이다. 이 단어는 begreifen이라는 동사에서 나왔는데, 대상을 '철저히(함께)', '움켜쥠(잡음)', '파악(把握)하다(잡다)', '이해하다'를 의미한다. 영어로는 'conceive[명: concept]', 라틴어로는 'comprehendere'에 대응한다. 이렇게 볼 때 이것은 또한 니콜라우스(Nicolaus Cusanus, 1401-64)에 있어서의 'complicatio [주름 잡고 있음, 접힘]'에 해당한다. 동물의 수태(受胎)·임신(姙娠)을 영어로 'conception'이라고 한다. 수정란(受精卵)은 자신 속에 장차 전개될 현실태들을 가능성으로서 꽉 잡고 있다.

• 개념은 '생각'이다. 개념이 언표(言表)된 것이 명사(名辭, term)이고, 판단이 언표되면 진술이 되며, 추론을 언표하면 논증(論證, argument)이 된다.[21]

---

21 Wesley C, Salmon, *Logic*, Englewood Cliffs, N.J., 1963, 8 f. 참조.

	생각의 차원		언어(문자)의 차원
1	개념(槪念) [concept]	⇨	명사(名辭) [term]
2	판단(判斷) [judgment]	⇨	진술(陳述) [statement]
3	추리(推理) [추론(推論), reasoning, inference]	⇨	논증(論證) [argument]

1.1.1.2. 판단(判斷, Judgment, Urteil)

• 개념 + 개념 ⇨ 판단(판단의 단계에 이르러야 비로소 진위(眞僞)를 말할 수 있게 된다)

• 한자(漢字) '판단(判斷)'은 칼[刀]을 가지고 반(半)으로 나누는 모습과 도끼[斤]로 실타래[㡭]를 자르는 모습을 표현한 것이다.[22] 예컨대 '내 앞에 있는 이 꽃'이라는 개념은 분할되지 않은 채로 존재한다. 그런데 만약 내가 '이 꽃은 향기롭다'라는 판단을 내리면 '이 꽃'은 주어와, 그것의 속성을 드러내는 술어로 분열된다. '판단하다'를 뜻하는 영어 'judge'에는 이런 의미가 포함되어 있지 않다. 그것은 프랑스 고어인 'jugier'에서 유래하며, 그것은 다시 라틴어 'iudicem'에서 나왔는데, 이것은 '권리, 법, 정의'를 뜻하는 'ius'와 '말하다'를 뜻하는 'dicere'의 합성어다. 따라서 영어 'judge'의 어원적 의미는 '정의롭게 말하다'가 된다.[23]

그러나 '판단'을 뜻하는 독일어 'Urteil'은 어원적으로 "근원[Ur] 분

---

22 https://hanja.dict.naver.com/#/entry/ccko/8892da6486674f838C48728723742228 참조.

23 https://www.etymonline.com/search?q=judge 참조.

할[teilen]”을 뜻한다. 따라서 횔더린은 다음과 같이 말한다: “판단[Urtheil]은 최고의, 엄밀한 의미에 있어서의, 지적 직관에서 가장 내면적으로 통일된 객관과 주관의 근원적인 분리다. 판단은 그로 말미암아 비로소 객관과 주관이 가능하게 되는 분리, 즉 근원-분할[Ur=Theilung][24]이다.”[25]

1.1.1.3. 추리(推理)와 논증

1.1.1.3.1. 추리

• 영) reasoning[26], ratiocination, illation, inference[27] / 독) Schliessen, Schluß

---

24 헤겔도 피히테 및 횔더린과 기본적인 인식을 공유하고 있다. 다음의 구절들을 참고할 것: “우리말의 판단이라는 말의 어원학적 의미는 더욱 심오하여, 최초의 것인 개념의 통일과, 근원적인 분할인 개념의 구별을 표현하는데, 이것이 판단의 참뜻이다”(Enz. § 166, TW 8, 316); “판단은 개념의 자기 자신을 통한 분열이다”(GW 12, 55); “판단은 (…) 근원적인 일자(一者)[Einen]의 근원분할이다”(ebd.). 그러나 독일어 Urteil(-en)을 이런 의미로 해석하는 것은 비판받는다. 인우드(M.J. Inwood)에 의하면 ‘urteilen’에서의 ‘ur-’는 ‘근원적인, 원초적인’을 뜻하지 않고, ‘erteilen’[주다, 나누어주다, award]에서와 같이 ‘er-’에 해당한다고 말한다. 그리하여 urteilen은 본래, ‘주다, 할당하다[allot]’라는 말이고, ‘Urteil’은 주어진 것 혹은 할당된 것을 가리켰다는 것이다. 가브리엘과 짠트바잌도 같은 의견을 제시한다. 즉, 이 단어는 ‘(Recht) erteilen[(권리를) 부여하다]’에서 도출되었다는 것이다. 만약 이 견해가 옳은 것이라면, 횔더린은 이 단어에 자기 자신의 의도가 포함된 의미를 부여했다고 할 수 있을 것이다. 그러나 이 견해가 옳을 경우에도 우리는, 판단을 내릴 때에 우리가 어떤 존재자를 ‘주어와 술어에 할당하여 나누어 준다’고 해석할 수 있을 것이므로, 이 경우에도 마찬가지로 urteilen에 ‘분리’나 ‘분할’의 의미를 부여할 수 있다고 생각한다(백훈승, 『헤겔과 변증법』, 서광사, 2022, 274 참조).

25 Friedrich Hölderlin, *Sämtliche Werke und Briefe. BdII*, *hg. v.* Michael Knaupp, Darmstadt, 1998, 50.

26 추리란, 이성이 하는 일이기에 reason에 ‘ing’를 붙여 이 단어를 만들었다.

27 infer < inferre < in(= into) + ferre(= bring)

• 추론(推論)이라고도 한다. 미리 알고 있는 하나 이상의 판단(전제)으로부터 새로운 하나의 판단(결론)을 이끌어내는 것이다.[28]

• 추리는

1) 언표된 것이 아니라 심리적 활동이며, 추리를 진술하면 논증이 된다.[29] 추리는, 그 과정의 출발점으로 받아들여지는 하나 이상의 명제들을 근거로 하여 어떤 명제가 긍정되는 활동이다.[30]

2) 추리의 전제·결론은 의견, 신념, 지식 등이다.

1.1.1.3.2. 논증

• 논증이란, 전제와 결론으로 이루어진 일군의 진술이다. 하나의 논증은 결론[conclusion]이 되는 한 진술과, 그것을 입증하는 증거로서 제시된 하나 이상의 진술들로 구성된다. 증거가 되는 진술들을 '전제들[premises[31]]'이라 부른다.[32]

1.2. 정당화[justification]·증명[proof]·설명[explanation]

• 전제로부터 결론으로 가는 것을 추리(추론)라 하고, 결론으로부터 전제로 가는 것, 그리하여 결론의 옳음을 드러내는 행위를 '정당화', '증

---

28 신기철·신용철 편, ebd., 3294 참조.

29 Salmon, ebd. 참조.

30 Irving M. Copi, *Symbolic Logic*. fifth edition. NY./London, 1979, 2 참조.

31 premise < praemissa < prae (before) missum, mittere (send) = put before

32 Salmon, ebd., 3 참조; Copi, ebd. 참조.

명(입증)' 혹은 '설명'이라고 한다. 그런데 '증명'과 '설명'은 어떻게 다른가? '설명'은 결론을 이미 옳은 것으로 승인하고 있는 상태에서 그 이유를 제시하는 것을 가리킨다. 예컨대, 내 앞에 있는 컵 속에 들어 있는 용액이 산성(酸性)을 띠고 있다는 것을 상대방이 알고 있지 못할 경우 그는 나에게 이 용액이 산성이라는 것을 '설명해' 보라고 하지 않고 '증명해' 보라고 말할 것이다. 그리고 그 때 나는 증명을 위해 푸른 리트머스 종이를 그 용액 속에 넣어서 리트머스 종이가 붉은 색으로 변하는 것을 그에게 확인시켜 줌으로써 그 용액이 산성이라는 점을 그에게 '증명'할 수 있을 것이다. 그러나 예컨대 "사람은 죽는다"라는 명제가 있을 때, 상대방은 나에게 사람이 왜 죽는지 증명해 보라'고 말하지 않고 '사람이 왜 죽는지 설명해 보라'고 말한다. 왜냐하면, 사람이 죽는다는 것은 누구나 인정하고 있는 '사실'이기 때문이다. 이처럼 어떤 사람의 주장의 '성격'에 따라, 그 주장은 증명되기도 하고 설명되기도 하는 것이다.

• 만일 어떤 논증이 그 결론에 대한 정당화를 시도한다면 두 가지 문제가 일어난다. ① 그 전제들은 옳은가? ② 그 전제들은 결론과 올바르게 관련되어 있는가? 만일 이 둘 중의 어느 하나라도 부정된다면, 그 정당화는 만족스럽지 못하다.

형식논리학은 두 번째 문제에만 관계한다. 어떤 논증이 논리적 분석을 받게 되면, 이 '관계'가 문제의 초점으로 등장한다. 형식논리학은 전제들의 진리성(옳음)을 다루는 것이 아니라, 전제들과 결론 사이의 관계를 다룬다.

논리학의 근본적인 목적들 중의 하나는, 논리적으로 올바른 논증들과 논리적으로 올바르지 못한 논증들을 구별하는 방법들을 마련하는 것이다. 어떤 논증이 지닌 논리적인 올바름과 올바르지 못함은 오로지 전제들과 결론 사이의 관계에만 의존한다. 논리적으로 올바른 논증에 있어서는 그 전제들이 결론에 대하여 다음과 같은 관계를 가진다. 즉, 만일 전제들이 옳다면, 이 사실은 그 결론을 옳은 것으로 받아들여도 좋을 훌륭한 근거를 만들어 준다.

• 논증의 표준형식: 전제들을 먼저 쓰고 난 다음에 결론을 쓰고, 결론 앞에 ∴표를 사용하여 결론을 표시한다. 그러나 일상의 글들 속에서는 결론이 맨 앞 또는 중간 또는 맨 끝에 오기도 한다.[33]

• '증명(證明)'은 '입증(立證)' 혹은 '거증(擧證)'이라고 하는데, 여기에는 다음의 두 종류가 있다.

1) 논증(論證, demonstration): 이것은 순전한 이성에 의한 논리적인 증명이다.

2) 검증(檢證, verification[34]): 이것은 감각경험을 통한 증명이다.

1.3. 논증에서 고려해야 할 두 요소

1) 타당성(妥當性, validity): 전제를 옳다고 가정했을 때, 그 전제로부터 결론이 논리적으로 필연적으로 도출될 경우, 그 논증이 갖는 성격

2) 완벽성(完璧性); 정연성(整然性, soundness): 타당한 논증 가운데, 전제가 모두 옳은 논증이 갖는 성격

33 Salmon, ebd., 5 ff. 참조.

34 < verus(true) + facere(make)

※ 진술: '옳다[right, true]' / '그르다[wrong, false]'
논증: '타당하다[valid]' / '부당하다[invalid]'

• 옳음과 그름은 명제나 진술의 특성을 나타내며, 또한 그들이 표현되는 서술문의 특성을 나타낸다고 말할 수도 있다.

• 그러나 논증은 옳거나 그르다는 말로가 아니라 '타당한'이나 '부당한'이라는 말로 적절히 그 특성을 나타낼 수 있다(그러나 어떤 논리학자들은 논리적으로 옳은 진술의 특성을 나타내는 데, '타당한'이라는 용어를 사용하기도 한다).

• 논증의 결론의 옳음을 확립(입증)하려면 두 가지 조건이 충족되어야 한다. 즉,

1) 논증이 타당해야 하며

2) 전제가 모두 옳아야 한다. 이런 논증을 '완벽(정연)하다[sound]'고 한다.

• 전제의 옳고 그름을 결정하는 것은 일반적인 과학적 탐구가 해야 할 임무다. 왜냐하면, 전제는 적어도 어떤 주제가 되는 문제[subject matter]에 관계될 수 있기 때문이다. 그러나 논증의 타당성·부당성을 결정하는 것은 연역논리의 특수한 영역이다.[35]

---

35 Copi, ebd., 4 f. 참조.

2. 설명

• 학문(의 영역)에서의 설명이란, 아주 일반적으로 말하면 현상들을 법칙에로 환원하는 것이다. 예컨대 돌멩이가 떨어지는 이유를 이해하는 것은 낙하법칙을 통찰하는 것이고 번개가 치는 이유를 이해하는 것은 전기의 법칙을 인식하는 것이다. 개별적인 사건은 법칙의 사례로 취해진다. 그리고 법칙 속에는 모든 사례들의 보편자가 총괄되어 있다. 예컨대 사람들은 번개가 치는 사건은 전압의 양극(兩極)법칙에 상응하며 이러한 전압의 법칙 속에서 단순한 전기가 표현된다고 말한다.[36]

지성의 작용은 — 특히 자연과학에서 — 법칙을 통한 특정한 현상들의 "설명"으로서 수행되는데, 예컨대 천둥·번개현상을 전기의 법칙을 통해 설명하는 것이다. 이러한, 법칙으로 가져 옴[Auf-ein-Gesetz-Bringen]으로서의 설명은 하나의 진실을 나타낸다. "설명"은 설명되어야 할 것, 예컨대 전기력의 표현으로서의 번개라는 현상과 전기의 법칙 사이에 구별을 정립한다.

---

36 Fink, *Hegel. Phänomenologische Interpretationen der "Phänomenologie des Geistes,"* Ffm., 1977, 149 참조.

2.1. 설명의 구조

2.1.1. 물체의 자유낙하에 대한 설명

물체의 낙하는 낙하법칙에 따라 이루어진다(낙하법칙의 지배를 받는다.)
낙하법칙은 다음과 같다: d(s or h) = 1/2 gt2.

(현상/사건) 80m 높이에서 야구공을 자유낙하 시켰는데, 4초 후에 지면에 도달했다(야구공이 80m 높이에서 떨어지는 데 4초가 걸렸다.)

(단, 중력가속도: $10m/S^2$)

※ d = distance / s = space / h = height / g = gravity acceleration (≒$9.8m/S^2$)

- 1) 낙하하는 힘의 표현인 낙하현상과 낙하법칙을 구별한다.
  2) 낙하현상은 낙하법칙을 인식할 수 있는 근거가 되고, 낙하법칙은 낙하현상의 설명근거(존재근거)가 된다.

2.1.2. 번개[37]현상의 설명

1) 자연현상은 자연법칙에 따라 일어난다.
2) 번개는 자연현상이다.

---

37 번개란, 구름과 구름 사이의 혹은 구름과 지면 사이의 음전기가 이동하면서 공기와 충돌하여 발생하는 빛이다.

3) 전기법칙은 자연법칙이다.

4) 번개는 여러 자연법칙들 가운데 전기법칙에 따라 일어날 수 있다 [1)~3)으로부터].

번개가 친다[번개가 치는 것은 전기력의 표현(표출)이다].

1) 전기력과 전기법칙 사이에 구별을 정립한다

2) 번개현상은 전기법칙을 인식할 수 있는 근거가 되고, 전기법칙은 번개현상의 설명근거(존재근거)가 된다.

• 번개가 친다. 그런데 "번개현상은 왜 일어나는가?"라는 물음에 대해서 우리는 "전기법칙이 존재하기 때문이다"라고 대답할 수 있다. 그러나 우리는 또 계속하여 "그렇다면 전기법칙은 왜(어떻게) 존재하는가?"라고 물을 수 있을 것이다. 그런데 위의 1과 2에서, 결론으로부터 전제에로 이동하는 것이 <설명>이다.

2.1.3. 거짓설명의 예: 아편(阿片)의 수면(睡眠)효과

• 몰리에르(Molière, 1622-1673)는 자신의 희극(喜劇)들 가운데 하나(『거만한 환자』, der eingebildete Kranke)에서, 유명해진 예를 들고 있는데, 그것으로 그는 당시의 의사교육(醫師教育)의 비학문성을 폭로하고 있다:

* 시험관이 묻는다: "아편은 왜 잠들게 합니까?(Quare opium facit

dormire?)"

* 수험생이 대답한다: "아편은 잠들게 하는 것이 그것의 본성인, 잠들게 하는 힘을 가지고 있기 때문입니다(Quia est in eo virtus dormitiva, cuius eat natura sensus assoupire.)"

아편이 가지고 있다고 주장되는 "잠들게 하는 힘"은 그 주장으로부터 독립적으로 평가되지 않으므로, 이 외양상의 설명은 순전히 언어적인 트릭(술책, 속임수)에 근거하고 있다. 사건들을 설명할 목적으로 이 사건들에 추후적으로, 이 사건들과 독립하여 경험적으로 확립되고 검사될 수 없는 어떤 개념의 구성물(예: 힘, 경향, 충동, 본능, 동기, 등)이 형성되는 경우, 이렇게 제시된 설명은 단지 "개념의 허구[Begriffsdichtung]"에 불과한 것이지 결코 학문적 설명으로 용인될 수 없다.

이러한 사실은, 모든 사건은 그것이 발생한 후에 이런 종류의 "설명"으로 "설명된다"는 점으로 보아서 분명히 알 수 있다. 왜냐하면 이런 종류의 설명은 항상 "작동하고 있기" 때문이다. 우리가 그런 설명논증(설명이 포함된 논증)을 사용하기 위해서는, 특수한 사상(事象)이나 실제의 원인-결과 관계에 대한 어떤 지식도 필요하지 않다.[38]

---

38 http://de.wikipedia.org/wiki/Pseudo-Erkl%C3%A4rung.

3.1. 역사기술학[Historiographie]의 실마리는 방법론적·인식론적인 특징을 지니고 있다.

1) 방법론적인 측면: 감각적·세속적 현실을 평가하고, 또 이와 더불어 새로운 대상이 열리게 된 것 — 즉, 신화적·초월적 세계가 아닌 현실의 길(방법)을 택한 것 — 은 방법적인 측면을 강조한 것과 관련된다.

2) 인식론적인 측면: 설명에 대한 요청과 진실에 대한 요청이 특징으로 나타난다.

① 설명에 대한 요청: 설명에 대한 요청에서는 시간적으로 이전의 것과 나중의 것 간의 연관성을 파악하는 일이 문제인데, 이 연관성을 필연적인 것 — 의미 심장하고[sinnvoll], 합리적인 것 등 — 이라고 입증하는 일이 문제다.

② 진실에 대한 요청: 진실에 대한 요청의 경우, 역사기술은 예술이나 시와는 달리, 그것이 보고하는 것의 객관성을 보증하고자 한다.

① 첫 번째 요청은 헤로도토스가 『역사』의 도입명제로 언급하고 있다: "(…) 그러나 그들은 특히 어떤 이유에서 — 또는 어떤 잘못[Schuld][39]으로 — 서로 전쟁을 하게 되었는지 …)"

39 여기서 '잘못'으로 번역된 원어는 'aitia(αἰτία)'인데, 이것은 잘못, 책임, 원인[guilt,

• 여기서 관건(關鍵)[40]이 되는 것은, 역사를 '설명하는 것'이다. 즉, 어떻게 나중의 것이 이전의 것에서 출현하는지를 보이는 것이다. 역사를 설명한다는 것은, 근원적으로 볼 때 시간적인 연관성을 정초하는 것을 뜻한다. 이는 다양한 방식으로 나타날 수 있다. 역사적 설명의 원형은 — 이 원형은 특히 신화의 토대를 이루고 있다 —, 헤로도토스가 사용한 'aitia'라는 개념의 2중적인 의미, 즉 '원인'과 '죄(잘못)'에서 감지된다. 즉, 죄를 짓고 이에 대해 벌을 가하는 귀결관계는 엄격한 인과율이라는 생각에 알맞은 모델이다.[41] 이 귀결관계는, 지나간 것이 현재와 미래를 지배한다는 것을 상징적으로 표현한다.[42]

• 시간적·인과적인 연관성은 법적인 관계에서 유래한다. 이러한 생각은 고대의 사유, 즉 신화적인 설화[43], 법적인 표상 그리고 자연철학적인 사변(思辨)[44] 등에서 다양하게 변형되어 표현되고 있다. 이러한 법칙성 가운데 일부는, 탈신화화(脫神話化)된 세계상(世界像)에서도 배경으로 남아있다. 예컨대, 권력자들이 불가피하게 실각한다든지 오만(傲慢)과 과도(過度)함(무절제)[Maßlosigkeit]에 대해 벌이 내려진다든지 하

---

reponsibility, cause] 등의 의미를 지니고 있다.

40 關: 문을 닫아거는 빗장; 鍵: 열쇠/자물쇠. cf. 시건장치(施鍵裝置) ⇨ '잠금장치'로 순화함.

41 인과응보(因果應報). 예컨대, 프로메테우스(Prometheus)의 신화를 생각해보라.

42 그러나 예컨대 힌두교의 카르마(karma)[업(業)]관에 의하면, 현재의 삶의 바르나(Varna)[계급. 흔히 카스트(caste)라고 함]는 과거의 카르마에 의해 결정되지만, 미래는 현재의 카르마에 의해 결정된다.

43 예컨대, 고대인들은 번개현상을, 인간이 제우스 신에게 잘못을 범했을 때 인간에게 내리는 벌이라고 설명했다.

44 예) 탈레스(Thales)는 세계의 원질(原質, archē, ἀρχή)을 '물'이라고 했다.

는 생각들은 여기에 속한다.[45] 그렇지만 죄의 모티브 자체는 세속화된 역사적 사유와는 동떨어진 전형적인 신화의 기본구조를 띤다.[46]

② 헤로도토스, 특히 투키디데스는 〈설명의 논리〉보다 〈진실에 대한 요청〉과 더 분명하게 대결하고 있다.

• 진실에 대한 물음은 역사 기술 그 자체가 신화나 민속신앙과 최초로 날카롭게 구분되는 점[die erste, einschneidende Selbstunterscheidung]이다.[47]

예1) 에로스에 대한 아리스토파네스(Aristophanes)의 설명(플라톤, *Symposion*, 189d-192e)

• 본래 인간은 3성(性)이었다(즉, 태양의 자손인 남성, 지구의 자손인 여성, 그리고 달의 자손인 남·여성)

• 이들은 지금의 인간의 두 배(培)의 모양을 하고 있었고, 힘이 셌고, 신들을 공격하려고 했다.

• 제우스 신이 이들의 몸을 둘로 갈라놓았다.

• 갈라진 한 쪽은(본래 자기 몸이었던) 다른 한 쪽을 그리워한다.

∴ 동성애(同性愛)가 존재한다.[48]

---

45 예) 액튼경(卿)(Sir Acton, 1834-1902): 영국의 역사가. 이태리 나폴리 생. 뮌헨대학에서 역사 수학 후 1858년부터 영국에 정착. 객관적인 역사의 가능성을 굳게 믿음. “권력은 부패하기 마련이다. 절대권력은 반드시 부패한다(Power tends to corrupt. Absolute power corrupts absolutely).”

46 유대·기독교 구약성서의 타죄(墮罪)신화 / 프로메테우스 신화 등.

47 Angehrn, ebd., 21 ff. 참조.

48 다섯 가지의 성적(性的) 태도[Five kinds of sexuality]: ① 이성애(異性愛, Heterosexual),

예2) 기독교는 인간이 죽을 수밖에 없는 이유를 다음과 같이 설명한다.

- 하느님은 인간을 창조하고, 그들에게 "선악을 알게 하는 지식의 나무의 열매를 먹는 날에는 죽을 것이다"라고 명령했고, 그 명령을 어기게 되면 인간은 죽을 수밖에 없다.
- 하와와 아담은 하나님의 명령을 어기고 그 열매를 먹었다.

∴ 인간은 죽을 수밖에 없다.

• 시(詩)의 허구성(虛構性), 신화의 우화(寓話)[49]적인 요소나 전승되는 효력(가치, 타당성, Geltung)에 맞서, 여기에서는 보고된 내용의 진실성을 보증하는 일이, 게다가 출처를 다루는 확실한 원칙들을 존중하는 일이 중요하다. 그리하여 경험적인 탐구, 증언청취(증인심문, Zeugenbefragung), 그리고 정보에 대한 비판적인 해석과 평가의 원칙들이 주도적인 역할을 한다. '말해진 것들을 말한다[legein ta legomena]'는 것 — 보고된 내용을 보고한다는 것 — 이, 진실에 대한 물음에서 갖고 있는 헤로도토스의 기본준칙이다.

• 투키디데스는 자기 책 서론의 비교적 긴 구절들을 역사탐구의 원리들을 밝히는 데 사용하고 있는데, 거기에서는 <방법에 대한 아주 또

---

② 동성애(同性愛, Homosexual)⇨ ⓐ Gay, ⓑ Lesbian, ③ 양성애(兩性愛, Bisexual), ④ 성 혐오(性 嫌惡, Sexual Aversion), ⑤ 성적 무관심(sexual indifference). 그런데 <동성애>(homosexuality)와 <동성 간 성행위(성교)>(homogenitality, homogenital act, same-sex act)는 구별되어야 한다(Daniel A. Helminiak, 『성서가 말하는 동성애 — 신이 허락하고 인간이 금지한 사랑』, 해울, 2003을 참조할 것).

49 fable, allegory: 동물이나 인간, 신 혹은 무정물(無情物)을 주인공으로 하여 전개하는 짧은 이야기 형식. 보통 풍자적(諷刺的)인 것이 많으며, 격언(格言)이나 속담적(俗談的)인 것이 많다. 우화의 행동은 보통, 도덕에 관한 것을 취급하며, 결말에는 분명히 주제를 명시하는 것이 특징이다.

렷한 의식〉에 있어서 헤로도토스를 훨씬 능가한다. 〈진실의 탐구〉는 다음과 같은 엄격한 규칙의 준수를 요구한다

ⓐ 증언들을 주의 깊게 심사하고(소문에 의한 속단은 금물이다)

ⓑ 스스로 체험한 것과 보고된 내용을 정확하게 조사하여

ⓒ 확실한 사실과 분명한 서술을 지향한다.

이러한 원칙들은, 그 가운데 많은 것이 시간이 지나면서 믿지 못할 터무니없는 것으로 되어버린 과거의 사실들을 탐구하는 데 있어서 분명히 인식되는 어려움들을 배경으로 하여 제시된다. 이러한 원칙들은 또한, 〈모든 것을 휘황찬란하게 장식하고는 (…) 진실보다는 사람들의 청취욕구를 만족시키는 데 주의를 더 기울이는〉 시인(詩人)이나 설화 기술자(說話 記述者)들[Geschichtenschreibern]과도 단호하게 거리를 두고 있다.[50]

3. 역사(의 사건)에 대한 설명의 유형들

• 역사의 사건에 대한 설명은 보통의 설명이나 일상적인 설명과 어떻게 다른가? 그리고 그것은 과학적 설명과도 다른가? 헴펠(Carl

50 Angehrn, ebd., 23 f. 참조.

Gustav Peter Hempel, 1905-97)[51]은 역사의 사건에 대한 설명의 성격에 관하여 다음과 같이 말한다: "역사적인 설명 또한, 문제되는 사건이 '우연의 문제'가 아니라, 어떤 선행조건들이나 동시에 존재하는 조건들의 관점에서 예상될 수 있었다는 점을 보여주려는 목적을 가지고 있다. 언급된 예상은 예언이나 점(占)이 아니라 일반법칙들의 가정에 의존해 있는 합리적이고 과학적인 기대다."[52]

한편, 스탠포드는 역사의 사건에 대한 설명에 있어서 "충분한 설명[full explanation]"과 "훌륭한 설명[good explanation]"을 구분한다. 충분한 설명 혹은 완전한[complete] 설명은, 가능한 모든 물음들을 충족시키는 설명이다. 훌륭한 설명은 어떤 특수한 물음이 대답되는 목적을 충족시키는 설명이다.[53] 물론 충분한 설명은 이 모든 내용을, 그리고 더 많은 내용을 포함할 것이다. 훌륭한 설명은 통상적으로 볼 때, 부분적인 설명이다. 그러나 그것은 사례의 필요들을 충족시키며, 필요하다면 충분한 설명으로 확장될 수도 있을 것이다. 그러나 단토는 역사의 사건을 충분히 기술하기 위해서는 그 사건이 미래의 시간에 대해 지니

---

51 독일 Oranienburg 태생. *Philosophy of Natural Science* (1966); *Scientific Explanation* (1972).

52 Carl G. Hempel, *Aspects of Scientific Explanation and other Essays in the Philosophy of Science*, NY./London, 1965, 235. 이 주장은 본래 다음과 같은 곳에 먼저 발표된 것이다: *Hempel*, "Problems and changes in the empiricist criterion of meaning," in: L. Linsky(ed.), *Semantics and the philosophy of language*, Urbana: Illinois Univ. Pr., 1952(41-62), 39; Hempel, "The function of General Laws in History," reprinted in *Theories of History*, ed. Patrick Gardiner, NY., 1959, 348-9.

53 상이한 사람들은 상이한 설명들을 원한다. 예컨대 어떤 부인의 자동차가 멈추는 경우, 정비공의 설명은, 연료탱크에 휘발유가 없다는 것이고, 운전자의 설명은, 자기 남편이 자동차를 마지막으로 사용하고 연료를 채우지 않았다는 것이고, 남편의 설명은, 자기 부인이 휘발유 계량기를 전혀 보지 않는다는 것이다.

고 있는 의미(중요성, significance)에 대한 지식이 필요하기 때문에 역사의 사건에 대한 충분한 기술(記述)은 원리상 항상 불가능하다는 점을 지적한다. 즉, '어떤 사건에 대한 완전한 설명[평가, 판단, account]은 그 사건에 대한 참된 모든 역사적[historical] 기술을 포함해야만 할 것'이라는 것이다.[54]

• 나는 역사(의 사건)에 대한 설명의 유형들을 다음과 같이 구분해 본다. 1) 역사법칙주의[historicism]적 설명, 2) 연역적·법칙주의적 설명, 3) 확률적·통계적 설명, 4) 변증적 설명과 시행착오적 설명, 5) 목적론적 설명

3.1. 역사법칙주의적 설명

• 우선, 여기서 내가 여기서 역사법칙주의[historicism]라고 부르는 것과 역사주의[historism]를 구별할 필요가 있다. 왜냐하면 학자에 따라 이 두 용어의 의미와 번역에 있어서 편차가 있을 수 있기 때문이다. 나는 여기서 포퍼(Karl R. Popper, 1902-94)[55]의 용법을 따라

---

54 Arthur C. Danto, *Analytical Philosophy of History*, Cambridge Univ. Pr., 1965, 18, 148 ff. 참조. 이상, *Michael Stanford, A Companion to the Study of History, Oxford*, 1995, 212 참조. 헴펠 역시, 특정 장소와 시간에서 일어난 일에 대한 설명이 좀 더 구체적이고 포괄적인 모습을 띨 수는 있겠지만, 개별사건에 대한 완전한 설명[*complete explanation*]이란 있을 수 없다는 점을 인정한다(Hempel, *Aspects of Scientific Explanation and other Essays in the Philosophy of Science*, ebd., 233 참조).

55 오스트리아 출신. 1937년 오스트리아의 NS독일에의 위협적인 병합에 직면하여 뉴질랜드의 크라이스트처치의 캔터베리 대학의 철학교수직을 받아들임. 1946년 영국 런던 경제대학에서 철학을 가르치기 시작하여 1969년에 퇴임함.

'historism'을, '특정한 역사적 상황을 떠나서는 진리를 생각할 수 없으므로 진리는 시간과 무관할 수도, 보편적일 수도 없다고 보는 이론'으로서의 '역사주의'로, 그리고 'historicism'을 '역사에 (필연적) 법칙이 존재한다고 보는 입장'으로서의 '역사법칙주의'로 번역한다. 그러므로 historism [Historismus]과 historicism [Historizismus]은 엄격히 구별되어야 한다. 포퍼는 자기가 말하고 있는 역사법칙주의를 사회과학의 특수한 방법론으로 규정하고, 『역사법칙주의의 빈곤』(*The Poverty of Historicism*)[56]이라는 책에서 그것을 다음과 같이 정의한다.

> 내가 '역사법칙주의'라는 말로 의미하는 것은, 역사적 예측(예언)이 사회과학의 주요한 목적이라고 생각하고 이러한 목적은 역사의 진화(進化)의 근저에 존재하는 '율동'이나 '유형', '법칙'이나 '추세'를 발견함으로써 달성될 수 있다고 보는, 사회과학에의 한 접근법이다.[57]

그리고 이어서 포퍼는 이 책의 서문에서 다음과 같이 말하고 있다:

---

56 이 책의 내용이 책의 형태로 간행된 것은 1957년이다. 그러나 포퍼는 이 책의 맨 앞에 실려 있는 <역사적인 메모>[historical note]에서, 이 책의 주요 개요는 1935년에 완성되었고, 1936년에 「역사법칙주의의 빈곤」("the poverty of historicism")이라는 제목의 논문으로 처음으로 읽혔다고 밝히고 있다(K.R. Popper, The Poverty of Historicism, London/NY., 2002 (1957), ix-x). "역사법칙주의의 빈곤"이라는 제목은 맑스의 책 『철학의 빈곤』(*Elend der Philosophie*)이라는 제목을 암시하려고 포퍼가 의도한 것이다. 그리고 맑스의 『철학의 빈곤』은 프루동[1809-65. 프랑스의 무정부주의자. 『경제적 제모순의 체계 또는 빈곤의 철학』(1841)을 발표함. 이에 대해 맑스는 『철학의 빈곤, 푸르동의 '빈곤의 철학'에 대한 비판』을 씀]의 『빈곤의 철학』에 대해 언급한 것이다(『역사법칙주의의 빈곤』의 1959년도 판의 머리말).

57 Popper, ebd., 3.

나는 「역사법칙주의의 빈곤」[58]에서, 역사법칙주의가 아무런 성과도 제공하지 못하는 서투른 방법이라는 것을 보여주려고 했지만, 실제로 역사법칙주의를 논박하지는 못했다. 그 후로 나는 역사법칙주의를 논박하는 데 성공했다. 즉, 나는 엄밀하게 논리적인 이유를 들어 우리가 역사의 미래과정을 예측(예언)하는 일이 불가능하다는 것을 보여주었다. 그 논증은 내가 1950년에 출간한 「고전물리학과 양자물리학에서의 비결정론」이라는 논문 속에 포함되어 있다. 그러나 나는 더 이상 이 논문에 만족하지 않는다. 보다 만족스런 논의는 나의 『과학적 발견의 논리』[59]의 보유(補遺) 〈20년 후〉의 일부분인 비결정론에 관한 장(章)에서 보이게 될 것이다.[60]

포퍼의 이 말의 의미는 다음과 같다. 전자(電子)의 위치와 운동량을 동시에 측정할 수 없다는, 하이젠베르크(W. K Heisenberg, 1901-76)의 불확정성 원리가 1927년에 발표된 이래, 우연성은 미시적인 물질의 영역을 지배하고 있다는 생각이 확산되었는데, (자유)의지가 작용하지 않는 물질계에서도 우연성이 지배적이라면, 인간의 다양한 의지들·욕망들·이해(利害)들이 교차하는 인간사에서는 더더욱 결정론을 주장하기 어렵다는 것이다.

• 이 규정에 의하면 역사법칙주의는 방법론적 전체론[methodological holism]이나 역사법칙에 의한 역사적 예측의 신념과 동일시된다. 이

---

58 1936년의 논문임.

59 1957년에 출간됨.

60 Popper, ebd., Preface vii.

방법론적 전체론은 다음과 같은 명제들로 정식화될 수 있다.

1) 개인들의 활동에로 환원될 수 없는 사회 전체가 존재한다.
2) 이러한 사회 전체의 발전을 지배하는 거시적인 역사법칙이 존재한다.
3) 이러한 역사법칙에 기초해서 미래에 대한 예측이 가능하다.

이러한 역사법칙주의는 역사적 결정론으로 우리를 몰고 가는 역사 발전의 법칙을 승인하며, 때로는 역사가 보다 높은 단계로 발전해 간다는 진보 개념까지도 용인한다. 그런데 이러한 생각은 모두 전통적인 역사주의[historism]가 거부하는 이론들이다.

• 홉스(Thomas Hobbes, 1588-1679)나 18세기 프랑스 계몽주의자들은 역사에도 자연법칙과 같은 필연적 법칙이 적용된다고 주장하였다. 그들은 사회나 역사도 물질적 사물과 같은 것으로 생각하여, 결국 그 당시에 발견된 기계적 자연법칙이 적용될 수 있다고 믿었다.

• 미국에서 '역사법칙주의'의 문제에 관심을 가진 대표적 인물은 코엔(Morris R. Cohen, 1880-1947), 만델바움(Maurice Mandelbaum, 1908-87) 등이었고 영국에서는 하이엑(Friedrich von Hayek, 1899-1992)[61]과 포퍼였다. 하이엑과 포퍼가 특별히 공격한 역사법칙주의는, 사회 전체를 규정하는 발전법칙이 있고 이 법칙에 대한 지식을 바탕으로 사회의 미래를 과학적으로 예측할 수 있다는 이론이었다. 포퍼에 의하면 이러한 역사법칙주의는 전체론이며, 유토피아 사회공학과 결

---

61 오스트리아 태생의 영국 경제학자. 1931년 런던대학 교수. 1950년 이래 시카고대학 사회윤리학 교수.

합되어 있다. 이 이론의 대표자는 헤겔과 맑스로 지목되었다. 예컨대 헤겔은 "세계사는 자유의식 속에서의 진보다(Die Weltgeschichte ist der Fortschritt im Bewußtsein der Freiheit)"[62]라고 말했고, 맑스는 역사의 과정은 생산력과 생산관계에 의해서 필연적으로 결정되어 간다는 '역사적 유물론[역사적 물질주의]'에 입각하여 인류역사 발전의 5단계설을 제시하면서, 인간의 사회는 필연적으로 사회주의 사회로(그리고 종국적으로는 공산주의 사회로) 이행하게 된다고 주장하였다.

• 포퍼와 같은 사람은, 역사에 필연적 법칙이 있다고 주장하는 이론은 전체주의로 귀결될 수밖에 없다고 주장한다. 그는 『열린사회와 그 적들』(*The Open Society and Its Enemies*, 1964)에서, 역사가 필연적 법칙에 의해 발전한다는 역사법칙주의(예컨대 헤겔이나 맑스의)는 <닫힌 사회>를 옹호하는 전체주의 이론이라고 비판한다. 포퍼는 사회나 역사과정에서 인간의 의식과 의지에 의한 선택을 강조하면서, 개인의 의식적 선택·자율적 선택에 의해 이루어진 <열린사회>가 바람직한 사회라고 주장한다.

• 최근에는 탈근대주의[Post-modernism]에서도, 역사적 필연성을 강조하는 역사법칙주의가 역사에 일정한 목적이 있고, 역사는 그 목적을 향해 발전한다는 형이상학적 목적론이 될 수밖에 없다고 비판한다. 이처럼, 개인의 자율적인 선택을 강조하는 경향을 자유주의라고 부른다. 역사법칙주의의 입장에 따르면, 인간사의 큰 흐름은 역사법칙에

---

62 G.W.F. Hegel, *Vorlesungen über die Philosophie der Geschichte. Theorie Werkausgabe in zwanzig Bänden*, Redaktion von Eva Moldenhauer und Karl Markus Michel, Ffm, 1969 ff. (=TW) 12, 32.

의해 결정되어 있어서 바꿀 수 없다. 그러나 이러한 결정론적 입장을 따르지 않으면서도 인간사를 설명하는 몇몇 입장들이 있다. 이제 그것들을 살펴보기로 하겠다.

3.2. 연역적·법칙적 설명

• 헴펠에 의하면 과학적 설명은 크게 두 종류로 나누어진다.
① 연역적·법칙적 설명[deductive-nomological explanation]과
② 확률적·통계적 설명[probabilistic-statistical explanation][63]이다.

이렇게 볼 때, 역사적 설명에 관한 이론은 과학적 설명의 적용에 불과하다. 즉, 어떤 특수한 사실을 인과적으로 설명한다는 것은, 이 사실에 대한 하나의 진술을 두 종류의 전제로부터 연역한다는 것을 의미한다. ①의 경우에 두 종류의 전제들 중 하나는 약간의 보편적 법칙들이고 또 하나는 특수한 초기조건들이라고 부를 수 있는 약간의 단칭적

---

63 이 두 종류의 설명방식에 대해서는 Carl G. Hempel, *Aspects of Scientific Explanation and other Essays in the Philosophy of Science, ebd.*, 331-489에 잘 설명되어 있다. 그런데 이 책에서 헴펠은 '확률적·통계적 설명'이라는 표현 대신 '귀납적·통계적 설명'이라는 표현을 사용하고 있다. 헴펠은 또한 *The Philosophy of Natural Science* (Englewood Cliffs, N.J., 1966)의 5. *Laws and Their Role in Scientific Explanation* (47-69)에서도 이에 대해 설명하고 있다. 그리고 Carl G. Hempel, *The Philosophy of Carl G. Hempel. Studies in Science, Explanation, and Rationality* [ed. by James H. Fetzer, Oxford Univ. Pr., 2001] 가운데, 5. Explanation and Prediction by Covering Laws, 69 ff.도 참조할 것.

이거나 특수한 진술들로부터[64]이고, ②의 경우에는, 하나는 확률가설[probability hypothesis] 내지 통계적 가설[statistical hypothesis]과 특수한 초기조건들이라고 부를 수 있는 약간의 단칭적이거나 특수한 진술들로부터[65]다. 그러면 ①의 경우부터 살펴보자.

3.2.1. 연역적 · 법칙적 설명의 핵심내용

• 이 설명은 일반법칙의 특징을 갖는 원리 아래에 피설명항을 연역적으로 포섭하기 때문에 이렇게 불리며, 이를 줄여서 〈D-N 설명〉이라고도 한다. 이 도식적 모형[schematic model]은 다음과 같이 표현될 수 있다.

C_1, C_2, (…) C_n: 선행조건의 진술

⇨ 설명항 ⇩

L_1, L_2, (…), L_n: 일반법칙들 ⇩ 논리적 연역

⇩

E: 설명되어야 할 경험적 현상의 기술 ⇨ 피설명항

• 여기서 C_1, C_2, (…) C_n은 관련된 특정사실들을 진술하는 문장들이고, L_1, L_2, (…), L_n은 설명이 의존하는 일반법칙들이다. 이 두 가지는

---

64 Popper, *The Poverty of Historicism*, ebd., 122 참조; 그리고 K.R.Popper, *The Open Society and Its Enemies. Vol. 2: Hegel&Marx*, London, 1973 1945), 262도 참조.

65 Hempel, ebd., 237 참조.

함께 설명항[explanans] S를 구성한다고 한다. 여기서 S는 설명적 문장들의 집합이나 그것들의 연언(連言)이라고 간주할 수 있다. 논증의 결론 E는 피설명 현상[explanadum phenomenon]을 진술하는 문장이다. E를 피설명 문장 혹은 피설명 진술이라고 부르기로 한다. 피설명항[explanandum][66]이라는 용어는 피설명 현상이나 피설명 문장을 지시하는 데 사용할 것이다.

이 설명은 법칙들 L_1, L_2, (…), L_n에 따라, C_1, C_2, (…) C_n에서 기술된 특정 상황으로부터 피설명 현상이 발생했다는 점을 보여줌으로써, "왜 피설명 현상이 발생했는가?"라는 질문에 대답한다. 이처럼 D-N 형식의 논증은 특정한 상황과 법칙들이 주어지면 그 현상이 발생할 것이라고 기대된다는 점을 보여준다. 바로 이러한 의미에서 우리는 D-N 설명에 의해 왜 현상이 발생했는지는 이해할 수 있게 된다.[67]

• 여기서 만약 E가 주어져 있다면, 즉 우리가 E로 기술된 현상이 이미 일어났음을 알고 있고 적절한 진술집합이 이후에 제시되었다면, [그것을] 문제의 현상에 대한 설명이라고 말한다. 만약 후자의 진술들이 주어지고, 기술하는 현상의 발생에 앞서 E가 도출되었다면, [우리는 그것을] 예측이라고 말한다.[68]

---

66 설명항을 'explicans'로, 피설명항을 'explicandum'으로 부르기도 한다(Hempel, ebd., 247 참조. 그리고 C는 Cause [원인]를, E는 Effect [결과]를, 그리고 L은 Law [법칙]를 뜻하는 용어로 헴펠이 사용하고 있는데, 헴펠은 '일반법칙' 대신에 '보편형태의 가설'이나 간단히 '보편가설[universal hypothesis]'이라는 말을 사용할 것이라는 점도 덧붙이고 있다. 그러나 C를 초기조건[initial condidion], 경계조건[boundary condition], 선행조건[antecedent condition]이나 동시조건[simultaneous condition] 혹은 결정조건[determining condition]을 뜻하는 C로 생각할 수도 있다(ebd., 232 ff. 참조).

67 Hempel, ebd., 335 ff. 참조.

68 Ebd., 249 참조.

• 이 이론은 포퍼·헴펠 이론으로 불리기도 하는데, 드레이(William H. Dray, 1921-2009) 는 이러한 설명도식을 "포괄법칙모델[covering law model]" 혹은 "포괄법칙이론[covering law theory]"이라고 불렀다. 왜냐하면 이 설명은 "설명되어야 할 것을 일반적 법칙 아래 포섭함으로써"[69] 달성되기 때문이다. 가디너(Patrick Gardiner, 1922-97)는 이것을 "설명의 규칙적 해석[the regularity interpretation of explanation]"[70]이라 부른다. 이러한 설명에 따르면, 1파운드의 무게에만 견딜 수 있는 실 위에 2파운드의 무게가 실렸을 때, 그 실이 끊어지는 현상에 대한 인과적 설명은 다음과 같이 진행된다.[71]

a) 보편법칙들[universal laws]

① 어떤 주어진 구조 S_1(그 재료·굵기 등에 의해서 결정되는)을 가진 모든 실에는 W를 초과하는 무게가 그 실에 매달리면, 그 실은 끊어질 것이라는 어떤 특징적인 무게 W가 있다.

② 구조 S_1을 가진 모든 실에 있어서 특징적인 무게 W는 1파운드와 같다.

b) 초기조건들(발단조건들)[initial conditions]

① 이 실은 구조 S_1을 가진 실이다.

---

69 Dray, *Laws and Explanation in History*, Oxford Univ. Pr., 1970[4](1957), 1. '포괄법칙'이라는 용어에 대한 암시를 위해서는 브레잇웨잇(R.B. Braithwaite)의 『과학적 설명』(*Scientific Explanation*, Cambridge, 1953, 1)을 참조할 것.

70 Patrick Gardiner, *The Nature of Historical Explanation*, Oxford Univ. Pr., 1952, 65, 70, 82.

71 Popper, *The Poverty of Historicism*, NY., 1964, 122 f. 참조; *The Open Society and Its Enemies*. Vol. 2, Princeton, 1964, 262 참조.

② 이 실 위에 놓인 무게는 2파운드였다.

c) 결론: 특수한 예측[prognosis][72]: 이 실은 끊어질 것이다.[73]

3.2.2. 포괄법칙 이론은 역사에도 적용될 수 있는가?

• 포괄법칙이론을 주장하는 사람들에 의하면 다음과 같은 논증이 성립할 것이다. 예컨대 이탈리아 출신의 영국의 역사가인 액튼 경(卿)(Sir Acton, 1834-1902)의 다음과 같은 말을 살펴보자: "권력은 부패하기 마련이다. 절대 권력은 반드시 부패한다(Power tends to corrupt. Absolute power corrupts absolutely)."[74] 여기서의 "절대권력[absolute power]"은, 그것 하나 밖에는 존재하지 않는 무소불위(無所不爲)의 권력을 가리키며, "절대적으로 부패한다[corrupts absolutely]"는 표현은, 다른 선택지가 없는 외길 수순을 따라간다는 의미를 지니고 있으므로, "반드시 부패한다[necessarily corrupts]"는 뜻이다. 다음 논증을 살펴보자.

---

72 Cf. 진단(診斷): diagnosis / 예후(豫後), 예상, 예측: prognosis

73 이한구,『역사주의와 역사철학』, 문학과지성사, 1986, 159 f. 참조.

74 액튼 경은 이 생각을 1887년에 크레이튼(Mandell Creighton) 주교에게 보낸 편지에서 표명했다. 이 두 문장 뒤에는 "위인들은 거의 항상 악인들이다(Great men are almost always bad men)"라는 말이 이어지는데, 이러한 생각 자체는 1887년 이전에 다른 사람들도 가지고 있었지만, 그것을 이와 같은 세 문장으로 표현한 사람은 액튼이다 (https://www.phrases.org.uk/meanings/absolute-power-corrupts-absolutely.html).

절대권력은 반드시 부패한다.

박정희 정권은 절대권력이다.

박정희 정권은 반드시 부패한다.

그러나 이 논증은 '타당한 논증[valid argument]'이기는 하지만, '완벽한 논증(정연한 논증)[sound argument]'은 아니다. 대전제를 참이라고 할 수 없기 때문이다. 이는, "부패한다"라는 개념이 지니고 있는 모호성[vagueness] 때문이 아니다. 우리가 이 개념의 의미에 일단 합의하기만 한다면 얼마든지 엄밀한 논의를 진행할 수 있을 것이다. 문제는, "절대권력은 반드시 부패한다"는 경험적 진술의 진위는, 지금까지의 아무리 많은 사례를 다 모아도 결코 판별할 수 없는 '전칭판단(전칭명제)'이라는 데에 있다. 즉, 지금까지의 절대권력은 모두 부패했지만, 미래의 어느 시점에 등장할 절대권력은 그렇지 않을 수도 있기 때문이다. 그러므로 우리는 우선, 경험적인 전칭판단을 법칙으로 확립하는 단계에서부터 난관에 부딪히게 된다.

또한 여기서 우리가 알 수 있는 사실은, '연역적·법칙적 설명'에서 결론으로 제시되는 진술은 '필연적인 사실'에 관련된 것이 아니라는 점에서, 이 설명과 '역사법칙주의적 설명'은 차이점이 있다는 것이다. 역사법칙주의적 설명에서 결론으로 제시되는 진술은 '필연적인 사실'로 제시되고 있다. 그러나 '연역적·법칙적 설명'에서 결론으로 제시되는 진술이 제시하고 있는 내용은 '이렇게 될 수도 저렇게 될 수도 있었지만, 여러 가능한 경우들 가운데 어떤 하나의 사건으로 귀결된 것', 즉 '우연한 사건'이다. 여기서 혼동하지 말아야 할 하나의 문제가 바로 이것이다. 즉, 잘못하면 우리는 '연역적·법칙적 설명'에서 결론으로 제시되는 진술이 필연적인 사건인 것으로 오해할 수 있다. 그러나 이것은 어디까지나 '조건적·필연적' 사건이다. 즉, 어떤 선행조건 C_1이 주어질 경우에, 일반법칙 L에 따라서 E1이 주어질 수밖에 없다는 점을 말하고 있는 것이라는 말이다. 여기서 관건은, 선행조건 C_1이 반드시 주어질 수밖에 없는 것이 아니라는 점이다. C_1이 아니라 C_2나 C_3가 주어질 수도 있었으나 C_1이 주어진 것은 '우연한 일'이라는 말이다. 그러나 우연히 C_1이 주어진 경우, 그것은 역시 일반법칙 L의 영향을 받기 때문에 이 일반법칙에 따라 E1이 주어질 수밖에 없다는 점을 말하고 있는 것이다. 따라서 사건 전체는 '우연'에 귀착된다. 다만 어떤 사건이 발생했을 때, 그 사건에 의해 필연적으로 결정되는 어떤 사건들은 존재한다. 그러나 역사에서의 어떤 선행사건의 발생은 인간의 여러 가지 의도·관심·욕망·무의식 등에 의해 일어나므로, 여기에는 여러 '우연성'이 개입할 수밖에 없는 것이다. 이와는 달리 '역사법칙주의적 설명'에서는 큰 방향에서의 인간사는 결정되어 있다고 주장한다는 점에서 '연역적·법칙적 설명'과는 다른 점을 보인다.

'연역적·법칙주의적 설명'은, 이렇게 우연한 사건에 대해, 왜 그런 사건이 일어나게 되었는가를 설명하는 역할을 하고 있는 것이다. 즉, 위의 예에서, '박정희 정권은 반드시 부패할 수밖에 없었던' 것은 아니고, 여러 가지 우여곡절 끝에 부패한 정권이 되었는데, '왜 그렇게 되었는가'를 설명하는 원리로 "절대권력은 반드시 부패한다"라는 하나의 '법칙(?)'이 제시된 것이다. 그러나 이미 말한 것처럼, 이 진술은 '법칙'으로서의 자격이 없기 때문에 이 논증 전체는 완벽한 것이 되지 못한다.

• 헴펠은, 포괄법칙 이론이 자연과학이 아닌 역사의 영역에서도 적

용될 수 있다고 주장하지만, 문제는, 인간사에서 이러한 '일반법칙'을 발견하고 확정할 수 있는가 하는 것이다. 왜냐하면 경험적 법칙에서는 엄밀한 의미의 '보편성'을 확보할 수 없기 때문이다. 그렇게 하기 위해서는 '만물의 제일성(齊一性, uniformity)'에 대한 형이상학적 가정을 요구하거나, 아니면 인간사에 대한 일반법칙이 존재한다고 믿어야 하는데, 그렇게 되면 학문의 영역을 벗어나게 된다. 그런데 이에 대해 헴펠은, 주어진 사건의 모든 측면들을 설명하는 '온전한 설명[a complete explanation]'은 존재하지 않으며, 어떤 한 사건에 대한 설명 이전에, 그 사건 자체가 '완전하게 기술될[completely described]' 수조차 없다고 말한다. 왜냐하면 구체적인 어떤 사건은 무한히 많은 상이한 측면들을 지니고 있기 때문이다.[75]

이런 관점에서 헴펠은 소위 "작업가설[working hypothesis]"[76] 개념을 제시한다. 즉, 개별 인과에 대한 진술들에서 연관된 선행조건들이 불명확하게 남겨지고 따라서 필요한 설명법칙들도 불명확하게 남겨지는 만큼, 인과적 연관에 관한 진술은 오히려 인과법칙에 의한 설명을 위한 프로그램이나 스케치의 성격을 가지며, 따라서 그것은 장래의 연구에 새롭고 유익한 지침을 제공함으로써 그 가치를 증명할 수 있는 작업가설로 간주될 수 있다[77]는 것이다. 다시 말하면 제안된 설명이 생략되어 진술된 설명이나 부분적 설명으로서의 합리적인 자격이 있을 정도로 충분히 명시적이고 상세하지 않을 경우의 설명을 "설명 스케

75 Hempel, ebd., 421 ff. 참조.

76 Hempel, ebd., 350.

77 Hempel, ebd., 349 f. 참조.

치[explananation sketch]"로 본다는 것이다. 즉 이러한 설명은 경험적 증거에 의해 더 상세하게 진술되고 비판적인 평가를 허용하는 가설들에 기초하여, 점진적인 정교화와 보완에 의하여, 더 자세히 추론된 설명적 논증으로 잘 발전할 수 있는 것에 대한 일반적인 개요를 제시한다는 것이다.[78]

3.2.3. 오욱숏(Michael Oakeshott, 1901–90)의 비판

1) 역사적 사건은 독특한 것이다

오욱숏에 의하면 과학자의 관심의 대상은 일반적인 것, 곧 법칙이나 이론[laws and theories]인 데 반하여, 역사가의 관심의 대상은 개별적인 역사적 사건들[individual historical events]이라는 점에서 결정적인 차이가 있다. 즉, 역사가는 혁명이나 처형 그 자체에 관심이 있는 것이 아니라 바로 프랑스 혁명이나 바로 찰스1세의 처형에 관심이 있는 것이다. 역사가들은 이러한 사건들을 그 유(類)의 사례들로서 연구하기는 하지만, 그들의 관심은 그러한 사건들이 다른 혁명들이나 처형들과 공유하고 있는 측면들이나 특징들에 국한되는 것이 아니라 그것들을 그 독특함과 특수성 속에서 연구하기를 원할 것이다.

역사가의 연구대상이, 어떤 유(類)에 속하는 사건으로서 분류되는 경우, 역사적 사건의 독특한 개별성은 추상되므로, 개별적인 역사적 사건을 어떤 법칙 아래로 포섭하는 행위는 "역사의 완전한 파괴"에 이를 것이다. 따라서 오욱숏에 의하면, 역사가가 취해야 할 방법에 대한

78 Hempel, ebd., 424 참조.

그의 대안, 즉 '역사에 있어서 적절하고 가능한 변화에 대한 유일한 설명은 단지 변화의 완전한 서술[a full account]뿐'이라고 주장한다. 다시 말하면 '역사는 변화를 충분히 서술함으로써 변화를 설명한다는 것'이다. 그러므로 역사가의 이상적 설명은 '어떠한 〈결함〉[빈틈, 허점, lacuna]도 용인되지 않는, 서로 본질적으로 연관된 사건들의 세계를 펼쳐 보이는 것'이다. 오욱숏에 있어서는 '역사가의 방법은 결코 일반화에 의해 설명하지 않는다'는 것이다. 오히려 역사적 이해는 언제나, '보다 크고 보다 완전한 상술(詳述)에 의해서' 성취된다.[79]

2) 〈연속적 계열 모델〉로 설명 가능하다

역사를 이해하기 위하여 역사의 전과정을 지배하는 어떤 일반법칙을 발견하고 확립하려는 역사철학의 시도는 역사를 완전히 파괴할 것이며, 역사적 사실들이 일반법칙의 사례들로 간주되는 순간 역사는 사라지게 된다고 오욱숏은 주장한다.[80] 그는 역사를 "관념들의 세계나 사건들의 세계"로서가 아니라 "하나의 계열[a series]"로 간주한다. 그리하여 그는 역사는 "공존하는 것"과 관계하지 않고 "연속적인[successive] 것"·"계열[a series]에 속한 것"과 관계한다고 말한다.[81] 그의 이러한 입장을 드레이는 설명의 "연속적 계열[continuous series]"

---

79 Oakeshott, *Experience and Its Modes*, London: Cambridge Univ. Pr., 1933, 143. 이러한 오욱숏의 생각에 대응하는 것으로 윌쉬는 19시기의 논리학자 휘엘(William Whewell, 1794-1866)의 표현을 빌려 "총괄[colligation]"의 과정을 제시한다. '총괄에 의한 설명'이란, 일반법칙에 호소하는 것이 아니라 "다른 사건들과 그 사건의 내재적(본질적) [intrinsic] 관계를 추적하여 그것을 역사적인 맥락 속에 위치시키는 것"이다(W.H. Walsh, *An Introduction to Philosophy of History*, NY., u.a., 1967, 25, 59 ff. 참조).

80 Ebd., 154 참조.

81 Ebd., 89 f. 참조.

모델이라고 부르고 있다. 이에 의하면, 역사가는 어떤 사건이 다른 사건에 이어서 일어난다는 것을, 그 사이에 개입된 사건들을 채워 넣을 수 있을 때, 이해한다고 주장할 수 있다는 것이다.[82]

요약해서 말하면, 헴펠주의자들은 어떤 개별적인 사건E는 선행사건A가 발생했을 때, 일반법칙L에 의해 발생한 것으로 설명하는데, 이때 이들은 특정사건을 일반법칙 아래 포섭하는 데에 관심을 가지고 있기 때문에, 특정한 선행사건A에 주목하지만, 역사가인 오욱숏의 주장에 의하면 어떤 특정 사건이 발생하는 조건들에는 특정한 선행사건A만이 아니라 여러 사건들이 개입되어 있기 때문에, 그러한 선행사건들의 계열을 상세히 탐구하고 언급해야만 특정사건의 발생을 제대로 설명할 수 있다는 것이다. 그러나 우리가 오욱숏의 주장을 고려할 때 주의해야 할 점은, 사건의 전계열을 'a ⇨ b ⇨ c (…) ⇨ z'라고 할 때, 각각의 사건들로부터 발생하는 다음 사건들이 '필연성'을 지니고 있다고 주장해서는 안 된다는 것이다. 예컨대 '나비효과[butterfly effect]'의 경우, 최초의 사건으로부터 최종사건에 이르는 과정이 필연성을 지니고 있다고 주장하는 것은 오류라는 말이다. 그러므로 '나비의 날갯짓'이 반드시 '토네이도'를 초래하는 것은 아니라는 점을 명심해야 한다. 이들의 입장을 다음과 같이 정리할 수 있다.

① 헴펠주의자의 입장

- L이다.

---

82 Dray, *Philosophy of History*, ebd., 9 f. 참조; *William Dray, Laws and Explanations in History*, Oxford, 1957, 66 ff. 참조.

• A다.

E다.

② 오욱숏의 입장

• 선행사건 ①이 존재했다.
• 선행사건 ②이 존재했다.
• 선행사건 ③이 존재했다.
(…)

E다.

3.3. 확률적·통계적 설명[probabilistic-statistical explanation]

다음 예를 살펴보자. 철수는 형보다 2주 후에 covid 19에 감염되었는데, 그는 covid 19에 걸린 다른 사람과 접촉한 일이 전혀 없다면, 우리는 그가 형으로부터 covid 19에 감염되었다는 설명을 받아들인다. 이런 설명의 바탕에는 일반가설이 존재한다. 그러나 이 일반가설이 "전에 covid 19에 감염되지 않은 사람은 누구나 covid 19에 감염된 사람과 접촉하면 예외 없이 covid 19에 감염된다"는 식의 일반법칙이라고 말하기는 아주 어렵다. 우리는 접촉을 통해 covid 19에 감염되었을 확률이 높다고 주장할 수 있을 뿐이다. 이렇게 말하면서 헴펠은, 역사학에서 제시되는 많은 설명도 이런 종류의 분석을 허용하는 것으로 보인다고 말한다. 즉, 충분히 그리고 분명하게 정식화된다면, 그것은 확정된[certain] 초기조건과 확정된 확률가설[probability hypotheses]을 진술할 것이어서, 설명되어야 할 사건이 발생할 확률이, 확률가설에 비추어볼 때 초기조건에 의해 높아진다는 것이다.[83] 이에 따라 위의 사태는 다음과 같은 논증으로 표현될 수 있다.

- covid 19에 감염되지 않은 사람이 covid 19에 감염된 사람과 접촉하면 covid 19에 감염될 가능성이 높다.
- 철수의 형은 철수보다 2주일 전에 covid 19에 감염되었다.
- 철수는 형을 제외한 그 누구와도 접촉하지 않았다.

철수는 (형보다 2주 후에) covid 19에 감염되었다.

이 논증에서 전제와 결론은 필연적인 결합관계를 이루지 않는다. 즉, 전제가 모두 옳다고 해도 결론이 반드시 뒤따르지는 않는다. 다만 철수가 covid 19에 감염된 것은 형과의 접촉에 의한 것일 개연성이 높을 뿐이며, 필연적인 것은 아니라는 말이다. 대전제가 개연성을 주장하는 진술이기 때문에 결론에서도 개연성이 주장될 수밖에 없는 것이다. 그러나 이것도 어떤 사건의 발생을 설명하는 하나의 설명인 것은 사실이다.

그렇다면 우리는 앞에서 든 예에 이러한 확률적·통계적 설명을 적용

83 Hempel, ebd., 237 참조. 여기서 나는 헴펠이 예로 든 홍역[measles] 대신에 'covid 19'를 예로 들었다.

할 수 있을 것으로 보인다. 앞의 논증을 이러한 관점에서 수정하여 재진술하면 다음과 같을 것이다.

절대권력은 부패할 가능성이 높다.

박정희 정권은 절대권력이다.

박정희 정권은 부패한다.

이렇게 수정함으로써 우리는 인간의 의식과 행위가 관련되어 있는 역사적 사건들에 대한 좀 더 사실에 부합한 설명에 다가갈 수 있을 것으로 생각된다.

그런데 이 논증에서 결론을 "박정희 정권은 부패할 가능성이 높다"로 수정하면 어떻게 될까? 그렇게 되면 논증은 타당한' 논증이 되고, 따라서 논증은 '연역적·통계적 논증[deductive-statistical argument]'가 되며, 이 설명은 '연역적·통계적 설명[deductive-statistical explanation]'이 된다.

3.4. 변증적 설명과 시행착오적 설명

3.4.1. 헤겔의 변증적 사유과정

• 변증법이라는 사유방식에 관해서는 서양 고대에까지 소급되어 이야기할 수 있으나, 여기서는 역사적 사건에 대한 설명이라는 관점에서

관계되는 두 사상가의 입장을 소개하려고 한다. 첫 번째 인물은 헤겔이고, 두 번째 인물은 맑스인데, 이들의 입장은 거시적인 측면에서 보면 '역사법칙주의적 설명'과 연관되며, '변증적 설명'은 미시적·구체적 차원에서의 접근이라고 할 수 있다. 여기서는 지면상 헤겔의 입장만을 소개하고, 맑스의 주장에 관해서는 〈사변적 역사철학〉을 다루는 부분에서 상세하게 소개하고자 한다.

• 헤겔은 『철학강요』 중의 〈논리학〉에서의 「예비개념」(§ 19-83, 특히 § 79-81)에서 변증적 사유에 대해 설명하고 있다. § 79에서, 논리적인 것은 그 형식에 따라 세 가지 측면을 가지며, 이것은 모든 논리적·현실적인 것의 제계기(諸契機)가 된다고 말한다.

① 추상적·지성적 단계(추상적인 면이거나 지성적인 면)

② 부정적 이성의 단계(변증적인 면이거나 부정적·이성적인 면)

③ 긍정적[혹은 사변적(思辨的)] 이성의 단계(사변적인 면이거나 긍정적·이성적인 면)

이 구별에 따르면 '변증적'이라는 말은 모든 존재자의 발전 — 이 전체는 광의(廣義)의 변증법이다 — 의 제2단계이며, '부정적·이성적'으로 특징지을 수 있다. 협의(俠義)의 변증적 단계는 존재자가 자기를 부정하고 타자로 전화(轉化)하는 단계, 즉 대자(對自)의 단계에 해당한다. 이 대자(對自)를 다시 부정하여 자기를 회복하여 더욱 높은 차원의 동일성(구체적 동일성)을 얻는 즉자대자의 단계가 세 번째의 〈사변적 단계〉다. 다시 말하면 '동일⇨대립'은 협의의 변증적 과정이고, '대립⇨통일'은 사변적 과정이며, 이 두 과정을 결합한 것이 광의의 변증적 과정이다.

①단계는, 문제되고 있는 사상(事象)에 관해서 어떤 사유규정을 정립하고 그것을 고집하며, 오직 그것만을 진리라고 주장하는 입장이다. 그러나 우리가 경험의 대상을 온전하게 알려고 할 때에, 하나의 규정은 그것과 대립되는 규정에로 이행하며, 그 어떤 하나의 규정만으로는 진리라고 주장될 수 없다. 그러나 어떤 한 규정만을 진리라고 주장하는 것이 바로 '독단주의'다: "이 형이상학은 독단주의가 되어 버렸다. 왜냐하면 이 형이상학은 유한한 규정들의 본성에 의하여, 대립된 두 주장 — 상술한 명제들도 이러한 주장에 불과했다 — 중 하나가 참이라면 다른 하나는 거짓이 분명할 것이라고 생각하지 않을 수 없었기 때문이다"(TW 8, 98).

②단계는 하나의 규정이 자신을 넘어서 반대의 규정으로 이행하는 것을 나타내며, 바로 여기에 '독단주의'를 부정하는 회의주의[der Skeptizismus]의 의의가 있으며, 이 입장은 철학적 인식에 불가결한 계기다. 그러나 회의주의와, 헤겔이 말하는 부정(否定)의 차이점은, 회의주의가 행하는 부정은 '전면적인 부정'인 데 반하여, 헤겔에 있어서의 부정은 '제한적 부정'·'규정적 부정[die bestimmte Negation, the determinate negation]'이라는 점이다.

여기서 또한 놓쳐서는 안 될 점은, 이 ②단계가 단지 1회에 걸쳐서만 발생하는 것으로 보아서는 안 된다는 사실이다. 부정은 단 한 번만 이루어지는 것이 아니다. 진정한 옳음[wahre Richtigkeit]인 참(진실, 진리)[Wahrheit]에 도달하기 위한 부정의 과정은 무수히 반복될 수 있다. 헤겔의 변증적 사유를 '정-반-합'이라는 단조로운 삼단계 도식[Triade]으로 규정해버린 오류는 바로 이 ②단계를 '단 하나의 것'으로 생각한 데서 발생하는 것이다.

③의 단계는 대립이 통일되는 단계다. 이 단계에서는 통일 속에 존재하는 대립을 파악할 수 있다. 대립이 통일되었다고 해서 대립이 완전히 사라진 것이 아니라 통일을 이루는 계기들로서 '지양(止揚)되어' 있다. 로미오와 줄리엣이 사랑할 때, 그들은 이 사랑 속에서 '하나로' 통일되지만, 그럼에도 불구하고 로미오는 로미오대로, 줄리엣은 줄리엣대로 여전히 존재하는 것이다. 이것이 바로 '사변[Spekulation]'의 단계다. 그런데 이러한 통일 내지 동일성에서 구별 내지 차이의 측면을 사상(捨象)할 때에 성립하는 것이 바로 신비주의(神秘主義, Mystizismus)다(TW 8, 177 ff. 참조).

• 헤겔에 있어서의 인식의 변증적 전개과정은 다음과 같이 진행된다. 최초의 긍정명제를 A [These]라고 하면, 이것을 부정하는 명제는 ~A가 아니라 '~A의 일부인 B'[$Antithese_1$]가 되고, 이것을 부정하는 명제 즉 '부정의 부정'은 C [$Antithese_2$]가 되고, 부정의 과정은 (여러 차례) 계속되고 마침내 종합인 Z [Synthese]에 이를 수 있다는 것이다. 다시 말하면, 헤겔이 말하는 변증적 과정은 'These ⇨ Antithese ⇨ Synthese'라는 3회의 과정으로 구성된 것이 아니며, 전체의 과정을 표현하자면, 'These ⇨ Antithese [$Antithese_1$ ⇨ $Antithese_2$ ⇨ (…) ⇨ $Antithese_n$] ⇨ Synthese'가 된다.[84]

또한 아도르노처럼 — 그리고 포퍼처럼[85] — 정명제와 반명제 사이

84 많은 연구자들이 헤겔의 변증적 사유과정을 단순한 삼단계로 오해하고 있을 뿐 아니라, 그 이상의 단계를 인정하는 경우에도 사유의 진행이 '정-반-합(=정2)-반-합(=정3)- (…)'의 과정으로 생각하고 있음을 알 수 있다. 이 또한 오해이며, '(종)합'이 반드시 세 번 만에 이루어지는 것이 아니라는 점에 유의해야 한다.

85 포퍼는 정명제와 반명제 사이에 성립하는 관계는 '논리적 반대관계' 내지, 반명제가 정명

에 성립하는 관계를 "논리적 모순" 관계로 오해하면, '제1진술: A' ⇨ '제2진술: ~A' ⇨ '제3진술: A'로 되어, 제1진술과 제3진술이 동일한 진술이 될 것이지만, 변증적 과정은 이렇게 진행되는 것이 아니라 단지 부정의 연속이므로, 부분부정을 통해 점진적으로 전체에 대한 인식에 가까이 가는 과정이다. 그러므로 "부정적인 것에 대한 부정 자체가 헤겔의 경우와 같이 긍정인 것은 아니다"라는 아도르노의 주장은 잘못된 것이다. 헤겔의 변증법은 "부정의 부정이 긍정적이라는 원칙"을 주장하지 않으며, 결코 동일자(일자)에 대한 비동일자(타자)를 무화하거나 절멸하지 않고, 그것을 지양하여 자신 속으로 포섭한다. 체계의 완결에 이르기까지는 타자의 저항은 상존(尙存)하며, 이러한 타자의 저항은 변증적 사유의 추동력으로 작용하는 요인이 되기도 한다.

다시 말하면, 변증적 과정은 예컨대, "이것은 A다"라는 제1진술에 대하여, "아니다, 이것은 B다"라는 제2진술이 대립하며, 또 이에 대해 "아니다, 이것은 C다"라는 제3진술이 대립하는 식으로 진행된다. 정명제와 반명제의 관계, 그리고 반명제와 합명제의 관계는 〈논리적 모순〉관계가 아닌 〈대립(갈등)〉, 〈부정〉의 관계다. 변증적 사유에 나타나는 일자의 타자는 결코 일자와 '모순관계'에 있는 것이 아니라 단지 그것을 '부정'하는 관계에 있다. 예컨대 A: "빛은 파동이다[Light is a wave]"라는 진술에 대해 B: "(아니다), 빛은 입자다[(No), light is a particle]"라는 진술이 대립할 경우, B는 A를 부정하는 진술이다. 그러

제를 부정하는 관계임에도 불구하고, 그 관계를 "논리적 모순"으로 오해하고 있다[Karl Popper, "What is Dialectic?," ebd., 316. 여기서 포퍼는 "the contradiction between a thesis and an antitheses" 등의 표현을 사용하고 있다].

나 A와 B는 모순관계에 있는 진술들이 아니다. 만약에 이 두 진술이 모순관계에 있다면 빛은 파동이든지 입자든지 둘 중 하나이어야만 할 것이다. 그러나 여기에 "빛은 파동이면서 입자다[Light is a wavicle]"라는 제3의 진술이 존재할 수 있다. "A=A"라는 진술의 모순진술은 "A= ~A"다. 즉 어떤 진술에 대해서 그 진술을 전면적으로 부정하는 진술이 어떤 진술에 대한 모순진술이다. 그러나 — 우리가 존재자 전체를 알파벳 24문자로 가정할 때 — "A= ~A"가 아니라 "~A"의 일부분들인 C, D, E 등을 사용하여 앞의 진술을 부정할 경우, 이 진술들, 즉 "A=C", "A=D", 혹은 "A=E" 등과 같은 진술은 단지 앞의 진술의 부정진술이지, 모순진술이 아니다. 즉 '~A'와 '~A의 일부'는 동일하지 않다. 이 점을 오해해서는 안 된다.[86]

그러나 예컨대 포퍼는 정명제와 반명제 사이에 성립하는 관계는 '논리적 반대관계' 내지, 반명제가 정명제를 부정하는 관계임에도 불구하고, 그 관계를 "모순"으로 오해하고 있다. 또한 헤겔의 변증법은 모순을 용인하고 있기 때문에 "우리에게 아무런 정보도 주지 못하고" "이론으로서 전혀 쓸모가 없다"[87]고 말하며, 헤겔의 변증법은 모순율을 폐기해야만 성립 가능하다고 주장하는데,[88] 헤겔이나 그 누구라도 모순율을 폐기함으로써 자신의 주장을 정당화할 수는 없는 것이다. 헤겔은 모순율을 폐기해야 한다고 주장하지 않았다. 이 점은 포퍼가 잘 못 본 것이다. 헤겔의 오류는 이것이 아니라 오히려, 포퍼 자신이 주장하듯

---

86 이 점에 관해서는 백훈승, 「헤겔에서의 반성(反省)과 사변(思辨)」, ebd., 243을 참조하시오.

87 Popper, ebd., 319.

88 Popper, ebd., 328 참조.

이, 헤겔은 '갈등[conflict]'이나 '대립하는 경향[opposing tendency]' 혹은 '대립하는 이해관계[opposing interest]', '양극성(兩極性)[polarity]'이라는 용어를 사용해야 할 자리에 '모순[contradiction]'[89]이라는 용어를 사용한 점이다.[90] 클라우스(G. Klaus)와 같은 여러 학자들도 오해를 피하기 위하여 '모순'이라는 표현은 '논리적 모순'을 위해 유보하고 소위 '변증적 모순'에 대해서는 '갈등[Widerstreit, Repugnanz]', '투쟁[Konflikt]', '대립[Gegensatz]', '적대(敵對, Antagonismus)' 등의 용어를 사용할 것을 권하며,[91] 모순[Widerspruch] 개념을 세분한다. 즉 그는 진술 a의 논리적 부정인 모순[Kontradiktion]을 나타내기 위해서는 '~a'를, 반대적 모순[Konträrer Widerspruch]을 위해서는 '/a'를, 그리고 변증적 모순을 위해서는 'ā'를 사용하여 구별하고자 했다.[92]

• 헤겔의 변증적 사유의 전개과정에서 소위 종합[Synthese]의 단계는 사유의 최종과정에 이르러서야 도달할 수 있는 단계이지 결코 세 번째 단계가 아니다. 헤겔의 변증적 사유과정에서는 최종적인 종합의

---

89 Popper, ebd., 322 그리고 329; J.N. Findlay, *Hegel. A Re-Examination*. ebd., 193도 참조.

90 이렇게 볼 때, 포퍼가 헤겔의 변증적 사유를 충분히 올바르게 평가하지 못했다는 뒤징(Klaus Düsing)의 주장은 옳으나, 뒤징은 형식논리학의 비판으로부터 헤겔의 변증법을 구하고자 하는 맥타가트(MacTaggart), 하르트만(N. Hartmann), 슈바르쯔(J. Schwarz) 등의 시도는 헤겔 자신의 상술(詳述)과 결합될 수 없다고 주장하는 점에서는 오류를 범하고 있다. 이 점에 관해서는 K. Düsing, *Das Problem der Subjektivität in Hegels Logik. Hegel-Studien* Beiheft 15, Bonn, 1976, 317의 각주 101을 참고할 것.

91 G. Klaus, *Moderne Logik. Abriss der formalen Logik, Berlin*, 19648, 54-61. 여기서는 G. Patzig, "Widerspruch," in: *Handbuch philosophischer Grundbegriffe. Bd.6, München*, 1974 (1694-1701), 1698에서 재인용.

92 Alwin Diemer, 『변증법 총설 - 그 역사적 전개와 비판 -』, 백승균 역, 계명대학교출판부, 1983, 205 f. 참조.

과정은 분명히 그 이전의 과정에 비해 고차원적인 것이고 발전된 것이라고 할 수 있다. 포퍼의 시행착오 사상이나 아도르노의 부정변증법과 헤겔의 변증적 사유의 차이점은, 포퍼나 아도르노에 있어서는 최종적인 진리에의 도달, 궁극적인 Synthese의 성취가 이루어질 수 있다는 보장을 확보할 수 없는 데 반하여, 헤겔은 인간의 의식이 궁극적인 진리에 도달할 수 있다고 주장하고 있다는 점이다. 즉, 포퍼는 단지 인간이 진리에 이르기 위한 과정에서 시행착오를 거듭한다고 주장할 뿐이며, 아도르노 역시 최종적인 Synthese에의 도달은 하나의 이상(理想)으로 간주한다. 그러나 헤겔은 인간의 의식이 개념의 노동과 노고를 통해 [durch die Arbeit und Anstrengungen des Begriffs] 반복된 부정의 과정을 거쳐나가면, 마침내 주객통일의 경지에 이를 수 있다고 생각했던 것이다. 그러나 헤겔의 이러한 주장은, 인간의 유한성을 망각한 입장이라 하여 많은 사람들에 의해 비판받고 있는 반면, 헤겔 자신은 이러한 비판은, 신이 우리에게 부여한 이성의 능력을 평가절하 하는 데서 기인하는 무력한 입장으로 간주한다.

3.4.2. 역사의 진행과 관련된 헤겔의 존재자의 변증법

• 엥엘스(Friedrich Engels, 1820-1895)의 『자연변증법』(*Dialektik der Natur*, 1873)[93] 및 『반뒤링』(*Anti-Dühring. Herrn Eugen Dührings*

---

93 *Dialektik der Natur*, in: *Marx Engels Werke* (MEW), Bd. 20, Berlin/DDR, 1987(DN으로 줄임), (305-570),

Umwälzung der Wissenschaft, 1878)[94]이라는 저술을 통해 잘 알려지게 된, "양의 질에로의 전화(轉化) 및 그 역(逆)의 법칙; 대립의 침투의 법칙; 부정의 부정의 법칙"이라는 세 가지 법칙은 사실은 헤겔로부터 유래하는 것인데, 그것의 출처는 다음과 같다. 헤겔은 『논리학』(*Wissenschaft der Logik*) 제1권 제3편: <도량(度量, Das Maß)> 중의 제2장: <독립적인 도량들의 비례>[Das Verhältnis selbständiger Maße]에서 첫 번째의 법칙을 서술하고 있고, 제1권 제1편: <자기 자신 속의 복귀로서의 본질>[Das Wesen als Reflexion in ihm selbst] 중의 제2장: <본체성 혹은 반성규정>[Die Wesenheiten oder die Reflexionsbestimmungen]에서 두 번째 법칙에 해당하는 내용을 기술하고 있으며, 제2권 제3편: <이념>[Die Idee] 제3장: <절대적 이념>[Die absolute Idee] 가운데서 '부정의 부정'에 대해 말하고 있다(GW 11 및 GW 12 참조).

1) 양의 질에로의 전화(轉化) 및 그 역(逆)의 법칙

존재자의 변화과정에서 그것의 양적 변화가 어떤 지점에 도달하면 양의 변화는 중지되고 전격적(電擊的) — 본문의 표현으로는 '번개[Blitz]'다 — 으로 질의 변화가 초래된다. 이 지점을 헤겔은 "결절선(結節線, der Knotenlinie)"이라고 불렀다. 예컨대 순수한 물을 가열하면 섭씨 100도가 될 때까지 물의 분자의 운동량은 계속 증가한다. 그러다가 100도에 이르면 물은 더 이상 물로 머물러있지 않고 수증기(水蒸

---

94 *Herrn Eugen Dührings Umwälzung der Wissenschaft ("Anti-Dühring")*, in: MEW, Bd. 20, Berlin/DDR, 1987(AD로 줄임), (1-303).

氣)로 변화한다. 액체가 기체로 변화한 것이다. 액체인 '물'에서 기체인 '수증기'로 그 이름이 바뀌었다. 이름이 바뀐다는 것은 '질적 변화'를 가리킨다. 이 경우 '섭씨 100도'라는 지점이 바로 '결절선'이다. 그것은 어떤 것의 질이 바뀌는 '경계선'인 것이다. 그리고 이러한 사태를 가리켜 헤겔은 '질적 비약[ein qualitativer Sprung]'이라고 부른다.

• 이제 인간의 변화를 살펴보자. 인간의 발생과정에서 처음에 정자(精子, spermatozoon)와 난자(卵子, ovum)가 있다. 난자가 정자를 자신 속에 받아들이면 '정자를 받아들인 난자', 즉 '수정란(受精卵, fertilized ovum)'이 된다. 수정란이 모태(母胎)에 착상(着床, implantation)되어 이루어지는 다음 단계는 '태아(胎芽, embryo)'[95]이며, 그 다음에는 '태아(胎兒, fetus)'가 된다. 그리고 보통은 약 280일이 지나면 엄마의 '태에서 나온다', 즉 '태어난다'. 이 갓난아기 — 즉, '갓 태어난 아기 — 를 'baby born'이라고 한다. 좁은 의미의 baby는 엄마의 뱃속에서 나온 갓난아기로부터 영·유아를 가리키지만, 넓은 의미로는 수정란으로부터 죽을 때까지의 자기 자식을 가리킨다. 수정란으로부터 성인까지의 인간의 발전의 경우에도 마찬가지로 '양질전화의 법칙'이 적용된다. 그리고 이름이 바뀌는 각 단계가 바로 '결절선'에 해당한다.

2) 대립의 침투의 법칙

• 이것은 일자는 일자대로 또 타자는 타자대로 존재하면서, 일자와 타자가 상호 매개된 상태에서 상호작용한다는 것을 말한다. 즉, 일자

---

95 수정 후 각 배엽(胚葉)으로부터 분화(分化)가 끝나는 8주 혹은 3개월 전반까지.

와 타자의 상호연관은 그것들의 상호분리 안에서 존재하고, 그것들의 통일성은 그것들의 대립 안에서만 존재한다는 것을 가리킨다. 예컨대 인간의 경우에 각 개인의 삶은, 동화(同化, Assimilation)와 이화(異化, Dissimilation, Sekretion)라는 신진대사과정을 통해 유지되며, 사회에서는 개인들이나 집단 간의 갈등이나 대립·충돌, 혹은 상호인정의 과정을 겪게 되는 현상을 지시할 수 있다. 실로 인간의 역사란, 인간 상호간의 이러한 대립과 인정(화해)을 통한 투쟁(전쟁)과 사랑(화합) 속에서 진행되어 왔다.

3) 부정의 부정의 법칙

• 헤겔의 변증적 사유의 핵심은 '타자를 매개로 한 부정'이라고 할 수 있는데, 인간 의식의 이러한 부정작용을 통해 역사의 수 많은 사건들이 발생해 왔다. 일찍이 헤겔은, 변증법이 무엇이냐고 묻는 괴테에게 "그것은 근본적으로 누구에게나 내재해 있는, 정리되고 방법적으로 완성된 모순(대립)의 정신[96] 외에 다른 것이 아닙니다. 그리고 이것은 진위를 변별하는 데에 도움이 되는 바가 아주 크다고 생각합니다"[97] 라고 말하지 않았던가? 그렇다. 헤겔의 변증적 사유의 핵심은 '부정성[Negativität]'이다. 헤겔의 변증적 사유과정은 거듭되는 부정의 과정

---

96 이때 헤겔이 사용한 표현은 "Widerspruchsgeist"로, 그대로 번역하면 "모순의 정신"이겠지만, 사실상 그 내용은 '변증적 모순', 즉 '대립'이나 '갈등' 등의 의미이므로, 그대로 옮기게 되면 '논리적 모순'으로 오해할 여지가 있어, "모순(대립)"이라고 표현하였다.

97 Johann Peter Eckermann, *Gespräche mit Goethe in den letzten Jahren seines Lebens. Bd. 3.* Leipzig, 1848, 222. 이것은 1827년 10월 18일에 괴테와의 대화에서 헤겔이 말한 내용으로, 같은 내용이 『괴테와의 대화』(요한 페터 에커만/곽복록 역, 동서문화사, 2007, 666)에 실려 있다.

이다. 다만, 최종적인 단계에서만 통일 내지 종합이 이루어져 완결, 즉 최종적 긍정이 가능하다고 말한다.

3.5. 목적론적 설명

인간은 어떤 행동을 할 때 — 무의식적인 행동을 제외하고는 — 누구나 목적 내지 의도를 가지고 그것을 이루고자 한다. 목적이나 의도에는 사소한 것도 있고 중대한 것도 있을 것이다. 예컨대 내가 한 컵의 물을 마시려고 하는 것은 갈증을 해소하려는 목적을 가지며, 외과의사가 칼을 든 것은 환자의 목숨을 구하려는 목적을 가진 행위다. 인간의 대부분의 일들은 크고 작은 목적을 이루기 위해 일어난다. 이러한 행동의 구조는 다음과 같이 간략하게 표현할 수 있다.

대전제: 행위자의 목적(의도) 내지는 욕망

소전제: 그 목적(의도)을 실현하는 수단에 대한 믿음

결론: 수단을 현실화하는 행동[98]

이는 다음과 같이 정식화될 수 있다.

대전제: A는 P를 해내려고 한다.

소전제: A는 자기가 a를 행하면 P를 실현할 수 있다고 생각한다.

---

98 이한구, 『역사학의 철학』, ebd., 251 참조.

결론: 그러므로 A는 a를 (행)하려고 한다.[99]

이 정식에 따라 예를 들어보자.

철수는 갈증을 해소하려고 한다.
철수는 사이다를 마시면 갈증을 해소할 수 있다고 생각한다.

철수는 사이다를 마시려고 한다.

이 도식에 따라 역사적 사건의 한 실례를 살펴보자

안중근은 조선의 독립과 아시아 국가들의 평화공존을 원했다.
안중근은 이토 히로부미[伊藤博文]를 살해하는 것이 자신의 이러한 목적(소망)을 이루는 데 도움이 된다고 생각했다.

안중근은 이토 히로부미[伊藤博文]를 살해하려고 하였다.

---

99 라이트는 "대전제: A는 P를 해내려고 한다(A intends to bring about p). 소전제: A는 자기가 a를 행하지 않으면 P를 실현할 수 없다고 생각한다(A considers that he cannot bring about p unless he does a). 결론: 그러므로 A는 a를 열심히 행한다(하려고 애쓴다)(Therefore A sets himself to do a)"(Georg Henrik von Wright, *Explanation and Understanding, Cornell Univ. Pr.*, 1971, 96)라는 정식을 제시하고 있는데, 나는 여기서 소전제가 너무 강하게 제시되는 것이 문제가 있다고 생각한다. 즉, 우리가 어떤 행동을 a를 할 때에 우리는, 반드시 우리의 목적을 이루기 위한 수단이 오직 a 밖에 없다고 생각해서 그렇게 하는 것은 아니기 때문이다. 목적을 이루기 위한 수단이 둘 이상이 있는데, 그 가운데 a라는 하나의 행동을 택한 경우가 많은 것이다. 따라서 나는 여기서 일반화될 수 있는 형식을 택했다. 그리고 결론의 "열심히 행한다"는 표현도 "행하려고 한다"로 수정하였다.

이러한 목적론적 추론은 일종의 "실천적 추론[practical inference]"[100] 이다. 그런데 이 추론은 연역추론이 아닌 귀납추론이다. 즉, 전제가 모두 옳다고 해도 결론이 옳지 않을 수 있다는 말이다. 그러나 그렇다고 해도, 이러한 목적론적 추론은 많은 경우, 인간의 행동의 이유를 설명하는 데 유력한 기능을 하는 추론이라 할 수 있다.

---

100 Wright, ebd. 라이트는 이 책에서 "실천적 추론"을 "practical reasoning"(ebd., 27) 혹은 "practical syllogism"(26, 27)이라고도 표현하고 있는데, 마지막 표현인 "practical syllogism"에서의 'syllogism'은 본래 아리스토텔레스가 사용한 의미로는 '연역추론[deductive inference]'을 가리키는데, 위에서 든 목적론적 추론은 귀납추론이므로, 즉 전제의 옳음이 결론의 옳음을 반드시 함의하고 있지 않으므로, 단순히 '삼단추론' 내지 '삼단논증'이라는 의미로 이해해야 할 것이다.

Ⅲ. 역사와 인과

1. 원인(原因)과 결과(結果)[101]의 문제

• 인과관계의 문제는 학문이 다루어야 할 기본적인 문제다. 아리스토텔레스는 "지혜[σοφία]"라는 이름이 붙은 것 혹은 지혜는 (사물들의) "제1원인과 원리들에 관한[περὶ τὰ πρῶτα αἴτια καὶ τὰς ἀρχὰς]" 앎이나 "어떤 원리들과 원인들에 관한[περί τινας ἀρχὰς καὶ αἰτίας] 학문적 인식"(『형이상학』 981b29 및 982a2)이라고 말하고 있다.[102] 따라서 '지혜[혹은 지식: sophia]에 대한 사랑이자 추구[philia]'인 철학[philosophia]은 원인과 결과에 대한 앎 내지 추구라고 할 수 있다. 아리스토텔레스는 이렇게 말함으로써, 존재자 및 인식의 근원에 대한 탐구의 중요성을 피력한 것이다. 물론 여기서 그가 말하는 archē (ἀρχή)란, 1차적으로는 존재자의 시원(始原)·시초(始初) 및 원리(原理)를 가리키는 것이지만, 이는 또한 존재자로 인해 발생하는 사건의 원인을 가

---

101 원인[cause]과 결과[effect]를 줄여서 '인과(因果)'라고 하고, 이들의 관계를 인과관계라고 하는데, 이에 해당하는 영어에는 'causation'과 'causality'라는 두 단어가 있다.

102 archē는 실체와 같은 존재자의 원리[principium reale]와 모순율과 같은 인식의 원리[principium cognoscendi]로 양분된다. 『형이상학』 제5권 제1장 참조.

리키는 것으로 해석할 수도 있다.

• 그런데 우리는 이미 누구나, 원인[cause]과 결과[effect]라는 개념이 무엇인지 이해하고 있는데 이는, "핑계 없는 무덤 없다"라거나, "아니 땐 굴뚝에 연기 나랴?"라는 말들을 통해 알 수 있다. 즉, 전자는 '모든 죽음(결과)에는 이유(원인)이 있다'가 있다는 뜻이며, 후자는 '불(을 지핌)이 원인이 되어 연기(의 발생)라는 결과를 초래했다'는 것을 의미하는 것이다.

2. 사건발생의 원인을 확정할 수 있는 방법이 있는가?

• 그러나 인간사의 어떤 사건이나 현상의 원인을 가리기가 그리 쉬운 일은 아니다. 예컨대, "그 유리창은 벽돌에 의해 깨졌다"고 말할 때, 벽돌이 깨지게 된 원인은 '벽돌'이라는 물체(실체)인가, 아니면 '유리창에 부딪힌 벽돌의 충격'인가('충격'은 실체가 아니라 실체의 '변화'다[103]), 아니면 둘 다인가를 명확히 말할 수 있는가?

• 사람들은 많은 경우에 A_1, A_2, A_3 (…) 등을 A로 착각하고, B_1, B_2, B_3, (…) 등을 B로 착각하여, $A_1 \supset B_1$이고 $A_2 \supset B_2$이고, $A_3 \supset B_3$인 것을 $A \supset B$로 오해한다(예컨대 위의 예에서 A가 '벽돌'이라면 A_1은 '벽돌의 충격'이고, B가 '유리창'이라면 B_1은 '유리창이 깨짐'이라고 말할 수 있다).

---

103 리차드 테일러, 『형이상학』, 엄정식 역, 종로서적, 1988, 140 참조.

• 타이타닉호(號)[104]의 침몰원인을 확정할 수 있는가? 원인은 한 가지가 아니라 여러 가지다. 애당초 타이타닉호가 출항하지 않았더라면 침몰도 없었을 것이다. 그러나 일단 출항이 이루어진 후에 우리가 찾을 수 있는 원인들에는 어떤 것들이 있는가? 배가 빙산에 충돌하여 침몰했으므로, 빙산이 그 장소에 있었던 것이 하나의 원인이라고 말할 수 있다. 그러나 빙산이 거기에 있었더라도 충돌이 반드시 일어나는 것은 아니다. 항로가 잘 못 정해져서 충돌이 일어났다면, 항로설정이 하나의 원인이 될 것이다. 아니면 항로는 올바로 설정되었지만 항해사가 방향을 잘못 잡아 빙산에 충돌하였다면, 항해사의 오류가 원인이라고 할 수도 있을 것이다. 그러면 그는 왜 방향을 잘못 잡았는가? 지도를 잘못 읽었을 수 있다. 아니면 지도를 잘 읽고 있었으나 잠시 조느라고 조타(操舵)를 잘못 했을 수도 있다. 그러면 그는 왜 졸았는가? 그가 병원에 있는 아버지의 병간호를 하느라 잠이 부족했기 때문이다. 그러나 이 모든 사건들 전체에 필연적인 연관관계가 있는 것은 아니다. 다시 말하면, '항해사가 부모의 병간호를 하느라 잠이 부족하면 배가 좌초한다'라고 필연관계를 지닌 판단을 할 수 없다는 말이다. 다른 각도에서 살펴볼 수 있는 이유를 하나 또 든다면 다음과 같다. "계란으로 바위 깨기"라는 속담이 있다. 계란이 바위를 깨지 못하고 오히려 바위에 의해 계란이 부서지는 이유는 계란의 강도가 바위보다 낮기 때문

---

104 영국 사우샘프턴(Southampton)항(港)에서 뉴욕항으로 향하는 처녀항해 중, 1912년 4월 14일 밤 11시 40분 뉴펀들랜드 해역에서 부류빙산(浮流氷山)과 충돌하여 2시간 40분 만에 침몰하였다. 이 사고로 승선자 2,208명 중 1,513명의 희생자를 내어 세계를 놀라게 한 사상 최대의 해난사고였다. 둘로스(doulos)호: Titanic호 보다 2년 늦은 1914년에 건조된 여객선. 길이 100미터. 6,800톤 이상. 한국에는 1992년과 2001년, 2007년에 방문함. 2010년에 폐선(廢船)됨. 타이타닉호의 침몰 이후, 현존하는 최고(最古)의 여객선이었음.

이다. 그렇다면 이렇게 말할 수 있다. 빙산에 부딪힌 타이타닉호의 선체의 강도가 빙산보다 강했다면, 배가 빙산에 충돌해도 빙산은 깨지지만 배는 끄떡없을 수 있다는 말이다. 실제로 사고 후에 잠수부가 타이타닉호의 선체의 일부를 건져와 선체의 재질을 과학자가 분석한 결과, 약한(불량한) 재질의 철을 사용한 것으로 밝혀졌다. 선체를 구성하는 철의 재질도 배의 좌초의 한 원인이 될 수 있다는 말이다.

• 다른 예를 들어보겠다. 어제 오후 전주 시내의 한 건물 옥상에서 깨진 벽돌이 떨어져서 그 밑을 지나가던 사람이 머리에 부상을 입고 병원에 입원하는 사건이 발생했다. 이 사건의 원인은 무엇인가? 벽돌의 반쪽이 떨어진 것인가? 그러면 왜 그 벽돌의 반쪽이 떨어졌는가? 벽돌에 금이 가 있었기 때문이다. 그 금은 왜 생겼는가? 50년 전에 벽돌을 만드는 사람이 일을 하고 있었을 때, 아들이 찾아와서 돈을 달라고 했기 때문에 주의가 소홀해서 그런 것이다. 아들은 왜 찾아왔는가? 어머니가 돈을 받아오라고 보냈기 때문이다. 어머니는 아들을 왜 보냈는가? 시동생이 급히 돈을 요구했기 때문이다. 이런 식으로 원인을 찾아가면 끝이 없다. 그렇다면, 50년 전에 어떤 사람이 돈을 받으러 가면 50년 후에 그 사람이 머리를 다치게 되는가? 또 왜 하필이면 그 사람이 부상을 당했는가? 토요일 오후에 그 밑을 지나갔기 때문이다. 그 사람은 왜 그 밑을 지나갔는가? 친구가 영화를 보자고 전화를 걸었기 때문이다. 그 친구는 왜 전화를 했는가? 갈 곳이 없고 심심했기 때문이다. 그렇다면, 심심한 친구가 전화를 걸면 그 사람이 부상을 당해야 하는가?[105]

---

105 이 예는 김형석, 『역사철학』, 철학과현실사, 1993, 82에서 가져왔다.

☞ 독일의 근대철학자 볼프(Christian Wolff, 1679-1754)는, '모든 인과연쇄도 전적으로 우연적인 여러 요소들로 결합된 그 자체가 우연적인 것'이라고 말한 바 있다.

3. 본질적 원인과 부차적 원인

• 카아(E.H. Carr)는, 어떤 (결과로서의) 사건의 본질적인 원인과 부수적인 원인이라는 문제를, 『역사란 무엇인가?』(*What is History?*)의 <Ⅳ. 역사 속의 인과관계>[Causation in History]에서 "역사 속의 우연, 혹은 클레오파트라의 코[Chance in History, or Cleopatra's Nose]"라는 항목으로 다루고 있는데, 악티움 해전에서 안토니우스가 패배한 본질적인 원인은 전투력(전략 및 군인의 사기 등을 포함)이 약했던 것이고, 클레오파트라의 코가 높았던 것(그녀가 아름다웠던 것)은 부수적인 원인이라는 의미에서의 우연적 원인으로 보고 있다. 즉 '클레오파트라의 코' — 클레오파트라의 미모(美貌) — 가 어떤 결과를 초래한 것은 분명하다. 그러나 장군들이 전쟁에 지는 것은 아름다운 여왕들에게 빠져있기 때문이라고 말하는 것은 일반명제로서는 아무런 의미가 없는 것이다.[106] 즉 카아가 보기엔, 이것은 어떤 사건의 부수적인(우연한) 원인이기는 하지만, 중요한 내지는 본질적인 원인은 아니다. 그러나 그는 우연과 필연을 잘못 이해하고 있다. 그는 아마 다음과 같이 생각하는 것 같다.

---

106 Carr, *What is History?*, *ebd.*, 113-143. 특히 131 *ff.* 참조.

★ 안토니우스가 전쟁에서 패한 사건의 원인

① 필연적 원인: 전투력(전략 및 군인의 사기 등을 포함)이 약했던 것

② 우연적 원인: 클레오파트라가 높은 코를 가졌던 것(아름다웠던 것)

그러나 전자의 원인도 하나의 우연적인 원인이지 필연적 원인은 아니다. 전투력이 약하다고 해도 천재지변 등의 우연한 원인으로 전쟁에서 승리할 수도 있기 때문이다. 즉, 전투력이 약한 것은 우연적인 원인이지만, 중요하고 본질적인 원인이라고 할 수 있다. 카아가 들고 있는 또 하나의 예는 다음과 같다.

2) 존스(Jones)가 평소보다 많은 양의 술을 마시고 브레이크 결함이 있는 차를 타고 앞이 잘 보이지 않는 모퉁이[blind corner]를 돌다가, 그 모퉁이 가게에서 담배를 사려고 도로를 횡단하던 로빈슨(Robinson)을 치어 숨지게 한 사건

• 이 교통사고의 경우에, 운전자가 취했기 때문이라든가, 브레이크가 말을 듣지 않았기 때문이라든가, 도로에 사각(死角)모퉁이가 있었기 때문이라고 말을 하면 사람들은 그것이 완벽하게 분별 있고 합리적인 설명이라고 생각할 것이다. 그리고 그 말을 듣는 사람은, 담배에 대한 로빈슨의 욕망이 아니라 이것이 로빈슨의 죽음의 '진짜[real]'원인이라고까지 말할 수도 있을 것이[107]라고 카아는 말한다. 이 경우에 카아가 말한 '진짜' 원인이라는 것도, 본질적인 혹은 1차적인 원인이라는 의미로 이해되어야 한다.

---

107 Carr, ebd., 139 참조.

☞ 그런데 이러한 사례들에 있어서 ① 본질적인(1차적인) 원인과, ② 부수적인(우연한)[symbebēkos] 원인을 구별할 수 있는가?

• 본질적인 원인은 '일반화'가 가능하나, 부수적(우유적)인 원인은 일반화가 불가능한가? 위의 예의 경우, '과음을 한 채 블레이크 결함이 있는 차를 타고 앞이 잘 보이지 않는 모퉁이를 돌면 교통사고가 일어난다'라는 일반화가 가능하지만, '어떤 사람이 길 모퉁이 가게에서 담배를 사려고 도로를 횡단하면 교통사고가 일어난다'라는 일반화는 불가능한 것인가? 그렇지는 않을 것이다. 왜냐하면, 전자의 행동을 할 경우, 교통사고를 일으킬 수 있는 가능성은 높아지겠지만 반드시 교통사고가 발생하는 것은 아니기 때문이다. 즉, 전자의 경우와 후자의 경우 모두에 '필연적인 관계'가 성립하는 것은 아니다. 다만 우리는 '전자의 행동이 후자의 행동보다 교통사고를 일으킬 수 있는 가능성이 높다'라고만 말할 수 있을 것이다.

• 역사에서의 〈우연〉은, 사건에 개재된 수많은 인과관계의 사슬 가운데서 그 사건을 합리적으로 설명하여 일반화를 이끌어내는 데 소용이 되지 못하는 인과관계들을 말하는가? 예컨대 인간의 경우, 동일한 사람이 다른 때에, 그와 동일한 상황에 처할 경우에 반드시 동일한 결정을 내리거나 동일한 행동을 하는 것은 아니다. 예컨대, 배가 고플 때 음식을 먹을 수도 있지만, — 바쁘게 할 일이 있기 때문에 식사할 시간이 없으므로; 살을 빼기 위하여; 단식(종교적인 이유나 건강상의 이유로)을 하기 때문에, 등등의 이유로 — 먹지 않을 수도 있다. 기계도 동일한 조건에서 다르게 반응 또는 작용할 수 있다. 우연성은 도처에 존재한다.

<인간의 경우>

원인(조건) A ⇨ ⇨ ⇨ ⇨ ⇨ ⇨ ⇨ ⇨ ⇨ ⇨ ⇨ 결과 B, C, D (…)
(즉, 동일한 조건이 주어졌을 때, 상이한 결과들이 발생할 수 있다).
그리고 이와 반대로,

A, B, C (…) ⇨ ⇨ ⇨ ⇨ ⇨ ⇨ ⇨ ⇨ ⇨ X

[즉, A, B, C (…) 라는 여러 조건들 중의 하나 혹은 여럿이 X라는 동일한 결과를 초래할 수도 있다. 즉, X라는 결과의 원인은 여러 가지일 수 있다].

예) 그림이나 어떤 색(色)을 선택하는 것을 보고 그 사람의 성격이나 심리를 테스트하여 판단하는 것은, 참고로 할 수 있는 사항이기는 하지만, 반드시 옳은 것은 아니다. 예컨대 어떤 사람이 '붉은 색을 좋아할 경우'[X], 그 사람의 성격이 반드시 '정열적(情熱的)'[A]이라고 말할 수는 없다. 다른 이유로 붉은 색을 좋아할 수도 있다는 말이다.

4. 인과관계가 성립되지 않는 경우도 존재하는가?
: 기적(奇蹟)의 문제

• 기적이 일어나지 않는 한, p⊃q이지만, 기적이 발생하면 p⊃q가 아닐 수도 있는가?

<기적이 존재한다고 주장하는 예들>

• 사람이 죽으면[심장사(心臟死)] 다시 살아나지 못한다. 그러나 [가사상태(假死狀態)가 아니라] 죽었는데도 나사로나 예수처럼 부활한 경우가 있다고 주장한다. 그리고 엘리야처럼, 아예 죽음을 경험하지 않고 하늘로 올라간 사람도 있었다고 주장한다.

• 기독교의 구약성서에는 갈대바다[Yam Suph, Reed Sea][108]가 갈라져서 이스라엘 백성은 살고, 그들을 추격한 파라오와 그 군대는 수장(水葬)되었다는 기록이 있다(출애급기14:21). 그런데 이에 대해 과학적으로 설명할 수 있는 원인이 없다. 즉 p가 없는데, q (갈대바다가 갈라짐)가 발생했다. 즉, '모세가 바다 위로 그의 손을 뻗쳤더니'(p) ⊃ '갈대바다가 갈라졌다'(q). 그러나 이것이 원인이 될 수 있다는 것을 많은 사람들은 인정하지 않는다. 왜냐하면, 이것은 과학적(이성적)으로 설명될 수 있는 원인이 아니기 때문이다.

4.1. '기적(奇蹟)'의 정의

4.1.1. 사전적(辭典的) 정의

• 기적(奇蹟): 영) miracle, 독) Wunder, 불) miracle, 희) θαῦμα, 일) 奇跡(きせき)

108 '얌 숲': yam [바다], suph [갈대]. '갈대바다[Reed Sea]'라는 뜻. '홍해(紅海)[red see]'로 오역되었다. 그런데 갈대는 원래 담수(淡水)식물이어서 바다에 서식하지 않는다. 그러나 기독교 신약성서에도 이와 비슷한 경우가 있다. 갈릴리도 호수(湖水)지만 <갈릴리 바다>라고 불렀다. 큰 호수를 바다로 부르기도 했던 것이다. 과연 유대·기독교의 경전의 주장이 사실이라면, 히브리인들이 건넌 것은 과연 무엇인가?

1. 상식으로는 생각할 수 없는 기이한 일 [비슷한 말] 이적(異跡).

2. 〈종교〉 신(神)에 의하여 행해졌다고 믿어지는 불가사의한 현상(네이버사전).

cf.) 신비(神秘): 영) mystery, 독) Mysterium, 불) mystère [mistɛːʀ], 희) μυστήριον (mystērion), 일) 神秘しんぴ [일이나 현상 따위가 사람의 힘이나 지혜 또는 보통의 이론이나 상식으로는 도저히 이해할 수 없을 만큼 신기하고 묘함. 또는 그런 일이나 비밀(네이버사전)].

"1. 내가 사람들과 천사들의 방언들로 말한다 해도 사랑이 없으면 소리내는 놋이나 시끄러운 꽹과리가 되고 2. 내가 예언의 은사가 있어 모든 신비와 모든 지식을 알고[εἰδῶ τὰ μυστήρια πάντα καὶ πᾶσαν τὴν γνῶσιν] 또 산을 옮길만한 모든 믿음이 있다 해도 사랑이 없으면 나는 아무것도 아니요 (…) 8. 사랑은 결코 시들지 아니하나 예언들이라도 끝이 올 것이요, 방언들이라도 그치게 될 것이며 지식도 끝나게 되리라. 9. 이는 우리가 부분적으로 알고[ἐκ μέρους γὰρ γινώσκομεν] 또 부분적으로 예언하지만 10. 온전한 것이 오면 그때에는 부분적으로 하던 것이 끝날 것이기 때문이라. 11. 내가 어린 아이였을 때는 어린 아이같이 말하고 어린 아이같이 이해하며 어린 아이같이 생각하였으나 어른이 되고 나서는 어린 아이의 일을 버렸노라. 12. 지금은 우리가 거울(유리)을 통해 희미하게 보나 그때에는 얼굴과 얼굴을 마주볼 것이요, 지금은 내가 부분적으로 아나 그때에는 내가 알려진 것처럼 알게 되리라[βλέπομεν γὰρ ἄρτι δι' ἐσόπτρου ἐν αἰνίγματι, τότε δὲ πρόσωπον πρὸς πρόσωπον· ἄρτι γινώσκω ἐκ μέρους, τότε δὲ ἐπιγνώσομαι καθὼς καὶ ἐπεγνώσθην]. 13. 이

제 믿음, 소망, 사랑, 이 세 가지가 있으나 이 중에서 가장 위대한 것은 사랑이니라"(고린도전서 13장. 킹제임스 성경. 강조는 필자에 의함).

4.1.2. 흄의 정의

• 서양철학에서 가장 많이 인용되고 있는 기적에 대한 정의는 아마 흄의 정의일 것이다. 그는 『인간지성에 대한 탐구』(*An Inquiry concerning Human Understanding*)에서 기적을 다음과 같이 정의한다. 기적이란, "자연법칙의 파괴(위반)[the violation of the laws of nature[109]]"[110]이다. 더욱 정확히 말하면, 기적이란 "신의 특수한 의욕이나 어떤 보이지 않는 행위자의 간섭에 의한 자연법칙의 위배"[111](*Enquiries*, 114)다. 요컨대 기적은 '자연법칙을 위반하는 신의 직접적인 행위'라고 할 수 있다.

• 그러나 자연법칙을 '물질의 법칙'이라고 한다면, '정신의 법칙'도 존재할 것이다. 그런데 흄은 기적을 물질의 법칙의 파괴(위반)이라고만 정의하고 있다. 따라서 '기적'을, 정신의 법칙이 파괴(위반)되는 현상에 대해서도 적용했어야 옳았을 것이다. 우리가 생각해야 할 문제들 가운데 하나는, 정신의 법칙과 물질의 법칙은 다른 것인가, 아니면 정신과

---

109 'law of nature': 자연법칙=Naturgesetz. 'natural law': 자연법=Naturrecht.

110 David Hume, *Enquiries concerning the human understanding and concerning the principles of morals* (*Enquires*로 줄임), reprinted from the posthumous edition of 1777 and edited with introduction, comparative tables of contents, and analytical index by L.A. Selby-Bigge, second edition, Oxford, 1951, 114.

111 "a transgression of a law of nature by a particular volition of the Deity, or by the interposition of some invisible agent".

물질은 어떤 공통된 통일적인 법칙에 따르는 것인가 하는 문제다. 서양의 과학에서도 전자의 법칙은 심리학에서 다루고 후자의 법칙은 물리학 등에서 다루고 있지 않은가?! 물질과 정신을 아우르는 통일적인 법칙을 다루는 학문의 분야는 무엇인가?

• 동양철학, 특히 성리학에서는 물질과 정신을 기(氣)로 보고, 이들을 다스리는 원리(原理)인 리(理)가 있다고 한다. 이때의 리(理)가 바로 물질과 정신의 법칙인 것이다. 우리는 또한, '초자연적 법칙'도 존재하지 않는가 라는 물음도 제기해야 한다. 우리가 아직까지 발견하지 못한 많은 초자연적 법칙들이 존재할 수도 있다.

• 다음의 예들 가운데 '기적'이라고 말할 수 있는 것이 존재하는가?

1) 아파트 3층에서 떨어진 초등학생이 (떨어지는 도중에 충격을 완화시키는 어떤 물체에 닿지 않고) '기적적으로' 살았다.
2) 그는 1/500만의 당첨확률을 지닌 복권에 '기적적으로' 당첨되었다.
3) 몇 십 년 동안 아무 것도 먹지 않고도 살아있는 사람이 실존하고 있다.
4) 그 사람은 3일 전에 죽었는데 오늘 아침에 살아났다.

• 이 네 가지 예들 중 〈기적〉 즉 〈자연법칙의 위반〉으로 인정될 수 있는 경우는 3)과 4)일 것이다. 우리는 아주 드물게 일어나는 일, 즉 일어날 가능성이 아주 낮은 일이나 상식으로는 납득이 가지 않는 일에 대해서도 과장된 표현으로 〈기적〉 혹은 〈기적적인〉이라는 용어를 사용한다(위의 예들 중 1, 2 외에도 "그는 산에서 조난당하였으나 기적적으로 목숨을 구했다"고 할 때, '기적적'이라고 하는 것은, 조난자의 체력과 장비로 지탱할 수 있는 시간 및 사고경위와 주변상황 등으로 미루어보아

도저히 구조될 수 없다는 체념 내지 판단을 한 상황에서, 어떤 연유(緣由)에서인지 모르게 상황이 뒤집히는 현상을 의미한다).

• 이 경우의 〈기적〉이란, '엄청나게 운이 좋다'는 의미를 지닌 표현이지, 〈자연법칙을 위반하는 현상〉이 발생했다는 뜻이 아니다.

4.1.3. 기적이라고 주장되는 예들

① 유대·기독교 성서의 예

• 모세의 '기적'들(애급에서의 열 가지 '기적', 그리고 갈대바다의 갈라짐, 광야생활 중 하늘에서 만나가 떨어짐) / 엘리사: 죽은 아이를 살림 / 에녹과 엘리야: 죽지 않고 하늘로 올라감 / 예수의 동정녀(童貞女) 탄생, 물위를 걸음, 오병이어의 기적, 많은 병자를 고침, 죽은 나사로를 살림, 가나 혼인잔치에서 물로 포도주를 만듦, 십자가 죽음 후의 부활 등

② 이슬람교의 예

• 알라의 계시 자체를 기적으로 봄

• 일자무식(一字無識)의 마호멧이 꾸란을 쓴 사실: 자동기술(自動記述)의 예

③ 불교의 예

• 마야부인의 옆구리에서 석가모니가 탄생함

• 원시불교: 6통 또는 육신통(六神通): 신족통(神足通)[112], 천안통(天

---

112 뜻대로 모습을 바꾸거나 마음대로 어디든지 날아갈 수 있는 신비한 능력. 신경통(神境通)·신여의통

眼通)[113], 천이통(天耳通)[114], 타심통(他心通)[115], 숙명통(宿命通)[116], 누진통(漏盡通)[117]

④ 도교의 예

• 도교의 선인(仙人)은 독특한 환술로 천리안(千里眼), 은형(隱形), 야시(夜視), 분신(分身) 등의 기적을 나타냈다고 함.

⑤ 현실의 예

• 불치병(말기 암) 환자가 안수나 기도로 치유됨 / 몸(손바닥, 이마 등) 에 예수의 상흔(傷痕)을 지닌 사람 / 성모 마리아 상(像)의(피) 눈물 / 달라이 라마를 결정할 때, 질문에 통과하는 아이 / 방언현상(천사의 말?이나 전혀 배우지 않은 외국어를 말하는 경우) / 장래의 일을 알아맞히는 경우(성서의 예언, 노스트라다무스의 예언, 점쟁이의 예언)

---

113 세간(世間) 일체의 멀고 가까운 모든 고락의 모양과 갖가지 형(形)과 색(色)을 환히 꿰뚫어 볼 수 있고, 자기와 남의 미래세에 관한 일을 내다볼 수 있는 신통한 능력. 천안지증통[天眼智證通]

114 세간의 좋고 나쁜 모든 말과 멀고 가까운 말, 여러 나라 각 지역의 말, 나아가 짐승과 귀신의 말에 이르기까지 듣지 못할 것이 없는 신통한 능력. 천이지증통.

115 남의 마음속을 꿰뚫어 볼 수 있는 신통한 능력

116 전생을 아는 신통한 능력

117 번뇌를 끊고 다시는 미계(迷界)에 태어나지 않음을 깨닫는 각자(覺者)의 신통한 능력

4.1.4. 신이 세속사에 개입할 수 있으며, 자연법칙들에 위반될 수 있는가?

• 그러므로 어떤 사건이 기적이 되려면, 그것은 단순히 희귀한 사건일 뿐만 아니라 지금까지의 모든 경험과정에 위배되는 것이어야 한다. 그런데 이런 의미의 기적은 존재할 수 없다고 흄은 간정한다. 그 이유는

① 어떤 기적도 그것이 엉터리가 아니라는 것을 확인할 수 있을 정도로 공개적으로 수행된 적이 없다. 그리고 기적을 증언하는 사람들이 그들 스스로 속지 않을 정도로 완벽한 교육을 받았다는 보장도 없으며, 그들이 다른 사람들을 절대로 속이지 않을 정도로 정직한 사람들이라는 보장도 없다.

⇨ 소위 초능력자라고 주장하는 사람들의 거짓 경우: 유리겔라, 투시능력이 있다고 하는 자, 물체이동[telekinesis] 능력이 있다고 하는 자들 등 / 2003년에는 SBS의 「도전 100만 달러! 초능력자를 찾아라」라는 프로그램에서 전직 전문 마술가인 랜디(James Randi, 1928-2020) 앞에서 초능력이 확인되면 백만 불을 준다고 함. 그러나 한 사람도 성공하지 못하였다.

② 대중은 기적적인 사건을 무조건 받아들이려는 속성을 가지고 있다. 그들은 별로 신빙성이 없는 일까지도 사실로 받아들인다. 특히 광신적인 종교인들은, 다른 종교에서 주장하는 기적에 대하여는 세밀한 증명을 요구하면서도 자신의 종교가 주장하는 기적에 대하여는 별로 증명의 필요성을 느끼지 않는 편견을 가지고 있다.

③ 역사적으로 보면 기적은 아무래도 비과학적인 세계에 살고 있던 야만인에게서 많이 보도되었고, 인간의 지성이 발달함에 따라 점점 쇠퇴했다. 예컨대 옛날에는 천둥소리까지도 신의 진노로 보았던 것이다.

④ 자연의 현상, 과학의 현상은 반복 가능하다. 그러나 피라밋의 신비(?)는 반복될 수 있는가?

4.1.5. 기적에 대한 여러 해석들

4.1.5.1. Antony Flew (1923–2010)[118]의 견해: 우리가 현재 가지고 있는 자연법칙들과 양립 불가능한 사건들이 발생할 수는 있지만, 현명한 사람이라면 자기의 믿음을 증거에 비추어서 갖는다고 함.

① 자연법칙은 매일같이 검증될 수 있고 재확인 된다. 죽은 사람들은 죽은 채로 있고, 물은 포도주로 변하지 않는다.

② 자연법칙을 위배한 것으로 보고된 사건들

- 과거로부터 개인적인 증언에 의해서만 지지되고 있다.
- 소수의 편견을 가진 사람들만이 그러한 〈법칙의 위배〉를 주장한다.
- 과학적 법칙은 언제나 누구에 의해서라도 시험될 수 있지만(반복 가능성), 소위 기적이라는 사건은 이처럼 객관적이고 공정한 방식으로 시험될 수 없다.

그러나 Flew는, 자연법칙들도 변경될 수 있음을 인정한다. 그는, 어떤 자연법칙들은 수정되거나 폐기되었고, 앞으로도 그렇게 될 것이라고 한다. 그러므로, 현재 우리가 가지고 있는 자연법칙들에 배치되는 사건에 관한 보고의 정확성을 인정하지 말아야 할 강한 근거는 없

---

118 플루[종종 Anthony Flew로 잘못 씀]는 영국의 철학자로, 자유지상주의[Libertarismus] 및 무신론으로 오랫동안 유명했다.

는 듯하다고 말한다. 그러나 엄밀하게 말하자면 자연법칙이 변하는 것이 아니라, 사람들이 '자연법칙으로 생각했던 것들'이 변할 수 있는 것이다. 예컨대 오래 전에는 천동설이 자연법칙에 따라 확립된 이론인 것으로 믿었지만 오늘날은 지동설이 상식으로 되었다. 그런데 옛날에는 태양이 지구를 중심으로 회전하다가, 오늘날에는 법칙이 바뀌어 지구가 태양을 중심으로 도는 것이 아니다. 예나 지금이나 자연법칙이나 사실은 변하지 않고 동일하지만, 자연법칙과 사실에 대한 사람들의 생각이나 주장이 변했을 뿐이다.

4.1.5.2. 기적과 같은 특별한 사건이 일어난 것을 인정하면서도 그것을 〈자연론적으로〉 해석할 수 있는 경우가 있다

1) 심령과학[Science of Parapsychology]의 경우, 지금까지 초자연적인 영역으로 알려져 왔던 많은 사실을 〈자연론적으로〉 해석할 수 있음을 보여준다.[119] 예컨대 telepathy [정신감응(精神感應), 전심술(傳心術)]과 같은 초감각적 지각; 장래일을 앎[예지(豫知)]; telekinesis [물체이동, 심령운동] 같이, 육체를 초월하여 정신이 영향력을 발휘하는 것들도 이제는 자연현상의 일부분으로 설명한다.

2) 라엘(『우주인의 메시지』 등의 저자)의 유대·기독교 성서해석

① (출애굽기 3:2) "여호와의 사자(使者)가 떨기나무[120] 불꽃 가운데서

---

119 존 H. 힉, 『종교철학 개론』, 황필호 역, 종로서적, 1993, 64 참조.

120 관목(灌木, shrub). 높이가 2m 이내이고 주줄기가 분명하지 않으며 밑동이나 땅속 부분에서부터 줄기가 갈라져 나는 나무. 떨기나무라고도 한다. 보통 사람의 키보다 낮은 나무를 말하는데, 나무의 윗부분인 수관이 일정한 모양을 지니는 것은 드물며 가지가 우거져

그에게 나타나시니라. 그가 보니 떨기나무에 불이 붙었으나 사라지지 아니하는지라."

⇨ 모세 앞에 로켓이 착륙한 것. 이 묘사는 현재로 말하면 우리들이 브라질의 원주민의 눈앞에 로켓을 착륙시켰을 때 로켓으로부터 눈부신 빛이 나무들을 비추는 데도 나무가 타지 않는 것을 본 원주민의 반응에 비교할 수 있을 것이다.

② (출애굽기 13:21) "여호와께서 그들 앞에 행하사 낮에는 구름기둥으로 그들의 길을 인도하시고 밤에는 불기둥으로 그들에게 비추사 주야로 진행하게 하시니"

이집트 군사들의 추격을 늦추기 위한 여호와의 역사에 대해서는 다음과 같이 기록됨: (출애굽기 14:19-21) "이스라엘 진 앞에 행하던 신의 사자가 옮겨 그 뒤로 행하매 구름기둥도 앞에서 그 뒤로 옮겨 애굽 진과 이스라엘 진 사이에 이르러 서니 저편은 구름과 흑암이 있고 이편은 밤이 광명하므로 밤새도록 저편이 이편에 가까이 못하였더라. 모세가 바다 위로 손을 내어민대, 여호와께서 큰 동풍으로 밤새도록 바닷물을 물러가게 하시니, 물이 갈라져 바다가 마른 땅이 된지라."

⇨ 이스라엘 민족의 후방에 내뿜은 연기로 추격자들을 저지하는 연막을 친 것이다. 그런 다음 척력광선[repellent beam]으로 물을 갈라, 건널 수 있는 길을 만들어 줌으로써 갈대바다를 건너가는 것이 가능해졌다.

덤불을 이루기도 한다. 눈잣나무·가솔송·진달래·개나리·꽝꽝나무 등이 이에 속한다. 줄기의 수명이 비교적 짧고 죽은 줄기 밑동에서 새로운 줄기가 나오는 경우가 많으나, 댕강나무와 두메오리나무는 7~8년, 또는 50년에 1번씩 줄기를 바꾸며 긴 수명을 유지한다.

③ (사사기 6:21) “여호와의 사자가 손에 잡은 지팡이 끝을 내밀어 고기와 무교전병(無酵煎餠)에 대매 불이 반석에서 나와 고기와 무교전병을 살랐고 여호와의 사자는 떠나서 보이지 아니한지라.”

⇨ 창조자들은 우주복을 입고 있었기 때문에 대기(大氣) 중에서 식사를 할 수 없었지만, 필요할 때는 과학적인 방법으로, 바쳐진 음식물로부터 영양을 섭취할 수 있었다. 이 때, 임의로 구부러질 수 있는 관(管), 즉 ‘지팡이’를 사용했는데, 지팡이 조작을 할 때 불꽃이 생겼기 때문에 당시 사람들은 그것을 〈신께 바치는 제사〉라고 생각했다.[121]

4.1.5.3. 기적에 대한 흄의 비판

신앙 ------------------------------------ ⇨ 기적

기적에 대한 신념

(경이로움을 사랑하는 인간의 자연적 성향에 토대를 둠)

이성 ------------------------------------ ⇨ 자연법칙

자연법칙에 대한 신념

(인과율에 대한 신념과 같이, 경험에 기초한 하나의 자연적인 신념이다).[122]

이 점과 관련된 흄의 입장을 살펴보자.

---

121 라엘, 『우주인의 메시지 1』, 메신저, 1999, 46-69 f. 참조.

122 그러나 브로드(C. D. Broad)는 위와 같은 흄의 입장이 일관성을 결여하고 있다고 비판한다(“Hume’s Theory of the Credibility of Miracles,” in: *David Hume: Critical Assessments*, ed. Stanley Tweyman, London, 1995, 454 참조).

① 그러나 이러한 사실이 곧 극단적인 회의주의로 연결되지는 않는다. 흄에 의하면 "경험이야말로 거의 대부분의 인간지식을 형성하며 인간의 활동과 행위의 근거가 되는 도덕적 추론의 토대가 된다"(Enquiry, 113-4). 따라서 확고한 경험적 증거를 토대로 하여 세워진 자연법칙에 대한 신념을 거부한다는 것은 우리의 삶의 유일한 안내자인 경험을 거부하는 것이다. 이것은 우리의 일상적인 삶을 부정하는 극단적 회의주의로서, 흄은 이에 대해 다음과 같이 말한다: "극단적 회의주의에 대한 가장 주된 그리고 가장 효과적인 반대는, 그것으로부터 아무런 지속적인 유용성도 기대할 수 없다는 점이다"(Enquiry, 110).

② 흄에 의하면 기적이란, "자연법칙의 위반[the violation of the laws of nature]"(Enquiry, 76)이다. 자연법칙들은 확고한 경험에 의해 세워지는 것들이기에 기적을 입증하는 증거보다는 기적을 부인하는 증거들이 늘 압도적으로 많을 수밖에 없다: "모든 기적적인 사건에는 반드시 그것과 상반되는 변함없는 경험이 있으며, 그렇지 않다면 그것은 기적이라 불릴 수 없을 것이다. 또한 이러한 변함없는 경험은 하나의 증거가 되며 그 성질상 기적의 존재를 반증하는 직접적이고도 충분한 증거가 바로 여기에 있다"(Enquiry, 77).

예컨대 누군가가 죽은 사람이 살아났다고 증언하는 경우, 그 증언이 기만이라는 사실보다 죽은 사람이 살아나는 일이 더 기적적인, 즉 덜 개연적인 사실이며, 그러기에 그것은 기적이라 불릴 수 있다. 따라서 경험적 증거를 토대로 기적을 믿는 것은, 더 개연적인 것 대신에 덜 개연적인 것을 믿는 비합리적인 선택이다.[123]

③ 기적이 경험을 통해 입증될 수 없다는 사실에도 불구하고 우리에게는 기적을 바라는 자연적인 성향이 있다: "점차로 계몽되어 가면서 우리는 신비로운 것이나 초자연적인 것이란 있을 수 없다는 것을 깨닫게 된다. 그러나 이들은 모두 불가사의한 것을 바라는 인간의 일상적인 성향에서 나온 것으로서, 이러한 성향은 간간이 경험과 배움을 통해 저지되기는 하나 철저히 인간본성으로부터 제거될 수는 없다"(Enquiry, 80). ⇨ 신비로운 것, 경이로운 것을 갈망하는 인간의 일상적인 성향은 인간경험과 지식의 한계로 인해 생기는 것이므로 인간의 지적인 발달과 더불어 어느 정도 약화되는 것이 사실이다. 그러나 인간이 결코 해결할 수 없는 '삶과 죽음, 건강과 질병, 풍부와 빈곤 같은 영원한 긴장'이 존재하는 한, 기적을 바라는 마음은 근본적으로 제거해 버릴 수 없는 인간의 자연적인 성향이라는 것이 흄의 주장이다.

④ 흄은 종교에 관한 두 개의 주저인 『종교의 자연사』와 『자연종교에 관한 대화』의 결론부분에서, 우주의 질서의 원인이 되는 지적인 창조자로서의 신의 존재를 인정하고 있다.[124] 그러나 그에게 있어서 신은 우주질서의 원인으로서 가정된 것이기에 '이신론(理神論)적 존재자[a

---

123 그러나 덜 개연적이라고 해서 '진리'가 아니라고 주장할 수는 없다.

124 "원초적인 본능은 아니지만 적어도 인간본성의 일반적인 수반물인 비가시적(非可視的)이며 지적인 힘을 믿는 보편적인 성향은, 신적인 창조자가 자기의 피조물 가운데에 각인해 놓은 하나의 징표로서 생각될 수 있다"(Hume, *The Natural History of Religion, ed. by H.E. Root, London*, 1957, 74 f.). "자연신학의 전체가 어떤 사람들이 주장하는 것처럼 다소 애매하지만 하나의 단순하며 분명치 않은 명제, 즉 궁극적인 질서의 원인이나 원인들이 아마도 인간지성과 먼 유비관계를 가진다는 것으로 귀결된다면, (…) 가장 호기심이 많고 사변적이며 철학적인 사람이 그 명제에 대해 솔직한 철학적 동의를 표하는 것 외에 무엇을 할 수 있을까?"(*Dialogues Concerning Natural Religion, Indianapolis*, 1947, 227).

deistic Being]'며, 따라서 자연의 질서를 깨뜨리며 자연법칙에 위배되는 기적을 인정하고 있지 않다: "신의 섭리는 어떤 작용 가운데서 직접적으로 나타나지 않으며, 태초부터 정해져있는 일반적이며 불변하는 법칙을 통해 모든 것을 통제한다. 이런 점에서 모든 사건은 전능자의 행위를 보여주는 것이며, 그것들 모두가 신이 피조물에 부여한 힘으로부터 유출된 것이다.[125] (…) 만약 신의 특별한 의지에 의해 일반법칙이 깨진다 해도, 그것은 전적으로 인간이 알아챌 수 없는 방식으로 이루어진다."[126]

⑤ 『인간지성에 관한 탐구』에서 기적에 관한 논의를 마무리하면서 흄은 다음과 같이 결론을 내리고 있다: "이성의 힘만으로 기적이 사실임을 우리에게 확신시키기에는 부족하다. 신앙에 의해 기적을 받아들이는 사람들은 누구나 그 자신 안에 지성의 원리를 전복시키며 관습과 경험에 상반된 것을 믿도록 하는 어떤 지속적인 기적을 의식한다"(Enquiry, 90).

⑥ 흄은, 기적이 유신론적인 종교의 견고한 토대가 된다는 호교론자(護教論者)들의 주장을 반박하고, 기적이란 종교를 지지하는 합리적인

---

125 예컨대 인간의 심장 박동은 '자연적으로' 이루어진다. 심장근육은 불수의근(不隨意筋, ivoluntary muscle)으로서, 대뇌의 통제를 받지 않고 스스로 운동하는 근육이다. 그런데 "심장 박동은 자연적으로 이루어진다"는 말은, "심장 박동은 신에 의해 이루어진다"라고 표현할 수도 있다. 우리는 심장이 '저절로' 뛴다는 것을 알고 있지만, 그 메카니즘은 우리에게 '신비(神秘)'다.

126 Hume, "Of Suicide," in: *Essays Moral, Political, and Literary*, ed. by Eugene F. Miller, Indianapolis, 1985, 581.

토대라기보다는 오히려 신앙의 표현임을 주장한다. 즉, 종교의 참된 토대는 영국의 이신론자들이 신뢰하였던 경험과 이성이라는 인간의 자연적인 인식능력이 아니라 신앙이라는 사실을 일깨운다.

⑦ 또한 흄은, 자연법칙의 위배로서의 기적과 자연법칙 중에 어느 하나를 선택해야 한다면 우리는 항상 확고하고 불변적인 경험에 기초한 자연법칙을 선택할 수밖에 없으며, 만약 계속하여 기적을 선택한다면 이는 우리의 삶의 건전한 토대가 되는 관습과 경험을 혼란시킨다고 주장한다.

4.1.5.4. 생각할 문제

① 현재 시점에서 사람들이 자연법칙을 다 발견했다고 말할 수는 없을 것이다. 즉, 우리가 현재 자연법칙 전체를 알고 있는 것은 아니라는 말이다. 그런데 기적이 '자연법칙의 위배현상'이라면, 어떤 현상이 자연법칙을 위배한 것인지, 아니면 우리가 아직 알지 못하는 '다른 어떤' 자연법칙에 따라 일어난 것인지 아닌지를 어떻게 알 수 있는가?

예컨대, 과거에 ㉮ 부력(浮力)의 법칙을 모르던 시대의 사람들은, 무거운 쇠로 된 배가 바다 위에 떠있는 것을 보고 기적이라고 생각할 것이고, ㉯ 만유인력의 법칙이라는 자연법칙을 알고 있지 못하는 사람들은 행성의 운행을 기적이라고 생각할 것이며, ㉰ 운동 및 에너지 법칙을 모르는 사람들은 달이나 화성에 우주선이 가는 것을 기적이라고 할 것이다.

그렇다면 ㉮ 동일한 사건이 어떤 사람에게는 기적이 되고 어떤 사람에게는 기적이 아닌가? 또한 어느 시대에는 기적으로 간주되지만 다른 시대에는 그저 평범한 사건으로 여겨지는가? 그리고 ㉯ 기적의 여부는, 사건발생의 빈도나 반복 가능성에 달려있는가? 즉, 어떤 사건이 아주 드물게만 일어난다면, 이것은 기적이라 할 수 있지만, 어떤 사건이 빈번하게 발생한다면(우리가 그 사건발생의 법칙은 이해하지 못한다 할지라도) 그것은 기적이 아니라고 판단해야 하는 것인가? ㉰ 자연법칙이 위반된 것으로 판단되는 경우에도, 이것이 신(의 의지)의 개입에 의한 것인지 아니면 신의 개입 없이 일어날 수도 있는지를 생각해보아야 한다(John P. Meier에 의하면, 신의 개입 여부는 경험의 한계를 넘어서는 세계관에 관한 신앙의 문제다).

② 기적, 신비, 초자연적 현상의 구별

• 기적[miracle]: 자연법칙의 위반(파괴) 현상

• 신비[mystery]: ['눈을 감다'라는 뜻의 μύω (muo)에서 유래]: 드물게 발생할 수도 있고 자주 발생할 수도 있는 현상이지만, 그 이유나 원리를 모르는 현상. (이론과 인식을 초월하여) 불가사의한 비밀. '신비'는, 엄연한 '사실'이지만, 우리의 지성의 한계로 인하여 그것의 원리나 메커니즘을 알지 못하는 것을 말한다 ⇨ 예) 우주발생의 신비 / 생명체 발생의 신비[127]

• 〈기적〉과 〈신비〉 모두, '과학적으로 명쾌하게 설명될 수 없다'는 공통점을 가지고 있다.

㉮ 무로부터의 창조(예: 무로부터의 신의 우주창조)가 만약 존재한다

---

127 현대과학은 생명체 발생의 원리를 알고 있는가?

면, 그것은 기적, 초자연적 현상, 신비 가운데 어떤 것인가? 혹은 이 모두에 해당하는가?[128]

㉯ 그렇다면, 생명체의 성장[auxēsis, growth]은 어떠한가? 즉 생명체 X의 현재상태: 〈A〉라 하고, 생명체 X의 이후의 (성장)상태를 〈A+B〉고 한다면, B는 '무'로부터 생성된 것'인가, 아니면 '유[A]'로부터 생성된 것'인가?

128 자연법칙이 있기 전에 발생한 일이므로 '자연법칙의 파괴', 즉 기적이라고 할 수는 없지 않은가?

IV. 역사와 필연[129]

이 단원에서 우리는 역사, 특히 인간사에서의 우연과 필연의 문제, 그리고 바로 이와 직결된 인간의 자유와 결정론의 문제를 고찰한다. 우선 우연과 필연의 문제부터 살펴보자.

1. 우연과 필연

우리 국민들의 사랑을 받고 있는 대중가요들 가운데 하나인 「만남」(1989년에 발표됨)이라는 노래는 다음과 같이 시작한다: "우리 만남은 우연이 아니야. 그것은 우리의 바램이었어." 그리고 나의 첫째 아이는 다음과 같이 말한다: "오늘 시내에 나갔다가 중학교 때 아주 친하게 지낸 동창을 우연히 만났어!" 또 어떤 사람은 2019년 U-20 월드컵대회의 한국과 세네갈 전에서의 페널티 킥 장면을 보고 다음과 같이 말한

129 이 글은 필자의 글[「인간사에 필연적인 사건은 존재하는가?」, 『동서철학연구』 제93호, 한국동서철학회, 2019.09. (33-52)]을 부분적으로 수정한 것이다.

다. “그 선수가 찬 공은 우연히[운 좋게/운이 나쁘게] 들어갔어[들어가지 않았어]. 그런데 이 세 종류의 진술에서 등장하는 “우연(偶然)”이라는 말은 같은 의미로 사용되었을까? 조금만 더 깊이 생각해보면, 여기서 “우연”은 상이한 세 가지 의미로 사용되고 있다는 것을 알 수 있다. 그렇다면 그 각각의 의미는 과연 무엇일까?

나는 자연사(自然史)에서 필연적인 사건은 존재하는가? 라는 문제에 관해서는 별도의 지면에서 논하기로 하고 이 글에서는, 인간에게 일어나는 사건들 가운데 과연 필연적인 사건이 존재하는가를 탐구하고자 한다. 그 결과, 인간사에는 모든 일이 ‘우연적인’ 일이며, 어떤 특정한 조건이 주어지는 경우에 어떤 일이 필연적으로 발생한다고 말할 수 있기는 하지만, 이 경우의 ‘필연’이란, ‘조건적 필연’으로서, 이때의 ‘조건’이 주어지는 것 또한 우연이므로, 전체의 사건의 계열은 우연으로 된다고 하겠다. 이러한 문제들을 고찰하기 위해 우선, ‘우연’이 지닌 여러 의미들을 살펴보고, 인간사에서의 몇 가지 예를 들어 이 문제를 분석해 보려고 한다.

1) ‘우연’의 세 가지 의미

① 필연의 모순개념으로서의 우연

‘우연’은 크게 세 가지 의미로 사용되는 용어다. 첫 번째로 이 개념은 ‘필연(必然)’[130]의 “모순” 개념으로 사용된다. ‘필연’은 ‘반드시[필

---

130 ‘필연’에 해당하는 희랍어는 ἀνάγκη (anangkē)이고, 라틴어는 necessitas이며, 영어는 necessity이고 독일어는 Notwendigkeit이고, 프랑스어는 nécessité다.

(必)] 그러함[연(然)]'이라는 의미이므로, 이런 의미로 볼 때 그것은 '그와는 달리 될 수 없는 것'이므로 '외길[(only) one way]'이어서 다른 길이나 선택지가 존재하지 않는다. 그래서 이것은 어떤 면에서는 '결정론[determinism]'과 통하며 — '우연'은 '비결정론'과 통한다 —, 그것과는 대립된 것이 없으므로 '절대적인 것'이다. '반드시 그렇게 될 수밖에 없다'는 의미에서 필연에는 강제성이 수반된다. 필연의 모순개념으로서의 '우연'은 '반드시 그런 것은 아님'이라는 의미를 지닌다. 따라서, '우연'은 '외길'이 아닌 '(둘 이상의) 갈래길'이 존재함을 가리킨다. 내가 오늘 아침식사로 (밥이 있든지 없든지 간에) 밥을 먹지 않고 우유에 시리얼을 넣어서 먹은 행위는 '필연적인' 행위가 아니었다. 나는 여러 다른 음식을 먹을 수도 있었고, 혹은 아무 것도 먹지 않을 수도 있었는데, 여러 선택지 가운데 하나인 '시리얼을 먹음'이라는 행위를 택한 것이다.

이런 의미의 '우연'에 대해서 많은 사람들은 다음과 같이 오해하고 있다. 즉, '필연'적인 사건의 경우에는 인과율이 성립하는 반면에 '우연'적인 사건의 경우에는 인과율이 성립하지 않는다고 말이다. 그러나 인과율은 모든 경우에 성립한다. 원인 없는 결과는 없고, 결과 없는 원인도 없다.[131] 필연과 우연의 차이점은, 필연은 어떤 원인에 의한 결과가 하나로 정해져 있어서 그 어떤 다른 결과가 발생할 수 없는 반면에, 우연은 결과가 둘 이상일 수 있는데, 가능한 둘 이상의 결과 중에서 어떤 하나로 결정된 경우를 가리킨다.

---

131 "핑계 없는 무덤 없다"라든가 "아니 땐 굴뚝에 연기 나랴?"라는 우리 속담은 이런 사태를 잘 말해주고 있다.

'우연'이 어떤 '사건'이 아닌 '존재자'의 경우에 사용되는 경우에는, '비본질적인[nonessential]', '우유적(偶有的)인[accidental]', '종속적(從屬的)·부수적(附隨的)·부차적(副次的)인[subsidiary]' — 예컨대, '부수적으로 얻은 이익[accidental benefits]'처럼 — 등의 의미를 지닌다. 그런데 이러한 의미들은 모두 '우연'이 지니고 있는 첫 번째 의미인 '반드시 그런 것은 아님'이라는 의미와 상통한다. 즉 우리는 어떤 것이 그것이기 위해 '반드시' 지니고 있어야 할 성질을 '본성(本性)'이나 '본질(本質)'이라고 말한다. 그러나 비본질적·우유적 성질(속성)이란, 어떤 것이 그것이기 위해서 반드시 지니고 있어야 할 필요는 없는 성질을 가리킨다. 예컨대 어떤 물체가 '책상'이기 위해서는 '그 위에 책을 올려놓고 볼 수 있음'이라고 하는 책상의 본질을 지니고 있어야 한다. 그러나 그것이 책상이기 위해서 반드시 흰색이어야 한다든가 다리가 네 개 있어야 한다든가, 혹은 네모나야 한다든가하는 성질을 지니고 있어야 하는 것은 아니다. 전자가 본질에 해당하는 것이라면 후자의 성질들은 모두 비본질적·우유적·부수적·부차적 성질들인 것이다. 이러한 의미의 '우연'에 해당하는 희랍어는 ἐνδεχόμενον (endechomenon)이고, 라틴어는 contingentia이고, 독일어는 Zufälligkeit (또한 라틴어에서 온 Kontingenz도 사용됨)이며,[132] 프랑스어는 hazard[133]이고, 영어는

132 이에 해당하는 독일어로는 Zufälligkeit가 주로 사용되지만 'Zufall'도 함께 사용된다.

133 '우연'에 해당하는 프랑스어는 'hazard'인데, 그 이유는 십자군전쟁 때 아자트(hazard)성(城)에서 군인들이 전투를 하다 쉬면서 주사위 놀이를 즐겼기 때문이다. 이처럼 프랑스어에서 우연을 뜻하는 용어인 hazard는 '주사위 놀이'와 밀접하게 연관되어 있다. 아인슈타인은 1926년 12월, 보른(Max Born)에게 보내는 편지에서 "신은 주사위놀이를 하지 않는다"["(…) daß der nicht würfelt."(Brief an Max Born, 4. Dezember 1926, Albert Einstein, Hedwig und Max Born: Briefwechsel 1916-1955. Reinbek bei Hamburg,

accident와 contingency라는 두 용어가 모두 사용된다.[134]

② '의도하지 않음'이라는 의미의 '우연'

'우연'은 두 번째로, '의도하지 않음', '계획하지 않음[to be without purpose, ohne Absicht zu sein]'이라는 의미를 지니고 있고 이것은 주로 '우연히'라는 부사(副詞)의 형태로 사용되며, 이것은 곧 '우발적(偶發的)인'이라는 의미다. 그리고 이러한 우발적인 일이 좋지 않은 것일 때에 우리는 그것을 불운(不運)이라고 부르며, 이것은 곧 '사고(事故)' — 예컨대 '자동차 사고[car accident]' — 라는 의미를 갖게 된다. 그리고 우발적인 결과가 좋은 것일 경우에 우리는 그것을 '행운(幸運)' — 예컨대 로또에서 1등에 당첨된 경우 — 이라고 말한다.

위에서 든 예들 가운데 하나인 "오늘 시내에 나갔다가 중학교 때 아주 친하게 지낸 동창을 우연히 만났어!"라는 진술 속에 있는 '우연'이라는 용어는 두 번째 의미의 '우연'이라는 이미로 — 그리고 뒤에 말하는 세 번째 의미의 '우연'으로도 — 사용된 경우다. 즉 내 아이가 중학교 동창을 만난 것은, 사전에 그를 만나기로 약속을 한다거나 하

1972, 97f. 그리고 Max Born: Physik im Wandel meiner Zeit, Braunschweig, 1959, 3. Auflage, 244]고 말했는데, 이 말의 의미는, 신의 영역에서는 '우연'이란 존재하지 않는다는 것이다.(백훈승, 『철학입문』, 전북대학교출판문화원, 2015, 192 f. 참조).

134 라틴어 contingentia라는 명사와 contingere라는 동사는 글자 그대로는 '접하다[zusammen(sich) berühren]'라는 의미인데, 이것은 대략 독일어로 '~에 떨어지다[zufallen]' 내지 '함께 떨어지다[zusammenfallen]'에 대응하며, 이로부터 Zufall과 Zufälligkeit라는 단어가 나왔다. 라틴어에서의 contingentia는 희랍어 ἐνδεχόμενον (동사: ἐνδέχεσθαι=aufnehmen, annehmen)의 번역어로 사용되었을 때에 비로소 철학적인 의미를 얻게 되었다[Joachim Ritter und Karlfried Gründer(hg.), *Historisches Wörterbuch der Philosophie, Bd. 4*, Basel/Stuttgart, 1976, 1027-8 참조].

는 계획을 해서 이루어진 행위가 아니라, '의도하지 않고[by accident, accidentally, contingently, without purpose]'[135] 이루어진 결과다. 그런데 만약에 동창을 만나기로 약속하고 만났다면 2)의 의미로는 '우연히' 만난 것이 아니지만, 1)의 의미로는 '우연히' 만난 것이다. 왜냐하면, 약속을 하고 동창을 만났다고 해서 그 만남이 1)과 모순된 의미인 '필연적인' 만남이라고 할 수는 없기 때문이다. 즉, 의도한 만남이라고 해서 필연적인 만남이라고 할 수는 없다는 말이다.

'의도하지 않은 행위'도 넓은 의미에서 보면, 필연적인 행위가 아니라는 의미에서의 우연적인 행위이기도 하다. 즉 나의 아이가 자기 동창을 만나기로 계획하지 않은 것도 필연적인 일이라고 할 수는 없기 때문이다. 그러나 그렇다고 해서, 그가 자기 동창을 만나기로 계획하고 만났다고 해서 그 만남이 '필연적인' 만남이 되는 것은 아니다. 왜냐하면, 한편으로, 두 사람이 동창으로 만난 시점 이후로부터 생각하면, 그가 반드시 그러한 약속을 해야만 했던 것은 아니기 때문이며, 약속을 할 수밖에 없었다고 해도, 반드시 그를 만날 수밖에 없게 되는 것은 아니다. 도중에 여러 가지 사정이나 변수가 생겨서 그를 만나지 못할 수도 있기 때문이다. 예컨대 두 사람 중 하나가 교통사고를 당해서 병원에 입원하는 바람에 약속을 지킬 수 없다든지, 혹은 이보다 더 중요한 일이 생겨서 약속을 미룰 수밖에 없는 처지에 이를 수도 있는 것이다. 그러나 — 지금 말한 몇 가지 경우 외에도 수많은 경우들이 있을 수 있는데 — 이러한 많은 경우의 수들 가운데 하나의 경우인 '두 동창

---

135 이런 의미와 모순되는 개념은 '고의(故意)로', '의도적으로'를 가리키는 'on purpose,' 'purposely,' 'intentionally' 등일 것이다.

들의 만남'은, 반드시 그렇게 될 수밖에 없는 필연적인 사건이 아닌 우연적인 사건이다.

다른 한편으로, 두 사람이 동창으로 만난 시점 이전으로 되돌아가서 생각하면, 나의 아이와 그의 동창이 반드시 동창이 될 수밖에 없었던 것도 아니다. 두 사람은 반드시 한국에서 같은 해에 태어날 수밖에 없었던 것인가? 그리고 반드시 같은 중학교에 입학할 수밖에 없었던 것인가? 등으로 소급하여 생각하면, 전체의 과정을 필연적이라고 할 수는 없을 것이다. 왜냐하면 이 모든 인과연쇄에서 단 하나라도 우연적인 요소가 개입되었다면, 전 계열은 '우연'으로 귀착될 수밖에 없을 것이기 때문이다.

이 두 번째 의미의 '우연'에 해당하는 희랍어는 tychē(τύχη)와 automaton (αὐτόματον)이고, 라틴어는 casus와 fortuna이며, 독일어는 Zufall과 Zufälligkeit[136]이고 프랑스어는 hazard, chance, coïncidence, accident이고, 영어는 chance, accident, coincidence와 contingency라는 용어가 모두 사용되며, 어떤 결과로서의 사건이 좋은 것일 경우에는 fortune과 luck, fluke라는 용어도 사용된다.

③ 세 번째 경우의 '우연'은 '예상하지 못함'[예기치 않음][to be unexpencted, unerwartet]이라는 의미를 지니고 있다. 이 세 번째 의미의 '우연'은 두 번째 의미의 '우연'과 동시에(중복되어) 발생하기도 하고

---

136 Zufall < zufallen. 중세고지독일어는 'zuoval': 이 단어는 '우연'이라는 의미 외에도, 어떤 사람에게 해당하는(일어나는) 일, 부과, 수입(섭취), 박수, 승인(동의), 발작 등의 의미도 지니고 있다. 14세기의 신비주의자들에게 있어서 이 용어는 '외부에서 부가되는 것'이라는 의미의 accidens, accidentia와 연관되어 사용되었다(https://educalingo.com/ko/dic-de/zufall 참조).

별개로 발생하기도 하는데, 세 번째 의미의 '우연'을 두 번째 의미의 '우연'과 함께 예를 들어 살펴보기로 하겠다.[137] 머리말에서 언급한 것처럼, 어떤 사람이 2019년 U-20월드컵대회의 한국과 세네갈 전에서의 페널티 킥 장면을 보고, "그 선수가 찬 공은 우연히[운 좋게/운이 나쁘게] 들어갔어[들어가지 않았어]라고 말한 경우를 생각해보자. 그런데 이 상황을 좀 더 구체적으로 다음과 같이 설정하여 분석해보겠는데, 거기에는 '의도하지 않음'과 '예상하지 못함'이라는 두 요인이 개재되어 있다.

인간사에는 너무도 많고 복잡한 사건들이 발생하므로, 이를 다음과 같은 예를 통해 단순화하여 생각해보기로 하겠다. 예컨대 위의 페널티 킥 장면에서, 어떤 선수가 골대 좌측 구석으로 공을 보내서 골을 넣으려는 의도를 가지고 공을 차고 그에 따라 발생하는 각각의 결과에 대해 생각해보자. 이때에 '원인'은, '어떤 선수가 골대 좌측 구석으로 공을 보내서 골을 넣으려는 의도를 가지고 공을 참'이라 할 수 있고, '결과'는 다음의 네 가지로 분류할 수 있다.

㉮ 의도한 대로 좌측 구석으로 공이 가고, 골인됨(ⓐ 골인될 것을 예상함 / ⓑ 예상하지 못함).

㉯ 의도한 대로 좌측 구석으로 공이 갔으나 골키퍼의 선방으로 노골이 됨(ⓐ 노골이 될 것을 예상함 / ⓑ 예상하지 못함).

㉰ 의도한 대로 좌측 구석으로 공이 가지는 않았으나, 골키퍼가 막지 못해 골인됨(ⓐ 골인될 것을 예상함 / ⓑ 예상하지 못함).

---

137 이 세 번째 의미의 '우연'에 대응하는 서양어도, 두 번째 의미의 '우연', 즉 '의도하지 않은'이라는 의미의 우연에 대응하는 서양어와 같다.

㉣ 의도한 대로 좌측 구석으로 공이 가지는 않았으나, 골키퍼가 막아 내서 노골이 됨(ⓐ 노골이 될 것을 예상함 / ⓑ 예상하지 못함).

이 예에서 우리는 여덟 가지의 경우를 생각해볼 수 있다. 일단, 이 모든 경우가 필연이 아니라는 의미에서 '우연'이라고 말할 수 있다. 그러면 내가 구분한 두 번째와 세 번째의 의미에서의 우연인지를 살펴보자.

㉮의 ⓐ의 경우: 의도한대로 되었다는 의미에서는 '우연'이 아님. 그리고 '예상했다'는 의미에서도 '우연'이 아님.

㉮의 ⓑ의 경우: 의도한대로 되었다는 의미에서는 '우연'이 아님. 그러나 '예상하지 못했다'는 의미에서는 '우연'임.

㉯의 ⓐ의 경우: 의도한대로 되었다는 의미에서는 '우연'이 아님. 그리고 '예상했다'는 의미에서도 '우연'이 아님.

㉯의 ⓑ의 경우: 의도한대로 되었다는 의미에서는 '우연'이 아님. 그러나 '예상하지 못했다'는 의미에서는 '우연'임.

㉰의 ⓐ의 경우: 의도한대로 되지 않았다는 의미에서는 '우연'임. 그리고 '예상했다'는 의미에서는 '우연'이 아님.

㉰의 ⓑ의 경우: 의도한대로 되지 않았다는 의미에서는 '우연'임. 그리고 '예상하지 못했다' 는 의미에서도 '우연'임.

㉱의 ⓐ의 경우: 의도한대로 되지 않았다는 의미에서는 '우연'임. 그리고 '예상했다'는 의미에서는 '우연'이 아님.

㉱의 ⓑ의 경우: 의도한대로 되지 않았다는 의미에서는 '우연'임. 그리고 '예상하지 못했다'는 의미에서도 '우연'임.

이 예를 통해 보았듯이, '의도하지 않은 결과'라는 의미에서의 '우연'과 '예상하지 못한 결과'라는 의미에서의 '우연'은, 어떤 한 사건에서 함께 있을 수도 있고 그렇지 않을 수도 있다.

이제, '우연'에 대한 아리스토텔레스의 견해를 통해, 두 가지 의미의 우연 개념— 필연의 모순개념으로서의 우연이 아닌, '의도하지 않은'과 '예상하지 못한'이라는 의미의 우연 — 을 분석해보겠다. 우연에 대해 아리스토텔레스는 『자연학』(*Physics*) Ⅱ, v-vi, 『시학(詩學)』(*Poetic*)의 제9장과 제23장, 『니코마코스 윤리학』(*Nichomachean Ethics*), 그리고 가능성 개념 및 미래시점 우연명제의 문제와 관련한 '우연'의 문제를 『명제론』(*De Interpretatione*) 제9장에서 제기하고 있다.

여기서는 『자연학』에서의 서술을 통해 그의 주장을 살펴보겠다. 아리스토텔레스에 의하면, 빈도(頻度)에 따른 사건(일)은 다음의 세 종류로 구분된다: 1) 언제나(같은 방식으로) 그런(또는 생기는) 것[138], 2) 대다수의 경우에 그런 것, 3) 언제나 그렇지도 않고 대다수의 경우에 그렇지도 않은 것. 마지막 것은 다시 말하면 '드물게 그런 것'('드물게 발생하는 일')이라고 말할 수 있다. 이 마지막 조건이 '운으로 말미암은' 일이기 위한 필요조건이다. 즉 '운으로 말미암은 일'은 언제나 일어나는 일도 아니고 대다수의 경우에 일어나는 일도 아닌 것이다.

어떤 것이 '운' 또는 '운으로부터 말미암은 것'이기 위한 두 번째의 필요조건은, 그것이 무엇을 지향하는 것이면서 결과들이 부수적

---

138 아리스토텔레스는 『자연학』 196b10에서는 "항상[aei, ἀεὶ]"라고 말하는데, 196b13에서는 "필연적으로 그리고 항상[anangkēs kai aei]"라는 표현을 사용한다[Aristoteles, *The Physics in two volumes*. I . with an English tr. by Philip H. Wicksteed and Francis M. Cornford, in: *The Loeb Classical Library*, London/Cambridge, Massachusetts, 1970.

으로[kata symbebēkos, κατὰ συμβεβηκὸς] 생겨야 한다는 것인데, 이 때, 무언가를 지향하는 행위가 1) 선택에 의한[kata proairesin, κατὰ προαίρεσιν] 것일 경우에 아리스토텔레스는 그것을 '운[tychē, τύχη]'이라 부르고, 2) 사유를 통해서[apo dianoias, ἀπὸ διανοίας, 196b22] 혹은 선택에 의해서[kata proairesin, κατὰ προαίρεσιν, 197a7] 생긴 것이 아니라 본성에 의해[apo physeōs, ἀπὸ φύσεως] 생기는 경우에는 '자동성[automaton, αὐτόματον]'이라고 부른다.[139]

예컨대 어떤 사람이 장을 보러 시장에 갔다가 자기의 채무자를 우연히 만났다. 이 경우의 '우연'이란 무엇인가? 아리스토텔레스는 『자연학』에서 이것을, '의도하지 않은' 결과라는 의미의 '우연'으로서의 '운[tychē]'이라고 한다.[140] 왜냐하면 그는, 채무자를 만나기 위한 목적을 가지고 시장에 간 것이 아니라 단순히 장을 보려고 갔으나, 채무자를 만난 것은, 장 보려는 목적에 부수적으로 따라온 결과이기 때문이다. 그런데 이 경우의 '운'은 '의도하지 않은 결과'라는 의미의 '우연'이기도 하지만, '예상하지 못한[예기치 않은]'이라는 의미에서의 우연이기도 하고, 반드시 그렇지는 않은'이라는 의미에서의 '우연'이기도 하다. 즉 그는 채무자를 반드시 만날 수밖에 없었던 것은 아니기 때문이다.

이러한 상황을 인간이 아닌 기타의 동물들이나 무생물에게 적용할 경우에 아리스토텔레스는 '운[tychē]'이라는 용어 대신 '자동성[automaton]'이라는 용어를 사용한다. 즉 이러한 사건들에서, '애당

---

139 이영환, 「아리스토텔레스 『자연학』 2권, 4-6장에서의 운과 자동성」, 『서양고전학연구』 제37권, 2009(193-219), 194 f. 참조. 자연에 기인한 모든 것은 1)과 2), 즉 '언제나 그런 것'과 '대다수의 경우에 그런 것'으로 아리스토텔레스는 본다.

140 Aristoteles, ebd., Book II, V. 참조.

초 어떤 의도를 가질 수 없는 자'에게서 일어나는 사건과 '의도를 가질 수 있으나, 어떤 특정한 시점에 어떤 특정한 의도를 갖지 않은 자'에게서 일어나는 사건을 구별하고, 전자의 경우의 '우연'을 'αὐτόματον (automaton)'이라 부르고, 후자의 경우의 '우연'을 'τύχη (tychē)'라고 불렀다. 다시 말하면, 숙고(熟考)에 의한 행위를 할 수 있는 자인 인간에 관련된 우연이 '튀케'이고, 인간이 아닌 동물들이나 무생물에 관련된 우연이 '아우토마톤'이다. 그리고 '튀케'가 그것이 일어난 인간에게 '좋은' 일인 경우에 '행운(幸運)[eutychia, εὐτυχία]'이라고 하고 '나쁜' 일인 경우에 '불운(不運)[dystychia, δυστυχία]'[141]이라고 부른다.[142] 그러니까 '자동성[automaton]'은 '운[tychē]'보다 더 넓은 적용범위를 갖는다. 예컨대 어떤 말[馬]이 우연히 안전한 곳에 옴으로써(와서) 위험을 벗어난 경우(구출된 경우), 그 말은 구출되는 것을 목적을 가지고 온 것이 아니기 때문에 '자동적으로' 왔다고 우리는 말한다는 것이다. 또, 삼각대[tripod, ὁ τρίπους]가 떨어졌는데, 의자로 유익하게 사용될 수 있도록 자리를 잡은 경우에도 '자동적으로' 똑바로 떨어졌다고 말한다.[143] 이 두 경우에도 공통적으로 가지고 있는 속성은 바로 '의도하지 않은'이라는 속성이다. 그리고 이 두 경우도 앞의 경우와 마찬가지로 '의도하지 않은'이라는 의미의 우연이기도 하지만, '예상하지 못한'이라는 의미에

---

141 Aristoteles, ebd., Book Ⅱ, Ⅴ. 197a25-28.

142 일본인 학자 쿠키는 우연을, 칸트의 판단표의 관계에 관한 세 판단인 정언판단, 가언판단, 선언판단에 대응시켜 아리스토텔레스의 symbebēkos를 정언적 우연에, tykē와 automaton을 가설적(가언적) 우연에, endechomenon을 이접적(선언적) 우연에 해당한다고 주장하였으나(쿠키 슈우조우, 『우연이란 무엇인가』, 김성룡 역, 이회문화사, 2000, 16), 이러한 주장은 근거가 없는 것으로서, 받아들일 수 없는 주장이다.

143 Aristoteles, ebd., Book Ⅱ, Ⅵ. 197b 15-17 참조.

서의 우연이기도 하고, '반드시 그렇지는 않은'이라는 의미의 '우연'이기도 하다.

아리스토텔레스의 구분에 따라 '우연'을 구별해보면, 사람은 사람으로부터만 태어난다는 사실은 우연이 아닌 필연이다. "콩 심은 데 콩 나고, 팥 심은 데 팥 난다"는 속담은 바로 이러한 사태를 말하고 있다. 그러나 이 경우도, 우리가 앞에서 생각해본 것처럼, 인간사에 적용하면 '조건적인 필연'이라는 것을 알 수 있다. 인간사에는 보편적인 일이 일어나는 것이 아니라, 어떤 특정한 시공간에서 어떤 특정한 사건이 발생한다. 인간 일반으로부터 인간 일반이 태어날 수는 없다. 즉 반드시 A와 B라는 특정한 인간 부모로부터 C라는 특정한 인간이 태어나는 것이다.[144] 그러면 이러한 사건은 필연인가 우연인가 라고 묻는다면, 그것은 '조건적인 필연'이요 '우연'이라고 대답해야 한다는 말이다. 왜냐하면 A와 B가 성관계를 맺었다고 해서 반드시 수정이 되는 것도 아니며, 수정이 된다고 해도 반드시 착상이 되는 것도 아니며, 착상이 되었다고 해서 반드시 순조롭게 성장하여 출생이 이루어지는 것도 아니기 때문이다. 출생 혹은 정상적인 출생이 이루어지기 위해서 태아에게는 내적·외적 장애가 없어야 한다는 조건이 부가된다. 내적 장애란, 예컨대 유전자의 결함이나 산모의 건강상의 문제 등을 말하며, 외적 장애란, 예컨대 인위적으로 태아에게 가해지는 위력, 구체적으로 말하면 인공임신중절 행위 같은 것을 말한다. 이러한 장애가 발생할 경우, 태아는 유산될 수 있고, 따라서 하나의 특정한 인간의 발생은 불가능할

---

144 물론 체세포 복제나 처녀생식[단성생식, parthenogenesis]에 의한 인간의 출생 등은 이 경우에 고려하지 않았다.

수 있다. 그리고 이러한 모든 과정에 아무런 제약이 없어서 하나의 인간이 출생했다고 하자. 그렇다고 해서, 출생한 한 인간이 반드시 C라는 특정한 인간이어야 할 까닭은 없다. 원초적으로 말하자면, 수많은 정자들 가운데서 어떤 정자가 난자와 결합하게 될 것인지가 필연적으로 결정된다고 말할 수는 없을 것이기 때문이다.

아리스토텔레스는 두 번째의 경우, 즉 "대부분" 일어나는 사건의 경우도 '우연'이라고 말하지는 않는다. 예컨대 보통사람은 다섯 개의 손가락을 가지고 태어난다.[145] 이것은 '대부분' 그렇다는 말이다. 그런데 이런 일을 아리스토텔레스가 '우연'이 아니라고 말하는 것은, 그것이 첫 번째의 '우연'이 아닌 일, 즉 '필연'이라고 주장하는 것이 아니라, 그것이 '자연스러운' 일이기 때문에 충분히 '예상할 수 있는' 일이므로, '예상하지 못한' 일이라는 의미의 '우연'이 아니라는 말이다. 그러나 이런 일도, 그것이 '의도한 일이 아니라'는 의미에서는, 즉 부모가 자기 자식이 다섯 개의 손가락을 가지고 태어나기를 의도하지 않았지만 그렇게 태어났다는 의미에서는 '우연한 일'이라고 할 수 있다.

아리스토텔레스는 세 번째의 경우, 즉 "거의 일어나지 않는" 경우를 '우연'이라고 말한다. 예컨대 어떤 사람이 여섯 개의 손가락을 가지고 태어난 경우를 가리켜 '우연'이라고 말한다. 이것은 자연스러운 일이 아니며 드물게 일어나는 일이다. 이 경우는, '의도하지 않은'이라는 의미에서도 '우연'이고, '예상하지 못한' 일이라는 의미에서도 '우연'이다.

---

145 손가락에 관한 예는 배기훈, 『아리스토텔레스의 우연론』, 숭실대학교 대학원 석사학위논문, 2001, 13 ff.에서 가져왔다.

2) 인간사에 필연적인 사건은 존재하는가?

이제 나는 이러한 예비적 고찰을 바탕으로, 인간사에서는 필연적인 사건이란 존재하지 않으며, 모든 사건은 우연적이라는 점을 드러내고자 한다. 그런데 이에 앞서, 자연현상의 과정은 필연적으로 결정되어 있는지에 대해 생각해보자. 우리가 보통 '법칙[law]'이라고 부르는 것들은 다음의 두 가지로 구분할 수 있다.

① 규제적 법칙(규정적 법칙)[prescriptive law]: "모든 차(車)는 붉은 신호등이 켜지면 멈춰야 한다." ⇨ 당위(當爲)

② 기술적(記述的) 법칙[descriptive law]: 자연법칙(중력법칙, 행성운동법칙 등) ⇨ 사실(事實)

많은 사람들은 변화하는 자연현상의 배후에는, 예컨대 중력법칙, 행성운동법칙, 낙체(落體)의 법칙 등과 같은 변치 않는 '자연법칙[law of nature]'이 있다고 생각한다. 이러한 법칙은 소위 '기술적(記述的) 법칙[descriptive law]'으로서, 사실(事實)을 존재하게 하는 원리(原理)로 간주된다.[146] 예컨대, 낙체(落體)의 법칙은 자연현상을 지배하고 있다. 어떤 물체든 (그것이 진공 속을 낙하하는 한은) '낙하의 거리는 중력가속도와 시간의 제곱에 정비례한다'($1/2gt^2$)라고 하는 방식으로 낙하한다. 우리

146 이와는 달리 '규제적 법칙(규정적 법칙)[prescriptive law]'이 있는데, 예컨대 "모든 차(車)는 붉은 신호등이 켜지면 멈춰야 한다"는 '실정법의 규칙'과 "사람을 죽여서는 안 된다"는 '자연법의 규칙'이 있을 수 있는데, 이들은 '사실'이 아니라 '당위(當爲)'를 지시한다. 그런데 만약 자연법칙을 만든 신이 존재한다면, 자연은 신의 법칙(명령)에 복종하고 있는 셈이고, 이 경우 자연법칙은 자연에게는 하나의 당위일 것이다.

들은 이 법칙을 우리의 힘으로 변경할 수는 없다. 그러나 그렇다고 해서 우리가 자연현상의 과정을 우리의 힘으로 변경할 수 없는 것은 아니다. 감나무에서 감이 떨어질 경우, 그것은 낙체의 법칙에 의해 떨어진다. 그러나 감이 반드시 땅에 떨어지는 것은 아니다. 왜냐하면 감이 떨어질 때 우리가 그것을 붙잡을 수도 있기 때문이다. 또한, 공을 높은 곳에서 떨어뜨리면, 그것은 낙체의 법칙에 의해 낙하한다. 그러나 우리가 공을 지금 떨어뜨리느냐 어쩌느냐 하는 것은 이 법칙에 관계된 것이 아니다. 또한 낙하 중에 그 공을 잡을 수도 있다. 그러므로, 〈자연법칙〉은 결정되어 있는 것이지만 〈자연현상의 과정〉은 반드시 결정된 것이 아니고, 인간의 개입에 의해 변경될 수 있는 것이다(그러나 아직까지는 인간의 힘으로는 변경할 수 없는 자연현상도 있다. 예컨대 행성의 운행은 케플러의 법칙에 의해 지배되어 왔으며, 그것을 인간의 손으로 바꿀 수는 없다).[147]

이렇게 본다면 '자연법칙'은 결정되어 있는 것이라고 할 수도 있겠다. 그러나 그렇다고 해서 자연법칙들이 필연적인 것이라고 할 수는 없을 것이다. 자연법칙이 처음부터 저절로 존재했든지 아니면 절대자가 그것을 만들었든지 간에, 자연법칙이 반드시 존재해야 한다거나 아니면, 반드시 지금과 같은 법칙들로 존재해야만 한다고 생각할 수는 없기 때문이다. 극단적으로 말하면, 이 세계나 우주가 반드시 존재할 필요 내지 필연성은 없다고 한다면, 세계의 법칙, 우주의 법칙, 자연의 법칙 등도 필연적으로 존재하는 것이라고 할 수는 없기 때문이며, 자연이 필연적으로 존재한다 하더라도 자연법칙이 반드시 지금과 같은 것으로 존재할 이유는 없기 때문이다.

---

147 岩崎武雄, 『철학에의 초대』, 안장현 역, 정음사, 1985, 108 ff. 참조.

자연현상의 과정도, 거기에 인간의 활동이 개입될 때 바뀌어간다. 하물며 역사라고 하는 것에는 항상 인간의 활동이 들어있으므로, 역사의 과정이 인간의 활동에 의해 바뀔 수 있는 것은 당연한 일이다. 그리고 만약에 역사의 과정에 <필연적인 법칙>이 있다고 할지라도, 실제의 역사의 과정은 인간의 행위를 통해 이루어지므로 얼마든지 변경 가능하다.

다음의 예를 통해 인간사에서 필연적인 사건이 존재하는지 살펴보라. 어떤 70대 할머니가 어두운 새벽에 교회를 가려고 횡단보도가 아닌 곳을 지나가다가, 택시에 치여 숨진 사건이 발생했다. 이 때 할머니의 사망원인은 무엇인가? 그리고 할머니는 필연적으로 사망할 수밖에 없었는가? 우선 할머니의 사망원인으로 우리는, ① (어두운 새벽에) 교회에 가려고 한 일, ② 무단횡단, ③ 할머니의 둔한 몸동작(차를 빨리 피하지 못함), ④ 택시운전사의 부주의 내지 졸음운전, ⑤ 택시운전사의 과속운전 등의 요인들을 생각할 수 있다. 이들 가운데 어떤 하나의 요인만이 할머니의 사망을 초래한 원인이라고 말하기는 어려울 것이고, 이러한 요인들이 어떤 식으로든 복합적으로 작용하여 할머니의 사망을 초래한 것이라고 말해야 할 것이다. 그런데 이들 요인이나 상태나 사건들은 과연 필연적인 것일까? 그렇지 않을 것이다. 할머니는 반드시 교회에, 그것도 어두운 새벽에 교회를 갈 수밖에 없었는가? 그리고 무단횡단을 할 수밖에 없었는가? 할머니는 몸의 움직임이 둔할 수밖에 없었는가? 그렇지 않을 것이다. 또한 택시운전사는 그때 부주의하거나 졸음운전을 할 수밖에 없었는가? 또 과속할 수밖에 없었는가? 그런데 예컨대 그는 왜 졸음운전을 하게 되었는가? 그것은 그가 운전하기 전에 감기약을 복용했기 때문이다. 그는 왜 감기약을 먹었는가?

감기에 걸렸기 때문이다. 왜 감기에 걸렸는가? 그가 그 전날 밤에 창문을 열어 놓고 러닝셔츠 바람으로 잤기 때문이다. 왜 그렇게 잤는가? 그날 밤이 평소보다 아주 더웠기 때문이다. 그러면 평소보다 아주 더운 밤이 오면 며칠 후에 어떤 할머니가 교통사고로 사망할 수밖에 없게 되는가? 우리는 이러한 주장을 받아들일 수 없을 것이다. 만약 위에서 말한 요인들 가운데 어느 하나라도 필연적인 것이 아니라면, 사건의 전 계열은 필연적인 것이라고 할 수 없게 된다. 모든 행위의 계열에서 단 하나의 우연적인 요소가 개입된다 해도 그 전체 계열은 우연적인 것이 된다. 즉 우리의 모든 행위는 인과의 계열을 이루고 있다. 그런데 인간은 기계와는 달라서, 동일한 선행조건이 주어질 경우, 동일한 사람일지라도 반드시 동일한 반응이나 행동을 취하는 것은 아니다.

그렇다면, 역사의 <필연성>이라는 생각은 어떻게 생기는가? 자연과학이, 자연현상을 지배하는 법칙을 발견하는 일에 성공하여, 자연현상뿐만이 아니라 역사현상 가운데서도 그것들 지배하는 법칙을 발견할 수 있을 것이라는 생각이 생겨났기 때문이다. 혹은, 법칙을 발견하는 일이 <과학>의 일이라면, 역사 속의 법칙을 발견할 수 없다면 우리들은 역사에 대한 <과학적> 인식을 행하고 있지 않은 것이라고 생각했기 때문이다.[148]

---

148 岩崎武雄, ebd., 106 f. 참조.

V. 역사와 자유

자유(自由)란 무엇이기에? "자유가 아니면 죽음을 달라"[149] 고 외치는 것일까? 폭정에 맞서 투쟁한 프랑스혁명의 슬로건은 "자유, 평등, 박애"였고, 헤겔 같은 철학자는, "역사는 자유의식 속에서의 진보"라고까지 말했다. 그런데 이렇게 말할 때의 '자유'는 과연 무엇을 가리키는가? 마음의 평안을 말하는가 아니면 육체의 무구속(無拘束)을 가리키는가 아니면 어떤 타자의 간섭이나 방해가 없이, 혹은 있더라도 거기에 구속되지 않고 여러 선택지(選擇枝) 가운데서 어떤 것을 스스로 선택할 수 있는 〈의지의 자유〉를 가리키는가?

그리고 "나는 자유롭다"라는 말은 무엇을 의미하는가? "나는 대학생이다'라는 말은 비교적 쉽게 이해할 수 있는 데 반하여, 이 말이 무엇을 뜻하는지 알기는 어렵다. 그것은 '자유'라는 개념이 여러 의미를 지니고 있어서, '~으로부터의 자유'를 언급하지 않고는 그 의미를 알 수 없기 때문이다.

그리고 우리는 언론의 자유, 표현의 자유, 종교의 자유, 양심의 자유, 묵비권을 행사할 수 있는 자유 등, 수많은 종류의 자유에 대해 이야기

---

149 이 외침은 패트릭 헨리가 한 말로 우리에게 잘 알려져 있다.

한다. 그렇다면 이러한 '자유들'에는 어떤 공통점이 있는 것일까? 아니면 단순히 "가족 유사성"만이 존재하는 것일까? 자유에 관한 문제들을 고찰하기 위하여 우선 자유라는 개념의 의미를 살펴보고자 한다. 스피노자와 헤겔은 '자유와 필연의 통일'을 말한다. 그러나 과연 이러한 일이 가능한가?! 만약에 이때의 '자유'가 '의지의 자유'를 가리킨다면, 그것은 필연 및 결정론을 부정하는 입장이므로 '필연'과 양립할 수 없고, 양자(兩者)의 통일은 이루어질 수 없다. 그렇다면 이들의 주장이 그르든지 아니면, 이때의 '자유'는 '필연'의 모순개념이 아닌 다른 의미로 해석되어야 할 것이다.

그러나 내가 여기서 다루고자 하는 문제는 〈심정(心情)의 자유〉나 〈사유(思惟)의 자유〉 문제보다는, 역사 속의 인간의 행동과 관련된 인간의 〈의지의 자유〉[〈자유의지〉] 내지 행동의 자유의 문제다.

1. 자유(自由)란 무엇인가?: 자유 개념의 정의(定義)

자유(自由)라는 우리말 내지 한자어(漢字語)는, '스스로(자기/자신)로부터 말미암음'[自: '스스로 자' + 由: '말미암을 유']을 뜻한다.[150] 다시 말하면 이것은 '자기 이외의 타자(他者)로부터의 구속(拘束)(장애, 방

150 국어사전에서는 자유를 가리켜 "1. 외부적인 구속이나 무엇에 얽매이지 아니하고 자기 마음대로 할 수 있는 상태. 2. 법률의 범위 안에서 남에게 구속되지 아니하고 자기 마음대로 하는 행위. 3. 자연 및 사회의 객관적 필연성을 인식하고 이것을 활용하는 일"이라고 정의되고 있다(네이버 표준국어대사전).

해, 억압, 제약, 강제)이 없는 상태'를 가리킨다. 따라서 자유의 모순개념은 부자유(不自由) 내지 구속(拘束)[상태]이라고 할 수 있다.[151] 그러므로 어떤 구속이나 강제가 있는가에 따라, 어떤 자유가 있는가를 말할 수 있을 것이다.

벌린(Isaiah Berlin, 1906-97)[152]은 마치 본질주의의 종언을 선언한 비트겐슈타인을 연상케 하는 말투로, "행복, 선, 자연과 실재[reality]라는 용어들처럼 자유라는 용어도 그 의미가 아주 다양하기 때문에 물리칠 수 있을 것 같은 해석은 거의 없다"[153]고 주장하면서, 그 수백에 달하는 의미 가운데 핵심적인 두 의미만을 검토하려고 한다고 말하는데(ebd. 참조). 그 가운데 하나는 "소극적 의미"(ebd., 169)의 자유이고, 다른 하나는 "적극적 의미"(ebd.)의 자유다.

---

151 자유에 대한 스피노자의 정의도 필자가 앞서 정의한 자유 개념과 합치하는 주장이라 하겠다. 다만, 스피노자가 '타자에 의해 특정하게 규정된 방식으로 존재하고 작용하도록 규정되는 것은 필연적이라거나 강제되었다'고 말할 때에, '특정하게 규정된 방식'이 단 하나의 방식을 가리키는 경우에는 그것이 필연적이겠지만, '특정하게 규정된 몇 몇 방식들'을 가리킨다면, 거기에는 갈래 길이 있기 때문에 필연적인 것은 아니다: "오로지 자기의 본성의 필연성으로부터만[ex sola suae naturae necessitate] 존재하며, 자기 자신에 의해서만 행위하도록 규정되는 물(物)은 자유롭다고 한다. 그러나 타자에 의해 특정한 방식으로 존재하고 작용하도록 규정되는 것은 필연적이라거나 강제되었다고 한다"(Baruch de Spinoza, *Ethik in geometrischer Ordnung dargestellt*. Neu übersetzt, herausgegeben, mit einer Einleitung versehen von Wolfgang Bartuschat. Lateinisch-Deutsch, Hamburg, 2010, 6. Erster Teil der Ethik. Von Gott. Definition Ⅶ).

152 라트비아의 리가에서 태어나 1915년 가족과 러시아로 이주함. 1917년 혁명 중에 상뜨 페테르부르크에 거주하였고, 1920년 영국에 정착하여 옥스퍼드 대학에서 공부한 후 1932년부터 옥스퍼드 대학에서 사회철학과 정치철학을 가르쳤다.

153 Isaiah Berlin, "Two Concepts of Liberty," in: *Liberty*, ed. by Henry Hardy, Oxford Univ. Pr., 2005(1969), (166-217), 168. 이후로는 쪽수만 기입함.

소극적 의미의 자유란 소위 "~로부터의 자유 liberty from]"(174)인데, 이때의 '~'이란, "강제[coercion]"(ebd., 169)나 "경제적 예속이나 억압[economic slavery or oppression]"(ebd., 170), "타인에 의한 간섭[being interfered with by others]"(ebd., 170) 등을 가리킨다. 따라서 강제, 억압, 간섭이 줄어들수록 더 많은 자유를 향유할 수 있다는 결론에 이른다. "적극적 자유[positive freedom]"(ebd., 178 ff.)란, "개인의 편에서 자기 자신의 주인이 되고자 하는 소원에서 유래하는"(ebd., 178) 것으로서, 이것은 '스스로 결단할 수 있는 자유', 즉 '자결(自決)[Selbstbestimmen]'로서의 자유를 가리킨다.

그렇다면 소극적 자유와 적극적 자유 모두, 타자로부터의 강제나 구속이 없는 상태를 가리킨다. 즉, 적극적 자유는, 어떤 행위를 결정함에 있어서 타자로부터의 구속이나 강제가 없는 상태를 가리키고, 소극적 자유란 행위하는 과정에서 타자로부터의 구속이나 강제가 없는 상태를 가리키므로, 결국 두 종류의 자유 모두 '구속'이나 '강제'가 없는 상태로 정의할 수 있다.

그러나 모든 자유는 '~로부터의 자유[freedom from]'다. '~할 자유'[freedom to ~]와 '~로부터의 자유[freedom from]'는 구별되지 않으며, 전자는 후자로 환원될 수 있다. <~할 자유>(free to)는 <~로부터의 자유>(free from)보다 더 적극적인 것은 아니며, 후자보다 표현이 간결하기는 하지만, 후자로 환원될 수 있다.[154]

---

154 Maurice Cranston, *Freedom. A New Analysis*, London/NY./Toronto, 1953, 4 참조.

2. 자유의 종류

인간에게 자유가 있는가, 있다면 어떤 자유가 있는가 하는 물음에 대한 대답은, 인간을 구속하는 것이 있는가, 있다면 무엇인가 라는 물음으로 바꾸어 쓸 수 있을 것이다. 그런데 이에 대한 대답은, 인간이 무엇으로 구성되어 있는가에 대한 대답에 따라 달라질 것이다.

인간의 구성에 대한 견해에는 크게 2분설과 3분설이 있다. 개략적으로 말하면 2분설은 인간이 몸(육체)과 마음(정신)으로 구성되어 있다고 보는 반면에 3분설은, 몸(육체)과 마음(정신), 그리고 영(영혼)으로 구성되어 있다고 본다. 우선 전자의 입장에서 인간에 대한 구속과 인간의 자유를 살펴보자.

1) 2분설의 입장에서 본 자유

인간은 몸(육체)과 마음(정신)으로 구성되어 있고, 따라서 몸(육체)의 구속상태와 자유, 그리고 마음(정신)의 구속상태와 자유를 말할 수 있다. 그런데 마음(정신)은 보통, 지(知)·정(情)·의(意)라는 세 작용(기능)으로 구성되어 있는 것으로 보며, 이에 따라 각각의 작용(기능)에 있어서의 구속을 말할 수 있다. 이를 다음과 같이 구분할 수 있다.

① 마음(정신)의 자유

㉠ 생각(사유)의 자유(知)

㉡ 심정(心情) 및 감정(感情)의 자유(情)

㉢ 의지의 자유(意)

② 몸(육체)의 자유 = ㉣ 행동의 자유

㉠ 생각(사유)의 자유에는, 개념화 작용·판단·추리(추론)·상상(想像) 등의 자유 등이 포함된다. 우리는 흔히 "생각은 자유다(Der Gedanke ist frei)"라고 말하는데, 예컨대 우리는 아무런 보조장치 없이 하늘을 나는 생각(상상)을 할 자유가 있다.

㉡ 심정(心情)의 자유(情)는, 우리가 비록 어떤 행동을 선택할 자유가 없더라도 마음이 구속받지 않고 편안함을 느끼는 경우를 가리킨다. 예컨대 어떤 사람이 자신의 정치적 신념이나 종교적 믿음으로 인해 감옥에 수감되어 고초를 겪을 때에도 그 사람은 자유를 느낄 수 있는데, 이때 그는 심정(마음)의 자유를 갖고 있다고 하겠다. 기독교 개신교의 찬송가 중에 다음과 같은 구절이 있다: "옥중에 매인 성도나 양심은 자유 얻었네." 이 구절의 의미는, 자기가 가진 종교로 인하여 감옥에서 핍박을 받고 여러 가지 자유를 잃었지만, (종교적) 양심은 구속받지 않고 자유롭다는 것을 말하고 있다.[155]

다른 한편, 감정의 자유를 동양사상과 연관하여 살펴보면, 한국철학에서도 4단칠정론에서 '칠정(七情)'을 말하고 있는데 그것은 '희로애구애

155 예컨대 스토아주의자들은 자신의 삶이 처해있는 상황이 얼마나 나쁜가에는 전혀 개의치 않고 그 상황을 냉정하게(무감각하게) 견뎌낸다. 그에게는 자유인, 노예 혹은 왕이라는 구별이 존재하지 않으며, 그는 실로 자유롭다. 그는 자족(自足)할 줄 아는 사람이다. 그는 사유 속에서 전적으로 자기 자신 속에 머물러 있기 때문에 자유로운 존재자다. 다시 말하면 스토아주의자들에게 있어서, 현실로부터 주어지는 구속은 그들에게는 전혀 구속이 되지 못한다. 그들은 자신들의 내면, 즉 순수사유로 후퇴함으로써 내면의 평안을 누린다. 이것이야말로 apatheia [무감각, 무정념(無情念), 냉정(冷靜)함]를 이상(理想)으로 하는 스토아 의식의 본질이다.

오욕(喜怒哀懼愛惡欲)'이라는 감정(感情)을 가리킨다. 여기에 대입하여 생각하면, 우리가 기뻐하고 화내고 슬퍼하는 등의 감정을 가질 때에 어떤 구속이나 강요가 없을 때에 감정의 자유를 갖는다고 말할 수 있다.

㉢ 의지의 자유(意)는 우리가 너무도 잘 알고 있는 것처럼, 어떤 행동을 선택할 수 있는 자유를 가리킨다. 그렇다면, 의지를 구속하는 것이 없을 때, 즉 행위의 선택 및 결정에 있어서 구속이 없는 경우, 의지의 자유가 있다고 말할 수 있다.[156]

행위의 선택에 있어서 타자의 구속이나 강제가 없이 스스로 어떤 행위를 선택한다는 의미에서 이것을 '자율(自律)[Autonomie]' 내지 '자결(自決)[Selbstbestimmen]'이라고 말할 수 있다. '자율'이나 '자결'은 대체로 심사숙고가 동반된 결정에 대해서 사용되는 표현인 반면에, '되는대로 아무렇게나', '자기 마음대로' 결정하거나 행동하는 것에 대해서는 '방종(放縱)[license]'이라는 표현을 사용한다.

㉣ 행동의 자유는 곧, 몸(육체)의 자유를 가리키는데, 우리의 행동을 구속하는 것이 없을 때 행동의 자유가 있다고 말한다. 앞에서 든 예에서처럼, 감옥에 있는 사람은 부분적인 행동의 자유(식사·독서·간단한 운동 등)는 있으나, 상당수의 자유들은 주어지지 않는다. 그러나 감옥에 갇혀 있지 않은 사람들도 모든 행동을 할 수 있는 자유를 갖지는 않고 제한된 자유를 갖는다. 이로부터, 행동의 자유에도 '정도(程度)'가 있다는 것을 알 수 있다.

그러면 다음과 같은 사례를 통해 각각의 자유에 대해 생각해보자.

---

156 의지의 자유의 문제에 대해서는 고려할 사항들이 많기 때문에 짧은 지면으로 다루기는 곤란하여 별도의 논문에서 다루고자 한다.

3. 두 예를 통해 살펴본 자유의 문제

1) "나는 내일 오후부터 한 달간 일본에 머물 수 있는 자유가 있다"고 말할 때, 과연 나는 어떤 자유를 갖고 있는 것일까?

㉠ 생각(상상)의 자유가 있다고 할 수 있다. 그러한 상황을 얼마든지 생각할 수 있기 때문이다.

㉡ 심정의 자유는 있을까? 아니면 이 문제는 심정의 자유와는 관계없는 것일까? 예를 들어 내가 내일이 되어 비행기에 탑승하기 직전에 아버지가 뇌경색으로 쓰러져 입원하셨다는 연락을 받고 일본행 비행기에 탑승했다고 해보자. 이 경우 나는 마음에 상당한 부담과 걱정을 안고 일본에 머물게 될 것이라 예상된다. 그 경우 나는 심정에 일정부분 구속을 받게 될 것이다. 따라서 그때에 나는 심정에 부분적인 자유와 부분적인 구속(부자유)을 가진다고 말할 수 있다. 이처럼 우리는 사안을 세부적으로 살펴본 후에야 우리에게 어떤 종류의 자유가 있다든가 없다든가를, 그리고 어느 정도의 자유와 어느 정도의 구속(부자유)을 가지고 있는가를 말할 수 있다.

㉢ 의지의 자유(선택이나 결정의 자유)는 있을 수도 있고 없을 수도 있다. 혹은 완전한 자유가 있는 것은 아니고 부분적인(불완전한) 자유가 있는 경우도 있다. 예컨대 한 달간 일본에 머물고는 싶지만, 그 보다 훨씬 더 중요한 일이 있어서 그렇게 행동하기 곤란할 경우, '훨씬 더 중요한 일'은 나의 결정을 구속하고 제한할 수 있다. 이런 경우엔 부분적인 자유와 부분적인 구속이 있는 경우다.

㉣ 행동의 자유는 어떠한가? 이 문제는 나의 현재의 상황을 구체적

으로 상세히 살펴본 후에 말할 수 있다. 우선, 한 달간 일본에 머물고는 싶지만, 그 보다 훨씬 더 중요한 일이 있어서 그렇게 행동하기 곤란할 수 있다. 이러한 사정은 나의 행동의 자유를 제한한다. 또한 해외여행에 필요한 비자와 여권이 있어야 한다(단, 일본에는 비자 없이 3개월간 체류할 수 있다). 뿐만 아니라 비행기 삯이나 배 삯 및 체류비가 있어야 한다. 이처럼, 행동의 자유 여부에 대해 판단하려면 사안을 구체적으로 살펴보아야 한다.

지금까지 여러 종류의 자유를 인간 구성에 관련된 2분설의 입장에서 살펴보았는데, 3분설의 입장에서는 몸(육체)과 마음(정신) 외에 영(혼)이라는 요소를 첨가하여 생각하면 될 것이다. 즉 영(혼)의 자유가 있는가의 여부를 따질 수 있을 것이다. 그런데 이 문제에 관해서는 검증의 객관성에 관한 문제가 있기에 이 글에서는 논외로 하기로 한다. 이제 나는 자유의 종류에 관한 위의 구분에 따라 볼 때, 이 가운데 가장 많이 문제가 되고 있는 '의지의 자유'와 '행동의 자유'에 관하여 하나의 예를 통해 살펴보려고 한다.

2) "그리고 어떤 사람이, 자기가 만나서 이야기하고 싶어 하는 사람이 있는 방으로 깊이 잠든 채로 운반되고, 그곳에 꼼짝없이 갇혀서 나갈 능력이 없다고 생각해보자. 그는 깨어나서 자기가 바라던 친구 곁에 있다는 사실에 기뻐하고, 기꺼이 그 상태로 있기를 원한다. 즉 밖으로 나가지 않고 머물기를 선택한다. 나는 묻는다. 이렇게 머무는 것은 자발적인가[voluntary]? 아무도 그 점을 의심하지 않을 것이라고 생각한다. 그러나 문이 단단히 잠겨있기 때문에 그가 머물지 않을 자유[liberty]가 없

다는 것은 분명하다. 나갈 자유[freedom]는 그 사람에게 없다."[157]

이러한 사태에 대해 어떤 철학자들은 다음과 같이 말한다: "물론 실제로 그 사람에게 선택의 여지는 없다. 그는 떠날 수 없다. 그러나 그가 선택한다는 말은 맞는 말이다. 때때로 우리는 선택의 여지가 없을 때 어떤 일을 하기로 선택하는 것이다."[158] 그러나, 실제로 어떤 행동을 할 수 있는 가능성이 없을 경우에, 그 행위를 선택할 자유, 즉 의지의 자유가 있다고 말할 수 있는가? '여러 가지 행위들 가운데서 어떤 하나의 행위를 선택한다'는 표현이 의미를 가지려면, 그 '어떤 하나의 행위'가 아닌 다른 행위들을 할 수도 있는 가능성이 전제되어야 한다. 그렇지 않을 경우, '선택한다'는 말은 의미를 갖지 못한다[단, 생각(상상)의

---

157 John Locke, *An Essay concerning Human Understanding*, ed. with an introduction, critical apparatus and glossary by Peter H. Nidditch, Oxford, 1975, Book Ⅱ, Ch. 21, § 10. freedom과 liberty는 의미상 근본적인 차이가 없다. liberty가 법이나 정치의 문맥에서 사용되고, freedom은 철학적이거나 보다 일반적인 문맥에서 사용된다는 정도의 차이만 있다(cranston, ebd., 45 참조). 이러한 사실은 여기 인용된 로크의 주장에서도 분명하게 드러난다. 이어지는 서술에서도 로크는 "자유의 결여[want of Freedom]"(§ 11), "생각할 자유[liberty to think]"(§ 12) "운동이나 정지를 의지할 자유[liberty to will either Motion, or Rest]"(§ 25), "20야드 밑의 바다로 뛰어들 자유[liberty to leap twenty yards downwards into the Sea]"(§ 27), "20피트 북쪽으로 걸어갈 (…) 자유[liberty (…) to walk twenty foot Northward0"(§ 27) 등으로 말하면서, 의지의 자유와 행동의 자유에 대해서 두 용어를 모두 사용하고 있다. 뿐만 아니라 『통치론』에서도 로크는 이 두 용어를 같은 의미로 함께 사용하고 있다: "완전한 자유의 상태[a State of perfect Freedom]"(John Locke, *The Second Treatise of Government. An Essay Concerning the True Original, Extent, and End of Civil Government,* in: *Two Treatises of Government*, Cambridge Univ. Pr., Second Edition, 1967, 287), "자유의 상태[a State of Liberty]"(ebd., 288), "통제될 수 없는 자유[an uncontrolable Liberty]"(ebd.), "자기를 파괴할 수 있는 자유[Liberty to destroy himself]"(ebd., 289), "그런 상태(자연상태)에서 누구나 가지고 있는 자유[the Freedom, that belongs to any one in that State]"(ebd., 297).

158 레러·콘맨·파패스, 『철학의 문제와 논증』, 류의근 역, 형설출판, 1989, 15[illegible].

자유는 있다고 할 수 있다].

위의 경우, 그 사람은 '밖에 나가는 행위'를 할 수 없고, 선택할 수도 없다. 그런 상황에서 '밖에 나가지 않기를 선택한다'는 말은 의미가 없다. 그는 '밖에 나가지 못할 수밖에 없는' 것이다. 사람들이 혼동하는 것은 아마 다음과 같은 점이 아닐까? 즉, 그는 '밖에 나가려고 문을 열려는 행위'를 선택할 수 있다. 그러나 그가 '밖에 나가는 행위'를 선택할 수는 없다(물론 이 경우에는 '망치와 같은 도구를 써서 문을 부수고 밖으로 나가는 행위'는 선택에서 배제되고 있는 예다).

우리는 이 문제를 두 경우로 나눠서 생각해볼 수 있다.

① 자기가 밖으로 나갈 수 없다는 것을 모르고 있을 경우: 밖으로 나가기로 결심(결정)할 수 있을까? 그가 문을 자연스럽게 열고 나가려고 하는 행위를 선택할 수는 있다. 그러나 실제로 그는 밖으로 나갈 수는 없다.

② 자기가 밖으로 나갈 수 없다는 것을 알고 있을 경우: 그냥 나가기를 선택할 수는 없다. 그러나 문을 부술 수 있는 어떤 수단을 선택하기로 결정할 수 있을 것이다.

여기서 우리는 ① '어떤 것을 의욕할 자유[freedom to will something]'와 ② '의지의 자유[freedom of will]', 즉 '어떤 행위를 선택·결정할 자유'를 구별할 수 있을 것이다. 그런데 이때 ① 어떤 것을 의욕할 자유는, 단지 '~을 원하는(바라는) 자유'로서, 감정의 자유에 포함된다(욕망이라는 감정의 자유다).

따라서 로크가 든 위의 예에서의 사람은, 문을 열고 밖으로 나가기를 선택할 수 있는 자유, 의지의 자유는 갖고 있지 않지만, 문을 열기를 시도하려고 결심할 수 있는 의지의 자유, 그리고 문을 열려는 행동을 할 수 있는 자유는 있다고 할 수 있다.

예컨대, 일정한 궤도(軌道) 위를 달리는 기차를 생각해보자. 기차는 1차원적 교통수단이다. 즉, 궤도를 벗어나서는 제대로 달릴 수 없다 [이 길을 벗어나는 것은 '탈선(脫線)'이다]. 비유적으로 말하면, 기차는 궤도를 벗어나서 달리기를 선택할 자유(의지의 자유)는 있으나, 실제로 궤도를 벗어나서 달릴 자유, 행동의 자유는 없는 것이다. 이에 반해서, 버스나 자동차, 비행기는 옆으로 혹은 위아래로도 다니기를 선택할 수도 있고(의지의 자유), 실제로 그렇게 다닐 수도 있다(행동의 자유).

4. 결정론이란?

4.1. 약한 결정론과 강한 결정론

• 결정론[determinism]이란, '어떤 사건이 결정되어 있다는 주장'인데, 여기서 이 '사건'을 무엇으로 보느냐에 따라서 결정론의 의미가 달라질 수 있다. 예컨대 "세계 내에서 일어나는 사건이 결정되어 있다"("일어날 일은 일어나고야 만다")는 의미로 이해될 수도 있고, 사용 가능하다. 여기에는, 어떤 행위를 (선택)하고자 하는 의지는 자유롭지만, 그 행위의 결과는 결정되어 있다는 주장도 포함되어 있다. 그러나 강한 결정론은, 우리의 의지의 결정도 자유롭지 않고 결정되어 있다고 주장한다.

• 결정론을 고수할 경우 — 특히 강한 결정론을 주장할 경우 — 신의 예지(豫知)[의지]와 인간의 자유의지 및 책임의 문제가 대두된다.

1) 선악과(善惡果)

2) 가롯 유다의 행위 및 예수를 십자가에 죽게 한 사람들의 책임

3) 칼빈주의 예정론과 결정론의 차이[159]

4.2. 결정론을 주장하는 사람들

• 스피노자와 라이프니츠는, 인간에게는 자유의지가 없다고 주장한다. 스피노자는 다음과 같이 말한다: "인간이 자신을 자유롭다고[추가: 즉 그들은 어떤 일을 자의적으로 하거나 아니면 하지 않을 수 있다고] 생각하는 것은 착각이다. 그런데 이러한 의견은, 단지 그들이 자신들의 행동은 의식하지만, 그것에 의해 자신들의 행위가 규정되는 원인은 알지 못하는 데 근거하고 있다. 그러므로 그들이 자신들의 행동의 원인을 모른다는 것이 그들의 자유관념이다."[160]

• 단약 이들의 주장대로, 우리의 선택이나 행위가 우리의 <성격>에 의해 일어난다고 하더라도, 우리의 성격이 우리에게 100% 선천적으로 주어진 것이어서 우리가 어찌 할 수 없는 것이 아니고, 타고난 부분도

---

159 칼빈주의 예정론자는 자신들의 주장이 결정론과 다르다고 말한다. 예컨대 강에서 뱃놀이를 하다가 옆의 배에서 물에 빠진 사람을 발견했을 때, 결정론자는 물에 뛰어 들어가 그 사람을 구하려고 할 필요가 없다. 그 사람이 죽기로 결정되어 있다면, 물에 뛰어 들어가는 일은 옷만 버리는 일일 것이고, 그 사람이 살기로 결정되어 있다면, 내가 가만히 있어도 그 사람은 살 것이기 때문이다. 그러나 이에 대해 예정론자는, 그 사람이 살기로 결정되어 있는지 죽기로 결정되어 있는지는 인간은 알 수 없고 하느님만 알고 있기에 우리가 할 수 있는 최선을 다해야 한다고 말한다.

160 Spinoza, ebd., II. Teil, Lehrsatz 35, Scholium (제2부 정리35 주석).

있겠지만 후천적으로 형성되는 부분도 있을 것이다. 후천적으로 형성되는 성격도 환경을 통해 〈영향〉은 받겠지만, 그것에 의해 반드시 〈결정〉되는 것은 아니다.

5. 자유와 필연은 양립할 수 있는가? – '자유'의 모순 개념은 '부자유' 내지 '구속'이다. 따라서 '자유'와 '필연'은 양립 가능하다.

• '필연'이라는 것은 '외길'을 지시한다. 거기에는 하나의 길 이외의 선택지는 존재하지 않는다. 그렇다면 자유와 필연은 양립할 수 있는가? 지금 우리가 문제 삼고 있는 자유는 의지의 자유다. 그런데 의지란, '어떤 행동을 선택하는 작용 내지 기능'이므로, 의지의 자유라는 것은 우리가 어떤 행동을 선택할 때에 의지가 구속받지 않는 것을 가리킨다. 그렇다면 어떤 행동을 선택함에 있어서 의지가 필연적이라는 것은, 달리 선택할 수 있는 가능성이 없고 선택지가 유일하다는 것을 의미한다. 그런데 의지가 자유롭다는 것은 의지가 행동을 선택할 때에 구속이 없다는 것을 뜻하므로 선택에 둘 이상의 갈래 길이 있다는 것을 말한다(둘 이상의 선택지가 있다는 것을 말한다). '자유'라는 것이, '타자의 구속을 받지 않음'을 뜻하며, 따라서 이렇게도 저렇게도 결단할 수 있음을 의미한다면, 자유와 필연은 양립 불가능하다. 즉, 의지의 자유와 관련해서는, 거기에 '선택의 자유'라는 의미가 포함되므로, 이때의 '자유'는 '우연'의 의미를 내포하게 되고, 따라서 여기에 모순되는 개념은 — '구속'의 의미를 내포하는 — '필연' 개념이 될 수 있다.

일반적인 자유 개념 가운데 '의지의 자유'와 관련해서는, 의지의 자유는 선택의 자유를 가리키고, 그것은 여러 갈래의 길(선택지)이 있다는 것을 뜻하므로 어떤 사람이 의지의 자유를 갖고 있다는 것은, 그 사람이 여러 가지 행위들 가운데서 어떤 특정한 행위를 선택할 수 있다는 것을 뜻하므로, 이때의 그 사람의 선택행위는 '우연적인' 것이고, 의지의 자유를 인정하지 않는 입장은, 우리가 어떤 특정한 상황에서 여러 선택지 가운데서 하나를 선택할 수 있는 자유가 없고, 어떤 특정한 행위만을 선택할 수밖에 없다고 생각하기 때문에, 선택지는 오로지 하나일 뿐이므로, 우리의 행위는 필연적(必然的)이라고 주장하게 된다. 따라서 '의지의 자유'와 관련해서는 '의지에 자유가 있는가?' 하는 물음은 '어떤 행위를 의지가 선택하는 일은 우연적인가?'라는 물음과 같은 것이고, 이에 상응하여, '의지에 자유가 없다'는 주장은 '어떤 행위를 의지가 선택하는 일은 필연적이다'라는 주장과 동일한 것이라고 할 수 있다. 그러나 심정의 자유와 필연은 양립가능하다.

VI. 역사와 발전[161]

1. 서론

우리는 "한국경제는 지난 30년간 괄목할만한 발전을 이룩했다", "그는 조류독감을 예방하는 새로운 백신을 개발했다"는 등의 표현을 자주 듣는다. 그런데 과연 발전이란 무엇인가? 그리고 그것은 '개발', '진보', '진화' 등, 유사한 의미를 지니고 있는 것으로 생각되는 개념들과 어떤 관계에 있는가? 이 문제를 해명하기 위해서는 이들 각 용어의 어원적 의미뿐만 아니라, 현실에서 실제로 사용되고 있는 의미에 대한 탐구가 필요할 것이다.

발전과 퇴보의 기준은 무엇인가? 이 기준이 설정되지 않고서는 무엇이 발전했다거나 퇴보했다고 말할 수 없을 것이다. 그 기준은 바로 '목적' 내지 '목표'다. 따라서 목적이나 목표를 무엇으로 보느냐에 따라서 발전과 퇴보가 결정될 것이다. 여기서 중요한 것은 그것이 '누구의 목적인가?' 혹은 '어떤 목적인가?' 하는 것이다. 목적은 어떤 주체가 스스

---

161 이 글은 필자의 글[「역사와 발전」, 『헤겔연구』 제30호, 한국헤겔학회, 2011.12. (357-375)]을 부분적으로 수정한 것이다.

로 자신의 내부에 설정한 것일 수도 있고(내적 목적), 외부의 다른 주체에 의해 어떤 사물에 설정된 것(외적 목적)일 수도 있다. 또한 목적은 고정된 것이거나 아니면 고정된 것으로 간주되는 것일 수도 있고, 유동적인 것일 수도 있다. 전자는 결정론과 연결되고 후자는 자유론과 결합된다. 또한 전자가 역사법칙주의[historicism]와 연관된다면, 후자는 역사주의[historism]와 근접한 사상이라 할 수 있다.

흔히 우리는 "역사는 발전하는가?"라는 물음을 던지고, 또 이 물음에 대하여 긍정적인 대답이나 부정적인 대답을 제시하거나 혹은 유보적인 태도를 취하기도 한다. 그러나 이 물음은 올바로 제기된 물음이 아니다. 왜냐하면 '역사'는 여러 의미를 지니고 있고, '역사'의 의미 가운데 하나인 '사건(사실)'으로서의 역사에도 실로 다양한 영역이 존재하기 때문이다. 구체적으로 묻지 않으면 구체적으로 대답할 수 없다. 구체적인 견지에서 보면 인간의 역사는 어떤 면에서는 진보했지만 다른 어떤 면에서는 정체(停滯) 내지는 퇴보했다고 말해야 할 것이다. 이런 문제들을 이 글에서 다루려고 한다.

2. 발전이란 무엇인가?

2.1. 변화와 발전

우선 발전 개념을 살펴보면, 그것은 변화 개념의 하위개념이라는 사실을 알 수 있다. 변화는 단순변화와 위계적 변화의 두 종류로 구분된다. 단순변화란, 액체가 고체나 기체 등의 상태로 변화하는 경우나, 모발이 흑발에서 백발로 변화한다든지, 신호등의 색깔이 푸른색에서 빨간색이나 노란색으로 변한다든지 하는 경우, 지폐의 녹색이 색깔이 바래서 조금 옅은 녹색으로 바뀌는 경우 등을 말한다. 이러한 변화에서는 변화 이전의 상태와 변화된 상태 사이의 우열(優劣)을 가릴 수가 없으므로, 이를 가리켜서 단순변화라고 한다.[162] 두 번째의 경우인 위계적 변화는 다시 두 종류로 구분되는데, 첫 번째는 상향적·위계적 변화이고, 두 번째는 하향적·위계적 변화다. 전자의 예로는 286 컴퓨터에서 펜티엄(Pentium) 컴퓨터로의 변화나 열등생이 우등생이 되는 변화 등을 들 수 있고, 후자의 예로는 우등생이 열등생으로 변하는 경우를 들 수 있다. 발전이란 단순변화에는 해당되지 않으며, 위계적 변화 중에서도 '상향적 변화'를 가리키는 표현이며, '하향적 변화'에는 '퇴보'라는 표현을 사용한다.[163]

그런데 위계적 변화 중에서 어떤 것이 상향적 변화이고 어떤 것이 하향적 변화인지를 가리기 위해서는 기준점이 있어야 하는데, 그 기준점은 바로 '목적'이나 '목표'다. 즉, 상향과 하향은 목적[telos] 내지는 '목표점'이 어디 있느냐에 따라 결정된다. 따라서, 발전은 목적 개념이 전제되지 않으면 말할 수 없는 개념이다.

---

162 박이문, 『문명의 미래와 생태학적 세계관』, 당대, 1998, 131 참조. 박이문이 이곳에서 든 몇 개의 예는 적절치 않다는 점이 앞으로의 논의에서 밝혀질 것이다.

163 저차적인 단계로부터 고차적인 단계로의 운동이 전진적 운동으로서의 발전이다(Kuno Fischer, *Logik und Metaphysik oder Wissenschaftslehre*, hg. und eingeleitet von Hans-Georg Gadamer, Heidelberg, 1998, 49 참조.)

⇦ 퇴보　　　　　　　　진보 ⇨

⇐ ———————————————— ⇒ • 목적(도달점, telos)

예컨대 내가 자동차를 후진하여 주차하는 경우, 이것은 자동차의 '공간적인 후퇴'이지만 나의 삶에 있어서의 하나의 발전이라고 할 수 있다. 왜냐하면, 나의 목적은 '주차(駐車)'이기 때문이다. 주차가 목적인데도, 주차하지 않거나 못하고 다른 곳으로 계속 전진한다 해도, 그것은 발전이 아닌 후퇴(퇴보)인 것이다. 그래서 여기서 중요한 개념이 바로 목적이다. 논의를 계속하기에 앞서, '변화'의 의미를 좀 더 구체적으로 살펴보자.

2.2. '변화'의 의미

• 위에서 목적은 변화라는 개념과 밀접하게 관련되어 있다고 말했다. 그런데 서양에서는 '변화'를 영어로는 'change', 독일어로는 'Veränderung', 프랑스어로는 'changement', 그리고 희랍어로는 'allagē (ἀλλαγή)'나 'metabolē (μεταβολή)'라 하는데, 필자가 아는 한, 이들 서양어에는 '변화'에 있어서의 양(量)과 질(質)을 구별하지 않고 이 단어들 나에 두 의미를 모두 내포하고 있다. 그러나 우리말 내지 한자의 '변(變)'과 '화(化)'는 연관되면서도 구별된 의미를 지니고 있다.

『중용(中庸)』 제23장에는 다음과 같은 구절이 있다. "동즉변 변즉화(動則變 變則化)"(움직이면 변하고 변하면 화한다). 그런데 여기서 '변(變)'은 양(量)이 바뀌는 것을, 즉 물리적인 바뀜을 가리키고 화(化)는 질이 바뀌는 것, 즉 화학적(化學的)인 바뀜을 가리킨다.

• 그런데 "동즉변 변즉화(動則變 變則化)"의 인과관계를 어떻게 보아야 할까? "움직이면 (반드시) 변하고, 변하면 (반드시) 화한다"로 해석해야 하는가? 즉 "M ⊃ B. B ⊃ H"[164]인가? 아니다. 왜냐하면 어떤 것이 움직여도 변하지 않을 수 있고, 또 변해도 화하지 않을 수 있기 때문이다. 다시 말하면, 움직이는 것이 변하는 것의 '충분조건'이 아니며, 또한 변하는 것이 화하는 것의 충분조건이 아니라는 말이다. 위의 명제는 이와 반대로 이해되어야 한다. 즉, "B ⊃ M. H ⊃ B." 즉, 변하는 것이 움직이는 것의 '충분조건'이며, 화하는 것이 변하는 것의 충분조건이라는 말이다. 이 사태를 다른 각도에서 말하면, "어떤 것이 변하기 위해서는 어떤 것이 움직이는 것이 필요하고, 어떤 것이 화하기 위해서는 어떤 것이 변하는 것이 필요하다"라는 말이다. 잘못하게 되면 이 경우에 '필요조건'과 '충분조건'을 반대로 이해하게 된다.[165]

2.3. '발전'과 유사한 의미를 지니고 있는 용어들

'발전'과 유사한 의미를 지니고 있는 용어들에는 '발달(發達)', '진보(進步)', '개발(開發)', '계발(啓發)', '진화(進化)' 등이 있는데, 이 가운데 '발전[development]', '발달[development]', '진보[progress]', '개발

---

164 M: Move(-ment) ; B(Bieon) ; H(Hwa)

165 이러한 사태는『대학(大學)』의 한 구절인 "격물치지(格物致知)"에도 마찬가지로 적용된다. 이 구절은 "격물(格物)⊃치지(致知)"로 이해되어서는 안 되고, "치지(致知)⊃격물(格物)"로 이해되어야 한다. 즉, "앎에 이르기 위해서는(치지) 물(物)을 때리는 것(궁구하는 것)[격물(格物)]이 필요하다"라고 말이다.

[development]', '계발[enlightenment; illumination, edification]', 진화[evolution]'는 같거나 유사한 의미를 지니고 있다. 다만, '개발'은 '열어서[開] 드러낸다[發]'는 뜻이며, 타동사로 사용되므로 항상 목적어가 동반되거나 수동태의 문장으로 사용되어야 하고, '계발'은 '열거나 가르쳐서[啓] 드러낸다[發]'는 뜻으로, 역시 타동사로 쓰이면서, 정신적인 면의 함양이나 고양이라는 의미로 사용된다. 그리고 '진화'는 '나아가[進] 변화한다[化]'는 뜻으로, 유기체(생명체)의 발전을 가리킨다.

또한, 발전과 발달과 진보는 한편으로는 동의어로 사용되기도 하지만, 다른 한편으로는 의미상의 차이를 지니고 있다. '發展'이라는 용어 자체를 분석해보면, 어떤 것이 '피어나서[發]' '펼쳐지는[展]' 것, 혹은 어떤 것이 '펼쳐져[展]' '드러나는[發]' 것을 뜻한다. 예를 들면 나뭇가지에서 싹이 나고 꽃망울이 맺혔다가 그것이 활짝 '피어나서 펼쳐지는 것'을 가리킨다. 이것이 무생물에 적용되는 경우는 예컨대 말려있는 두루마리나 양피지를 펼치는 경우[166], 접혀 있던 병풍(屛風, folding screen)을 펴는 경우, 포장된 선물의 포장을 벗기는 경우, 그리고 컴퓨터의 폴더(folder)를 클릭하여 여는 경우 등이다. 그런데 이 경우, 접힌 상태에서 펼쳐진 상태로 이행할 때에 과연 '새로운 것이 발생하는가?' 하는 문제와 관련되어 이론(異論)이 존재할 수 있다. 접힌 두루

---

166 드루마리 책을 풀 경우[이것이 바로 'evolution'의 문자 그대로의 의미임: e (=out) + volvere (=roll)]. 책의 제1권(卷), 제2권 등을 가리키는 용어가 영어로는 volume인데, 이 말은 '감다'를 뜻하는 'volvere'라는 라틴어에서 나왔다. 서양에서는 종이가 발명되기 이전에 양피지 같은 곳에 글을 쓴 후에 그것을 둘둘 말아서 보관한 데서 나온 용어다. 이에 반해, 책(冊 혹은 策)은 쪼갠 대나무를 끈으로 엮어 만든 죽간(竹簡)을 가리킨다. '진화'를 가리키는 'evolutio'(영어: evolution)이라는 단어는, 말았던 두루마리 책을 펼치는 행위를 가리키는 용어에서 전화(轉化)된 것이다.

마리, 병풍, 폴더를 펴서 그 속에 있던 글이나 그림이 드러나게 될 때에, 그 글이나 그림은 이미 그 안에 있던 것들이지 결코 새로 생긴 것이 아니다. 이런 면에서 보면, 접힌 상태로부터 펼쳐진 상태로의 이행에서 새로운 것이 발생한 것은 아니다.[167] 그러나 — 그 안의 내용을 모르는 사람에게는 — 접힌 상태에서는 그 안에 무엇이 있는지 알 수 없는 반면에, 그것이 펼쳐짐으로써 그 안의 내용이 '펼쳐 드러나게' 되므로, 새로운 것이 발생했다고 할 수도 있다. 또한 연역논증에서 전제가 결론을 '함의하고' 있다고 말할 때, 영어로는 'imply'라고 한다. 그런데 imply라는 용어는 '~ 속에[im(=in)]' '주름 잡혀 있다[ply < plicare (=fold)]'는 의미를 지니고 있다. 즉, 대전제의 내용이 아직은 펼쳐지지 않았지만, 이미 결론의 내용이 대전제 속에 주름 잡혀(포함되어) 있다는 뜻이다.[168] 'imply'가 생명체에 적용되면, 축소된 배종(胚種)은 성숙한 식물이나 동물의 전체를 포함하고 있다는 이론, 그리고 온전히 성장한 식물이나 동물의 형상(形相, eidos)이나 생명력[psychē]은 씨[정충(精蟲), 정자(精子), spermatozoon] 속에 집약된 상태로 존재한다는 이론[169]에 적용되는데, 이 경우의 '발전'은 새로운 것이 발생한다

---

167 위의 경우, '새로운 것'이 발생했다고 보기 어렵다면, 이때의 '발전'은 감추어져있던 것이 드러나게 되었다는 의미의 '전개(展開)'에 불과할 것이다. 예컨대, 수학에서 괄호로 묶여있는 수식을 전개하거나 논리학에서 드 모르강(De Morgan)법칙을 이용하여 괄호를 전개하는 것과 마찬가지다.

168 이런 맥락에서 베이컨(Francis Bacon)은 아리스토텔레스의 연역논증에서의 결론은 대전제 속에 이미 포함되어 있는 내용을 단지 제시할 뿐이어서 우리의 지식을 확장시켜 주지 못하므로 — 그리하여 베이컨에 의하면 아리스토텔레스의 연역논리는 '낡은' 도구[Organon]다 — 우리에게 세계에 대한 새로운 정보를 가져다 줄 수 있는 새로운 도구[Novum Organum]인 귀납을 자신의 새로운 학문방법으로 제시하였다.

169 Alan R. White, *Methods of Metaphysics*, NY., 1987, 60 참조. 라이프니쯔는 자신의

는 의미의 '진보(進步)'와 동의어다. '진보'는 '앞으로(進) 걸음을 내딛는 것(步)'을 뜻하는데, 글자 그대로는 '전진(前進)'과 대동소이한 의미를 지니고 있다고 할 수 있다. '진보'에 해당하는 영어는 progress인데, 글자 그대로, '앞으로[pro]' '나아간다[gress]'는 뜻이다. 독일어는 'Fortschritt'인데, 마찬가지로 '앞으로[fort]' '나아간다[schreiten]'는 동사 'fortschreiten'에서 나온 말이다.[170] 이들과 반대되는 용어로는 '퇴보(退步)', '후퇴(後退)', '후진(後進)' 등을 들 수 있고 이에 해당하는 영어는 retrogression이다.

'발전'에 대응하는 영어 'development'도, '말려있는 것[envelop]을 푼다[de]'는 의미이고, 독일어 'Entwicklung' 또한 '말려있는 것[wickeln]을 푼다[ent]'는 의미다.[171]

『자연 및 은총의 원리』와 『단자론』에서 이러한 사상을 전개하고 있다. 예컨대 다음과 같은 구절을 참고하시오: "현재는 미래를 품고 있으며, 우리는 과거의 사실로부터 미래의 사실을 읽을 수 있고, 보다 멀리 떨어진 것은 보다 가까이 있는 것을 통하여 표현되기 때문이다. 만일 시간이 경과해야 비로소 감각할 수 있도록 전개되는 그의 주름들을 우리가 모두 펼칠 수 있다면, 우리는 모든 영혼 속에서 우주의 아름다움을 인식할 수 있을 것이다."[빌헬름 라이프니츠, 「자연과 은총의 이성적 원리」, 『형이상학 논고』, 윤선구 역(225~248), (§13), 아카넷, 2010, 241 f.] 또한 같은 글의 § 6과 『단자론』 §§ 66-7, 74[「단자론」, 라이프니츠, ebd. (249~298), 285 ff.]도 참조하시오. 여기서 "주름들['enfolded'(접힌)]"과 "펼칠 수['unfold'(접힌 것을 풀다)]"의 대비에 주목할 것.

170 Progreß, Fortschritt, Fortgang 등의 용어의 다양한 용례에 대해서는 라인하르트 코젤렉·크리스티안 마이어, 『코젤렉의 개념사 사전 2. 진보』(황선애 역, 푸른역사, 2010)를 참조하시오.

171 무(無)로부터의 산출인 '창조'와는 대립되게, 그리고 또한 형상(形相) 없는 질료로부터의 발생과는 대립되게, 'Entwicklung'은, 그 마지막 상태가 그 최초의 상태 속에 이미 잠재적으로 포함되어 있어야 하는, 계열 속에서의 다른 상태로부터 어떤 상태의 점진적인 출현을 나타낸다. 이 개념은 'explicatio'의 비교적 최근의 번역어인데, explicatio는 쿠자누스(Nikolaus von Kues, 1401-1462)가 사용한, 세계의 접힘[Einfaltung]인 complicatio의 전개[Entfaltung]를 시사하고 있다. 그리고 플라톤주의에서 유래하는, 이 두 개념의 공속성 속에서 보자면, 근거의 통일 속에서 접혀져있는 것(말려있는 것, Eingefalteten)의

3.1. '목적'의 두 가지 의미

'목적'은 크게 다음 두 가지 의미를 갖고 있다. 첫 번째로는 '의도'나 '뜻[intention, purpose]'이라는 의미를 지니고 있다. 그런데 무생물이나 식물, 그리고 사실(사건)이나 현상은 의도를 가질 수 없다. 의도를 갖는 것은 정신적인 현상이므로 의도는 동물 이상의 수준에서만 이루어질 수 있다. 예컨대 "담쟁이 넝쿨은 무엇인가를 감고 올라가려고 한다"고들 말한다. 그러나 담쟁이 넝쿨이라고 하는 식물 혹은 그것의 일부분이 그러한 의도를 가지고 "~하려고" 할 수 있는가? 과연 담쟁이 넝쿨은 어떤 것을 감고 올라가려는 〈목적〉을 지니고 있는가? 그러나 우리는 담쟁이 넝쿨에 대하여, 그것이 '어떤 것을 감고 올라가려는 목적(혹은 욕망)'을 가지고 있는 것이 아니라 그런 '경향(傾向, inclination)'이나 '성향(性向, disposition)'을 갖고 있다고 말하는 것이 타당할 것이다. 전자처럼 말할 수도 있겠으나, 그것은 식물을 의인화하는 경우다. 또한 뉴튼 물리학의 운동법칙 중 첫 번째 법칙인 '관성(慣性, inertia)'의 법칙'에 의하면, "모든 물체는 가해진 힘에 의해 자신의

펼쳐짐[Entfaltung]을 의미한다. 그것으로부터, 그리고 그 속에 머물러있으면서 다(多)와 다양한 것들이 펼쳐지는 복합적인 통일체라는 개념은 근대의 문턱에서 쿠자누스 철학의 핵심부분이 된다[Joachim Ritter (hg.), *Historisches Wörterbuch der Philosophie*, Bd. 2, Basel/Stuttgart, 1972, 550, 그리고 Martin Gessmann (hg.), *Philosophisches Wörterbuch, Stuttgart*, 2009, 199 참조].

상태가 변하도록 강제되지 않는 한, 정지해 있는 상태나 등속의 직선 운동을 고수한다"[172]고 하는데, 여기서 "고수한다, 고집한다"에 해당하는 "perseverare"를, 물체가 자신의 현재 상태를 지속적으로 유지하려는 의도를 갖고 있는 것으로 해석해서는 안 될 것이다. 의식이 없는 물체가 '~을 하려고' 할 수 있는 것은 아니고, 단지 물체가 지니고 있는 그런 성향을 의인화한 표현이라고 할 수 있을 것이다.

'목적'이 지니고 있는 두 번째의 의미는, '운동의 도달점(종착점)[end, terminal]'이라는 뜻이다. 예컨대 "이 열차의 목적지는 서울입니다"라고 열차의 기관사나 승무원이 말할 때, 열차라고 하는 물체가 서울에 가려는 목적을 가지고 스스로 움직인다고 생각하는 사람은 아무도 없을 것이다. 그렇다면 위의 진술은 무엇을 말하고 있는가? 그것은 바로, "이 열차는 내적·외적 장애가 발생하지 않는 한, 서울에서 운동을 멈출 것입니다"라는 의미일 것이다. 또는 주어를 사람으로 바꾸면 다음과 같은 문장으로 변형할 수 있을 것이다: "지금 여러분에게 말하고 있는 본(本) 기관사는 서울까지 갈 의도로 열차를 운행하고 있습니다."

그런데 목적과 관련하여 생각할 점들이 몇 가지 있다. 우선, 목적의 주체와 관련해서 발생되는 문제들이 있다. 첫째, 누구(무엇)의 목적인가에 따라 위에 든 예들 중의 '단순변화'도 발전으로 이해될 수 있다. 예컨대 자동차라는 교통수단이 비행기로 변화하는 경우에 교통수단의 발전이 이루어진 것인가? 일반적으로는 그렇다고들 말할 것이다.

---

172 Isaac Newton, *Newton's Principia: The Mathematical principles of natural philosophy*, tr. by Andrew Motte, NY., 1848, 83. 라틴어 원문은 다음과 같다: "Corpus omne perseverare in statu suo quiescendi vel movendi uniformiter in directum, nisi quatenus a viribus impressis cogitur statum illum mutare."

만약에 이런 주장이 옳다면, 과연 그것을 발전이라고 생각하는 이유가 무엇인가? 자동차에 비해서 비행기의 기계장치가 더 정교해지고 복잡해지고 더 많은 기능들을 가지고 있기 때문인가? 그러나 더 복잡하고 많은 기능들은 과연 무엇을 위한 것인가? 같은 거리를 좀 더 빠르고 안전하게 가고자 하는 목적에 비행기가 자동차보다 더욱 적합하기 때문인가? 물론 그런 점이 있다는 것도 부정할 수는 없다. 그러나 비행기 — 일반 여객기의 경우 — 가 못 가는 곳을 자동차로는 갈 수 있는 경우도 많지 않은가? 또한 비행기는 이용가격이 비싸고 여러 사람이 함께 이용해야만 하지만 자동차는 혼자서도 사용할 수 있다는 점에서 비행기보다 더욱 편리하고 유용한 점도 있지 않은가? 비행기과 자동차와의 이런 관계는 또한 자동차와 오토바이 혹은 자전거와의 관계에서도 유사하게 적용될 수 있을 것이다. 그렇다면 비행기는 어떤 특정한 목적이나 용도 면에서는 발전한 것이지만 다른 목적이나 용도 면에서는 자동차보다 못한 교통수단이 아닌가?

이 예의 경우는 무생물의 경우이고, 자동차로부터 비행기에로의 변화에 있어서 자동차가 시간이 지나면 비행기로 변화하는 것이 아니므로, '운동의 종점'이라는 의미로 '목적'을 해석해서는 안 되고, 이러한 기계나 도구를 사용하는 '인간의 목적'이라는 의미로 해석해야 할 것이다. 그리고 인간의 목적이 구체적으로 무엇인가에 따라서 발전 여부를 판단해야 할 것이다.

또한 진보냐 퇴보냐의 문제를 가르는 기준이, '인간에게 얼마만큼의 유용성을 주느냐' 하는 것이라면, 따라서 비행기가 자동차보다 인간에게 더 많은 유용성을 가져다주었기 때문에 자동차보다 발전된 것이라고 말한다면, 보통은 단순변화라고 간주되는 '물로부터 얼음에로의 변화'는 어떠한가? 물과 얼음 그 자체로만 놓고 본다면, 전자로부터 후자에로의 위계적 변화를 인정할 수는 없을 것이다. 그런데 한 여름에 빙상경기를 하기 위하여 물을 얼려 얼음을 만드는 경우, 위의 변화는 발전이라 할 수 있지만, 반대로 강물이 필요한데 강이 얼어붙어서 물을 사용할 수 없는 경우에는 퇴보라 할 수 있다.

지금까지 말한 예들은 목적(의도)을 어떤 존재자의 외부에서 찾는 경우들이고(외적 목적), 이와는 달리 목적을 존재자의 내부에서 찾을 수 있는 경우들도 있다(내적 목적). 그런데 내적 목적은 적어도 의식을 지닌 존재자, 즉 동물 이상의 수준에서만 찾을 수 있을 것이다.

3.2. 두 종류의 목적론: Teleology와 Teleonomy

1) Teleology

인간의 의식적인 행동뿐만 아니라, 세계 안에서 일어나는 모든 사건과 자연의 현상도 목적에 규정되어 있다는 가정(假定) 및 이러한 가정에 타탕을 둔 사고방식이다. 이것은 어떤 목적, 목표, 종점[end], 혹은 기능을 언급함으로써 이루어지는 설명이다. 예컨대 자연 속에 목적이 존재한다는 주장이나, 현상들을 목적인[final causes]에 의해 설명하는 학설 등을 포함한다. 포크(fork)의 목적은 음식을 집는 것인 것처럼, 인간의 사용에 의해 부과되는 목적은 외적[extrinsic] 목적이라 하는 데 반해서, 고전철학에 공통되는 자연신학에서는, 인간의 사용이나 의견과 무관하게 자연적 존재자들도 내적인[intrinsic] 목적들을 가지고 있다고 주장한다. 예컨대 아리스토텔레스는 도토리의 내적 목적

[telos]은 온전히 자란 참나무가 되는 것이라고 주장했다(*Metaphysics*, 1050a9-17).[173]

2) Teleonomy

teleonomy는 자연선택과 같은 자연적 과정에 의해 야기된 살아있는 유기체의 구조와 기능의 명백한 목적성 및 목표 지향성이라는 성질을 가리킨다. 이 용어는 Tele-(τελε-)("끝", "목표", "목적")에서 유래한 Telos (τέλος) 및 nomos (νόμος)("법")라는 두 개의 희랍어 단어의 합성어인 희랍어 "Teleonomia (τελεονομία)"에서 유래한다.

이 개념은 피텐드라이(Colin Pittendrigh, 1919-1996)(*Behavior and Evolution*, 1958)에 의해 만들어졌고, teleology로부터 생물학적 진화를 분리하기 위해 그와 마이어(Ernst Mayr, 1904-2005)에 의해 주로 개발되었다. teleonomy 개념과 더불어 — 예컨대 계통발생사의 과정에서 — 목표를 향한 과정들은 이 과정들의 구조들로부터 (예컨대 항상성으로서) 설명될 수 있어서, 과정의 가능한 외적·내적 목표들에 대한 (예컨대 창조자의 계획 같은) 추가적인 가정을 필요로 하지 않는다. 이러한 점은 teleonomy 개념을 teleonomy 개념이나 엔텔레케이아(entelecheia) 개념으로부터 구별해준다. teleonomy의 과정들은 목표를 의도하지는 않지만, 목표를 향한 것이라고 기술되고, 진화(進化) 현상 내에서 변이와 선택을 통한 발생적 프로그램의 극대화(최적화)라고 설명된다. 예컨대 다양한 유기체들이 극단적인 환경조건들에 성공적

173 https://www.britannica.com/topic/teleology; https://www.merriam-webster.com/dictionary/teleology; https://en.wikipedia.org/wiki/Teleology#cite_note-6.

으로 적응하는 일은 teleonomy를 통해 더 잘 이해될 수 있다.

이 용어를 만든 피텐드라이에 의하면 teleonomy란, 형이상학이 없는 자연과학을 새로운 정의(定義)를 통해 완성하려는 계획의 부분이다. 그러나 teleology는 형이상학이 없는 teleonomy로 대치된 것이 아니라, 형이상학으로부터 전혀 자유롭지 않은 진화론으로 대치되었고, 이 개념은 진화론 속에서 비로소 해석될 수 있다. 모노(Jacques Lucien Monod, 1910-76)는 이 개념이 이전에 이미 '적응한[angepaßt]'이라는 말로 표현된 것 이상을 뜻하지 않는다고 보았고, 마이어는 유기적 자연 속에서의 종말을 향한 과정들은 목적을 향한 것이라 하면서 이것을 teleonomisch라는 개념으로 특징짓는데, 이러한 과정 내지 행동은 어떤 프로그램의 작용에 힘입고 있기 때문에 teleonomy를 이해하기 위해, 그리고 teleonomy와는 명확한 경계를 이해하기 위해 필요한 모든 것은 이제 프로그램이라는 개념에 달려 있다고 본다.

결론적으로 요약해서 말하자면, teleonomy는 때때로 teleology와 대조되는데, 후자는 인간의 의도나 신의 의도를 통해 초래된, 목적이 있는 목표지향성으로 이해된다. teleonomy는 진화의 역사, 번식 성공을 위한 적응, 그리고/혹은 프로그램의 작동에서 파생되는 것으로 생각된다.[174]

'teleology'에 대해서는 '목적론'이라는 번역어가 확정되어 있으나, 'teleonomy'에 대해서는 아직 통일된 번역어가 없다. 'teleonomy'라는

---

174 https://en.wikipedia.org/wiki/Teleonomy; http://de.wikipedia.org/wiki/Teleonomie; P. Prechtl und F.-P. Burkard(hg.), *Metzler Philosophie Lexikon*, Stuttgart/Weimar, 1996, 515; Joachim Ritter(hg.), *Historisches Wörterbuch der Philosophie*, Bd. 10, Basel/Stuttgart, 1998, 978 ff. 그리고 Bernhard Hassenstein, "Biologische Teleonomie," in: *Neue Hefte für Philosophie*. Heft 20. *Teleologie*, Göttingen, 1981(60-71), 60 참조.

용어가 'telos'와 'nomos'로 구성되었다는 점에서 이를 '목적률'로 부르는 경우도 있고, 'teleology'와 구별 없이 '목적론'으로 부르는 사람도 있다. 그런가 하면, 'teleonomy'의 형용사 형태인 'teleonomic'을 '목적법칙적'으로 옮긴 경우도 있는데, 그렇게 옮긴 분은 'teleonomy'는 당연히 '목적법칙'으로 번역할 것으로 짐작할 수 있다.[175] 이와 유사하게 'teleonomy'를 '목적론적 법칙'으로 부르는 경우도 있다.

4. 역사·발전·목적론

역사의 발전과 관련된 몇 가지 입장을 살펴보자. 대체로 말하자면, 희랍인은 순환적 역사관을 가졌다고 할 수 있다. 이것은 원형회귀의 반복으로서의 시간관을 가리킨다. 희랍의 헤시오도스(기원 전 8세기)는『일과 나날』(*Works and Days*)에서, 이미 희랍인들에게 잘 알려져 있던 역사의 유형에 관한 신화들을 소개하고 있다. 거기서 그는 역사의 시대를 황금(黃金)시대, 은(銀)시대, 청동(青銅)시대, 영웅시대, 철(鐵)시대의 다섯으로 나누고 있는데, 최초의 황금시대가 가장 좋은 시기이고, 뒤따라오는 단계들은 앞선 단계보다 쇠퇴해 있고 살기 힘든 시대다. 이러한 구분은 헤시오도스 이전의 네 시대와 헤시오도스나 다른 어떤 선구자가 제 3의 시대와 마지막 시대 사이에 삽입해 넣은 '영

---

175 에른스트 마이어,『생물학의 고유성은 어디에 있는가?』, 박정희 역, 철학과 현실사, 2005, 65-96 참조.

웅들의 시대'에 관한 전설을 융합한 것이며, 히브리의 사유에서는, 예컨대 「다니엘서」에서는 다시 '영웅의 시대'가 빠지고 황금(黃金)시대, 은(銀)시대, 동(銅)시대, 철(鐵)시대, 흙시대의 다섯 시대의 유형으로 분류된다.[176]

희랍인들에 의하면 역사는 황금시대에만 최초의 완벽한 질서를 유지한 후, 그 다음의 시대부터는 쇠락의 과정을 밟아왔다. 결국 우주는 궁극적인 혼돈을 향해 가고, 이때 신(神)들이 다시 나타나서 태초의 완벽한 상태를 회복시킴으로써 모든 과정이 처음부터 다시 시작된다. 그러므로 역사는 완벽을 향한 발전이 아니라, 질서에서 혼돈으로 나아가는 과정의 영원한 반복이다. 이러한 순환사상은 각기 구체적인 내용에 있어서는 차이가 있지만, 헤라클레이토스(Herakleitos), 피타고라스(Pythagoras), 엠페도클레스(Empedokles), 플라톤(Platon)과 아리스토텔레스(Aristoteles) 등에게서도 발견된다.[177]

이에 반해, 유대·기독교의 직선적 역사관은 목표 지향적이다. 예컨대 기독교인에 있어서 시간은 직진하는 직선으로 인식되어, 분명한 시작과 끝이 있다. 즉, 신의 세계창조와 더불어 역사와 시간이 시작되고 아담과 이브의 타락(범죄) 후에 육화(肉化)한 신인(神人) 예수의 대속

---

176 다니엘은 환상 속에서 머리는 정금(精金)이고, 가슴과 팔은 은이며, 배와 넓적다리는 청동(놋)이고, 종아리는 철(쇠)이며 발은 일부는 철(쇠)요 일부는 진흙으로 된 상(像)을 보았는데(다니엘 2:31-33), 이들은 각각 순서대로 ① 바빌론, ② 메디아와 페르시아, ③ 희랍, ④ 로마, ⑤ 열국(列國)시대를 상징하는 것으로 해석한다.

177 그레이스 E. 케언스, 『역사철학』, 이성기 역, 대원사, 1994, 199 ff. 그리고 제레미 리프킨, 『엔트로피』, 이창희 역, 세종연구원, 2000, 21 참조. 리프킨은 엔트로피 법칙이 역사가 진보의 과정이라는 가설 및 과학과 기술이 질서 있는 세계를 창조할 것이라는 가설을 파괴한다고 주장한다(제레미 리프킨, ebd., 17 참조).

(代贖)의 죽음, 그리고 부활한 예수의 재림(再臨, Parousia) 후의 종말을 향해 역사는 진행된다. 그러나 유대·기독교적 사유에는 순환적인 시간관도 발견된다.

기독교의 역사관은 희랍의 역사관과는 달리 순환적이지 않고 직선적이기는 하지만, 그렇다고 해서 인간의 역사가 완벽한 상태를 향해 발전해 나가는 것은 아니다. 오히려 종말의 상태는 인류가 모든 면에서 발전의 정점(頂点)에 도달한 상태가 아니라 혼란과 무질서가 지배하는 것으로 대체로 이해할 수 있다.[178] 고대 희랍의 세계관과 중세 기독교의 세계관은 역사를 질서로부터 쇠락으로 가는 과정으로 파악했다는 점에서 공통되며, 둘 다 시간의 화살이 날아가는 방향과 엔트로피 과정을 올바로 이해하고 있는 점에서도 같다.[179]

세 번째로 생각할 수 있는 시간관은 헤겔의 변증적 시간관이다. 사실, 헤겔의 사상 속에는 희랍의 철학[Hellenism]과 히브리의 종교[Hebraism]라는 두 가지의 큰 요소가 포함되어 있고, 이 둘의 역사관이 변증적으로 통일되어 있다고 말할 수 있다. 여기에서는, 역사 속에서는 동일한 것이 반복되면서 새로운 것이 발생하며 전진하는 나선형적[spiral] 역사관을 발견할 수 있다.[180] 헤겔은 역사를 "자유의 의식 속

---

178 기독교의 종말론과 관련된 입장은 전(前)천년설[premillenialism: 천년왕국 이전에 예수의 재림, 즉 parousia가 있다는 주장]과 후(後)천년설[postmillenialism], 그리고 무(無)천년설[amillenialism]의 세 가지로 정리된다. 그리고 천년왕국도, 지상에서의 천년왕국인가 아니면 지상이 아닌 새로운 세계(하늘나라)에서의 천년왕국인가에 따라 여러 가지 경우의 수가 발생하게 된다.

179 제레미 리프킨, ebd., 67 f. 참조.

180 헤겔에 앞서 비코(Giambattista Vico, 1668~1744)도 이런 나선형적 역사관을 표명한 바 있다. 그에 의하면 인간의 역사는 신들의 시대, 영웅의 시대, 인간들의 시대라는 세 시대가 반복되어 나타나는데, 이 반복은 단순한 순환이 아닌 나선형적 순환이라고 한

에서의 진보[(…) der Fortschritt im Bewusstsein der Freiheit][181]라고 보았으므로 시간의 진행에 따라 결국에는 인간의 자유의식이 진보한다고 혹은 자유의식에 의해서 역사가 진보한다고 그는 주장하고 있는 것이다.[182]

역사에 목적이 있다고 보는 견해를 목적론적 역사관이라고 할 수 있는데, 그러나 여기에도 앞의 문제와 마찬가지로 고려해야 할 점들이 있다. 즉, 여기서 '역사'와 '목적'이 각각 무엇을 말하고 있는지가 우선 결정되어야 한다. 첫 번째로, '역사'를 '사실, 사건'의 의미로 보고, '목적'을 '의도, 뜻'으로 보면, "역사에 목적이 있다"는 진술은 성립되지 않는다. 왜냐하면 의도를 갖는 것은 인간이지, 사실이나 사건이 아니기 때문이다. 두 번째로, '역사'를 '사실, 사건'의 의미로 보고, '목적'을 운동의 '도달점, 종착점'으로 보면 목적론이 성립하는데, 이 경우 목적론은 다시 둘로 나뉜다. 즉, 이 도달점을 고정된 것으로 볼 경우, 역사결정론[Determinism]이 되고, 유동적인 것으로 볼 경우 자유주의 역사관이 된다. 인간이 살고 있는 지구가 무한히 존속하는 것이 아니라면 당연히 역사의 종착점이 있을 것이다. 그러나 그 종착점이 무엇이며, 어떤 것으로 나타날는지는 아무도 모른다.

다. 즉, 시간의 진전에 따라 인간정신이 확장되고 역사는 보편사에 가까운 상태로 확장되어 가는 순환으로 보았다. 이러한 발전적 순환은 순류(順流, corso)와 역류(逆流, ricorso)의 반복을 통해 이루어진다. '순류'와 '역류'라는 표현은 헤겔에 있어서 자기의식으로서의 인간이 타자와 관계할 때에 발생하는 '전진적 추가규정[das vorwärtsgehende Weiterbestimmen]'과 '시원(始原)의 후진적 정초[das rückwärtsgehende Begründen des Anfangs]'(*Wissenschaft der Logik 2. GW*, 251)를 연상케 한다.

181 *Vorlesungen über die Philosophie der Geschichte.* TW 12, 32.

182 세 종류의 시간관에 대해서는 〈예비적 고찰〉 II. 역사적 시간의 구성(역사와 시간관)을 참조하시오.

또한, '누구의 목적인가'가 중요하다. 즉, 인간 개개인의 목적들인가, 인류 전체의 공통적인 목적인가, 아니면 종교인의 경우 신(神)의 목적인가에 따라 그 대답이 달라질 것이다. 예컨대 사람의 코 속에 이물질이 들어왔을 때 재채기를 하게 되는데, 그것은 이물질을 몸 밖으로 밀어내려는 목적을 가지고 사람이 하는 행위인가? 우리 모두는 그런 목적을 갖고 있지도 않고 의도하지도 않지만 자연스럽게 그런 행위를 하게 된다. 그것은 자연 혹은 신이 인간에게 프로그램화 해 놓은 대로 일어나는 행위에 불과한 것이 아닌가? 그렇다면 이런 경우에는 인간의 목적론이 아니라 자연의 목적론이나 신의 목적론을 말해야 할 것이다.

진보에 대한 신념은 낡은 우주론을 파괴함으로써 인간으로 하여금 진보의 원리를 인식할 수 있게 해 준 새로운 과학의 출현과 더불어 처음으로 명시적으로 나타나기 시작했고, 이 신념의 씨앗은 새로운 학문을 대변하는 위대한 두 철학자(베이컨과 데카르트)의 저작에서 발견할 수 있다. 인류의 운명에 대한 낙관주의적 조류는 18세기에 처음으로 일어나기 시작하고 또 그 절정에 도달했는데 이때에는 부(富)와 문명과 사회조직, 예술과 문예, 그리고 심지어는 인간성과 인간의 생체구조에 있어서까지도 진보가 반드시 이루어지게 될 것이라는 굳은 신념이 나타났다.[183] 역사에서의 진보는 필연적인가 라는 문제와 관련하여, 역사의 도달점이 고정되어 있다고 보는 목적론적 사고 혹은 결정론의 입장, 역사에 (필연적) 법칙이 존재한다고 보는 입장이 있는데, 포퍼는

---

183 시드니 폴라드, 『진보란 무엇인가』, 이종구 역, 한마당, 1983, 18, 31 참조. 또한 Donald M. Borchert (editor in chief), *Encyclopedia of Philosophy*. 2nd edition, Farmington Hills, Vol. 8, 2006, 46 참조.

이것을 '역사법칙주의[historicism]'라고 불렀는데, 그는 이것을 전통적 역사주의[historism][184]와 구별한 후에, 전통적 역사주의를 지식 사회학과 같은 인식의 상대주의라고 해석한다. 다양한 사회학적 이론과 학파들이 특수한 역사적 시기에 지배적인 편애(偏愛)와 이해관계와 관련된다고 보는 입장은, 때때로 역사주의[historism]라고 불려온 접근법이며, 자기가 역사법칙주의[historicism]라고 부르는 것과 혼동해서는 안된다고 포퍼는 강조하고 있다.[185]

포퍼는 열린사회를 파괴하고 사회개조에 대한 합리적인 접근을 가로막고 있는 장애요소들 가운데 가장 강력한 적(敵)은 '역사법칙주의'라고 주장하는데, 그에 의하면 역사결정론이나 운명의 신화[myth of destiny]라고도 규정될 수 있는 역사법칙주의의 기원은 고대의 유신론적 역사법칙주의에까지 소급되고, 이것의 가장 단순하고 오래된 형태의 하나가 고대의 선민(選民)사상이다. 그리고 철학사에서의 역사법칙주의는 헤라클레이토스, 플라톤, 아리스토텔레스, 헤겔, 맑스 등으로 이어진다고 주장한다. 그런데 이들은 사회과학의 임무는 우리에게 장기적인 역사적 예언을 제시하는 것인데, 그들 자신이 미래의 역사적 사건의 진행과정을 예언하게 해 주는 역사법칙을 발견한 것으로 믿고

---

184 역사주의는, 특정한 역사적 상황을 떠나서는 진리를 생각할 수 없으므로 진리는 시간과 무관할 수도, 보편적일 수도 없다고 보는 이론이다.

185 K. Popper, *The Poverty of Historicism*, London and Henley, 1976, 17 참조. 패스모어(John Passmore)는 전통적 역사주의를 '시대적 역사주의[periodic historicism]'로, 포퍼의 역사법칙주의를 '예언적 역사주의[prophetic historicism]'로 구분해서 표현하기도 한다(이한구, 『역사주의와 역사철학』, 문학과 지성사, 1986, 35 참조). 이한구는 전자를 '전통적 역사주의'로, 포퍼의 견해를 '역사주의'로 부르는데, 필자는 양자의 차이점을 부각하기 위하여, 전자를 '역사주의'로, 후자를 '역사법칙주의'로 부르기로 한다.

있다고 한다.[186] 그러나 포퍼는 이들의 주장은 과학적 예측과 역사적 예언을 혼동함으로 발생하는 것이라고 하면서 역사법칙주의를 비판하며[187] 이러한 역사법칙주의는 '역사 결정론[historical determinism]' 및 전체주의로 귀결될 수밖에 없다고 주장한다. 또한 그는『역사법칙주의의 빈곤』의 서문에서, 인간의 지식은 성장해가는 것이기에, 우리가 내일에 가서야 알게 될 일을 오늘 미리 알 수는 없으며 어떠한 과학적 예측자도 과학적 방법에 의하여 자기 자신의 미래의 성과를 예측할 수는 도저히 없다고 강조한다.[188] 그래서 미래가 우리 인간에게 달려있는 것이지, 우리가 역사적 필연성에 매달려 있는 것이 아니라고 한다.[189]

역사의 진행이 정해진 목적을 향해 필연적으로 전진한다고 보는 역사결정론적 사고와 달리, 인간의 의지와 자율적인 선택에 의하여 목표점은 언제든지 변경될 수 있다고 보는 자유주의의 입장이 존재한다. 역사에 법칙이 존재하지 않는다고 보는 이런 입장을 살펴보자. 사건으로서의 역사에는 두 종류가 있다. 즉, 인간의 의식(意識)과 의지(意志)가 개입된 역사와, 무의식적으로 행하거나 일어난 일 혹은 자신의 의지와는 관계없이 일어나는 일이 그것이다.[190] 첫 번째의 경우, 우리의

---

186 예컨대 맑스는 인류역사전개의 5단계설을 제시하면서 역사가 원시공산제로부터 고대노예제, 중세봉건제, 근대자본주의 체제를 거쳐 마침내 사회주의(공산주의)로의 필연적인 발전을 이루게 된다고 주장하였다.

187 K. R. Popper, *The Open Society and Its Enemies. Vol Ⅰ : The Spell of Plato*, London, 1947(1945) 3ff. 참조.

188 K. Popper, *The Poverty of Historicism*, ebd., Preface 참조.

189 Popper, ebd., 3 참조.

190 헤겔도 자신의『역사철학 강의』에서 소위 미필적 고의(未畢的 故意)의 예로, 자신에게 해를 입힌 사람에 대한 원한으로 가해자의 집에 불을 질렀으나, 의도하지 않게 그 옆집에까지 불이 번지게 되는 상황의 예를 들고 있다[*Vorlesungen über die Philosophie der*

물음을 "인간의 의식이나 의지와, 이를 통해 일어나는 사건 사이에 어떤 법칙이 있는가?"라는 물음으로 이해한다면, 예컨대 우리가 선한 의지를 가지면 반드시 선한 행위를 하게 되고, 그 행위는 반드시 선한 결과를 낳는다는 식의 법칙화는 불가능할 것이다. 이것은 그 반대의 경우도 마찬가지일 것이다. 즉, 악한 의지를 갖게 되면 반드시 악한 행위를 하게 되고, 그 행위는 반드시 악한 결과를 초래하게 된다고도 말할 수 없다. 인간사에는 여러 가지 우연이 개입하기 때문이다.

5. 역사는 발전하는가?

우리는 "역사는 발전하는가?"라고 묻기도 하고, 이 물음에 대하여, "역사는 발전하고 있다", "역사는 발전과 퇴보를 거듭하고 있다"는 등의 대답을 하기도 한다. 그러나 결론적으로 말하면, 이 물음 자체가 제대로 제기된 물음이 아니라는 것을 알 수 있다. 이 물음은 과연 무엇을 뜻하고 있는가? 이 물음의 의미를 알기 위해서는 우선 여기서의 '역사'가 무엇을 가리키고 있는지, 그리고 '발전'이란 무엇을 뜻하는지를 먼저 알아야 할 것이다. '발전'의 의미에 대해서는 이미 앞에서 고찰하였으므로 '역사'의 의미를 확정하면 될 것이다. '역사'는 넓게는 세 가지의 의미 즉 '사건으로서의 역사', '기록으로서의 역사', 그리고 '역사학으로

Geschichte, in: Theorie Werkausgabe in zwanzig Bänden, Redaktion von Eva Moldenhauer und Karl Markus Michel, Ffm., 1969 ff. (=TW)., TW 12, 43 참조].

서의 역사'라는 의미를 지니고 있다. 그렇다면 위의 물음 속의 '역사'는 위의 세 가지 의미 중 어느 것을 가리키는가? 두 번째와 세 번째의 의미는 아닐 것이다. '사건'이나 '사실'에 발전이 있는지 없는지를 물어보는 것일 것이다. 그러나 보통 사람들이 말하고 있는 발전의 주어(주체)는 모든 사건이 아니라 사건들 가운데서도 특히 인간의 노동의 산물인 문명[civilization]과 문화[culture][191]를 가리키는 것으로 보아야 할 것이다. 그러나 사건(사실)은 실로 무수히 많고 그 종류도 다양하며, 문명이나 문화가 지시하는 범위는 너무도 넓기 때문에, 이 가운데 어떤 '사건(사실)' 또는 어떤 사건으로 인해 형성된 결과(성과물)를 가리키는 것인지가 먼저 확정되어야만 한다. 예를 들면 이들 중에 사회제도를 말하는 것인지 경제제도를 가리키는 것인지, 아니면 학문을, 그 중에서도 자연과학을 가리키는 것인지 인문과학을 가리키는 것인지, 또는 과학기술의 발전문제를 이야기하려고 하는 것인지 아니면 도덕(윤리)의식의 발전을 문제 삼는 것인지가 확정되어야 한다. 이렇게 구체적으로 묻지 않으면 구체적으로 답변할 수가 없다. 그리고 이러한 구체적인 물음의 견지에서 보면 인간의 역사는 어떤 면에서는 진보했지만 다른 어떤 면에서는 정체 내지는 퇴보했다고 말할 수 있을 것이다.

이에 대한 예를 생각해보자. 과학과 기술(분야)에서 인간의 지식은 자연·사회·인간에 관한 지식을 축적해 가면서 점진적으로, 때로는 비

---

191 문명과 문화는 한편으로는 동일한 의미로 사용되지만, 다른 한편으로는 의미의 차이를 두고 사용된다. 즉, 문명은 예컨대 '물질문명'이라는 표현에서 나타나듯이, 주로 물질적인 측면을 가리키는 데 반해서, 문화[문치교화(文治敎化)의 준말]는 주로 정신적인 측면을 가리킨다. 문화에 해당하는 독일어 Kultur는 독일인들이 프랑스인들의 '도시화[civilization]'라는 의미의 물질문명에 대립하여, 자신들의 '정신적인 우수성'을 강조하기 위해 사용한 표현이다.

약적인 발전을 이루었고, 기술면에 있어서도 인간은 지식을 적용한 결과인 발명을 통해 오랜 세월에 걸쳐 발전을 이루어 온 것이 사실이다. 기술문명의 측면에서 보면, 전체적으로는 과거보다 현재의 과학기술이 진보된 것이라고 말할 수 있을 것이다. 그러나 이에 반대되는 사례들도 있다. 어떤 고대문명이나 초(超)고대문명은 오늘날의 과학기술의 수준을 능가했다고도 할 수 있다. 예컨대 이집트의 피라미드는 현대과학 기술로도 재현하지 못하고 있다. 경제면에서는 어떠한가? 과거에는 많은 인력의 노동을 통해 상품을 생산하였으나 생산의 자동화를 통하여 노동시간의 단축을 초래하였고, 힘든 노동으로부터 인간을 해방함으로써 여가시간의 증가를 가져왔다.[192] 정치제도의 측면에서 보면, 일종의 부족 추장에 의한 전제정치에서 입헌정치로 변했다는 점에서 발전을 이루었다고 할 수 있다. 그러나 아직도 일부 국가에서는 전제정치가 시행되고 있는 것도 사실이다. 사회제도의 측면에서 보면, 대체로 인류의 역사가 원시공산제로부터 고대노예제, 중세봉건제, 근대자본주의 체제를 거쳐 왔다고 할 때에,[193] 이 경우에도, 사회제도가 직선적·상향적인 발전만을 이룬 것이 아니고, 발전했다가 퇴보하기도 하고 다시 발전하는 과정이 반복되는 것으로 보아야 할 것이다. 예컨대, 근대의 자본주의가 분명 중세 봉건주의 보다는 발전된 사회라고 할 수 있을 것이다. 그러나 근대 자본주의가 사회주의로 변화하는 방향이 있었고, 현대 자본주의로 변화하는 방향도 있었다. 그러면 전자의 변화와 후자의 변화 모두 발전이라고 할 수 있는가? 아닐 것이다. 사회주의

192 반면에 실업자의 증가라든가, 인간의 소외라는 부정적인 결과를 함께 초래한 것도 사실이다.

193 이 드식이 꼭 들어맞는 것은 아니다. 대체로 이렇게 볼 수 있다는 말이다.

자나 공산주의자가 보면 전자의 변화를 진보 나 지는 발전이라 하겠지만, 자본주의자의 눈에는 퇴보로 보일 것이다. 그러면 '이념의 발전'이라는 측면에서 보면 어떤가? 예컨대 자유라는 이념면에서 보면 전자의 변화는 퇴보다. 그러나 평등이라는 측면에서 보면 진보로 보는 사람도 있을 것이다. 이처럼, "진보냐 퇴보냐?"하는 문제도, 어떤 것을 진보 또는 퇴보의 주어(주체)로 보느냐에 따라 다르고, 또한 어떤 목적을 기준으로 보느냐에 따라 그 답이 달라질 수가 있으므로, 한마디로 단언할 수 없을 것이다.

도덕의 측면에서 보면, 예컨대 노예제의 폐지는 인간의 도덕성 진보의 증거라 할 수 있는가? 그렇게 생각할 수도 있으나, 기술의 진보가 노예소유를 불필요하게 만든 결과일 수도 있다.[194] 현대의 경우만 보더라도, 양차(兩次) 세계대전, 나치의 유태인 학살과 강제수용소의 운영, 발칸반도에서의 인종청소, 세계 도처에서 일어나는 갖가지 비도덕적이고 패륜적인 범죄행위 등을 보면, 과거보다 인간의 도덕성이 발전했다고 보기는 어렵다. 현대사회가 더욱 복잡해지고 생존경쟁이 치열해짐에 따라, 인간성이 더욱 메말라가고 도덕의식 수준이 더욱 낮아지고 있다고 생각할 수도 있다. 심지어는 살인을 저지르고도 양심의 가책도 별로 느끼지 않는 사람들도 발견된다. 따라서 도덕의식도 시간의 흐름에 따라 직선적으로 상향 발전했다거나 하향적으로 퇴보했다고 말할 수는 없을 것이고, 결코 직선적이지 않은 진보와 퇴보를 거듭하면서

---

194 링컨의 노예해방도 도덕의식의 고양의 증거로 제시될 수도 있지만, 당시의 사회·경제적 측면의 필요에 의한 조치라고 생각될 수도 있다. 즉, 노예를 사용하던 남쪽에는 목화밭을 위한 노예의 노동력이 필요했으나, 북쪽에는 공장이 많아 공장노동자가 많이 필요했으므로 이런 필요를 충족시키기 위한 방편으로 노예해방이 단행된 것이라는 시각도 있다.

결국 오늘날과 같은 모습으로 형성된 것으로 보아야 할 것이다. 이와 아울러 공간적(지역적)인 문제도 생각해야 한다. 즉, 도덕의식의 문제도 동양과 서양에 따라, 그리고 그 중에서도 또 나라와 민족에 따라 각각 구체적으로 고찰해야 할 것이다.

6. 결론

이상에서 우리는 발전개념 및 그와 유사한 의미를 지닌 개념들을 분석하고, 그들 상호간의 관계를 살펴보았다. 그리고 발전 개념은 목적 개념이 전제되지 않고는 이해될 수 없는 개념이라는 점을 드러내는 한편, '목적'이 상이한 의미로 사용될 수 있다는 사실, 그리고 두 가지 종류의 목적론인 teleology와 teleonomy의 의미를 밝혔다. 또한 상이한 의미들을 지니고 있는 역사 개념들을 제시함으로써 "역사는 발전하는가?"라는 물음이 올바로 제기된 물음이 아니라는 점을 드러냈다. 올바로 제기된 구체적인 물음을 통해 우리는 구체적으로 대답할 수 있는 입장에 설 수 있을 것이다. 그리하여 우리는 인간의 역사는 어떤 면에서는 진보했지만 다른 어떤 면에서는 정체 내지는 퇴보했다고 말해야 할 것이라는 점을 주장하였다.

발전이나 진보는 전통을 기반으로 하되, 그 가운데 잘못된 것을 개혁하고 관습의 타성을 극복하는 가운데 이루어진다. 발전은 결코 저절로 이루어지는 것이 아니라 인간 스스로 목표를 설정하고 그것을 실현하기 위해 노력함으로써 이루어진다. 우리가 해야 할 일은 먼저 자기가 이루고자 하는 올바르고 명확한 목표를 설정하고, 그 목표를 이루기 위한 효과적이고 정당한 방법을 찾은 후, 최대의 노력을 다해 그 길을 가는 것이다. 그러나 그 목표가 내게 맞지 않는 것이거나, 잘못된 것임을 깨닫게 될 경우에는 새로운 목표를 수립하고, 그 새로운 목표를 달성하기에 적합한 수단을 모색한 후, 그 길을 다시 열심히 달려가는 일이다. 그러나 그 목표는 달성될 수도 있지만 성취되지 않을 수도 있다. 미래는 우리에게 열려있고, 그 책임 또한 우리가 지지 않으면 안 된다.

제3장

사변적 역사철학

I. 칸트

• 칸트(Immanuel Kant, 1724-1804)에 있어서는 체계적인 역사철학을 발견할 수는 없으나, 역사철학의 발전단계에 일보 접근하는 다음과 같은 몇 편의 단편적인 논문들과 저서가 있다.

1. 「낙관주의에 대한 몇 가지 고찰의 시도」("Versuch einiger Betrachtungen über den Optimismus" 1759)
2. 「세계시민적 의도에서 본 보편사를 위한 이념들」("Ideen zu einer allgemeinen Geschichte in weltbürgerlicher Absicht" 1784)
3. 「계몽이란 무엇인가? 라는 물음에 대한 대답」("Beantwortung der Frage: Was ist Aufklärung?" 1784)
4. 「헤르더의 『인류의 역사철학을 위한 이념들』의 논평」("Rezensionen von J.G. Herders *Ideen zur Philosophie der Geschichte der Menschheit*" 1785)
5. 「추측해 본 인간사의 시작」("Mutmaßlicher Anfang der Menschengeschichte" 1786)
6. 「만물의 종말」("Das Ende aller Dinge" 1794)
7. 『영원한 평화를 위하여. 하나의 철학적 기획』(*Zum ewigen*

Frieden. Ein philosophischer Entwurf, 1795)

8. 「학부들 간의 논쟁」("Der Streit der Fakultäten" 1798)
9. 「새롭게 제기된 물음: 인류는 더 나은 상태를 향해 계속해서 진보하고 있는가?」("Erneuerte Frage: Ob das menschliche Geschlecht im beständigen Fortschreiten zum Besseren sei?" 1798)

여기에서는 「세계시민적 의도에서 본 보편사를 위한 이념들」과 「영원한 평화를 위하여」를 중심으로 칸트의 역사철학 사상을 살펴본다.

1. 「세계시민적 의도에서 본 보편사를 위한 이념들, 1784」[01]

칸트가 역사를 궁극적으로 철학적으로 해석하는 데 대해서 던진 결정적인 물음은, 인간의 자유의 실현에 대한 물음이다. 그러므로 칸트에게 있어서 역사철학은 정치철학과 동일하다. 정치철학으로서의 역사철학에 대한 칸트의 생각들은 인간의 인식능력의 조건과 한계에 대한 비판적 확신, 그리고 그의 행위의 권리근거에 대한 비판적 확신으로서의 그의 철학함 전체의 실천적인 결과를 의미한다.

칸트는 자기의 자유 개념과 더불어 근대의 정치사상에 본질적인 기

---

01 "Ideen zu einer allgemeinen Geschichte in weltbürgerlicher Absicht," in: Immanuel Kant, *Werke in sechs Bänden, Band VI. Schriften zur Anthropologie, Geschichtsphilosophie, Politik und Pädagogik*, hg.v. Wilhelm Weischedel, Darmstadt, 2005 (31-50). 앞으로 쪽수만 기입함.

초개념을 설명한 바, 이는 플라톤이 자신의 정의(正義)라는 이념을 가지고 고대의 국가사상에 본질적인 기초개념을 설명한 것과 같다. 플라톤의 정의 이념이 자체적으로 완결된 우주론적 진리관 및 거기에 속한, 본질상 위계적인 국가적 현존질서에 상응하듯이, 칸트의 자유 개념은 무제한적 보편성을 고려한 근대의 창조적인 진리발견 및 그로부터 요구되는, 고대(古代)국가의 제한된 현존질서를 세계시민적 연합의 이념 아래에 있는 현존질서로 변화시키는 보편적인 사회질서에 상응한다.[02]

• 칸트의 역사철학은 1784년 11월 『월간 베를린』(*Berlinische Monatsschrift*)에 발표한 이 짤막한 논문 한 편[03]에 주로 집약되어 있는데, 칸트가 이 글을 쓰게 된 동기는 다음과 같은 사정에 의해 짐작할 수 있다. 즉, 칸트가 여기저기를 두루 여행하던 어떤 학자 — 칸트의 동료이자 추종자인 슐츠(Johann Friedrich Schultz, 1739-1805) — 와 나눈 대화가 그해 『고타 학자 신문』(*Gothaische gelehrte Zeitungen*) 제12호(1784년 11월)에 "단신"으로 인용되었는데, 그 내용은 다음과 같다: "칸트 교수님이 사랑하는 이념은, '인류의 궁극적인 목적은 가장 완전한 국가체제의 달성'이라는 것이고, 그는 철학적인 역사가가 이런 관점에서 인류의 역사를 우리에게 제공하기를 기도(企圖)할 것을, 그리고 인류가 상이한 시대들에서 이 궁극적인 목적에 얼마나 접근했는지

---

02 Kurt Rossmann (hg. und eingeleitet), *Deutsche Gesellschaftsphilosophie von Lessing bis Jaspers*, Bremen, 1959, 42 f. 참조.

03 참고로, 칸트의 실천철학 관련 저술들의 출간 시기는 다음과 같다: 1785 『윤리형이상학의 정초』(*Grundlegung zur Metaphysik der Sitten*) / 1788 『실천이성 비판』(*Kritik der praktischen Vernunft*) / 1797 『윤리형이상학』(*Metaphysik der Sitten*).

아니면 얼마나 멀어졌는지를, 또 그 목적을 달성하기 위해서 무엇을 여전히 해야 하는지를 보여주기를 기도하기를 바란다"(33). 여기서 칸트는 보편사의 원리를, 9개의 명제에 대한 해설을 통하여 단계적이고 논리적으로 설명한다. 우선 제1명제에 앞서 서술된 칸트의 말을 살펴보자. 그는 다음과 같이 말을 시작하고 있다.

> 우리가 의지의 자유라는 개념에 대해 형이상학적인 관점에서 무엇을 주장하든 간에, 의지가 외부로 나타난 현상들이 인간 행위이며[04], 그것은 여타의 자연적 사건들과 마찬가지로 일반적인 자연의 법칙에 따라 규정된다. 이러한 현상들의 설명에 관여하는 역사는, 그러한 현상들의 원인이 아무리 깊숙이 감추어져 있다 하더라도, 인간의 의지의 자유의 작용을 일반적으로 고찰하면, 역사의 규칙적인 진행을 발견할 수 있을 것이라고 기대할 수 있다.[05]

• 칸트에게서 역사란 인간 행위라는 현상들에 대한 설명이다. 그리고 현상이란 자유의 법칙과 자연의 법칙 가운데서 후자의 법칙이 통용되는 세계의 대상이다. 현상에는 바람이 불고 눈이 내리는 등의 자연

---

04 그러나 무의식적 행위도 있다.

05 "Was man sich auch in metaphysischer Absicht für einen Begriff von der *Freiheit des Willens* machen mag: so sind doch die Erscheinungen desselben, die menschlichen Handlungen, eben so wohl als jede andere Naturbegebenheit nach allgemeinen Naturgesetzen bestimmt. Die Geschichte, welche sich mit der Erzählung dieser Erscheinungen beschäftigt, so tief auch deren Ursachen verborgen sein mögen, läßt dennoch von sich hoffen: daß, wenn sie das Spiel der Freiheit des menschlichen Willens *im großen* betrachtet, sie einen regelmäßigen Gang derselben entdecken könne"(33).

현상(자연사)과, 인간의 의식 및 무의식에 의해 이루어진 행위라는 현상, 곧 인간사로서의 현상이 있다. 자연현상에 대해서 '자연학'이 성립하듯이, 인간의 행위현상에 대해서는 인간학이나 역사학이 성립한다.

그런데 칸트에 의하면 인간의 행위 역시 물리적 세계 내에서 발생하는 것인 한, 물리법칙 내지 자연법칙의 지배를 받게 된다. 그러나 인간은 "짐승들처럼 단순히 본능적으로"(34) 행동하지는 않고, 많은 경우 숙고(熟考)를 거친 선택을 통해 행동한다. 즉 의지의 자유를 가지고 행위한다. 이때에 인간의 행위는 — 그 발생에 있어서는 — 의지의 자유를 통해 이루어지지만, 그것이 현실에 나타날 대에 — 즉, 현상할 때에는 — 자연의 법칙에 따라, 인과법칙에 따라 나타난다.

• 그런데 칸트는 인간을, 이 두 법칙 사이를 왕래하는, 두 법칙 사이에 존재하는 '중간존재자'로 이해한다. 이에 대응하는 두 개념이 바로 "동물[Tiere]"과 이성적인 "세계시민[vernünftige Weltbürger]"이다. 그리고 동물은 단지 본능에 따라서만 행동하며, 이성적인 세계시민은 "전적으로, 약정된 계획에 따라서" 행동한다고 주장한다. 그러나 인간은 이 둘 사이에서 행동한다는 것이다. 다시 말하면 인간은 동물성과 이성성을 함께 가지고 있는 존재자다.

• 칸트는, "개인에게서 나타나는 인간의 지혜"가 "대체로 어리석음, 유치한 자만심, 그리고 종종 또한 어리석은 사악함과 파괴욕과 뒤얽혀 있음"에도 불구하고, "자기의 장점에 대해 그렇게도 자만심이 강한 인류"를 이해하기 위해 철학자가 취할 수 있는 유일한 방도는, "그가 인간 및 인간의 전체 행위에서 합당한 개인적 의도를 전제할 수 없으므로 인간사의 그러한 모순적[widersinnigen] 과정에서 어떤 자연의 의도[Naturabsicht]를 발견할 수 있을지, 발견한다면 그러한 자연의 의도에

서 고유한 자기계획 없이 행하는 생물에게 그럼에도 자연의 특정한 계획에 따른 역사가 가능할지 시험해보는 것"이다. 그리고 칸트는, "그러한 역사로 이끄는 실마리를 발견할 수 있는지를 살펴보고자"(34) 한다.

• 이하에 칸트가 제시하는 9개의 명제가 등장한다. 그는 각 명제들의 첫 명제를 강조체로 쓰고 있다. 바로 이 명제가 핵심내용이며, 그에 이어지는 명제들은 이 핵심명제에 대한 부연·보충이라 할 수 있다. 칸트의 명제들의 핵심내용을 살펴보기로 하자.

▶ 제1명제: "피조물의 모든 자연적 소질은 언젠가는 완전히 그리고 합목적적으로 발전(발현)하도록 정해져 있다. 이것은 모든 동물을 외적으로 관찰하거나 내적으로 또는 분절적(分節的)으로 관찰함으로써 증명된다. 사용되지 않는 기관은 그 자연적 소질이 봉사해야 할 목적을 달성하지 않는 장치로 보아야 하며, 그것은 목적론적 자연론에 있어서는 하나의 모순이다. 왜냐하면 만일 우리가 이 원칙을 거부한다면 우리는 더 이상 합법칙적인 자연이 아니라 목적 없이 움직이는 자연을 발견하게 될 것이기 때문이다. 그리고 그렇게 되면 암담한(위안거리가 없는) 우연이 이성의 지침(指針) 대신하게 될 것이기 때문이다."[06]

---

06 "*Alle Naturanlagen eines Geschöpfes sind bestimmt, sich einmal vollständig und zweckmäßig auszuwickeln.* Bei Allen Tieren bestätigt dieses die äußere sowohl, als innere oder zergliedernde, Beobachtung. Ein Organ, das nicht gebraucht werden soll, eine Anordnung, die ihren Zweck nicht erreicht, ist ein Widerspruch in der teleologischen Naturlehre. Denn, wenn wir von jenem Grundsatze abgehen, so haben wir nicht mehr eine gesetzmäßige, sondern eine zwecklos spielende Natur; und das trostlose Ungefähr tritt an die Stelle des Leitfadens der Vernunft"(35).

• 여기서 칸트는 목적론적 자연관을 주장하고 있다. 이러한 그의 사고(思考)는 이 논문의 6년 후에 발표한 『판단력 비판』(*Kritik der Urteilskraft*)에서도 제시되고 있다. 칸트는 『판단력 비판』 § 66의 시작 부분에서, "자연의 유기적 산물은 그 안에서는 모든 것이 목적이면서 교호적으로 수단이기도 하다. 자연의 유기적 산물에서는 쓸데없는 것은 아무 것도 없고, 목적 없는 것도 없으며, 맹목적(盲目的)인 자연기계성[Naturmechanism]에 귀속되는 것은 없다(*Ein organisiertes Produkt der Natur ist das, in welchem alles Zweck und wechselseitig auch Mittel ist.* Nichts in ihm ist umsonst, zwecklos, oder einem blinden Naturmechanism zuzuschreiben)"고 말하고 있다. 그러나 예컨대 인간의 신체 가운데 사랑니는 무엇에 필요한 것인가? 인간에게 고통의 맛을 보게 하려는 목적을 가지고 있는가? 충수(蟲垂)[07] 같은 것은 어떠한가? 그것의 기능은 아직까지 뚜렷이 밝혀지지 않았다. 그렇다면 그것은 아무런 쓸모가 없거나 오히려 있어서 해(害)만 입을 수 있는 기관이 아닌가?

이러한 목적론적 사유는 하나의 형이상학적 가정이다. 칸트는 자연이 "목적 없이" 움직인다는 생각을 받아들이지 않는다. 그러나 자연 가운데 무생물은 의식이나 의지를 가지고 있지 않으므로 목적 없이 움직이며, 생물 가운데서도 식물 또한 그러할 것이며 동물의 경우에도 목적을 가지고 행위할 때도 있지만 무의식적으로 행위할 때도 있으며, "맹

---

07 소장 말단부에서 대장으로 이어지는 부위인 맹장의 한쪽 끝에 달려 있는 벌레 모양의 기관으로, 대체로 길이 6~7cm, 굵기 0.5~1cm이다. 충수의 기능이 무엇인지에 대하여 아직까지 뚜렷이 밝혀진 바 없다. 여기에 염증이 생기면 충수염이라고 하는데, 흔히 말하는 맹장염(盲腸炎)은 잘못된 용어다. 충양돌기(蟲樣突起), 충수돌기(蟲垂突起), 막창자꼬리라고도 하며, 외국어로는 다음과 같은 여러 표현들이 사용된다. 영:(vermiform) appendix, vermix, vermiform process, epityphlon; 독: Wurmfortsatz.

목적인 우연"에 의해 사건이 발생하기도 한다. 그러나 실제로 칸트 자신도 자연 속에 '목적'이 존재한다고 적극적으로 주장하는 것이 아니라, 자연이 (마치) '목적을 따라 움직이는 것으로' 간주하는 것이 합리적이라고 생각하고 있다. 또한 제1명제의 뒷 부분에서는 자연이 합법칙적인 필연성에 따라 움직이고 있다고 주장하는데, 이 점에 관해서도 칸트는 『판단력 비판』에서 언급하고 있는바, 칸트는 "식물과 동물의 분해가들[die Zergliederer der Gewächse und Tiere]"은 "'그러한 피조물에는 아무 것도 쓸데없는 것은 없다'는 저 준칙을 불가피하게 필연적인 것으로 받아들이고, 또한 이 준칙을 '아무것도 우연히 일어나지 않는다'는 일반 자연이론의 원칙과 똑같이 내세운다는 것은 주지의 사실"이라고 말한다. 그러나 '아무것도 우연히 일어나지 않는다(daß *nichts von ungefähr* geschehe)'는 것이 일반 자연이론의 원칙 내지 일반 물리학의 원칙인가 하는 점이다. 그런데 이 주장은 그른 것이다. 오히려 우리는 이와 정반대로, '아무것도 필연적으로 일어나지 않는다(daß *nichts notwendig* geschehe)'라고 말해야 한다. 왜냐하면, '우연(偶然)'은 세 가지 의미를 갖고 있는데, 첫 번째는 필연의 모순개념으로서의 우연이고, 두 번째는 '의도하지 않음'이라는 의미의 우연이며, 마지막으로 세 번째는 '예기치 못함'이라는 의미의 우연이다. 그런데 '우연'의 두 번째와 세 번째의 의미인, '의도하지 않음'과 '예기치 않음(못함)'은 '필연'과 반드시 대립하지는 않는 개념이다. 그렇다면 위의 주장은 세 가지 의미로 해석될 수 있다.

① 모든 것은 필연적으로 일어난다.

② 모든 것은 의도적으로 일어난다.

③ 모든 것은 예상할 수 있게 일어난다(모든 일의 발생은 예상할 수 있다).

①은 오류다. 인간사는 '필연'이 아닌 '우연'으로 점철된 역사라 할 수 있다. 그러나 이러한 역사 가운데는 '의도하지 않고' 발생한 우연적인 사건들도 있고, '의도적으로 행한 일'들 — 그렇다고 해서 이러한 일들이 필연적인 일은 아니다 — 도 있다. 물론 우리는 어떤 일들이 '필연적으로' 일어났다거나, 바둑의 경우에서처럼 '그것은 필연적인 수순이다'라는 말을 할 수 있다. 그러나 이 경우의 필연은 엄밀한 의미의 필연이 아니라 '조건적 필연'이다. 즉 p라는 조건이 주어졌을 때 q라는 결과가 필연적으로 발생한다고 말할 수 있다는 말이다. 예컨대 우리는 바둑에서 '두 집이 나지 않으면 반드시 죽는다'고 말할 수 있다. 그런데 바둑에서 말이 반드시 죽기 위해서는 반드시 두 집이 나지 않아야 하는데, '반드시 두 집이 나지 않는다'라는, 선행사건으로서의 조건은 반드시 일어나는 일이 아니기 때문에, '말[馬]이 죽는 것은 필연적인 사건이 아닌 것이다. 이 세상에 원인 없는 결과는 없다. 모든 결과는 어떤 원인에 의해 규정되고 결정된다. 그러나 그렇다고 해서, 어떤 결과를 초래한 원인이 반드시 하나인 것은 아니며, 또한 어떤 하나의 원인이 존재한다고 해서 반드시 어떤 하나의 결과가 초래되는 것도 아니다.[08] 어떤 하나의 원인에 대해 둘 이상의 결과가 발생할 수 있다면, 그러한 상황은 우연이라고 말해야 한다.

인간사에서 엄밀하게 필연적인 사건은 존재하지 않으며, 인간사의 모든 사건은 우연적인 것이다. 조건적(가언적)으로 필연적인 사건은 존재한다고 말할 수 있다. 그러나 그러한 조건 자체가 또한 필연적인 것이라 할 수 없기 때문에, 사건의 전계열은 '우연'으로 귀착된다.

---

08 백훈승, 『서양근대철학』, ebd., 147 ff. 참조.

뒤의 ②와 ③ 역시 오류라는 것은 곧바로 알 수 있다. 그러므로 '아무것도 우연히 일어나지 않는다'는 것이 일반 자연이론의 원칙 내지 일반 물리학의 원칙이라는 주장은 그른 것이다. 그러므로 우리는 칸트의 제1명제부터 문제 삼을 수 있다.

▶ 제2명제: (지상에서 유일한 이성적 피조물인) 인간에 있어서 자기의 이성으 사용을 목표로 하는 자연적 소질은 개인 속에서가 아니라 유(類) 속에서만 완전히 발전할 수 있을 것이다.[09]

• 일단 이 명제에서 우리는 과연 인간이 지상에서 유일한 이성적 피조물인가에 대해 물음을 던질 수 있을 것이다. 이 물음에 대답하기 위해서는 먼저, '이성적'이라는 용어가 내포하고 있는 의미를 확정해야 할 것이다. 이에 대해 우리는 '언어를 사용한다', '보편개념을 만들 수 있는 능력을 가지고 있다', '충동이나 욕망을 억제할 수 있다' 등의 의미를 이끌어낼 수 있을 것이다. 그러나 영장류에 있어서도 이런 능력이나 기능이 어느 정도 발견되는 것이 사실이다. 우리는 '인간이 되어야 한다!'라든가 '금수(禽獸)만도 못한 놈!' 등의 표현을 통해, 동서고금을 통해서 인간의 규준을 '이성적'이라는 점에 두고 있는 사실을 알 수 있는데, 과연 인간만이 이성적인 존재자인가 하는 문제는 더 깊이 논구해야 할 사항인 것은 사실이다. 그러나 여기서는 우선 이것을 사실로 인정하고 칸트의 논의를 따라가 보기로 하자.

---

09 "Am Menschen (als dem einzigen vernünftigen Geschöpf auf Erden) *sollten sich diejenigen Naturanlagen, die auf den Gebrauch seiner Vernunft abgezielt sind, nur in der Gattung, nicht im Individuum vollständig entwickeln*"(35).

• 칸트는 인간이 자기의 이성의 사용을 목표로 하는 자연적 소질의 발전(발현)은 개인 속에서 개별적으로가 아니라 유(類), 즉 인류(人類) 속에서만 완전히 이루어질 수 있다고 주장한다. 즉, 그러한 소질은 개인 속에서도 발전할 수 있지만, 그것은 부분적인 발전에 불과하고 그 완전한 발전은 인류라는 공동체를 통해서만 이루어질 수 있다고 칸트는 생각한다.[10]

▶ 제3명제: 자연이 의도한 것은, 인간은 그의 동물적 현존의 기계적인 명령(배열, 질서)을 넘어서는 모든 것을 전적으로 자기 자신으로부터 이끌어 내어야만 한다는 것이며, 또 인간 자신이 본능에 의존하지 않고, 자신의 이성을 통해서 창조한 행복과 완전함 이외에는 관여하지 않는 것이다.[11]

• 여기서 칸트가 말하는 '자연[die Natur]'이란, 기계적 자연의 체계가 아니라 반성적 판단력[12]의 대상이 되는 유기적 전체로서의 자연이

---

10 유적 존재자[Gattungswesen]로서의 인간규정은 헤겔과 맑스에게서도 발견된다. 플라톤의 *Symposion*에서 디오티마(Diotima)는, 개체로서의 인간은 유한하지만, 유로서의 인간은 불멸성을 지닌다고 말한다. 또한 인간의 영속성(불멸)에 대한 바람은 유교의 '효(孝)' 개념에서도 드러난다.

11 "*Die Natur hat gewollt: dass der Mensch alles, was über die mechanische Anordnung seines tierischen Daseins geht, gänzlich aus sich selbst herausbringe und keiner anderen Glückseligkeit, oder Vollkommenheit, teilhaftig werde, als die er sich selbst, frei von Instinkt, durch eigene Vernunft, verschafft hat*"(36).

12 칸트에 의하면 판단력은 일반적으로 "특수한 것을 보편적인 것 아래에 포함되어 있는 것으로 사유하는 능력"(KU, BXXV=V179)이다. 그래서 "지성 일반이 규칙들의 능력이라고 설명된다면," 판단력은 "규칙들 아래에 (무엇인가를) 포섭하는 능력, 즉 어떤 것이 주어진 규칙 아래에(소여 법칙의 사례, causa datae legis) 있는지 아닌지를 구별하는 능력"(KrV, A 132. B 171)이라고 규정된다. 그런데 "판단력은 한낱 특수자를 (그 개념이 주어져 있는) 보편자 아래에 포섭하는 능력일 뿐만 아니라 또한 거꾸로, 특수자에 대한 보편자를 찾아내는 능력"(EEKU: XX 209-210=Klemme, 502)이기도 한데, "보편적인 것(규칙, 원리, 법칙)

며, 현상으로서의 자연이 아니라 이념으로서의 자연을 가리킨다. 그러나 이것을 우리의 입장에서는 '신'으로 이해할 수 있을 것이다. 칸트는 실천이성과 도덕철학의 차원에서 신의 존재를 주장하지 않고 단지 '요청(要請)할[postulieren]' 뿐이므로, 신의 존재를 적극적으로 드러내어 달할 수 없었을 것이다. 그러나 이 제3명제의 서두에 이어지는 주장들을 살펴보면 그가 말하는 '자연'은 결국 일반인들이 '신'으로 생각하고 있는 바와 크게 다르지 않다는 점을 알 수 있다. 이어지는 명제들을 살펴보자: "자연이 인간에게 이성을 주었으며 이성에 기초하는 의지의 자유를 주었다는 사실이 이미 인간의 소질[Ausstattung]과 관련한 자연의 의도를 분명히 보여주었다. (…) 인간은 오히려 자기 자신으로부터 모든 것을 가져와야 했다. 인간이 음식과 의복을 고안해내는 것[Erfindung], 외적인 안전 및 방어를 이루어내는 것(이를 위해 자연은 인간에게 황소의 뿔도 사자의 발톱도 개의 이빨도 주지 않고 두 손만을 주었다), 삶을 쾌적하게 할 수 있는 모든 오락, 자기의 통찰과 영리함조차, 심지어 자기의 의지의 선량함까지도 전적으로 자기 자신의 작품이어야 했다. 여기서 자연은 자신의 최대한의 절약에 스스로 만족한 듯이 보이며 자신의 동물적 소질(설비, Ausstattung)을 최초의 실존에게 가장 필요한 바를 고려하여 아주 면밀하고 정확하게 측정한 것으로 보인다. 그리하여 자연은 흡사 다음과 같은 것을 의도한 것처럼 보인

이 주어져 있다면, 특수한 것을 그 아래에 포섭하는 판단력은 (그것이 정험적 판단력으로서, 그에 알맞게만 [무엇인가가] 저 보편적인 것 아래에 포섭될 수 있는 그런 조건들을 선험적으로 제공할 경우에도) 규정적이다. 그러나 특수한 것만이 주어져 있고, 판단력이 그를 위한 보편적인 것을 발견해야만 한다면, 그 판단력은 단지 반성적이다"(KU, BXXV f.=Klemme, 19).

다. 즉 만일 인간이 가장 미숙한 상태로부터 언젠가 가장 크게 이룬 숙련과 사고방식의 내적 완전성에까지, 그리고 이로써 (지상에서 가능한 한에서) 행복에까지 애써 고양된다면, 이에 관한 공로는 전적으로 인간의 것이며 인간 자신의 힘으로만 이루기를 자연이 의도한 것처럼 말이다. 그리고 이러한 사실은 마치 자연이 인간의 안녕보다는 이성적인 자기존중에 더 많은 가치를 두었던 것으로 보이게 한다"(36 f.).

• 여기서 자연이 인간에게 이성과 의지의 자유를 주었다는 것은, 인간이 본래 이성과 의지의 자유를 가지고 태어났다는 것을 말한다. 영어에서 "nature has given him a good talent (자연은 그에게 훌륭한 재능을 부여했다)"라는 말을 수동태로 바꾸면 "he is given a good talent by nature"가 되듯이, 능동태 문장에서의 '자연'은 수동태 문장에서는 '본래(자연적으로)'라는 용어로 바뀌게 된다. 이 경우, 신을 인정하는 사람은 '신이 그에게 훌륭한 재능을 부여했다'라는 의미로 이해하고, 신을 인정하지 않는 사람은 '그는 훌륭한 재능을 가지고 태어났다'고 이해한다.

계속 이어지는 내용에서는 인간이 기타의 동물들과 다른 점을 이야기하고 있다. 즉, 자연은 인간이 아닌 동물들에게 부여한 여러 가지 기관들이나 기능들을 인간에게는 주지 않은 대신에, 이성과 의지의 자유를 주었다는 것이다. 따라서 인간은 기타의 동물들에 비해서 부족한 점을 많이 가지게 되었고, "자기 자신으로부터 모든 것을 가져와야" 했고, 동물과 비교해볼 때 자기가 지닌 결핍을 자기 자신이 지닌 이성과 의지로 극복해야 한다는 것이다. 예컨대 의식주도 자기 자신의 작품이어야 했다. 예컨대 곰이나 사자 등과 같은 동물들은 자신들이 옷을 만들지 않아도, 털옷을 가지고 태어나고, 이 생에 널려 있는 동식물들이 자신들의 음식이 되며, 집을 짓지 않아도 잘 곳은 많이 있다. 그러나 인간은 맨몸으로 태어나서, 있는 그대로의 상태로는 추위와 더위를 견디기 힘들다. 그러므로 인간은 자신의 이러한 결함을 극복하기 위해 자신의 이성을 사용하여 의복을 만들어낸다. 이런 이유에서 인간은 자신이 거주할 거처를 만들어내며, 음식의 경우에도 날 것으로 먹을 수 있는 것들도 있지만, 많은 경우 자연물을 익혀 먹기 위하여 불을 만드는 법을 고안해 낸 것이다. 이러한 사태는 철학적 인간학에서도 지적하고 있는바, 예컨대 헤르더는 인간을 결핍자[Mängelwesen]로 규정한다. — 물론 이 규정은 인간을 다른 동물과 비교하여 얻은 개념이지만, 동물과의 비교 없이도 이 규정은 타당하다 — 인간은 다른 동물과 비교해 볼 때, 추위를 이길 수 있는 털도 없고, 도주하기에 적합한 빠른 발도, 사자와 같은 날카로운 이빨이나 발톱도 없다.[13] 그렇기 때문에 이러한 결함을 극복하기 위해 옷을 만들고 교통수단을 개발하고 여러 가지 생활수단과 도구를 발명하게 된 것이다. 그런데 인간이 가지고 있는 결함은 하나의 '짐[Belastung]'이지만, 바로 이런 짐이 있기에 그러한 '짐을 벗어버리려고[Entlastung]'하는 활동, 즉 노동을 하게 되고, 이러한 노동의 결과, 인간에게는 제2의 자연인 '문화(세계)'가 열리게 되었다고 할 수 있다. 바로 이런 사실로 인해 인간에게는, 다른 동물과는 비교할 수 없을 정도로 넓은 세계, 더 큰 가능성이 열린다. 쉘러(Max Scheller)는 이를 '세계개방성[Weltoffenheit]'이라고 불렀다. 다시 말하면, 인간이 자신의 결핍을 인식하고 그러한 결핍을 메꾸려는

---

13 헤르더는 동물과 비교할 때 인간이 지니고 있는 이러한 취약점들에 관하여 언급하고 있다. 이에 관해서는 Herder, "Abhandlung über den Ursprung der Sprache," in: Johann Gottfried Herder. *Sämtliche Werke* V, hg.v. Bernhard Suphan, Hildeshein·NY, 1891, 112 ff를 참조할 것.

욕망을 갖게 되고, 그러한 욕망에 따른 행위를 함으로써 인간에게는 제2의 자연인 문화세계가 생기는 것이다.

• 칸트는 위와 같은 사태와 관련하여 "이를 위해 자연은 인간에게 황소의 뿔도 사자의 발톱도 개의 이빨도 주지 않고 두 손만을 주었다"고 말하는데, 다른 동물들과 비교하여 인간에게는 실로 '두 손[Hände]'이 중요한 것이다. 인간은 직립보행을 함으로서 다른 동물에 비해 '손'을 자유롭게 사용할 수 있었고, 바로 이 '손[Hand]'을 통해서 '행위[Handlung]'를 해나간다. 칸트는 자연이 인간에게 이성과 의지를 부여하고, 다른 동물들이 지니고 있는 기타의 소질들이나 장비들을 제공하지 않은 것은 아주 경제적인 일이라고 생각하는 것으로 보인다. 그리하여 인간이 이성과 의지를 사용하여 물질적인 행복을 누리는 상태로 고양된다면 그 공로는 전적으로 인간의 것으로 보아야 할 것이라고 말한다. 그리고 자연이 인간을 본래, 동물과는 다른 상태로 이 세상에 내어보낸 것은 아마도 "자연이 인간의 안녕보다는 이성적인 자기존중에 더 많은 가치를 두었던 것"이 아닌가 생각하게 한다는 것이다.

▶ 제4명제: 자연이 인류의 모든 소질의 발전을 이루기 위해 사용하는 수단은, 이 항쟁이 궁극적으로 사회의 합법칙적인 질서의 원인이 되는 한에서, 사회 속에서 이루어지는 인류의 항쟁이다.[14]

---

14 "*Das Mittel, dessen sich die Natur bedient, die Entwicklung aller ihrer Anlagen zustande zu bringen, ist der Antagonism derselben in der Gesellschaft, so fern dieser doch am Ende die Ursache einer gesetzmäßigen Ordnung derselben wird*"(37).

• 칸트는 여기서, 인류의 모든 소질이 발전하기 위해서는 평화가 아니라 항쟁이 필요하다고 말한다. 이는 다소 역설적(逆說的)으로 들린다. 그러나 그는 여기에 단서를 달고 있다. 즉, 모든 종류의 항쟁이 아니라, 그것이 "궁극적으로 사회의 합법칙적인 질서의 원인이 되는" 항쟁이어야 한다는 것이다. 그런데 칸트는 자기가 여기서 말하고 있는 항쟁은 인간의 "비사회적인 사회성[*ungesellige Geselligkeit*]"이라는 점을 밝힌다. 그리고 이것은 "끊임없이 이 사회를 분열시키려고 위협하는 일반적인 저항과 결합되어 있으면서도 사회 속으로 들어가려는 인류의 성향"(37)이다. 인간이 가지고 있는 전자의 측면, 즉 '비사회성' 내지 '끊임없이 이 사회를 분열시키려고 위협하는 일반적인 저항'은 "자신을 개별화하려는(고립시키려는) 강한 성향"(38)이고 '사회성' 내지 '사회 속으로 들어가려는 성향'은 "자신을 사회화하려는 경향"(37)이다.

칸트의 "비사회적 사회성"은 헤겔 논리학의 중심개념인 '대자적 대타성[sowohl Fürsich als auch Füranderes]'을 선취(先取)하고 있는 규정으로서, 사회 속에서 존재하는 자기의식으로서의 인간의 존재방식을 적절히 표현하고 있다. 즉, 헤겔이 말하는 일자(一者)로서의 하나의 인간은 '대자존재(對自存在, das Fürsichsein)'와 '대타존재(對他存在, Füranderes-sein)'라는 두 가지 존재방식을 지니고 있다. A라는 하나의 인간과 B라는 다른 하나의 인간이 있을 때, 이들 양자 간의 관계는 상호적이어서, 각자는 '어떤 것[Etwas]'이면서 '다른 것[Anderes]'이기도 하다. 즉, A를 '어떤 것'이라고 한다면 B는 A의 타자가 된다. 그러나 B를 '어떤 것'이라고 한다면 A가 B의 타자가 되듯이, 이 양자는 서로에게 타자인 것이다(TW 5, 125 참조). 양자는 한계로 인해 구별되며, 만약에 한계가 없다면 어떤 것과 타자와의 구별은 없어지고 마침내는 모든 것이 '어떤 것'[일자(一者)]으로 되어버릴 것이다.[15] 일자가 일자로 존재할 수 있는 것은, 바로 이러한 타자와의 구별·차이 때문이다.

'대자존재'라 함은, '자신에 대해서 존재함'을 의미하는 바, 즉 '자기 자신을 대상화 함', '자기 자신을 의식함'을 가리킨다. 인간은 이러한 '자기의식'을 가지고 자기를 돌아보고 반성하고, 자기와 타자를 구별한다. 뿐만 아니라 '대자존재'란, '독자적으로 존재함' 혹은 '독립적으로 존재함'이라는 의미를 지니고 있다. 'Fürsich'에 대응하는 영어표현이 'for-itself'인데, 이 표현 역시, '그것 스스로'라는 의미로, 예컨대 "I did it for myself"라고 하면, "나는 그것을 내 힘으로(내 스스로) 했어"라는 의미를 지닌다. 이 경우 나는 어떤 일을, 타자에 의존하지 않고 내 스스로의 힘으로 했다는 것을 나타낸다. '독자적·독립적으로' 존재한다는 것은, '타자에 대한 의존'을 배제함을 의미하며, 따라서 이런 의미의 '대자존재'는 '대타존재(對他存在, Für-anderes-sein)'와 대립된 의미를 가지는데, 물론 이 때의 '대타존재'는 '타자에 의존함'이라는 의미로 사용되는 경우의 '대타존재'다. 우리 인간도 결코 혼자의 힘으로는 살아나갈 수 없고, 타인과 관계를 맺고 타인에 의존하면서 살아갈 수밖에 없다. 이렇듯 인간이 타자에 의존해 있다는 의미에서 인간은 '대타존재자'라고 할 수 있는 것이다. 그러나 '대타존재'는 이런 의미로만 사용되는 것은 아니다. 어떤 존재자가 자기의 타자를 의식하는 경우에도 그것은 '대타존재'라는 존재방식을 지니고 있다고 말한다. 그렇다면 인간

---

15 *Wissenschaft der Logik. Gesammelte Werke*, in Verbindung mit der Deutschen Forschungsgemeinschaft, hg. v.der Rheinischen-Westfälischen Akademie der Wissenschaften, Hamburg, 1968 ff. (=GW), 11, 68.

은 '대자존재자'이면서 동시에 — 타자를 의식하기도 하고 타자에의 의존성을 벗어버릴 수 없으므로 — '대타존재자'라고 할 수 있다. 일자가 일자일 수 있는 것은, 그것이 타자가 아닌 한에서, 즉 타자를 배제함으로써만이다. 그러나 이와 동시에, '배제'는 전적(全的)인 배제가 아니라 일자가 타자와 관계를 가지면서 이루어지는 배제라는 점을 기억해야 한다. 타자는 일자를 형성하는 본질적인 계기이며, 일자가 타자에 대해 갖는 이러한 관계의 측면이 바로 '대타존재'다. 이렇게 볼 때, 칸트가 말하는 '비사회성'은 헤겔에 있어서의 '대자성'에 대응하고, '사회성'은 '대타성'에 대응하는 것으로 이해할 수 있다.

인간은 "명예욕, 지배욕, 소유욕"을 가지고 있고 이 욕망들을 충족시키기 위해 타인과 경쟁한다. 그러나 타인과의 이러한 경쟁은 "인간의 모든 능력을 일깨워주고 나태해지려는 성향을 극복하게"(38) 한다. 사실, 이러한 경쟁이 없다면 사회가 발전하기 어려울 것이다. 그 자체로는 자랑할 만한(사랑할만한, liebenswürdige) 특성이 아니지만, 비사회성이 없다면 "인간의 모든 재능들은 완전한 조화로움과 만족감 및 서로 사랑하는 목가적인 삶 속에서 맹아(萌芽)상태로 영원히 머물러 있을 것이다"(38). 그리하여 칸트는 심지어 "불화, 악의적으로 경쟁하는 허영심, 만족할 줄 모르는 소유욕이나 지배욕을 부여한 자연에 감사하라!"(38)고 말한다. 이처럼 비사회성은 인간의 자연적 소질이 더 많이 계발되도록 한다는 것이다.

사회주의가 몰락한 여러 가지 이유가 있을 수 있지만, 그 중요한 이유들 가운데 하나는 인간이 본래 지니고 있는 이기심 내지 사익(私益)을 추구하려는 욕망을 억제한 것이다. 사회는 선의(善意)의 경쟁을 통해 발전하는 것이며, 아무런 경쟁이 없다면 인간은 나태함에 젖어 문화로의 진보는 이루어질 수 없을 것이다. 그러나 어디까지나 염두에 두어야 할 것은, 이러한 경쟁이 "사회의 합법칙적인 질서"를 깨뜨리거나 타인의 자유를 침해하면서 이루어져서는 안 된다는 사실이다.

이러한 사태를 피히테는『자연법의 기초』(1796/97)에서 다음과 같이 말한다: "나는 나의 외부의 자유로운 존재자를 자유로운 존재자로 모든 경우에 인정해야 한다. 즉, 나는 나의 자유를 나의 외부의 자유로운 존재자의 자유의 가능성이라는 개념을 통해 제한해야 한다."[16] 또는 이렇게도 말한다: "(…) 너 이외의 다른 모든 사람들도 자유로울 수 있도록 너의 자유를 제한하라."[17] "네가 관계를 맺는 다른 모든 사람들의 자유 개념을 통해 너의 자유를 제한하라."[18] 즉, 나는 나의 자유를 마음껏 누릴 수 있다. 그러나 그것은 나의 자유로 인해 타인의 자유의 가능성이 침해당하지 않는 한에서 가능하다. 실제로 피히테는 이렇게 말하고 있다: "타인의 자유와 인격을 불가능하게 만드는 행위를 할 수 있는 권리는 아무에게도 없다. 그 밖의 모든 자유로운 행위를 할 수 있는 권리는 모두가 가지고 있다." 이런 점에서 피히테의 사상은 밀(J.S. Mill)의 "해악(害惡)의 원리[The Harm Principle]"[『자유론』(*On Liberty*, 1859)]의 사상을 선취하고 있다고 하겠다. 다시 말하면, 이는, "타인에게 해

---

16 Johann Gottlieb Fichte, *Grundlage des Naturrechts nach den Principien der Wissenschaftslehre (1796/97)* (GN으로 줄임). J. G. Fichte, *Gesamtausgabe der Bayerischen Akademie der Wissenschaften*. hg. v. R. Lauth und H. Jacobs, Stuttgart-Bad Cannstatt, 1962 ff. (GA로 줄임). GA I/3, 358; 그리고 Fichtes Werke. hg. v. I. H. Fichte, 11 Bde., Berlin 1971. Nachdruck der Nachgelaasenen Werke, Bonn 1834/35 (SW로 줄임). SWⅢ, 52.

17 GN. GA I/3, 387; SWⅢ, 89.

18 GN. GA I/3, 320; SWⅢ, 10.

를 입히지 않는 범위 내에서 당신이 하고 싶은 일을 마음대로 하시오" 라고 바꿔 말할 수 있을 것이다. 이것은 자유주의자의 입장인 동시에 공동체주의자의 입장이기도 하며, 다른 말로 하면 '나도 살고 너도 살게 하는' '살림살이[Leben und leben lassen!]'라고 할 수 있다.

▶ 제5명제: 자연이 인간으로 하여금 그 해결을 강요하는 인류의 가장 큰 문제는 보편적으로 법을 영위하는 시민사회에 도달하는 것이다.[19]

• 제4명제에서도 말했듯이 사회 속에서의 인간들의 항쟁은 사회의 합법칙적인 질서를 깨뜨리지 않는 한도 내에서 이루어져야 한다. 그리고 이러한 일은 '법[Recht]'을 통해 이루어진다. 인간 각자가 자기의 욕망을 충족시키기 위해서 제 마음대로 행동한다면 사회는 큰 혼란에 빠지고 마침내 파멸에 이르고 말 것이다. 인간의 자의적인 행동을 제어하는 기제가 바로 법이다. 법의 지배 하에서만이 각 개인의 자유는 타인의 자유와 병립(竝立)할 수 있고 인간의 모든 소질이 발전할 수 있다. 무제한의 자유 내지 방종(放縱)은 법을 통해 제어되어야만 한다. 칸트가 여기서 말하는 "시민사회[bürgerliche Gesellschaft]"는 '국가[Staat]'를 가리킨다. 칸트만이 아니라 홉스와 로크가 말하는 시민사회는 국가이며, 시민사회와 국가의 구별은 헤겔에 와서 비로소 이루어진다.

• 칸트는 법이 지배하는 시민사회 내에서의 경쟁을 통해서 사회가 발전할 수 있다는 생각을 다음과 같은 비유로 주장하고 있다: "이것은

---

19 "*Das größte Problem für die Menschengattung, zu dessen Auflösung die Natur ihn zwingt, ist die Erreichung einer allgemein das Recht verwaltenden bürgerlichen Gesellschaft*"(39).

마치 숲의 나무들이 서로에게서 공기와 햇빛을 뺏으려고 하고 서로가 자기 위에서 공기와 햇빛을 찾을 수밖에 없기 때문에 아름답게 곧게 자라게 되는 것과 같다. 이와는 달리 자유롭게 서로에게서 분리되어 가지를 제멋대로 뻗고 자라나는 나무들은 기형으로 자라고 기울어지고 굽은 형태로 성장한다"(40). 결론적으로 칸트는, "인류를 장식하는 모든 문화와 예술, 그리고 가장 아름다운 사회질서는 비사회성의 결실"(40)이라고 말한다.

▶ 제6명제: 이 문제는 가장 어려운 문제인 동시에, 인류에 의해 가장 나중에 해결될 문제다.[20]

• "이 문제"는 제 5명제에서 언급된 문제를 가리키는데, 이러한 법치사회의 건설이 가장 어렵고 또 가장 나중에 해결될 문제인 이유는, "인간은 인류의 다른 사람들과 살 때에 지배자를 필요로 하는 동물"인데, 인간은 "이러한 지배자를 인류 가운데서 가져올 수밖에 없다." 그러나 "이러한 지도자 역시 또 다른 지배자를 필요로 하는 동물"이다. 물론 지배자 자신이 "공적인 정의의 수반(首班)[ein Oberhaupt der öffentlichen Gerechtigkeit]"(40)이 되면 문제가 해결되겠지만 그것은 현실적으로 너무나도 어려운 일이다. 요컨대 문제는, 최고의 수반은 "자기 자신에 대해서 정의로워야 하지만 또한 인간이어야 한다"(41)는 사실에 있다. 칸트는 이런 사태에 이르는 것이 불가능한 것으로 보고, "인간을 이루고 있는 굽은 목재로부터는 완전히 곧은 것이 만들어질

---

20 "*Dieses Problem ist zugleich das schwerste und das, welches von der Menschengattung am spätesten aufgelöst wird*"(40).

수 없고 이러한 이념에 접근하는 일만이 자연에 의해 우리에게 부과되어 있다"(41)고 말함으로써, 이러한 일은 하나의 "이념"이라는 점을 분명히 밝히고 있다.

▶ 제7명제: 완전한 시민적 정치체제를 수립하는 문제는 합법적인 국제 관계의 문제에 의존하며, 이 후자 없이는 해결될 수 없다.[21]

• 칸트는 왜 이런 주장을 하는가? 세계의 모든 국가들이 각각 자국의 시민적 정치체제를 완전하게 확립하는 것으로 족하지 않은가? 그러나 그렇지 않은 까닭은, 인간의 비사회적 사회성은 국가들 간의 관계에서도 그대로 유효하기 때문이다. 따라서 한 국가 내에서도 법을 통해 비사회성을 통제해야 하듯이 국제사회에서도 국가 간에 유효한 법을 통해 개별 국가들의 비사회성을 제어해야 한다. 다시 말하면 한 나라가 완전한 시민적 정치체제를 확립했다 하더라도 타국의 침략 내지 전쟁에 의해 이러한 정치체제가 붕괴될 수 있는 위험은 상존(尙存)하기 때문이다. 그리하여 인간을 "야만의 무법상태에서 벗어나서 국제연맹[Völkerbund] 속으로 들어가게"(42) 함으로써 이러한 위험으로부터 벗어날 수 있다고 칸트는 주장한다: "이러한 국제연맹에서는 모든 국가가, 비록 가장 작은 국가일지라도 자신의 안전과 권리를 고대할 수 있을 것이다. 그런데 이러한 고대는 그 자신의 힘이나 법적 판단에 의해서가 아니라 오로지 이 거대한 국제연맹[Foedus Amphictyonum]이라

---

21 "*Das Problem der Errichtung einer vollkommenen bürgerlichen Verfassung ist von dem Problem eines gesetzmäßigen äußeren Staatenverhältnisses abhängig und kann ohne das letztere nicht aufgelöset werden*"(41).

는 하나의 통일된 힘과 통일된 의지의 법에 따른 결정에 의해 이루어지는 것이다"(42).

자연상태에 있는 인간들이 국가를 수립함으로써 국가 내지 국법에 의해 자신들의 안전과 복리를 보장받듯이, 개별국가들은 언제든 타국으로부터 침략당하거나 전쟁을 치러야만 할 위협으로부터 벗어나기 위하여 연합체를 구성하는바, 이것이 바로 국제 연맹이다.

그런데 전쟁은 부정적인 측면과 긍정적인 측면을 지니고 있다고 칸트는 말한다. 부정적인 측면을 살펴보면, "공동체의 모든 힘을 서로에 대항해 무장하는 데 소모시킴으로써, 전쟁이 가져오는 황폐화로 인해서, 더욱이 전쟁을 끊임없이 준비해야 하는 필요성에 의해서 자연적 소질의 완전한 계발이 저지되기는 한다"(44)는 점이며, 긍정적인 측면은, "이와는 반대로 이 같은 상황에서 발생하는 해악도 인류로 하여금 여러 국가들 간의 그 자체로는 건전한 대립 — 이것은 이 국가들의 자유로부터 유래하는 것인데 — 을 넘어서서 평형의 법칙을 발견하게 하고, 또 이 평형의 법칙에 영향력을 행사하는 통합된 힘, 즉 공적인 국가의 안전을 보장하는 세계시민적 상태에 도달하도록 한다"(44)는 점이다. 그러나 "이러한 상태는 물론 아무런 위험도 없는 상태는 아니며, 또 그렇기 때문에 인류의 힘이 잠들지는 않지만, 상호간의 작용과 반작용이라는 평등의 원리가 있음으로 해서 서로가 서로를 파괴하지는 않게 된다"(44)는 점을 칸트는 덧붙인다.

그런데 인류는 칸트의 이념에 상응하는 국제연맹 및 국제연합이라는 기구를 이미 경험한 바 있거나 가지고 있다. 그러나 우리는 국제연합을 통해 칸트가 말한 작용과 반작용이라는 평등의 원리가 제대로 작동하고 있다고 주장할 수 없다는 것을 잘 알고 있다. 구체적으로 말하면 미국이라는 초강대국의 힘은 국제연합의 안전보장이사회의 결의마저드 무력화하고 자국의 이익을 국제평화라는 포장으로 감싼 채 특정 국가를 파괴하는 광경을 목도한 바 있다. 이렇게 볼 때 칸트의 생각은 너무 낙관적이라고 볼 수밖에 없다. 칸트는 제 8명제를 다음과 같이 이야기 한다.

▶ 제8명제: 우리는 인류의 역사를 전체적으로 볼 때, 내적으로도 완전하며 그리고 이 목적에 맞으면서 외적으로도 완전한 국가체제를 이룩하기 위한 자연의 숨겨진 계획을 완수하는 과정으로 간주할 수 있다. 그런데 이 완전한 국가체제는, 자연이 인류 속에 있는 모든 소질들을 완전히 발전시킬 수 있는 유일한 상태다.[22]

• 칸트는 여기서, 위험에 처한 국가들은 "장래의 거대한 국제기구[einem künftigen großen Staatskörper]"(47)를 준비하게 될 것이며, 이러한 기구를 통하여 "개혁을 위한 많은 혁명 후에"(47) "인류의 모든 근원적 소질이 계발되는 모체인 보편적인 세계시민의 상태[ein allgemeiner *weltbürgerlicher Zustand*]"(47)가 언젠가 실현될 것이라는 희망을 얻게 된다고 말한다. 칸트가 이 글에서 말하는 국제연맹[Völkerbund](42)과 보편적인 세계시민의 상태(47)에 대해서는 『영원한 평화를 위하여. 하나의 철학적 기획』에서 다시 언급하고 있다.

---

22 "*Man kann die Geschichte der Menschengattung im Grossen als die Vollziehung eines verborgenen Plans der Natur ansehen, um eine innerlich- und zu diesem Zwecke auch äusserlich-vollkommene Staatsverfassung zu Stande zu bringen, als den einzigen Zustand, in welchem sie alle ihre Anlagen in der Menschheit völlig entwickeln kann*"(45).

▶ 제9명제: 인류의 완전한 시민적 통합을 목표로 하고 있는 자연의 계획에 따라서 보편적 세계사를 편찬하려는 철학적 시도는 가능한 것으로서, 또 실로 이런 자연의 의도에 기여하는 것으로 간주되어야 한다.[23]

• 여기서 칸트는 자신의 인식론의 방법에 의거하여 역사철학을 수행하고 있다는 것을 알 수 있다. 즉, 그는 "자연의 의도"를 선험적으로 가정하고 세계사를 서술하고자 한다. 다시 말하면 그는 "모든 사실적인 역사기술(歷史記述)로서의 역사학을 부정하고 선험성에 따른 세계사의 이념을"[24] 주장한다. 그가 말하는 '자연의 의도'란 형이상학인 가정으로서, 사실과는 다른 것이며, 역사에 모종의 목적이나 의도가 존재한다고 보는 입장인데, 우리는 이러한 입장을 거부할 수도 있을 것이다. 그러나 다음과 같은 말로써 칸트는 자신의 입장을 분명히 피력하고 있다: "내가 어느 정도는 선험적인 단서(지침, Leitfaden)를 가지고 있는 이러한 세계사의 이념으로써, 본래 단순히 경험적으로 작성된 역사[Historie]를 애써 편찬하려고 했다고 누군가가 생각한다면, 그것은 나의 의도를 잘못 해석하는 것이 될 것이다"(49).

---

23 "*Ein philosophischer Versuch, die allgemeine Weltgeschichte nach einem Plane der Natur, der auf die vollkommene bürgerliche Vereinigung in der Menschengattung abziele, zu bearbeiten, muß als möglich und selbst für diese Naturabsicht beförderlich angesehen werden*"(47).

24 백승균, 『세계사적 역사인식과 칸트의 영구평화론』, 계명대학교출판부, 2007, 114.

2.『영원한 평화를 위하여. 하나의 철학적 기획』(*Zum ewigen Frieden. Ein philosophischer Entwurf*, 1795)

2.1. 영구평화론의 기획

완전한 시민사회의 건설은, 국가 간의 합법적인 대외관계에 의존하는 것이며, 그러므로 국가 간의 합법적인 대외관계가 원만히 해결되지 않고서는 해결될 수 없는 문제라고 칸트는 단언한다. 마치 인간의 비사교적 본성에서 유래하는 개인의 무제한적인 자유를 억제해서 모든 개인이 자유를 누릴 수 있는 시민사회의 건립이 필요하듯이, 국가 간의 모든 갈등과 전쟁도 결국 인간의 비사교적 본성에서 유래하는 것이며, 이 국가 간의 갈등에서 필연적으로 모든 국가의 안전을 보장하는 국가연합 또는 〈세계시민적 사회〉가 요구되는 것이며, 여기서 비로소 세계평화가 가능하다고 말한다. 그러나 헤겔은 이런 칸트의 견해를 낙관적인 것으로 보고 다음과 같이 반대한다:

> 국제법은 국가 간에 즉자적이며 대자적으로 당위성을 가져야 할 보편적인 법이므로, 그 원칙은 실정적인 모든 조약의 특수한 내용과는 다르다. 즉, 국제법의 원칙이란, 조약은 — 모든 국가가 상호간에 지는 모든 책무가 그곳에서야말로 근거를 두는 것인 까닭에 — 준수되어야 한다는 점이다. 그러나 제국가의 관계는 저마다의 국가주권을 원리로 하는 것이므로, 그런 한 모든 국가는 상호간에 자연상태 속에 있고, 자

국의 권리의 현실적 효력을 초국가적인 위력으로서 제도적으로 확립된 보편적 의지 속에가 아니라 각자의 특수한 의지 속에 갖는다. 그러므로 위의 국제법의 보편적인 규정은 어디까지나 당위인 데 머무르고, 그 실태는 조약을 따르는 관계 및 이 관계의 파기의 교체가 된다.

주해)

국가 간에는 재판관은 존재하지 않으며 고작해야 중재자나 조정자가 있을 뿐이고, 이러한 자라 할지라도 다만 우연히, 즉 특수한 의지인 채로 존재할 뿐이다.

칸트는 국제연합에 의한 영구평화를 마음속에 연상했었다. 그는 국제연합이 온갖 분쟁을 중재해주고 각 개별국가에 의해 승인된 위력으로써 온갖 알력을 조정해주며, 따라서 전쟁에 의한 해결은 불가능하도록 만들어 주리라고 생각했다. 그러나 이 생각이 전제로 하고 있는 모든 국가의 동의는 도덕적·종교적인 근거나 고려에 기초하고 있든, 혹은 어떠한 근거나 고려에 기초하고 있든 간에 결국은 특수한 주권적 의지에 기초하는 것일 것이고, 그 때문에 어디까지나 우연성에 싸인 것이리라(『법철학 강요』, § 333).

이 같은 헤겔의 비판에 대해, 오늘날 국제사법재판소[International Court of Justice]가 국가 간의 재판관 역할을 할 수 있지 않은가 라는 반론을 제기할 수 있을 것이다. 그러나 국제사법재판소는 국제연합 총회 및 안전보장이사회에서 선출된 15명의 재판관으로 구성되는바, 안전보장이사회 자체가 강대국들의 이익을 대변하고 있는 집단이라는 점에서 재판의 공정성을 의심할 수 있고, 실제로 국제사법재판소의 판

결의 구속력은 강하게 나타나지 못하고 있다. 그것은 첫째, UN이 추구하는 국제문제의 평화적 해결이라는 방향성 때문에 상대국의 강한 반발이 예상되는 제재를 가급적 피하고 있다는 점, 둘째로 국제법의 상당한 부분이 과거 강대국들의 의사에 따라 이루어져, 형평성에 대한 비판이 제기되는 등의 문제가 있기 때문이다.[25] 그러나 칸트에 의하면 자연은 불화(不和)를 통해서 인류를 평화의 방향으로 나아가게 한다. 인류가 평화와 전쟁을 일으키는 그 자연적 경향을 이용하여 자연은 영구평화를 보장한다는 것이다. 여기서 <영구평화론>이 나온다.

『영원한 평화를 위하여. 하나의 철학적 기획』에서 칸트는 영원한 평화에 이를 수 있는 방법에 대해 상세히 논하고 있다. 칸트 당대까지에는 영원한 평화의 이념을 실현할 수 있는 구체적인 방안이 제시되지 못하였고, 진정한 평화상태가 아닌 휴전상태[Waffenstillstände]만을 보증하는 평화조약[Friedensschlüsse]만이 존재했다. 칸트는 홉스와 마찬가지로 인간의 자연상태를 인간이 서로에게 적인 투쟁상태로 보았기 때문에, 자연상태를 벗어나 평화상태를 담보할 수 있는 장치를 마련하는 것을 자신의 과제로 생각했다. 제1차 세계대전 후에는 그의 사상에 기초한 조직인 국제 연맹이 창설되었고, 그것은 제2차 세계대전 이후에 국제연합[UN]으로 대체되었다.

---

25 [네이버 지식백과] 국제사법재판소 [International Court of Justice(ICJ), 國際司法裁判所] (두산백과 두피디아, 두산백과) 참조.

2.2. 영구평화론의 구조(구성)

1795년에 발표된 칸트의 『영구평화론』은 1795년에 프러시아와 프랑스와의 사이에서 체결된 바젤(Basel)조약의 형식에 따라서, 1) 예비조항, 2) 확정조항, 3) 추가조항 1과 2 및 부록 Ⅰ과 Ⅱ로 구성되어 있다.

1) 예비조항[Präliminarartikel]

여기서는 장래 영구평화에 장해(障害)가 될 제 사항을 금지할 것을 논하고 있다.

① "장래의 전쟁을 일으킬 소지를 암암리에 유보하고 맺은 어떤 평화조약도 평화조약으로 간주되어서는 안 된다."[26] 체결된 조약 속에는 장차 전쟁을 일으킬 수 있는 원인이 — 조약 체결 당사자들이 그것을 의식하든 못하든 관계없이 — 포함되어 있어서는 안 된다. 왜냐하면, 그렇지 않으면, 전쟁 내지 적대행위의 일시적인 중지인 휴전은 이루어지겠지만, 언제든 전쟁이 발발할 수 있기 때문이다. 이런 상태는 영구평화라고 부를 수 없다(196 참조).

---

26 "Es soll kein Friedensschluß für einen solchen gelten, der mit dem geheimen Vorbehalt des Stoffs zu einem künftigen Kriege gemacht worden"["*Zum ewigen Frieden. Ein philosophischer Entwurf*," in: Immanuel Kant, *Werke in sechs Bänden, Band* Ⅵ. *Schriften zur Anthropologie, Geschichtsphilosophie, Politik und Pädagogik*, hg.v. Wilhelm Weischedel, Darmstadt 2005 (191-251), 196. 앞으로 쪽수만 기입함]. 여기서 '평화'에 대한 두 가지 정의가 나올 수 있는바, 그 하나는 '전쟁이 없는 상태'이고, 다른 하나는 '전쟁이 일어날 소지(素地)가 없는 상태'라고 하겠다. 이는, '건강'을, '병이 없는 상태'와, '발병(發病)의 소지(素地)가 없는 상태'로 정의할 수 있는 것과 마찬가지다.

② "어떤 독립국가도 [대소(大小)를 막론하고] 상속, 교환, 매매 혹은 증여에 의해 다른 국가의 소유로 될 수 없다."[27] 왜냐하면 국가란 그것이 자리를 차지하고 있는 토지 같은 소유물이 아니라, 자신 외에는 어느 누구에 의해서도 명령이나 지배를 받지 않는 인간의 사회이기 때문이다. 한 국가를 다른 국가에 병합하는 일은 도덕적인 인격체로서의 국가의 지위를 파괴하는 것이며 국가를 물건으로 간주하는 것이다(197 참조).

③ "상비군(常備軍)은 서서히(조만간) 완전히 폐지되어야 한다."[28] 왜냐하면 상비군은 항상 전쟁 준비가 되어 있음으로써 다른 나라들을 위협하고, 이로 인해 서로간의 군비경쟁을 야기하고, 군비의 과다 지출을 피하기 위해 평화보다 단기전이 선택되고 공격전을 유발할 수 있다.

④ "국가의 대외무역과 관련하여 국채(國債)를 발행해서는 안 된다."[29] 국내경제를 위해서 국내와 국외로부터 도움을 구하는 일은 가능하다. 그러나 다른 국가에 대항하기 위해 발행하는 채권은 돈의 위험한 힘을 발휘하게 되는데, 그것은 바로 전쟁의 수행을 위한 국채가 된다는 점이다.

---

27 "Es soll kein für sich bestehender Staat(klein oder groß, das gilt hier gleichviel) von einem andern Staate durch Erbung, Tausch, Kauf oder Schenkung erworben werden können"(196).

28 "Stehende Heere(miles perpetuus) sollen mit der Zeit ganz aufhören"(197).

29 "Es sollen keine Staatsschulden in Beziehung auf äußere Staatshändel gemacht werden"(198).

⑤ "어떤 국가도 다른 국가의 체제와 통치에 폭력으로 간섭해서는 안 된다."[30] 이것은 한 국가가 다른 국가의 내정에 폭력적으로 개입할 수 없다는 생각을 피력한 것이다. 그러나 한 국가가 내부의 불화[Veruneinigung]로 인해 둘로 나뉘어 각자가 자기를 독자적으로 특수한 국가로 제시하고 전체에 대한 권리를 요구할 경우, 어느 한쪽을 지원하는 것은 다른 국가의 체제에 대한 내정간섭으로 간주될 수 는 없을 것이다. 왜냐하면 그 때 그 나라는 무정부상태에 처해 있기 때문이다. 그러나 내부의 불화(투쟁, Streit)가 판결나지 않은 상태에서 외세가 개입하는 것은 독립적인 국민의 권리를 침해하는 일이고, 걸림돌이 되며 국가의 자율성을 위협하는 일이다(199 참조).

⑥ "어떤 국가도 다른 나라와 전쟁하는 동안에 장래의 평화적인 시기에 상호신뢰를 불가능하게 할 것이 틀림없는 다음과 같은 적대행위, 예컨대 암살자나 독살자의 고용, 항복조약의 파기, 적국에서의 반역선동 등을 해서는 안 된다."[31] 칸트는 전쟁 중이라 하더라도 적의 사유방식에 대한 어떤 신뢰가 남아있어야 한다고 말한다. 그렇지 않으면 적대행위는 섬멸전이 되어버릴 것이다. 이러한 섬멸전은 전쟁 당사자 모두를 근절하고 영구평화는 인류의 거대한 묘지에서만 가능하게 만들 것

---

30 "Kein Staat soll sich in die Verfassung und Regierung eines andern Staats gewalttätig einmischen"(199).

31 "Es soll sich kein Staat im Kriege mit einem andern solche Feindseligkeiten erlauben, welche das wechselseitige Zutrauen im künftigen Frieden unmöglich machen müssen: als da sind, Anstellung der Meuchelmörder(*percussores*), Giftmischer (venefici), Brechung der Kapitulation, Anstiftung des Verrats (perduellio) in dem bekriegten Staat etc."(200).

이다. 그리고 전시(戰時)에는 어떤 국가도 장래의 평화 시(時)를 위하여, 상호불신을 유발하기 쉬운 적대행위를 삼가야 한다. 예컨대 간첩 활동은 전쟁할 때에만이 아니라 평화 시에도 이루어질 수 있는바. 이러한 활동은 평화로운 상태에 대한 의도를 전적으로 절멸할 것이다(200 참조).

2) 확정조항[Definitivartikel]

제1장의 예비조항에 이어 칸트는 제2장의 〈확정조항〉에서, 영구평화를 실현하기 위한 여러 가지 적극적인 조건을 국내법과 국제법, 그리고 세계시민법으로 구분하여 제시하고 있다. 이러한 분류는 칸트의 『순수이성 비판』의 범주표에서도 발견되듯, ① 하나, ② 여럿, 그리고 ③ 전체(하나 속의 여럿)의 구조를 나타내고 있다. 즉 ①은 한 국가 내에서의 법을, ②는 여러 국가들 사이에서 준수되어야 할 법을, 그리고 ③은 세계 전체가 하나의 국가로 통합된 속에서의 각 지역국가들이 따라야 할 법을 가리키고 있다. 그런데 칸트는 이와 같은 분류는 자의적인 것이 아니라 영원한 평화라는 이념에 걸맞은 필연적인 것이라고 말한다. 왜냐하면 각 국가가 법에 의해 통치되지 않는 자연상태 속에 존재한다면 전쟁이 일어날 수밖에 없기 때문이라는 것이다.

① "각국의 시민적 정치체제는 공화적(共和的)이어야 한다."[32] 여기서 말하고 있는 것은 국내법의 원칙이다. 국내의(시민적) 정치체제가 공화적이어야 하는 이유는, 전쟁 개시의 여부를 결정하기 위해서는 국

32 "Die bürgerliche Verfassung in jedem Staate soll republikanisch sein"(204).

민의 동의가 필요하며, 이런 절차를 거치기 위해서는 공화주의 체제가 되어야 하기 때문이다. 공화제의 국민은 전쟁의 위험을 무릅쓰고 재앙을 감수하려고 하는 데에 소극적일 것이다. 그러나 군주주의에서의 군주는 국가의 한 구성원[Staatsgenosse]이 아니라 국가의 소유자[Staatseigentümer]이고, 따라서 전쟁의 결정권이 군주 1인에게 있기 때문에 쉽게 전쟁 선포를 결정할 수 있을 것이다(204 ff. 참조).

② "국제법은 자유국가간의 연방체제 위에로 토대를 두어야 한다."[33] 칸트가 제7명제에서 이미 말하고 있는 것처럼 세계의 평화는 제 국가 상호간의 협약에 의해서만 가능하기 때문이다. 그런데 그가 주장하고 있는 것은 일종의 '국제연맹[Völkerbund]'이지, '국제국가[Völkerstaat; civitas gentium]'는 아니다. 국제연맹은, 여러 국민들이 서로 다른 독립국가를 형성하면서 하나로 합병되지 않아, 서로에게 대항할 수 있는 권리를 가지고 있는 상태를 가리킨다. 국가 간의 제약이 없이는 평화가 정착될 수 없거나 보장될 수 없기 때문에, 특별한 종류의 연맹이 필요한바, 그것이 바로 '평화연맹[foedus pacificum; Friedensbund]'이다. 이것은 '평화조약[pactum pacis; Friedensvertrag]'과 구별되어야 하는데, 평화조약은 그때그때의 전쟁을 종식시키는 것인 반면, 평화연맹은 모든 전쟁의 종식을 영원히 추구한다. 평화연맹의 이념은 서서히 모든 국가로 확산되어야 하며, 그럼으로써 영원한 평화로 인도해 갈 이념의 실현 가능성이 분명해질 것이다. 국가들이 서로를 파멸에 이르게 할 전쟁을 포함하는 무법천지로부터 벗어날 수 있는 길은 국제국가를 형

---

33 "Das Völkerrecht soll auf einen *Föderalism* freier Staaten gegründet sein"(208).

성하는 길이지만, 국제법의 이념에 의해서는 이들 국가들이 이것을 결코 원하지 않을 것이므로, 그들은 이론적으로는 옳아도 현실에서는 거부될 것이다. 따라서 '세계공화국[Weltrepublik]'이라는 적극적인 이념 대신에 소극적 대안으로 '연맹[Bund]'을 구성할 것을 칸트는 제안한다.

• 여기서 잠시, 세계국가[Weltstaat] 내지 국제국가[Völkerstaat]인가 아니면 민족연합(국제연맹)[Völkerbund]인가 하는 문제를 생각해 보자. 칸트는 부분적으로 세계국가(세계공화국, 민족들의 국가)의 이념을 실제로 강력하게 거부하는 것처럼 보인다. 왜냐하면 세계국가에서 그는 국가의 권력팽창을 보면서 동시에 독재로 흐를 가능성을 감지하기 때문이다. 그러면서도 그는 부분적으로는 총체적인 국가의 이념을, '이성에 따르는', 유일하게 올바른 이념으로 변호하는 것처럼 보인다. 이 이념이 관철되지 않는 이유는 단지 인간이 이 이념을 '이론적으로는 옳으나 현실성이 없어서 절대 원하지 않기' 때문이다. 그래서 '세계공화국이라는 적극적인 이념' 대신에 국제연맹이라는 '소극적인 대용형태'만이 남게 된다. 국제연맹이란, 언제든지 해체될 수 있는 여러 다른 국가들의 자발적인 결합체다(208 ff. 참조).

③ "세계시민법은 보편적 우호의 조건들에 제한되어야 한다."[34] 여기에서도 문제되는 것은 박애가 아니라 권리라고 칸트는 주장한다. '우호(友好, Hospitalität)'란, 외국인이 이국(異國) 땅에 도착했을 때 적으로 간주되지 않을 권리를 뜻한다. 그러나 외국인이 영속적인 체류를 요구

34 "Das *Weltbürgerrecht* soll auf Bedingungen der allgemeinen *Hospitalität* eingeschränkt sein"(213).

할 권리는 없다. 모든 사람은 지구라는 땅덩어리를 공동으로 소유할 수 있기 때문에, 이국을 일시적으로 방문할 수 있는 권리와 교제의 권리를 갖는다. 이러한 사상에 입각해서 칸트는 당시의 유럽인들의 이국 정복과 토착민 억압, 전쟁 확산 등에 대해 비판하고 있다(213 ff. 참조).

이 세 개의 확정조항에 이어, 제1추가조항과 제2추가조항에서는 영구평화의 보장 방법과 영구평화를 위한 비밀조항에 대해 논하고 있다.

3) 추가조항[Zusätze]

① 제1추가조항. 영원한 평화의 보증에 관하여[*Erster* Zusatz. Von der Garantie des ewigen Friedens]

여기서 칸트는 영구평화에 대한 보증에 대해 말하고 있다. 영구평화를 보증해주는 것은 위대한 기예가인 자연이다. 자연의 과정에는 인간의 의지에 반(反)하더라도 인간의 불화를 통해서 인간 간의 화합을 번창하게 하려는 합목적성이 명백하게 나타나 있다. 자연의 작용법칙들에 따라 우리에게 알려지지 않은 원인의 강제는 운명이고, 세계의 운행 속에 있는 자연의 합목적성을 고려할 때, 이러한 세계운행을 예정하는 보다 더 높은 원인의 심오한 지혜를 섭리라고 부른다(217 참조).

영원한 평화를 위한 자연의 예비적 설비는 다음과 같다. 자연은 ㉮ 인간이 지구의 모든 지역에서 살 수 있도록 배려했다. ㉯ 전쟁을 통해 모든 곳에, 극히 거주하기에 부적합한 지역이까지 인간들을 내몰아 거주하도록 했다. ㉰ 바로 그 전쟁을 통해 인간을 다소나마 법적 관계에 들어서도록 강요했다.

한 국민이 내부의 불화로 인해 공법의 강제에 복종할 필요가 없게 될지라도, 외부로부터 전쟁이 발발하면 그렇게 하게 될 것이다. 그리하여 인간은 비록 도덕적으로 좋은 인간은 아닐지라도 좋은 시민이 되도록 강제된다. 국제법의 이념은 서로 독립적인 많은 이웃 국가들의 분리를 전제하고 있다. 이러한 상태는, 다른 국가들보다 지나치게 커져서 하나의 보편왕국으로 이행하는 강대국에 의해 그 국가들이 병합되는 것보다는 낫다. 통치의 범위가 확대되면 될수록 법률의 위력은 더욱 약화되고, 영혼 없는 전제주의는 선의 싹을 뿌리 뽑은 후 마침내 무정부상태로 몰락하기 때문이다. 민족들이 서로 섞이는 것을 막고 그들을 분리하기 위해 사용하는 수단은 언어의 상이성과 종교의 상이성이다. 언어 및 종교의 상이성은 서로 상대방을 증오하는 성벽(性癖)과 전쟁의 구실을 동반하기도 하지만, 그럼에도 문화가 성장해가고 인간이 원리에 있어서의 보다 큰 일치로 점차로 접근해감으로써 평화에 대한 합의로 이끈다. 이 평화는 (자유의 묘지에 있는) 저 전제주의에서처럼, 모든 힘들의 약화에 의한 것이 아니라, 모든 힘들의 활기찬 경쟁 속에서의 힘들의 균형에 의해 산출되고 보장된다.

또한 자연은 세계시민법 개념으로써는 폭력과 전쟁에 대항하여 보장할 수 없었을 여러 민족들을 상호적 사익(私益)을 통해 통합한다. 상업적 정신은 전쟁과 양립할 수 없는 것인데, 금력이야말로 국가권력에 종속되어 있는 모든 권력(수단)들 가운데서도 가장 믿을만한 것이기 때문에, 국가들은 (물론 도덕성의 동기에서는 아니겠지만) 고귀한 평화를 촉진하지 않을 수 없게 되며, 그리고 전쟁 발발의 위험이 있는 곳이 어디든지 간에, 중재를 통해 전쟁을 막지 않을 수 없게 된다. 이런 방식으로 자연은 인간의 경향성들 자체에 있는 기제를 통해 영원한 평화를 보증한다(219 ff. 참조).

② 제2추가조항: 영원한 평화를 위한 비밀조항[*Zweiter Zusatz. Geheimer Artikel zum ewigen Frieden*]

칸트는 여기서 영구평화를 위한 비밀조항을 제시한다. 비밀조항을 만든다는 것은 공법의 공개성 원칙에 모순된다. 비밀조항은 공개성을 폐기하고, 바로 그 때문에 조약은 무효로 되어버린다.[35] 그러나 주관적으로 볼 때에는, 비밀조항의 초안자들은 자신들이 그 조항의 초안자라는 사실이 드러나게 되면 인격의 존엄성에 손상을 입을 수 있다는 것을 알기 때문에 비밀은 성립될 수 있다고 칸트는 말한다. 이 비밀 조항이란, "전쟁을 위해 무장한 여러 국가들은 공적인 평화가 가능한 조건에 대한 철학자들의 준칙을 충고로 받아들여야 한다"는 것이다. 철학자들은 전쟁의 수행과 평화수립의 일반준칙에 대해서 자유롭고 공적으로 견해를 피력할 수 있다. 그렇다고 해서 국가가 법률가의 발언보다 철학자의 원칙에 우위를 허용해야 한다는 것이 아니라 단지 철학자의 말에 귀 기울여야 한다는 것을 의미하는 것이라고 칸트는 말한다(227 f. 참조).

4) 부록[Anhang]

① 부록1. 영구평화에 관한 도덕과 정치의 불일치(대립, Misshelligkeit)에 대하여

35 폴커 게르하르트, 『다시 읽는 칸트의 영구평화론』, 김종기 역, 백산서당, 2007, 197 참조.

도덕은 그에 따라 우리가 행위해야만 하는, 무조건적으로 명령하는 법칙들의 총체로서, 이미 실천적인 것이다. 실행하는 법이론[ausübende Rechtslehre]으로서의 정치학과 이론적인 법이론으로서의 윤리학 사이에는 불화[Streit]가 있을 수 없고, 따라서 실천과 이론 사이에 불화가 존재할 수 없다. 도덕과 정치의 통합을 생각할 경우, 우리는 도덕적인 정치가와 정치적인 도덕가를 염두에 둘 수 있겠는데, 전자, 즉 정치적 원리를 선별하여 도덕의 원리와 양립시킬 수 있는 정치가를 쉽게 생각할 수는 있지만, 후자, 곧 도덕이 정치가의 이익을 보장해 준다고 믿으면서 그런 방식대로 도덕을 제멋대로 규정하는 사람은 도덕과 정치를 통합할 수 있는 자로 생각할 수 없다. 도덕가처럼 행세하는 정치가들은 위법행위를 계속하며, 이들이 국가의 체제수립이라는 문제의 해결을 위해 사용하는 준칙들은 다음과 같은 궤변적 준칙으로 귀착될 것이다. ㉮ '행하라 그리고 변명하라(Fac et excusa).' ㉯ '만약 행했다면 부정하라(Si fecisti nega).' ㉰ '분할하여 지배하라(Divide et impera).' 이와 같이 이들에게 늘 남아있는 것은, 정치적 명예를 어떤 방식으로 얻을 수 있는가 하는 문제와는 관계없이, 자신들이 확실하게 계산(고려)할 수 있는 정치적 명예, 즉 자신들의 권력의 확대라는 정치적 명예다.

실천철학을 일관성 있는 것으로 만들기 위해 해결해야 할 문제는, 실천이성의 과제들에서 그 시작이 실천이성의 실질적 원리, 즉 (자의의 대상인) 목적에서 이루어져야 하는지, 아니면 형식적 원리, 즉 '너의 준칙이 (목적이든 무엇이든간에) 보편적 법칙이 될 것을 네가 의욕할 수 있도록 행위하라'는 (외적 관계에서 순전히 자유 위에 세워진) 원리에서 이루어져야 하는지 하는 문제다. 칸트는 물론 후자의 원리가 선행되어야 한다고 말한다.

객관적(이론적)으로는 도덕과 정치 사이에는 갈등이 존재하지 않지만, 주관적으로는 즉, 인간의 이기적 성벽에 있어서는 갈등은 남아 있을 것이고, 또 항상 남아있어도 좋다. 왜냐하면 그 갈등은 덕을 연마하는 숫돌로 쓰이기 때문이다. 칸트는 우리로 하여금, 덕의 참된 용기를 발휘할 것을 권유한다. 즉 우리 자신 속에 있는 허위적이고 배신적이며, 궤변적이면서, 인간본성의 약점을 모든 범법적 행위에 대한 변명으로 악용하는 악의 원리를 찾아내고 정복하라고 말한다. 결국 칸트는 참된 정치는 도덕에 충실하지 않고서는 한 걸음도 나아갈 수 없다고 선언한다. 모든 정치는 도덕에 무릎을 꿇어야 하며, 그렇게 함으로써 정치는 지속적으로 빛나게 될 단계에 이르기를 희망할 수 있다(228 ff. 참조).

② 부록2. 공법의 정험적 개념에 따른 정치와 도덕의 조화[Einhelligkeit]에 관하여

칸트는 공법의 모든 내용은 공개성[Publizität]의 형태를 띠어야만 한다고 주장한다. 공법의 정험적 정칙(定則)은 다음과 같이 표현된다: "다른 사람들의 권리와 관련되면서 그 준칙이 공개성과 일치하지 않는 모든 행위는 정의롭지 않다." 이런 원리는 덕의 원리에 속하는 것으로서 윤리적일 뿐 아니라, 인간의 권리와 관계되는 법률적인 것으로 간주되어야 한다. 그리고 이 원리는 증명이 필요 없는 수학의 공리와 같은 것이며, 다음의 공법의 사례들에서 알아챌 수 있는 것처럼 쉽게 적용된다.

㉮ 국내법에서는 공개성의 정험적 원리가 다음과 같은 문제를 쉽게 해결해준다. 그 물음은, "폭동이란, 국민이 소위 폭군(명칭만이 아니라 실지로 그렇게 행동하는 자)의 억압에서 벗어나기 위해 합당한 방도인가?" 국가체제(헌법)를 수립할 때, 경우에 따라서는 통치자에 맞서 폭력을 행사한다는 것을 단서조항으로 만들고자 한다면, 국민은 통치자를 지배하는 합법적인 권력을 주제넘게 차지할 수밖에 없을 것이다. 그러나 그렇게 되면 통치자는 통치자가 아니게 될 것이다. 즉 국가의 통치자의 존재와 국민의 폭력행사, 이 양자 모두가 국가수립의 조건으로 되는 한, 국가수립은 전적으로 불가능할 것이다.

㉯ 국제법 개념에는 공개성[Publizität, Öffentlichkeit] 개념이 이미 포함되어 있다. 국제법은 국내법과 같은 강제적인 법률에 기초할 필요는 없고, 국가 간 평화를 유지하려는 의도를 가진 국가들의 지속적이며 자유로운 연합에 기초해야 한다. 칸트는 정치와 도덕 사이에 다음과 같은 이율배반이 등장하며, 이에 대한 해결책도 그것과 결합되어 있다고 말한다.

ⓐ 한 국가가 다른 국가에 대해 원조나 일부 영토의 이양 혹은 보상금 등과 같은 것을 약속한 후에 그 약속을 철회할 수밖에 없는 상황에 처한 경우, 통치자가 이중인격자로 처신할 수 있는가 하는 문제가 생길 수 있다. 즉 처음에는 국가 안의 어느 누구에게도 책임지지 않는 주권자로 처신하고, 나중에는 다시금 국가에 대해 책임을 져야 하는 최고위 국가관료로 처신하는 경우를 말한다. 그러나 어떤 국가(혹은 국가의 통치자)가 자기의 이런 준칙이 알려지게 한다면, 다른 국가들은 자연스럽게 그 국가를 멀리하거나, 타국과 연합하여 그 국가의 불손함에

저항할 것이다. 이것은 정치가 그 교활함에도 불구하고 공개성이라고 하는 준칙이 적용되면 그 목적 자체를 달성할 수 없음을 보여주고, 따라서 그러한 준칙이 부당한 것이 분명함을 입증해준다.

ⓑ 두려울 정도의 크기로까지 성장한 인접 강대국이 근심을 야기할 때, 우리는 그 국가가 그렇게 할 수 있기 때문에 다른 나라를 억압하려고 할 것이라고 상정할 수 있는가? 그리고 이러한 생각은, 약소국들이 선제공격을 당하지 않은 상태에서 그 강대국을 (연합하여) 공격할 권리를 부여하는가? 만일 어떤 약소국이 이것을 자신의 준칙으로 삼으면서 알려지게 하려고 한다면, 화(禍)를 더 확실하고 신속하게 자초하게 될 뿐일 것이다. 강대국은 약소국을 선제공격할 것이기 때문이다. 또한 약소국의 연합이라는 것도, 강대국이 먼저 '분할하여 통치하라'는 준칙을 사용할 줄 알고 있기 때문에 나약한 갈대지팡이에 불과한 것이 되고 만다. 따라서 국가정략의 이러한 준칙은 공개되면, 그 의도가 좌절될 수밖에 없기 때문에 그러한 준칙은 부당한 것이다.

ⓒ 한 약소국가가 지리적 위치로 인해 강대국의 영토를 분리하고 있다고 해서 그 강대국이 약소국을 정복해서 병합하는 행위가 정당화될 수 있는가 하는 물음이다. 이런 경우 강대국은 합병의 준칙을 미리 알려지게 하지는 않을 것이다. 왜냐하면 그러한 준칙이 알려질 경우, 약소국들이 먼저 연합하거나, 다른 강대국들이 먹잇감을 두고 다툴 것이기 때문이다. 따라서 그 준칙은 자기의 공개성으로 인하여 쓸모없는 것이 된다. 이것은 그 준칙이 부당하며, 그것도 매우 높은 정도로 부당할 수 있다는 표시다. 부정의의 작은 대상은, 거기에서 입증된 부정의가 아주 크다는 사실을 방해하지 않는다.

㉰ 세계시민법

칸트는 세계시민법에 관해서는 그것이 국제법과 유사하다는 이유로 별다른 언급 없이 지나간다. 결론적으로 칸트는, 국제법의 준칙들과 공개성이 양립 불가능하다는 원리에서 정치와 도덕의 불일치를 알 수 있다고 말한다. 국제법이 가능하기 위한 조건은 우선, 합법적인 상태가 존재해야 한다는 것이다. 그런데 평화유지를 유일한 목적으로 삼고 있는 국가 간의 연맹이, 각 국가의 자유와 양립 가능한, 유일한 합법적인 상태이므로, 정치와 도덕의 조화는 연방적인 연합 속에서만 성취될 수 있다. 그리고 연맹적인 제휴는 선험적인 법의 원리에 따라 주어지며 또 필수적인 것이다. 그리고 국가의 모든 정략의 도덕적인 기초는 바로 이 연방적인 연합을 가능한 한 광범위하게 수립하는 것이다.

정치는 자기의 의도를 위해 때로는 이것을 때로는 저것을 이용한다. 인간애, 그리고 인권에 대한 존중, 이 둘은 모두 의무인데, 전자는 단지 조건적인 의무인데 반해서 후자는 무조건적이며 절대적으로 명령하는 의무다. 이제 칸트는 긍정적이고 정험적인 또 다른 공법의 원리를 제안한다: "(자기의 목적을 놓치지 않기 위해서) 공개성을 필요로 하는 모든 준칙들은 권리(법)와 정치 둘 다와 일치한다." 준칙들은 공개성을 통해서만 그 목적을 달성할 수 있기 때문에, 그것들은 공중의 보편적 목적(행복)에 합치해야 하며, 그러한 목적과 합치하는 것이 정치의 본래의 과제이기 때문이다. 칸트가 여기서 말한 공법의 원리는 하나의 "정험적 정식[transzendentale Formel]"인데, 그것은 법칙의 질료인 (행복론의) 모든 경험적 조건을 제거하고, 순전히 보편적 합법칙성의 형식을 고려한다는 점에서 알게 될 것이라고 그는 말하고 있다. 끝으로 칸트는 이러한 공법의 상태를 실현하는 것이, 지금까지 잘못 사용된 명칭인 평화조약[Friedensschlüsse] — 이 것은 사실은 휴전상태[Waffenstillstände]다 —을 대신하여 영원한 평화의 이념에로 점차로 다가갈 수 있다는 점을 덧붙인다(244 ff. 참조).

[국가형태와 법의 형태]

국가형태	법의 형태 (Kant의 구분)	법의 효력범위	법의 형태에 대한 다른 표현들
각 개별국가가 독립적으로 존재함	시민법 (국내법, nationales Recht; municipal law)	한 국가 내	로마의 시민법 [ius civile, ius civitatis]
각 개별국가가 독립적으로 존재하면서 공동의 법(국제법)을 준수함 / 국제연맹[Völkerbund]을 형성함	국제법 [Völkerrecht; international law]	국가 간	ius gentium [만국공법, 만공민법]
전세계 모든 국가를 포함할 국제국가 [Völkerstaat, civitas gentium], 혹은 세계국가[Weltstaat], 세계공화국[Weltrepublik] / 하나의 거대한 초민족적 국가, 하나의 정치체제에 기초해 있어서 해체될 수 없는 국가	세계시민법 [Weltbürgerrecht; global citizenship law]	국제국가 [세계국가·세계공화국·초민족적 국가] 내	ius cosmopoliticum [세계시민법, 사해동포법]

II. 헤르더

헤르더(Johann Gottfried Herder, 1744-1803)의 역사철학은 주로 두 작품에 등장하는데, 첫 번째는 『인류의 도야를 위한 또 하나의 역사철학』(*Auch eine Philosophie der Geschichte zur Bildung der Menschheit*, 1774)이고, 다른 하나는 『인류의 역사철학을 위한 이념들』(*Ideen zur Philosophie der Geschichte der Menschheit*, 1784-1791)이다. 그의 역사철학은 '이성'과 '인간다움'의 점진적인 실현이라는 목적론적 역사관을 발전시켰다는 점에서 인상적이다. 이 개념은 헤겔에게 강한 영향을 미쳤다. 그의 가장 중요한 업적은 다음과 같은 논제들, 즉 서로 다른 역사적 시대(및 문화) 사이에는 근본적인 정신적 차이가 존재하며, 사람들이 가지고 있는 개념들·신념들·가치들·감각들 등은 시대(또는 문화)마다 크게 다르다는 논제들이다. 이 논제는 이미 『취미의 변화에 관하여』(*Von der Veränderung des Geschmacks*, 1766)에서 두드러졌고 (일부 의심하거나 동요한 몇몇 시기들이 있었지만) 헤르더의 경력 전반에 걸쳐 지속된다. 이는 슐레겔 형제, 슐라이어마허, 헤겔, 니체, 딜타이와 같은 후계자들에게 막대한 영향을 미쳤다.[36]

---

36 https://plato.stanford.edu/entries/herder 참조.

• 헤르더는 인간이 "본능의 강력함과 확실함"에서, 그리고 "천부적인 기술적 능력과 기술적 본능"에 있어서 동물에게 훨씬 뒤처져 있다고 말한다.[37] 그래서 인간을 동물과 비교해서 말할 때에는 "결점과 결함[*Lücken und Mängeln*]"(US, 26)을 지닌 자로 이해된다. "인간은 털이 많은 곰과 털이 억센 고슴도치와 비교하면 더 연약하고 더 빈약(궁색)하고 더 벌거벗은 동물이다."[38] 인간을 벌거벗고 본능이 없는 동물로 관찰하면 모든 존재자들 가운에서 가장 비참한 자라고 헤르더는 말한다. 인간은 여러 지역에서 사시사철을 보내기에 아주 불리한 비교적 약한 동물이며, 특히 젖먹이나 어린아이는 인간의 도움과 사회의 자비(慈悲)에 예속되어 있어서, 모든 동물들 가운데서 가장 연약하고 가장 절망적인 피조물일 것이다(US, 113 참조). 인간에게는 자신의 굶주림을 없애도록 자기를 풀로 이끌어주는 후각도 없고, 굶주림과 힘센 모든 짐승들의 위협과 발톱·수많은 죽음의 위협에 몸을 내맡긴 채 창조자(자연)의 손에 의해 안전하게 인도되지 못하기 때문에, 모든 면에서 버려진 채 외롭게 개별적으로 존재한다(US, 93 f. 참조).

헤르더에 앞서 프로타고라스도 인간에 있어서의 특수장비의 결함을 지적한 바 있는데, 현대에는 겔렌(Arnold Gehlen, 1904-1976)이 인

---

37 Johann Gottfried Herder, *Abhandlung über den Ursprung der Sprache, in*: SWV (1-154), 22. 이 저술은 앞으로 US로 줄임.

38 "Der Mensch, gegen den struppichten Bär und den borstigten Igel gesetzt, ist ein schwächeres, *dürftigeres, nackteres* Tier"(US, 113).

간을 그 비특수화로 말미암아 “결핍자[Mängelwesen]”라 불렀다.[39] 자연은 처음에 인간을 계모처럼 냉대하여 — 이것은 오래 전부터 내려오는 트포스, 일반적 관점이었다 — 동물과 비교할 때 매우 불리한 생물로 만들어냈다. 그러나 이 표현은 인간을 동물과 비교할 때에 그렇다는 것이며, 반대로 동물을 인간과 비교해 볼 때에, 동물에게는 인간이 갖고 있는 여러 가지 천부적 능력이 없기 때문에 동물 역시 ‘결핍자’라고 말할 수 있다.[40] 겔렌의 설명은 헤르더의 주장을 좀 더 구체화한 것이라 하겠는데, 헤르더를 이해하는 데 도움이 될 것으로 생각하여 아래에 그 핵심적 내용을 이야기하고자 한다.

형태학적으로 인간은 모든 고등 포유류와 달리 주로 결함을 통해 규정되며, 이는 정확한 생물학적 의미에서 부적응·비전문화·원시성, 즉 발달되지 않은 것, 즉 본질적으로 부정적인 것으로 설명될 수 있다.[41]

---

39 “결핍자[Mängelwesen]”라는 표현은 겔렌이 1940년 그의 첫 번째 주요 저작인『인간. 그의 본성과 세계 속에서의 그의 위치』(*Der Mensch. Seine Natur und seine Stellung in der Welt*)에서 사용하였다. 겔렌은 인간을 다른 종에 비해 신체적으로나 형태적으로 열등한 자인 동시에, 자신의 결핍(결함)을 극복하고 제2의 자연으로서의 문화를 창조하는 자로 자신의 철학적 인간학에 도입하고 있다. 그런데 ‘결핍자’로서의 인간이라는 생각은 앞서 본 것처럼 이미 헤르더에게서 발견할 수 있다.

40 Michael Landmann, *Philosophische Anthropologie. Menschliche Selbstdeutung in Geschichte u. Gegenwart*, Berlin, N.Y., 1976, 150 참조.

41 Arnold Gehlen, *Der Mensch — Seine Natur und seine Stellung in der Welt*, Wiesbaden, 1978, 20, 33, 83 참조. 예컨대 동물이 완성된 생존방식을 이미 가지고 태어난다면, 인간은 그러한 동물에 비해 1년이나 조기출산(早期出産)을 한다. 포르트만(Adolf Portmann)은 이를 “extrauterines Frühjahr [1년 일찍 자궁(모체) 밖으로 나옴]”라고 했다[*Biologische Fragmente zu einer Lehre vom Menschen*, Basel, 1944, 58; *Zoologie und das neue Bild des Menschen*, 2. Aufl., Hamburg, 1956, 68-80 참조]. 그리하여 소·말, 개 등은 태어나자마자 걷기 시작하지만, 인간은 그렇게 하기까지 약 1년의 시간을 필요로 한다. 동물을 새에 비유한다면, 소·말, 개 등의 동물은 부화(孵化) 후 곧 둥지 밖으로 나올 수 있는 ‘자식류(自食類, *Nestflüchter*)’에 속하고, 인간은 오랫동안 둥지에 머물러야 하

동물은 체질 전반에 걸쳐 특화되어 있다. 동물의 기관들은 열쇠가 자물쇠에 들어맞고 톱니바퀴가 서로 맞물리듯이 특수한 삶의 조건들과 삶의 요구들에 들어맞는다. 이는 동물의 감각기관들과 인지기관들에도 적용된다.[42]

동물의 각 부분은 다른 모든 부분들과 그리고 그의 생활방식과도 정확하게 상응한다. 예컨대 맹수(猛獸)의 발톱은 먹이를 잡는 데 적합하며 이빨은 먹이를 잘게 부수는 데 유용하고, 장관(腸管)은 그것을 소화시킬 수 있고, 운동기관은 먹이가 멈추는 곳에 도달하는 데 적합하고, 어쨌든 사용되지 않은 채로 남아있는 기관은 아무 것도 없다.[43] 그러나 인간의 피부는 동물처럼 털로 덮여있지 않아서 그 상태대로는 날씨로부터 자신을 보호할 수 없다. 인간은 공격기관을 갖고 태어나지 않았을 뿐만 아니라, 도주(逃走)에 적합한 신체구조를 갖고 있지도 않다. 인간은 감각의 예민함에 있어서 대부분의 동물보다 뒤떨어진다. 인간은 자연적인·본연의 조건을 가지고서는 가장 민첩한 동물들 및 가장 위험한 맹수들의 밑바닥에서 살다가 이미 오래 전에 멸종되었을 것이다. 인간은 진정한 본능에 있어서, 생명을 위협하는 결함을 지니고 있다. 유아기와 유년기 전체에 걸쳐 동물과는 비교할 수 없을 정도로 오랫동안 보호를 필요로 한다. 인간은 형태학적으로 보면 특수화되지 않은 일련의 것들로 구성되어 있다. 예컨대 치아는 원시적으로 빈틈이 없는, 그리고 불확정적인 구조를 갖고 있는데, 이런 상태

는 '유소류(留巢類, *Nesthocker*)'에 속한다고 할 수 있다.

42 Landmann, ebd., 161 f. 참조.

43 Arthur Schopenhauer, 『자연 속의 의지에 대하여』의 「비교해부학」장(章). 여기서는 Gehlen, ebd., 73 참조.

는 인간의 치아를 초식동물이나 육식동물의 치아로 만들지 못한다.[44] 인간이 신체적으로 특수화되어 있지 않다는 것, 유기적으로 볼 때 빈궁하다는 것, 순수한 본능이 엄청나게 결여되어 있다는 것 등은 어떤 연관관계를 형성하는데, 이에 대립되는 개념을 형성하는 것은 세계개방성, 혹은 동일한 것이지만, 환경으로부터의 해방이다. 이러한 전문성의 부족(특수화의 결함), 그리고 이에 기인하는 세계개방성은 그에게 짐[Belastung]이 되지만, 여기에 이미, 신체적인 그리고 삶에 중요한 절박성을 지닌 과제, 즉 인간은 자신의 수단을 가지고 자신의 활동을 통해 짐을 덜어야[Entlastung] 한다는 과제, 다시 말하면 자기 실존의 결핍조건들을 자신의 활동을 통해 연명(延命)의 기회로 바꾸어야 한다는 과제가 존재한다. 바로 이러한 부족(결함)으로 인해 그에게는, 다른 동물들의 세계와는 비교할 수 없는 넓은 세계가 열린다. 결함은 동시에 장점이기도 하고, 짐(부담)은 짐을 덜 수 있는 기회를 제공한다.[45] 쉘러(Max Scheler)는 이것을 "세계개방성[Weltoffenheit]"이라고 불렀다.[46]

달리 말하면, 인간의 제2의 본성인 문화(세)계는 인간이 자신의 결점을 알고 그러한 결점을 보충하려는 욕망을 갖고 있으며 결과적으로 이 욕망에 따라 행동한다는 사실로 인해 발생한다.[47] 인간이 자신에게 결

---

44 Gehlen, ebd., 33 f. 참조.

45 Walter Schulz, *Philosophie in der veränderten Welt*, Weinsberg, 1976, 444 참조.

46 Max, Scheler, *Die Stellung des Meschen im Kosmos. Max Scheler Gesammelte Werke Bd. 9,* hg. v. Manfred S. Frings, Bern, 32 ff.

47 이때 중요한 것은, 결핍이라는 짐을 극복하는 생산적인 활동작용, 곧 짐을 더는 행위[Entlastung]다(Gehlen, ebd., 37 참조).

핍을 더 많이 느낄수록 더 많은 욕망을 지각할 수 있고, 따라서 그에게는 더 넓은 세계가 열린다. 그러므로 '세계개방성'은 '욕망개방성'이라고 이해되고 표현될 수 있다.

2. 동물과 인간의 감각과 세계

동물의 영역은 아주 제한되어 있어서, 제한된 감각·강한 감각을 지니고 있다. 활동영역이 좁으면 좁을수록 감성과 충동은 더 강해지고, 기술적 능력과 살아가면서 행하는 것이 단순하면 단순할수록 체험을 통한 최소한의 진보도 눈에 띄지 않게 된다. 글벌은 어려서부터 늙을 때까지 집을 짓지만 그 자신의 발전이 없고, 창조의 시작 때와 마찬가지로 세계의 종말 때에도 그렇게 집을 지을 것이다(US, 97 참조). 이에 반해 인간의 영역은 아주 다양하고, 그에 따라 인간은 약한 감각을 지니고 있다. 꿀벌들이 지혜를 갖고 벌집을 만들지만, 그 지혜는 이 벌집과 벌집 속의 규정된 일을 벗어나면 아무 쓸모가 없으며, 거미는 미네르바의 기술로 거미줄을 치지만, 그의 모든 기술 또한 거미줄을 치는 이 좁은 공간 속으로만 엮이며 그것이 거미의 세계라는 것이다. 이러한 곤충은 놀라운 활동을 하지만, 그 활동영역은 너무 좁다.

동물의 감각기관과 동물의 환경의 밀접한 관계에 대해서는 윅스퀼(J.v. Uexküll)이, 동물의 기관조직과 환경이 병렬되어 있는 상태를 탐구한 바 있다. 그에 의하면, 만약에 우리가 어떤 동물의 감각기관과 작용기관을 알고 있다면, 그 동물의 환경을 재구성할 수 있다. 예컨대 진드기는 임의로 선택한 어떤 관목의 가지에서 기다리다가 온혈동물 위로 떨어지거나 혹은 그 동물로부터 미끄러져 내려온다. 진드기는 눈은 없지만 피부 전체에 빛감각을 가지고 있어서, 자기가 기다리는 지점으로 기어 올라가는 도중에 아마도 방향을 잡는 것 같다. 게다가 앞을 보지 못하고 말 못하는 동물에게 있어서 먹이의 접근은 후각을 통해 알려지며, 더욱이 이러한 감각은 모든 포유동물이 예외 없이 발산하는 유일한 냄새, 즉 낙산(酪酸)의 냄새에만 맞춰진다. 이런 신호를 받으면 진드기는 자신의 몸을 떨어뜨리고, 그것이 따뜻한 어떤 것 위로 떨어져서 자기의 먹이가 되는 동물에게 도달한 경우, 자기의 촉감각과 온도감각을 따라서 가장 따뜻한, 즉 털이 없는 곳을 발견하는데, 그곳에서 그것은 그 동물의 피부조직 속으로 구멍을 뚫어서 피를 충분히 빨아올린다. 따라서 이러한 진드기의 세계는 빛감각과 온도감각, 그리고 유일한 냄새성질로만 구성되어 있다. 진드기는 미각을 갖고 있지 않다는 사실이 입증되었다. 진드기는 자기의 첫 번째이자 유일한 식사시간이 끝나게 되면 땅바닥으로 떨어져서 알을 낳고는 죽는다. 이러한 하나의 예는 분명히, 동물의 유기적인 구조, 즉 그의 특수한 기관조직과 그의 삶의 방식 및 삶의 상황 간에 존재하는 조화를, 또한 그의 환경(그가 얻을 수 있는 외계의 인상들)과 그의 삶의 방식 및 삶의 상황 간에 존재하는 조화를 적절하게 표명하고 있다.[48]

이와는 반대로, 동물이 하는 일[Verrichtungen]과 직분[Bestimmung]이 다양할수록, 그들의 주의력이 더 많은 대상들에로 분산될수록, 그리

---

48 Gehlen, ebd., 74 참조.

고 그들의 생활방식이 지속적이지 않으면 않을수록, 그들의 영역이 더 넓고 다양할수록 그들의 감성은 더욱더 많이 나뉘고 약해지게 된다. 만약에 무한히 세련된 감각이 좁은 영역에, 한 가지 것에 제한되어, 그 밖의 세계 전체는 그들에게 아무 것도 아니라면, 그들은 그 세계를 뚫고 나올 수 없으며, 그리고 마침내 감각과 표상이 한 점에 향해 있다면, 그로부터 본능 외에 다른 것이 생성될 수는 없다는 것이다. 따라서 동물들이 지닌 감수성[Empfindsamkeit]과 능력, 그리고 충동의 종류와 단계는 이로부터 설명될 수 있다고 헤르더는 말한다.

마침내 헤르더는, 동물들이 지닌 감수성과 능력, 그리고 기술적 충동들의 강도(强度)와 심도(深度)는 그들의 행동영역의 크기와 다양성에 반비례한다고 가정한다. 그런데 인간은 오직 한 가지 일만이 그를 기다리는, 그렇게 단순하고 좁은 영역을 갖고 있지 않으며, 여러 일들과 직분들로 이루어진 세계가 그의 주변에 놓여 있고, 그의 감각과 조직은 한 가지 것만을 향해 연마된 것이 아니어서, 개개의 것에는 당연히 더 약하고 더 무딘 감각을 지니고 있다. 인간의 영혼의 힘은 세계 전체로 뻗쳐 있어서 그의 생각은 어떤 특정한 하나의 방향을 갖지 않고 개방적이다(US, 23 ff. 참조).

3. 언어를 가진 피조물[Sprachgeschöpf]

• 헤르더의 「언어의 기원에 관한 논문」“Abhandlung über den Ursprung der Sprache”)이 출간된 유래는 다음과 같다. 베를린 학술

원은 1769년에 <언어의 기원>이라는 현상(懸賞) 문제를 제기했다. 1770년에 31명의 응모자가 이 문제에 대한 논문을 제출하였는데, 그 가운데 헤르더의 글이 1등을 차지하였고, 이 글은 1772년에 출간된다. 독일어권과 전체 유럽 언어권에서 헤르더 이전, 헤르더의 동시대, 그리고 그 이후에 언어의 기원을 찾으려는 다른 시도들이 있었는데, 일부는 헤르더의 의견에 부합하고, 일부는 반대된다.

자연주의적 고찰방식을 취하는, 헤르더의 언어 기원 이론은, 1766년에 출간된 논문「최초의 언어가 인간에게서 유래한 것이 아니라 오직 창조주에게서 유래했다는 것을 증명하려는 시도」(*Versuch eines Beweises, dass die erste Sprache ihren Ursprung nicht von Menschen, sondern allein vom Schöpfer erhalten habe*, Berlin)에서 언어가 신에 의해 인간에게 주어졌으며 자연적인 기원이 없다고 주장한 쥐스밀히(Johann Peter Süßmilch, 1707-67)에 대한 직접적인 반대입장을 제시한다. 헤르더는 자신의 접근 방식에서 신적인 것을 다소 배제하고 인간 사회의 발전에 기초하여 언어와 사유 사이의 직접적인 연관성을 확립함으로써 처음으로 역사적인 언어이론을 전개하고 있다. 이로 말미암아 헤르더의 언어 철학은 예컨대, 오늘날의 우리의 철학적 접근 방식이 대부분 의존하고 있는 훔볼트의 인본주의 철학의 토대를 마련했다. 헤르더의 견해에 따르면 언어와 사고는 병행하여 발전했으며, 어느 하나가 없으면 다른 하나도 생각할 수 없다. 우리는 말하는 능력을 통해서만 생각할 수 있고, 생각하는 능력을 통해서만 말할 수 있다. 그는 또한 두 요소가 서로를 제약한다는 점에서 이성적인 것과 감각적인 것을 변증적 통일체로 간주한다: "인간은 지성으로 감지하고, 사유함으로써 말한다"(US, 100). 이러한 지

적 접근 방식, 이러한 변증적 관점은 언어와 사유 사이의 긴밀한 연결을 보여준다.[49]

• 언어는 문화 형성의 중심 수단이다. 직립 보행과 감각 외에도 헤르더는 언어를 도야(陶冶)의 본질적인 수단이라고 설명한다. 왜냐하면 언어가 없었다면 다른 요소도 아무런 효과가 없었을 것이기 때문이다. "그런데 창조주가 우리에게 이러한 모든 기술적(예술적) 도구인 두뇌·감각 및 손을 움직이게 하는 원동력을 주시지 않았다면 그것들은 직립 보행을 하는 형태를 지니고도 여전히 비효율적이었을 것이다. 그 원동력은 언어라는 신성한 선물이었다."[50] 헤르더에 의하면 언어는 "선 잠을 자고 있는 이성[die schlummernde Vernunft]"을 일깨우고 사람들에게 "생동하는 힘과 효력[lebendige Kraft und Wirkung]"(XIII, 138)을 제공한다.

• 인간은 자기에게 본질적이고 고유한 <성찰>을 통해 자기에게 고유한 <언어>를 발명해 낸다. 헤르더는 인간에게 본질적인 것을 1) 성

---

49 https://de.wikipedia.org/wiki/Abhandlung_%C3%BCber_den_Ursprung_der_Sprache#cite_ref-1 참조; Anonym, *Sprache und Denken und der Ursprung der Sprache in J. G. Herders Sprachphilosophie*, München, 2004, GRIN Verlag, https://www.grin.com/document/50100 참조.

50 "Indessen wären alle diese Kunstwerkzeuge, Gehirn, Sinne und Hand auch in der aufrechten Gestalt unwirksam geblieben, wenn uns der Schöpfer nicht eine Triebfeder gegeben hätte, die sie alle in Bewegung setzte; es war das *göttliche Geschenk der Rede*"(J.G. Herder, *Ideen zur Philosophie der Geschichte der Menschheit*, in: Herder. *Sämtliche Werke* XIII, 138, hg.v. Bernhard Suphan, Hildesheim/NY., Zweite Nachdruckauflage, Reprographischer Nachdruck der Ausgabe Berlin 1887 mit Genehmigung der Weidmann Verlag Anstalt, Triesenberg/FL. 앞으로 헤르더의 이 전집으로부터 인용할 경우에는 전집의 권수와 쪽수로만 인용함.

찰(반성)과 2) 언어로 본다. 인간은 자신의 고유한 성찰을 통해 언어를 만들어냈다. 성찰도 인간에게 고유한 것이고, 언어와 독자적인 언어의 발명 역시 마찬가지여서, 인간에게 자연스러운 것이다(US, 34 참조).

헤르더는 언어의 기원에 관한 몇 가지 주장을 다음의 네 가지로 정리한다: ① 언어 조음 기관에 의해 보다 훌륭하게 세분화된 발음, ② 감정의 소리, ③ 자연의 소리의 모방, ④ 협약(US, 37 f. 참조). 그리고 그는, 언어의 신적 기원을 주장하는 쥐스밀히와, 인간의 언어가 동물의 언어에서 진화했다는 루소에 반대하면서(US, 44 ff. 참조), 인간이 자연의 소리로부터 언어를 창조했다는 것을 증명하려고 한다(US, 50 참조). 세부적인 내용 가운데 하나는, 헤르더는 동사로부터 명사가 만들어졌다고 주장하며(US, 52 참조), 결국 그는, 인간은 자유롭게 사유하고 행동하는 자이며, 언어를 가진 피조물(US, 93 ff. 참조)이라는 점을 강조한다.

그러나 인간과 비교할 때 동물들의 영역은 아주 작기 때문에 그들에겐 언어의 필요성이 그만큼 적어진다. 그들에게는 언어가 거의 없거나 아예 없다. 그들은 거의 말을 하지 않아도 서로를 알아듣도록 되어 있어서 의견은 쉽게 합일될 수 있다. 그러나 인간은 동물과 같은 본능적인 언어를 가지고 있지 않으며, 모든 동물의 불분명한 언어는 인간에게 충분하지 않고 명료하지 않으며, 인간의 다양한 욕구와 분산된 주의력에, 그리고 무디게 움직이는 감각에 대해 아무 소용이 없다(US, 24 f. 참조).

4. 인류의 진보와 인간다움[Humanität][51]이라는 이념

4.1. 인류의 역사의 목표로서의 인간다움이라는 이념

• 괴테(Johann Wolfgang von Goethe, 1749-1832), 쉴러(Johann Christoph Friedrich von Schiller, 1759-1805)그리고 빌란트(Christoph Martin Wieland, 1733-1813)와 더불어 바이마르 고전주의의 "네 개의 별[Viergestirn]"에 속하는 헤르더는 『인류의 역사철학을 위한 이념들』(*Ideen zur Philosophie der Geschichte der Menschheit*)[52]에서, 지구와

---

51 헤르더가 사용한 두 개념, Menschheit (Mankind)와 Humanität (humanity)을 구별해야 한다. "인류[Menschheit (Mankind)]"는 현실적이고 만질 수 있고, 물리적인 것으로 간주되는, 과거·현재 그리고 미래의 모든 개인들의 총합이다. "인간다움[Humanität (humanity)][라틴어 humanitas, 프랑스어 humanité]은 인류에 의해 획득될 수 있는 이상적인 상태를 언급하는 추상적인 용어다. 그리고 두 번째로, 그것은 인류가 그 이상의 획득을 위해 가지고 있는 잠재성이다(Robert T. Clark, Jr., *Herder: His Life and Thought*, Berkeley and Los Angeles, 1969, 314 참조). 헤르더의 인간다움 개념은 그의 후기 철학의 중심적인 도덕적 개념들 가운데 하나로, 시간이 지나면서 그의 저작에서 점점 더 중요한 역할을 하게 되었으며, 마침내 『이념들』에서의 지도적인 도덕적 개념으로 작용하고 있고 『인간성의 촉진을 위한 서한들』(*Briefe zu Beförderung der Humanität*)의 주요 주제를 구성하고 있다. 이 개념은 헤르더의 경력을 거치면서 여러 발전국면들을 겪었다(Michael N. Forster, *Herder's Philosophy*, Oxford Univ. Pr., 2018, 224-5 참조). 나는 여기서 Humanität을 '인간다움'으로, 그리고 경우에 따라서는 '인간성'으로 옮긴다.

52 이 저술은 1784년과 1791년 사이에 요한 프리드리히 하르트크노흐(Johann Friedrich Hartknoch) 출판사에서 네 부분으로 간행되었다. 헤르더는 1774년에 간행된 『인류의 도야를 위한 또 하나의 역사철학』(*Auch eine Philosophie der Geschichte zur Bildung der Menschheit*, 1774)이라는 논문을 『인류의 역사철학을 위한 이념들』의 서문에서, "기고문들을 위한 기고문[einen Beitrag zu Beyträgen]"이라고 표현한다. 그가 9년 이상 작업한 이 새로운 저작은 그의 역사철학적 사상들의 더욱 광범위하고 더욱 포괄적이며 더욱 상세한 논문으로 기획되었다. 헤르더는 자기의 역사철학을 위한 계획을 1782년 10월에 짜

인간에 대한 자기의 인식을 다음과 같이 요약하였다. "우리는 지금 우리 현존재의 목적은 인간다움의 도야(함양, Bildung)를 지향하며, 지상(地上)의 모든 저차적인 욕구들은 인간다움의 도야에만 소용되고 심지

고 1783년 초에 책을 쓰기 시작했다. 이 책은 같은 해인 1784년에 간행된 칸트의「세계시민의 의도에서 본 보편사의 이념」을 비판하려는 의도로 쓰였고, 칸트도 이 책을 비판하는 서평을 썼다. 이 저술은 네 부분으로 출간되었는데, 역사철학적 고찰을 위한 자연철학적 정초 작업인 제1부는 1784년 초에 간행되었다. 추가적인 부분들은 1785년 4월과 1787년 4월, 그리고 마침내 1791년 가을에 뒤따랐다. 각 부분은 다섯 권으로 이루어져 있다. 제1부는 제1권에서 제5권까지인데, 인간의 환경과 조직을 다루고 있고, 제2부는 제6권에서 제10권까지로, 인간학과 선사학(先史學)을 다루며, 제3부는 제11권에서 제15권으로, 기록된 역사로 시작하여 보편사의 방법을 가지고 이야기를 로마제국의 멸망으로 가지고 간다. 제4부는 민족들의 이동으로 시작해서 대략 1,500년까지의 기간을 망라한다. 따라서 제1부와 2부는 주로 이론적이며 제3부와 4부는 특별히 역사적이다. 이 저작은 미완성인데, 계획된 25권 중 마지막 5권은 쓰이지 않았다. 헤르더는 속편을 기획하였지만, 이에 대해서는 단지 약간의 메모들만이 유고로 존재한다. 오늘날 이 논문이 일반적으로 헤르더의 주저로 간주된다. 칸트는 이 저술이, 더욱 냉철한 사람들에게 부당하다는 인상을 줄 정도로 여러 가지 유추와 대담한 가설들을 전개하고 있어서 한층 더 신중할 필요가 있다고 비판한다. 즉 칸트는 이런 비판을『이념들』의 처음 2부에 관한 그의 논평(베를린판, Ⅶ, 43-66)에서 하고 있는데, 이 논평의 회의적인 논조는 저자인 헤르더의 감정을 치명적으로 상하게 했다. 칸트의 이 논평은 처음에 *Jenaische Allgemeine Literaturzeitung*, 1785, Nr. 4 und Beilage 17a-22b 및 Nr. 271, 153a-156b에 발표되었던 것으로, 제명(題名)은 "Rezensionen von J.G. Herders Ideen zur Philosophie der Geschichte der Menschheit"이다(Clark, JR., ebd., 308 참조. 그리고 W.H. Walsh, *An Introduction to Philosophy* of History, NY., u.a., 1967, 133 참조). 헤르더는 자연과 역사에서의 신의 편재성(遍在性)에 대한 하만의 주장을 채택했지만, 그는 이 생각을 하만처럼 기독교 성경에 호소하지 않고 생물학·인류학·역사학의 사실들을 탐구함으로써 정당화하려고 했다(Frederick C. Beiser, *Enlightenment, Revolution, and Romanticism. The Genesis of Modern German Political* Thought, 1790-1800, Cambridge, Massachusetts/London, 1992, 196 참조). 헤르더는『인류의 역사철학을 위한 이념들』의 서문에서, 그 자신은 "자연 속에서의 신의 행로, 영원한 분이 자기의 일련의 작품들 속에서 우리에게 행위로[thätlich] 제시한 생각들"을 보여주려고 한다고 말하고 있다(XⅢ, 9).
(https://de.wikipedia.org/wiki/Ideen_zur_Philosophie_der_Geschichte_der_Menschheit 참조).

어 그것에로 나아가야만 한다는 것을 보았다."[53] 인류의 목적으로, 인간다움보다 더 높은 것은 존재하지 않는다고 헤르더는 생각한다. "역사를 추적해보면, 참된 인간다움의 성장과 더불어 인류의 파괴적인 극악인들(악마들)의 성장도 실제로 줄어들었다는 사실을 알 수 있다"[54]고 헤르더는 말한다.[55] 『이념들』의 제15장 I 의 제목은 다음과 같다: "인간다움은 인간본성의 목적이다. 그리고 신은 이 목적과 더불어 인간 자신의 운명을 우리 인류에게 넘겨주었다"(XIV, 207). 이처럼 헤르더는 인간다움이 인류에게 있어 가장 고귀한 것이라고 말한다.

> 우리가 알고 있는 인류를 인류 안에 존재하는 법칙들에 따라 고찰해보면, 우리는 인간 속에서 인간다움보다 우월한 것을 알지 못한다. 왜냐하면 우리가 천사나 신들에 대해 생각할 때조차도 우리는 그들을 이상적인 인간이나 고차적인 인간이라고만 생각하기 때문이다(XV, 208).

• 그런데 헤르더가 말하는 '인간다움'이란 무엇인가? 『이념들』 제4권의 「VI. 인간은 인간다움과 종교를 위해 도야되었다」(VI. Zur Humanität und Religion ist der Mensch gebildet)라는 제목의 장(章)에서 헤르더는 인간다움에 대해 설명한다.

---

53 "Wir sahen, daß der Zweck unsres jetzigen Daseins auf Bildung der *Humanität* gerichtet sei, der alle niedrige Bedürfnisse der Erde nur dienen und selbst zu ihr führen sollen"(XIII, 189).

54 "Der Verfolg der Geschichte zeigt, daß mit dem Wachstum wahrer Humanität auch der zerstörenden Dämonen des Menschengeschlechts wirklich weniger geworden sei, (…)"(XIV, 217).

55 Clark, Jr., ebd., 328-9 참조.

나는 지금까지 이성과 자유를 위한 인간의 고귀한 도야에 대해 더욱 세련된(섬세한) 감각과 충동, 가장 부드럽고 가장 강한 건강, 땅의 성취와 지배에 이르기까지 내가 말한 모든 것을 인간다움이라는 단어로 요약할 수 있기를 바란다. 왜냐하면 인간에게는 자신의 본분에 대해 그 자신보다 더 고상한 말이 없기 때문이다. 그 안에는 우리 땅의 창조자의 형상이 각인되어 살아 있다.[56]

헤르더가 후기 정치사상의 초석인 인간다움에 대한 윤리적 이상을 처음으로 정식화한 것은 그의 바이마르(Weimar) 시절이었다. 이 개념은 리가(Riga) 시기 이후 그의 모든 교육적 이상과 모든 정치적 희망을 표현한다. 그는 결코 이 개념의 정확한 정의를 내리지 않았지만, 『인류의 역사철학을 위한 이념들』의 제1권에서는 그것에 가장 가까이 다가갔다. 이 이상에 따르면 인간의 목적은 쾌락의 이기적인 추구도 도덕적 의무의 이타적인 수행도 아니다. 오히려 그것은 인간의 모든 특징적인 능력들 — 그 능력이 지적이든 도덕적이든 감성적이든 신체적이든 — 의 완성인 자기실현이다. 보수적인 동시대 사람들과는 달리 헤르더는 인간다움이 모든 사람의 이상이 되어야 한다고 주장했다. 국가 속의 어느 누구도 자신의 인간성을 최대한 실현할 기회를 박탈당해서는 안 된다. 그것은 부르주아계급의 특권이 아니고 더욱이 귀족계급의

---

56 "Ich wünsche, dass ich in das Wort Humanität alles fassen könnte, was ich bisher über des Menschen edle Bildung zur Vernunft und Freiheit, zu feineren Sinnen und Trieben, zur zartesten und stärksten Gesundheit, zur Erfüllung und Beherrschung der Erde gesagt habe: denn der Mensch hat kein edleres Wort für seine Bestimmung als Er selbst ist, in dem das Bild des Schöpfers unserer Erde, wie es hier sichtbar werden konnte, abgedruckt lebt"(XIII, 154).

특권도 아니며 국가의 모든 계층 사람들의 권리가 되어야 한다.[57] 각자의 자기실현은 사회의 모든 사람의 도덕적 책임이며,[58] 그리고 누군가의 잠재력을 무시하는 것은 범죄와 다름없다.[59]

• 헤르더는 "인류의 본성, 목적, 그리고 운명은 지성[Verstand]과 정직[정의(正義)]에 근거한다"(XIV, 252)고 생각할 뿐만 아니라, 인간은 지성과 정직(정의)을 통해 인간다움을 이룰 수 있다고 주장했는데, 인간이 지성과 정직을 통해서 인간다움을 증진시키지 않는다면 고통을 받을 수밖에 없는데, 고통은 당대의 각 인류 공동체뿐만 아니라 후대에게도 전가된다고 말한다. 지성이 방해받게 되면 "악이 뒤따르고 모든 나태함, 우둔함, 사악함, 비이성(어리석음, Unvernunft), 부당함이라는 벌을 받게 된다"(XIV, 248). 그리고 "인류는 단지 이러한 상태 속에서 무리 지어 나타난다는 이유 때문에, 또한 아이들은 부모의 잘못의, 국민은 통치자의 어리석음의, 후손들은 선조 게으름의 대가를 치러야 한다. 그리고 만약 그들이 그러한 악을 개선하려고 하지 않거나, 개선하지 못하면, 그들은 그로 인해 수세기 동안 고통 받을 수 있다"(XIV, 248). 예컨대 헤르더는 고대의 민족들이 로마에 정복당했던 것은 각 민족 자신들의 책임이었다고 말한다: "그들이 세계의 자유를 위하여 파괴적인 로마에 맞서 함께 결속하여 모든 힘을 모으지 못한 것은 그들 민족들 자신의 잘못이었다"(XIV, 217)

---

57 VIII, 308; VI, 104-5 참조.

58 XIII, 350 참조.

59 XXX, 234 참조. Beiser, ebd., 214 참조.

지성과 힘이 수반된, 불의에 대한 생생한 느낌은 인간을 구원하는 힘으로 변화되어야 한다. 그리하여 인간은 인간다움을 억압하여 그것의 실현을 방해하는 요소와 상황을 타파해 나가야만 하는바, 이때의 가장 큰 장애는 바로 나약함과 게으름이다.[60]

> (…) 왜냐하면 지성과 힘이 수반된, 불의에 대한 생생한 모든 느낌은 인간을 구원하는 힘으로 변화되어야 하기 때문이다. 예컨대 전제주의에 대한 오랜 복종은 전제 군주의 강력한 힘에 토대를 둔 것이 아니었다. 억압받는 자들의 호의적이고 신뢰하는 나약함, 그리고 나중에는 그들의 인내하는 게으름이 전제군주의 유일하고도 가장 큰 버팀목이었다. 왜냐하면 참는 것이 강력하게 개선하는 것보다 확실히 쉽기 때문이다(XIV, 212).

4.2. 인간다움의 실현방법(도구)으로서의 도야(陶冶, Bildung)

헤르더에 있어서의 도야[Bildung][61]라는 단어는 인간학적 문화 개념을 명확하게 표현하기 위한 여러 단어들 가운데 하나로서, 그것은 개

---

60 강성호, 「헤르더의 개체성 사상에 대한 연구 — 인간다움 이념과 연관하여 —」, 고대 석사논문, 1985, 46 참조; J.G. 헤르더, 『인류의 역사철학에 대한 이념』, 강성호 역, 책세상, 2002, 103-105 참조.

61 'Bildung'의 동사는 'bilden'인데, 'bilden'은 영어 'build'에 대응하는 용어로, 선험적으로 주어진 것이 없는 상태에서 어떤 것들을 하나하나 쌓아가는 것, 형성해나가는 것을('짓다', '형성하다' 등을) 뜻한다. 'Bildung'은 '도야' 외에도 '교육', '교양', '형성', '성장' 등 여러 가지로 번역되며, 나 또한 경우에 따라 다르게 번역할 것이다.

인적 자아의 발전이라는 어떤 이상(理想)과 역사와 관련된 의미로 사용하고 있다. 헤르더가 나타나기 전까지 Bildung이란 단어는 그 정신적인 의미에 있어서 거의 전적으로 개인에 관해서, 곧 개인의 발전과 교육을 의미하는 것으로 사용되었다. 그러나 헤르더는 1774년에 『인류의 도야를 위한 또 하나의 역사철학』을 출간했는데, 거기서 (그 제목이 이미 보여주는 것처럼) 그는 이 용어를 인류의 역사발전에 있어서의 전체로서의 인류에도 적용했다.[62] 이 용어의 사용을 이렇게 확대한 일은, 헤르더가 작품 속에서 전개한 중심적인 메타포에 의해 촉진되었다. 그것은 즉, 인류사의 국면들을 어떤 하나의 개인의 시대들과 비교하는 것이다. 그러나 (그러한 메타포 자체처럼), 인류의 발전이 다소간 직선적이고 누적적이라는 것이 그 작품에서 헤르더의 구상에 의해 더욱 실질적으로 지지되었다. 히브리의 족장들이 그들의 권위주의적인 문화를 확립한 후에, 이집트인들이 그것을 인수하여 그것을 근면과 시민적 의미와 같은 새로운 가치들로 풍부하게 하였고, 그러고 나서 페니키아인들은 그것에다 세속성과 자유라는 요소를 부가함으로써 이집트문화에다가 같은 일을 행하였으며, 희랍인들은 자기 자신들의 구별된 문화를 형성하기 위해서 이집트 및 페니키아의 문화의 특징들을 물려받았고, 로마인들은 희랍의 문화를 인수하여 용기와 인내심 같은 가치들을 새롭게 강조함으로써 그것을 변형하는 등, 그리하여 마침내

---

62 렛싱의 『인류의 교육』(*Die Erziehung des Menschengeschlechts*)은 마찬가지로 그 제목에 반영된 유사한 관념을 사용하고 있는데, 연대기적으로는 나중 것이어서(그것의 부분은 1777년에 이미 출간되었지만 전체 텍스트는 1780년에야 간행되었다), 만약에 여기에서 영향이 존재한다면 그것은 헤르더가 렛싱에게 미친 영향이었다. 그러나 헤르더는 나중에 동의를 받아 렛싱의 기획을 『이념들』 속에 반영한다.

유럽인들은 직간접적으로 그들 문화의 핵심을 선행하는 이 모든 일련의 문화들에 빚지고 있다는 것이다. 그러나 헤르더는 또한 이러한 연관에 있어서 추가적인 중요성을 지니고 있다. *Auch eine Philosophie der Geschichte zur Bildung der Menschheit*라는 제목에서의 "zur Bildung"이라는 표현은 "도야에 관한"만을 뜻하는 것이 아니라 "도야라는 목적을 위한"이라는 것을 뜻하기도 한다.[63]

이 저술은, 현대 유럽문화에 이르기까지 각각의 다른 문화들로부터 과거의 문화들이 발전한 역사를 묘사하고 있는데, 이러한 묘사는 이 저술의 독자들로 하여금 더욱 도야되고 더욱 충분히 발전되는 것이 가능하도록 만든다. 또한 헤르더는 이 저술을 통해서 유럽인들이 유일한 문화나 최고의 문화를 소유하고 있는 것이 전혀 아니라는 점을 보여주고 있다. 그리고 그들은 그럼에도 불구하고 신(神)은, 문화의 역사가 전개되어 온 직선적이고 누적적인 방식으로 드러나는, 역사 속의 어떤 종류의 보편적인 계획을 추구하고 있다는 변변찮은 깨달음에 이를 수 있다.

이러한 전체 기획은 또한, 헤르더 자신이 강조하지 않은, 그러나 주목할 가치가 있는 두 가지 추가적인 특징을 함의하고 있다. 첫째로 그것은, 문화의 발전이 다소간 직선적이고 누적적이었으므로, 과거에 대한 우리의 "발생적" 회복은 그렇지 않았던 것보다는 약간 더 쉽게 될 것이라는 점을 함축한다. 왜냐하면 과거의 문화들은 어떤 의미에서는, 이미 우리들 속에 보존되어 있어서 우리에게 친숙한 것이기 때문이다. 두 번째로 그것이 또한 함축하고 있는 바는, 우리들 자신의 개념들·신

---

63 Forster, ebd., 253 참조.

념들·가치들이 사실은 가능한 유일한 것들이 아니라는 점을 우리가 깨닫게 되고, 그것들이 어떤 면에서 다른지, 그리고 그것들이 그것들과 경쟁하는 다른 것들과 어떤 면에서 유사한지를 알기 시작할 때, “발생적” 계몽의 과정은 우리들 자신의 개념들·신념들·가치들 등으로부터의 소외의 국면을 포함할 것이라는 점이다.

확실한 자격들을 지니고 있는, 역사적 교양에 관한 헤르더의 이 이론은 대체로 옹호될 수 있는 것으로 보인다(그러나 예컨대 히브리 족장들과 더불어 역사적 교양에 대한 설명을 시작하는 일은 지금은 연대기적으로 유지될 수 없는 것으로 간주될 수 있다. 그리고 직선적이고 누적적인 발전으로부터 신의 계획으로 도약하는 일은 과장으로 보인다). 더욱이 헤르더의 이론은 꽤 영향력이 있어 왔다. 나중에 헤겔은 그의 『정신현상학』에서 역사적 교양에 관한 이 전체적인 이론을 인수했다. 그 작품에서 그는 또한 교양을 개인적인 발전/교육으로서만이 아니라 역사의 과정을 통한 인류의 집단적인 성취로 이해하고 있다. 따라서 『정신현상학』 〈서론〉에서 그는 이 저작이 “의식 자신이 학에게까지 형성되어 가는 교양의 상세한 역사[Die ausführliche Geschichte der *Bildung* des Bewußtseins selbst zur Wissenschaft]”(PhG, 67)라고 말한다. 그리고 〈서문〉에서 그는 이와 유사하게, “개인을 그의 교양 없는(도야되지 않은) 입장으로부터 지(知)에로 인도해야 하는 과제는 그 보편적 의미에서 파악되어야 했거니와, 보편적 개인, 즉 자기를 의식하는(자각적) 정신을 그의 교양에서 고찰해야 했다”[64]고 말한다.[65]

---

64 Ebd., 26.

65 Forster, ebd., 254 참조.

5.1. 민족정신

헤르더는 — 모저(Friedrich Karl von Moser, 1723-98)가 만든 표현으로 보이는 — '국민정신[Nationalgeist, Geist der Nation]'뿐만 아니라, '민족정신[Geist des Volkes]', '민족혼[Seele des Volkes]', '민족의 재능[Genius des Volkes]', '국민성[Nationalcharakter]' 등의 별칭들에 호소하고 있지만,[66] 헤르더의 의도는, 비록 타인들의 것이 본질적으로 더욱 큰 가치가 있고 좀 더 넓은 규모로 고찰될 수 있다 하더라도, 타인들의 것이 아닌 우리 것을 강조하는 일이다. 문화들끼리의 비교는 가능하지만, 문화들을 동일한 기준으로 평가할 수는 없다. 그리하여 각각의 문화는 그 자신의 사회에서, 그리고 결과적으로는 인류 전체에 대해, 문자로는 평가할 수 없는 가치를 지닌다. 그는 다음과 같이 말한다: "우리 자신의 길을 따르자. (…) 사람들로 하여금 우리 민족, 우리 문예, 우리 언어에 관해 좋게든 나쁘게든 말하도록 만들자. 그것들은 바로 우리 것들이요, 우리 자신이니, 그것으로 만족하자."[67] 가짜 희랍인이나 프랑스인이나 영국인이 되기보다는, 어떤 모습이든 독일인으로 남는 것이 더 좋다(Ⅰ, 366, 367 참조). "독일인이여, 독일어로 말하라! 센[Seine] 강의 추한 진흙을 토해내라!"(ⅩⅩⅦ, 129). 헤르더가 말하는 '민족혼[Seele des

66 Ⅰ, 263; Ⅱ, 160; Ⅲ, 30; Ⅴ, 185, 217; Ⅷ, 392; ⅩⅢ, 364; ⅩⅣ, 38, 84; ⅩⅩⅤ, 10 등.

67 H. Lévy Bruhl, *L' Allemagne depuis Leibniz*, Paris, n.d., 168-9에서 재인용.

Volkes]'은 "독특하고 경이롭고 형언할 수 없고 지울 수 없는 것이요, 민족만큼이나 오래된 것이다"(XIV, 38). 또한 민족정신의 가장 생생한 표현은 국가가 아니라 "그 민족어의 특색"이다(XII, 364).[68]

5.2. 민족·문화의 특수성과 민족주의

독자적으로는 아주 불완전하게 존립할 수밖에 없는 개인들이 "함께 작용하는 힘들의 고차적인 최대치"(XIV, 227)는 사회와 더불어 이루어진다. 일찍이 아리스토텔레스가 『정치학』에서 말했듯이 헤르더 역시 인간의 사회성을 중시하면서 다음과 같이 말한다.

> 그러므로 인간은 사회에로 태어난다. (…) 만일 내가 인간에게 있어서 (…) 모든 것을 개인들에 제한하고, 그들 사이에서만이 아니라 그들 전체와 갖게 되는 연관관계의 사슬을 부정한다면, 이는 인간의 본성과 인간의 빛나는 역사에 다시 반대하는 것일 것이다. 왜냐하면, 우리들 가운데 어떤 개인도 자기 자신으로 말미암아 인간이 된 것이 아니기 때문이다.[69]

---

68 Isaiah Berlin, *Vico and Herder. Two Studies in the History of Ideas*, London, 1976, 181 ff. 참조.

69 "Der Mensch ist also zur Gesellschaft gebohren. (…) Schränkte ich (…) beim Menschen, alles auf Individuen ein und läugnete die Kette ihres Zusammenhanges sowohl unter einander als mit dem Ganzen: so wäre mir abermals die Natur des Menschen und seine helle Geschichte entgegen: denn kein einzelner von uns ist durch sich selbst Mensch worden"(XIII, 159, 346)

이렇게 형성된 사회로서의 민족(국민, Nation)은 다양한 형태로 나타난다. "민족들은 장소, 시간 그리고 자신들의 내적 특성에 따라 변화한다"(XIV, 227). 헤르더는 일반화·보편화의 문제점을 절실하게 느끼고 있다: "일반적인 성격규정의 약점[*die Schwäche des allgemeinen Charakterisierens*]을 나보다 더 많이 느끼고 있는 사람은 세상에 아무도 없다"(V, 501). 민족들은 바다의 파도처럼 끊임없이 교체하며 차례로 등장하고 역사는 흘러가는데, 우리는 이것들을 일반적인 단어로 묘사할 수밖에 없다. 인간의 특성·인간의 느낌·인간의 삶에 대해 구분해야 할 것을 구분하면서 말할 수 있다는 것은 이루 다 말할 수 없이 어려운 일이다. 모든 것을 자신의 눈으로 보고, 자신의 영혼으로 측정하고, 자신의 마음으로 느끼게 되면 달라지고 특이한 것으로 되지만, 언어로 그것을 포착하기란 거의 불가능한 일이다. 그리하여 헤르더는 "말[언사(言辭)]이라는 희미한 반쪽짜리 허깨비[환영(幻影)]여!(Mattes halbes *Schattenbild* von Worte!)"(V, 502)라고 탄식한다. 세상에 그 어느 것도 동일한 것은 없는데, 언어는 그 일반성과 추상성으로 인해 개별자의 특수성을 제대로 표현하지 못한다. 그러나 헤르더에게 있어서 역사의 출발점 및 종점은 개인들의 개별성의 발전일 뿐만 아니라 민족들 및 역사적 시기들(시대들)의 개별성의 발전이기도 하다.[70] 각 민족들은 결코 일반화할 수 없는 자신들의 특수성을 지니고 있다. 이에 대해 헤르더는 다음과 같이 말한다.

---

70 Kurt Mager, "Tradition und Kritik zur Geschichtsphilosophie von Herder und Spengler," in: *Perspektiven der Philosophie*, Jan 1, 1987, 13, *Periodicals Archive Online pg.* (189-206), 191 참조.

어떤 민족도 오랜 세월동안 과거의 모습 그대로 남아있을 수는 없다는 것, 모든 예술과 학문이 그렇듯이 이 세상 모든 민족은 성장과 번영과 쇠퇴의 시기를 갖는다는 것, 이러한 변화의 매 시기가 인간의 숙명의 바퀴에 부여된 극히 짧은 시간 동안만 지속된다는 것, 결국 이 세상의 어떤 두 순간도 동일하지 않다는 것, 따라서 이집트인들과 희랍인들과 로마인들도 모든 시기에 계속 같은 모습은 아니었다는 것 — 이것이 사실이다. (…) 희랍은 여러 나라들로 이루어져 있었다. 아테네인들, 보이오티아인들, 스파르타인들, 코린토인들은 서로 달랐다(V, 504).

헤르더는 총애 받는(좋아하는) 민족][Favoritvolk]은 없다고 주장한다. 각 민족은 특수성을 지니고 있다. 그리고 각 민족의 특수성을 파악하려면 그 민족의 역사 전체를 파악하려고 노력해야 한다. 그러기 위해 헤르더는 "그 시대, 그 지역, 전체 역사 속으로 들어가서 모든 것에 감정이입을 하라"(V, 503)고 말한다.[71]

헤르더는 "역사 속에서 가장 행복했던 민족은 어떤 민족인가?"[72](V, 508)라는 물음에 다음과 같이 스스로 대답한다: "나는, 특정한 시대와 특정한 상황 아래에서 각 민족들에게 그런 시점이 있었다는 점, 혹은 그것이 결코 하나의 민족이 아니었다는 점 외에 다른 사실은 알지 못한

---

71 그러나 전체를 파악하는 것은 인간에게는 불가능한 일이다: "더욱이 당신처럼 나도, 모든 일반적인 상(像), 모든 일반개념은 추상일 뿐이며, 창조주만이 하나의 민족, 그리고 모든 민족의 전체적 통일성을 그 모든 다양성 속에서 — 그로 말미암아 그에게서 통일성이 사라지지 않고 — 사유한다는 것을 알고 있다"(V, 505).

72 이것은 스위스의 '베른 애국협회'가 1762년에 논문을 현상공모하면서 제기한 물음이기도 하다(요한 고트프리트 폰 헤르더, 『인류의 교육을 위한 새로운 역사철학』, 안성찬 역, 한길사, 2011, 74 참조).

다"(V, 509). 뿐만 아니라 "행복의 이미지조차도 각각의 상황과 지역에 다라 변화한다(행복이란, 소망을 이루고 목표에 도달하고 필요를 충족시키는 일의 총합 외에 다른 것이 아니기 때문이다. 하지만 이는, 나라와 시대와 장소에 따라 다르게 나타난다). 따라서 근본적으로 어떤 비교도 불가능하다"(V, 509)는 것이다. 이런 맥락에서 그는 다음과 같이 말한다: "각각의 공이 자기의 무게중심을 가지고 있듯이, 각각의 민족은 자기의 행복의 중심점을 자신 속에 가지고 있다!"[73] 우리는 전체의 일부분만을 보아서는 안 된다. 일부분만으로 전체가 이루어진 것은 아니기에, 전체를 보기 위해서는 다른 부분들도 보아야 한다. 지구상에는 여러 문명들이 존재하며, 어떤 일부의 특정한 문명(들)만이 전체를 대변하는 것은 아니다. 비록 우리가 전체를 볼 수 없다하더라도, 그러한 목표를 가지고, 어떤 부분에 치우치지 않고 전체를 보도록 노력해야 할 것이다.

희랍인들은 로마인들에게로 나아가는 복도가 아니다. 로마문명은 그 자신의 내적 기준에서, 즉 그 자신의 중력중심의 관점에서 판단되어야만 한다. 나중에 발생한 문명이 반드시 어떤 최종목표에 더 가까운 것도 아니고, 앞서 발생한 문명들보다 더 우월한 것도 아니다.[74] 행복해지기 위해서는 모두가 유럽인이 되어야 한다는 주장은 끔찍한 오만이다(XⅢ, 333-342 참조). 서로 다른 문화들을 비교할 수는 없다.

---

73 "(…) jede Nation hat ihren *Mittelpunkt* der Glückseligkeit *in sich*, wie jede Kugel ihren Schwerpunkt!"(V, 509).

74 Berlin, ebd., 192 참조.

특별히 총애 받은 민족[Favoritvolk]같은 것은 세상에 존재하지 않는다. (…) 자연탐구자는 자기가 고찰하는 피조물들의 서열을 전제하지 않는다. (…) 만약에 백인이 흑인을 짐승이라고, 검은 피부를 가진 동물이라고 간주한다면, 그와 꼭 마찬가지로 흑인은 백인을 변종이요 선천적인 백피증(白皮症)환자라고 간주할 권리가 있다. (…) 흑인, 아메리카인, 몽골인은 유럽인이 갖고 있지 않은 재능·능숙함·미리 형성된 소질들을 가지고 있다. 아마도 총화(總和)는 같을 것이고, 다만 다양한 비율과 보정(補正)들만이 존재할 것이다. (…) 우리 유럽 문화는 최소한 인간의 일반적인 선함과 인간의 가치를 측정하는 자[Maß]일 수는 있다. 그러나 그것은 척도[표준, Maßstab]가 아니거나 잘못된 척도다. 유럽 문화는 추상(抽象)된 개념이요 하나의 이름이다. 유럽문화가 온전히 존재하는 곳은 어디인가? 어느 민족에서인가? 어떤 시기에서인가? 더욱이 유럽문화는 아주 많은 결함·약점·경련(痙攣, Verzuckungen)·혐오와 결합되어 있어서, — 누가 이를 부정할 수 있을까? — 오직 난폭한 자만이 이러한 고등 문화의 원인을 우리 전(全)인류의 총체적인 상황으로 만들 수 있을 것이다. 인류의 문화는 또 다른 문제다. 인류의 문화는 장소와 시간에 맞게 어디에서나 솟아나는데, 여기서는 더 풍부하고 더 풍성하고, 저기에서는 더 빈곤하고 더 불충분하다.[75]

문화들이 지니고 있는 특징들은 독특하다. 각 문화는 각자의 시대와 장소와 환경에서 인간의 잠재력을 놀랍게 드러내 보인다. 가치의 우위를 판단할 수는 없는데, 그것은 비교할 수 없는 것을 측정하는 일이

75 SW XVIII. *Briefe zu Beförderung der Humanität*, 247-249.

기 때문이다. 헤르더는 자신의 여러 저술들에서, 각 문명들이 저마다 독특함과 개체성을 지닌다는 것, 무엇보다도 그 문명들 서로를 비교할 수 없다는 것을 보여주고 공표한다.[76] 동일한 문화는 존재하지 않는다.

헤르더가 끊임없이 되돌아가는 주제는 다음과 같다. 다른 문화의 기준에 의해 어떤 문화를 판단해서는 안 된다는 것, 문명이 다르면 그 결과물도 다르고 추구하는 목표도 다르며, 상이한 생활방식을 체현하며, 삶에 대한 다른 태도들이 지배적이라는 것이다. 따라서 다른 문명들을 이해하기 위해서는 그것들의 본질 속으로의 감정이입이라는 상상적 행위를 수행해야 하고, 그것들을 가능한 한 내부로부터 이해해야 하며, 그것들의 눈으로 세계를 바라보아야만 한다는 것이다. 이렇듯 광범위하게 다른 사회들과 그 사회들의 이상(理想)들을 비교할 수는 없다.[77] "어떤 한 사람, 어떤 한 나라, 어떤 한 민족, 어떤 민족의 역사, 어떤 한 국가도 다른 것들과 같지 않다. 따라서 그들 안에 있는 진·선·미(眞善美) 역시 같지 않다."[78]

3.3. 인종주의·식민주의·제국주의에 대한 반대

헤르더에 의하면 "계몽된 국민들"과 "계몽되지 않은 국민들"의 구별, 그리고 "도야된 국민들"과 "도야되지 않은 국민들"의 구별은 명확한 것

---

76 이러한 사실을 마이네케는 『역사주의의 성립』(*Die Entstehung des Historismus* II, 438)에서 논의하고 있다. Berlin, ebd., 207 f. 참조.

77 Berlin, ebd., 210 참조.

78 "Einzelne Blätter zum Journal der Reise," in: SW II (462-486), 472.

이 아니다. 그것은 단지 정도의 문제일 뿐이다(Ⅶ, 348 참조). 헤르더가 생각하는 이상적인 철학자는, 인종들이나 피부색에 대한 칸트의 선입관에 의해 저지되지 않고 인간의 실존에 관한 사실들을 제시하고, 인간의 환경에 대한 적응을 제시하는 문화 인류학자다.[79] "인종은 비열한 단어다"라는 말은 이러한 점에 대한 헤르더의 신념을 잘 표현해주고 있다. 피부색은 환경을 가리키는 것일 뿐이다. 그리고 우리는 모든 인종들에 있어서 "인간다움"을 볼 수 있다. 그는 이렇게 말한다: "우리는 그들(타 민족들: 필자 첨가)을 단지 멍청하거나 완고하다고 경멸하는 것이 아니라, 좋은 점에서건 나쁜 점에서건 그들로부터 그리고 그들에게서 배우고자 한다."[80] 헤르더의 저술 어디에서도, 독일어를 말하는 유럽인이 비독일인을 통제해야 한다는 생각의 표현은 발견되지 않는다. 따라서 헤르더의 저작이 나치의 이데올로기의 선구자라고 나치가 호소하는 일도 정당화될 수 없다. 헤르더는 칸트를 직접 인용하고 논박한다: "쉽기는 하지만 악한, 인간 역사의 원칙은 다음과 같은 것이다: '인간은 주인을 필요로 하는 동물이며 이 주인이나 주인들의 결합으로부터 자기 운명의 행복을 기대한다.' 이 명제를 전도(顚倒)하면 다음과 같다: 주인을 필요로 하는 인간은 동물이다; 그가 인간으로 되자

---

79 칸트의 인종주의는 그의 두 편의 글에서 표현된다. "Von den verschiedenen Racen der Menschen (1775)," in: *Kant, Akademieausgabe Bd. II*, 427-444, 그리고 "Bestimmung des Begriffes einer Menschenrace (1785)," in: *Kant, Akademieausgabe Bd.* Ⅷ, 89-106. 헤르더는 저자와 저술을 언급하지 않고 이 두 저술 모두를 공격한다(XIII, *Bk.* IX) (*Clark, Jr.*, *ebd.*, 450의 주석).

80 "Wir wollen sie weder bloss angaffen noch trotzig verachten, sondern in Gutem und Bösem von ihnen und an ihnen lernen"[Herder, "Exemplare der Menschheit in Vorstellungsarten, Sitten und Gebräuchen," in: *Teutscher Merkur 4*, 1783 (178-91), 180].

마자 그는 진짜 주인을 더 이상 필요로 하지 않는다"(XIII, 383).[81] 지도자를 따를 수는 있지만 주인에게 복종하지는 않는 사회만이 진정으로 인간적인 사회라는 것이 헤르더의 생각이다.[82]

그는 고대에든 현대에든, 유럽의 내부에서든 외부에서든 토착민을 식민지 주민으로 정복하는 일은 항상 도덕적으로 가증스럽고 인간다움을 거역하는 범죄로 생각한다. 그리고 낯선 가치들을 다른 민족에게 강요하는 행위는 (예컨대 선교사들이 과거에 발트해 지역과 인도에서 자행한 것처럼) 비효율적이고도 해롭다(VII, 210, 303).[83] 헤르더는 근대 유럽국가의 제국주의에 대해 분노하면서(V, 546-7, 550, 557-8 참조), 자신의 분노를 역설적(逆說的)인 방식으로 표현하고 있다:

> 또한 지구가 지금만큼 전반적으로 계몽된 때가 언제인가? 그리고 지구는 계속해서 더욱 계몽되고 있다. 예전에는 지혜가 항상 단지 협소한 민족적인 것이었고 따라서 또한 더 깊이 파고들어 더 견고하게 조여졌다면, 오늘날에는 그 광채가 얼마나 멀리 퍼져나가는가! (…) 그리고 이런 일은 계속될 것처럼 보이지 않는가! 유럽의 식민지가 없는 곳이 어디 있으며, 유럽의 식민지가 되지 않을 곳이 어디에 있는가! 세계 도처에서 야만인들이 우리의 위스키와 풍요를 더욱 좋아하게 될 때마다, 야만인

---

81 이 구절은 "인간은 동물처럼 주인을 필요로 한다"는 칸트의 주장(『세계시민적 의도에서 본 보편사의 이념』)을 겨냥한 것이다. 그러나 칸트의 논문 「계몽이란 무엇인가?에 대한 답변」, 그리고 헤르더가 하만에게 보낸 편지(1775년 2월 14일자)도 참조할 필요가 있다. 이상, Berlin, ebd., 199 및 Clark, Jr., ebd., 336 참조.

82 Berlin, ebd., 198 f. 참조.

83 Ebd., 193 f. 참조.

> 들은 우리의 종교로 개종하기에 더욱 준비가 잘 된다! 더욱이 이들이 위스키와 풍요를 통해 어쨌든 우리 문화에 가까워지면, — 오, 하나님 맙소사! — 곧 모든 인간은 우리처럼 선하고 강하고 행복한 인간이 될 것이다. 무역과 교황권은 이미 이 위대한 사업에 얼마나 크게 기여했던가! 스페인인, 예수회 사람, 네덜란드인 여러분, 인간을 사랑하고 비이기적이고 고상하며 덕망 있는 민족(나라)들이여! 인류의 도야는 이미 세계 모든 곳에서 당신들에게 얼마나 많이 힘입고 있지 않은가!(V, 546).

유럽인들은 미개인들에게 브랜디와 풍요를 가져다주고 개종(改宗)을 강요함으로써 그들에게 문명을 선사한다고 위장한다. 유럽인들은 자신들이 노예제도를 폐지했기 때문에 그 민족들이 문명화된 것이라고 자랑한다. 하지만 그들은 왜 그렇게 했을까? 왜냐하면 노예들은 값싼 노동력보다 비용이 더 많이 들기 때문이다. 무역·협력·문명의 이름으로 유럽인들은 세계의 3분의 2를 정복하는 데 성공했다. 그들은 아프리카, 아메리카, 남태평양 제도의 원주민들을 무자비하게 착취하고 잔인하게 몰살했다. 그러나 이 사람들은 결국 "미개인들"이자 비기독교인들일 뿐이었다.

헤르더에게 있어서 문화의 기원은 '대가족' 즉 민족[Volk]이다. 민족은 특정 언어와 역사의 혈통을 갖고 있어 사람들의 생명력 또는 삶의 정신[Lebensgeist]을 구성한다. 민족이나 국가가 완전히 식민지화되고 정복되면, 그리하여 언어와 족보를 추적할 수 있는 능력을 잃게 되면 그들은 죽은 민족, 피정복 국가가 된다. 정복자와 피정복자로 구성된 거대한 "국가기계"는 비정상적이어서 타락하는 경향이 있다고 헤르더는 말한다(XIII, 385 참조).

헤르더는 계몽주의 전체를 비판한 것이 아니라, 계몽주의자들이 계몽적인 통치자들에게 아첨함으로써 계몽적 전제주의를 지지해온 것을 비판했다. 즉, 그들은 지역의 자치권을 말살하고 아프리카·아메리카·아시아의 원주민들을 착취하려고 하는 군주들의 군사행동에 협력하고, 유럽의 가치를 문명의 완벽한 예로 간주하고 이 문명의 확산을 "원시적인" 민족들에게 권함으로써 제국주의를 정당화하고 억압을 정당화했다. 뿐만 아니라 계몽주의자들은 국민을 교육하는 데 실패했을 뿐만 아니라 국민 안에 있는 문화의 몇 안 되는 씨앗을 억압했다. 그들은 민속 시·신화·음악을 미신이자 비속한 것이라고 비판했고, 세계주의적(사해동포주의적) 개인이라는 새로운 복음을 전함으로써 사람들이 지닌 민족적(국민적) 정체성을 부끄러워하게 만들었다(V, 551 참조). 사람들은 어디에나 속해야 한다는 말을 듣기 때문에 이제 더 이상 그 어디에도 속한다고 느끼지 않는다. 그 결과, 사람들은 그들 자신의 문화·그들의 민족적 전통·언어·역사의 살아 있는 원천으로부터 소외된다. 이제 계몽의 시대 덕분에 사람들은 단일한 보편적 본질을 지닌 창백한 천상의 구현체인 완벽하게 비슷한 존재자가 될 것이다. 계몽주의자들이 관용을 설파하는 것은 오로지 모든 사람이 이 추상적인 인간성을 공유하고 있다고 믿기 때문이다. 그들은 결코 그들 자신을 위해 문화적 차이를 존중하지 않는다.[84]

헤르더는 민족주의자였지만 제국주의자는 아니다. 제국주의는 사람들의 특수성을 파괴하고 사람들의 언어와 유산을 말살하고 새로운 언어와 정체성을 다른 사람들에게 강요한다. 헤르더는 사람들이 자신의

84 Beiser, ebd., 203 f. 참조.

특별한 유산·역사·정체성의 풍요로움 속에서 살아야 한다고 주장한다. 그들은 문화와 창조정신의 발전에 기여해야 하며 다른 사람들의 유산·역사·정체성을 존중해야 한다. 그러나 헤르더는 또한 타(他)문화에 푹 빠지는 것에 대해서도 경고하는 한편, 자기 민족의 문화적 창의성과 고유성을 확고하게 유지하면서 모든 사람의 문화적 창의성과 고유성을 인식해야 한다고 주장한다. 문화를 혼합하는 것은 파괴만을 가져올 뿐이다. 왜냐하면 그것은 모든 특정 민족의 생명 정신이자 창조적 천재가 되는 본래의 유기체적 통일성을 파괴하기 때문이다.[85]

4. 역사주의

• '역사주의'라는 용어는 상반(相反)되기까지 하는 다른 의미로 사용될 수 있어서 주의가 필요한데, 나는 여기서 넓은 의미의 '역사주의[historism]'를 좁은 의미의 '역사개성주의[historism]'와 '역사법칙주의[historicism]'을 포괄하는 개념으로 이해한다.[86] 역사개성주의는 독일 역사학파를 중심으로 논의되어 온 전통적 역사주의를 가리키고, 역사법칙주는 포퍼가 규정한 역사주의를 가리킨다.

---

85 Clark, Jr., ebd., 323 참조; https://minervawisdom.com/2020/05/26/johann-gottfried-von-herders-philosophy-of-kultur/참조.

86 이러한 이해는 이한구『역사주의와 반역사주의』, 철학과 현실사, 2013. 특히 17-58 참조]의 분류를 따른 것이다.

헤르더는 일반적으로 근대 정치사상의 가장 중요한 학설인 민족주의와 역사주의[87]의 아버지로 인정된다. 역사주의는 1770년대와 1780년대에 계몽주의의 역사서술에 반대하여 뫼저(Justus Möser, 1720-1794)와 헤르더에 의해 최초로 전개되었다. 그러나 후대의 역사주의와는 달리 헤르더는 문화(적) 상대주의를 포용하거나 자연법 개념을 결코 거부하지 않았다.[88]

• 『인류의 도야를 위한 또 하나의 역사철학』은 근대 역사주의를 정초하는 저술들 가운데 하나로 간주되어 왔는데,[89] 여기에는 어느 정도 타당성이 있다. 왜냐하면 다음과 같은 역사주의의 세 가지 중심논제가 헤르더의 이 논고에 분명하게 나타나있기 때문이다.[90] 바이저(Frederick Beiser)에 의하면 역사주의는 다음 세 가지 중심논제로 구성되어 있다. 1) 모든 사회적·정치적·문화적인 제도와 활동은 그 환경에 따라 변화하고 적응하기 때문에, 단 하나의 이상적인 헌법·언어·종교·문화라는 것은 존재하지 않는다. 사회적·정치적·문화적 세계에 주어져 있어 영원한 것으로 보이는 것들 — 언어든 종교든 혹은 법체계든 — 은 역사의 산물이며, 특히 특정한 시기에 사람들에게 작용하는 경제적·지리적·기후적·인구학적 조건의 산물로 판명된다. 2) 문화는 비회귀적인 독특한 전체이자 하나의 유기적인 통일체 내지 개체이며, 그 가치·신념·제도·전통·언어는 모두 서로 불가분의 관계에 있다. 그러

---

87 이때의 '역사주의'는 '역사개성주의'를 뜻한다.

88 Beiser, ebd., 5, 189 참조.

89 예컨대, Meinecke, *Entstehung des Historismus II*, 440; R. Stadelmann, *Der historische Sinn bei Herder*, Halle, 1928, 28 참조.

90 Beiser, ebd., 205-6 참조.

므로 우리는 어떤 일반적인 법칙이나 어떤 외부적인 견지에서 문화를 설명할 수 없다. 오히려 우리는 문화를, 내부로부터 즉 공감의 마음을 가지고 그 실질적인 관여자의 관점 속으로 들어가서 검증해야 한다. 3) 모든 문화의 발전은 유기적이며, 탄생·청년기·성숙기·쇠태·사멸 등 하나의 생명체의 성장 단계들을 보여준다. 이 세 가지 논제들은 사회에 유기적인 비유를 적용한 결과로 볼 수 있다. 사회가 하나의 유기체와 같다면, 그것은 발전하고 불가분한 전체를 형성하며 성장과 쇠퇴의 단계를 거치게 될 것이다.[91]

4.1. 헤르더의 역사주의의 배후에 있는 사회적·정치적 동기들

• 헤르더의 역사주의의 배후에 있는 사회적·정치적 동기들은 다음과 같다. 1) 계몽주의 역사학자들은 자기민족중심주의[ethnocentrism]라는 잘못을 범했을 뿐만 아니라 정치적 안일함이라는 잘못을 범했다고, 즉 자신들의 시대가 처해 있는 문제들을 외면했다는 것이다. 2) 헤르더의 역사주의의 배후에 있는 또 다른 동기는 민족문화와 문화적 다양성을 옹호하는 것이었다. 그는 민족문예의 열렬한 옹호자이어서, 각각의 문화는 자신의 독특한 신념·가치·전통을 표현하는 문예를 발전시켜야 한다고 믿었다. 그의 초기의 미학 관련 글들은 각 시대의 문예가 그 시

---

91 따라서 역사주의란, "우선 새로운 생명원리들을 역사적 삶에 적용하는 것에 다름 아니다"라는 마이네케의 지적이 있다(*Enstehung des Historismus* I, 2). 이상, Beiser, ebd., 5-6 참조.

대의 언어·전통·신념의 산물이라는 것을 보여주려고 한다. 이러한 논제는 민족문예의 발전을 장려할 뿐만 아니라, 문예를 영원하고 보편적인 관점에서 평가할 수 있다고 믿었던 고전주의 비평가들의 가식적인 주장을 논파할 것이라고 헤르더는 믿었다. 『인류의 도야를 위한 또 하나의 역사철학』에서 헤르더는 문예에 대한 자신의 견해를 문화 전반으로 확장시켰다. 이제 그는 자기들 시대의 가치를 어떤 문화에도 보편적으로 유효한 것으로 보는 역사학자들을 공격함으로서 민족문예뿐만 아니라 민족문화도 옹호했다. 그들 시대의 가치를 영속화하는 보편성에 대한 그들의 주장은 다른 문화의 발전을 억압하는 데 이용될 수 있었다. 헤르더가 말했듯이, "철학과 인류애라는 보편적인 의상(衣裳)은 억압을 은폐하고, 체사레 보르자가 원했던 것처럼 진정한 개인의 자유 · 국가의 자유 · 시민의 자유 · 민족(민중)의 자유에 간섭하는 일을 은폐할 수 있다."[92]

그의 역사주의의 또 다른 동기는 종교적 정통주의와 싸우는 것이었다. 역사주의는 초자연적 계시에 토대를 둔 권위에 대한 주장을 논파하는 강력한 무기가 될 수 있을 것이다. 그것은 영원하고 초자연적인 것으로 보이는 것이 역사에서 너무나 인간적인 기원을 가지고 있다는 것을 보여줄 수 있을 것이다. 헤르더는 그의 초기 시절에 바로 이런 식으로 자신의 역사적 방법을 사용하는 것을 주저하지 않았다. 예컨대 그는 1764-1765년의 『동방의 고고학을 위한 단편』(*Fragmente zu einer Archäologie des Morgenlandes*)에서, 기독교의 성경은 그것을

---

92 "Das allgemeine Kleid, von *Philosophie* und *Menschenliebe* kann *Unterdrückungen* verbergen, *Eingriffe* in die wahre, Persönliche *Menschen-* und Landes-, *Bürger-* *und Völkerfreiheit*, wie *Cäsar Borgia* sie nur wünschte: —"(V, 577). 이상, *Beiser*, *ebd.*, 206 참조.

발생시킨 자연조건들에 따라 여느 인간의 문서처럼 검토되어야 한다고 주장했다(VI, 33-38 참조). 역사적 맥락에서 읽으면, 기독교의 성경은 고대 유대인들의 언어·전통·믿음의 산물이자 삶과 자연을 향한 감정을 문예적으로 표현한 민속시라는 것이 증명될 것이고, 따라서 헤르더는 기독교의 성경을 초자연적 계시의 산물로 간주한 정통파 신학자들을 비판한다.[93]

4.2. 헤르더의 역사주의는 상대주의인가?

역사주의는 사회적·정치적 제도를 역사의 산물로 옹호하고 추상적인 도덕원리를 거부하며, 사회를 변화시키려는 대규모의 시도를 일축한다. 그러나 헤르더는 권위에 대한 주장을 지지하기보다는 약화시키려는 의도를 가지고 있었다. 그의 역사주의는 본래 사회비판·문화비판·정치비판의 무기가 되려고 의도되었다. 여기서, 역사주의를 어떻게 다루든 간에, 역사주의는 상대주의로 귀결되는가 하는 문제가 불가피하게 발생한다.[94]

여러 해 동안 헤르더는 상대주의의 문제를 절실하게 의식하고 있었고, 그것을 피하는 것이 실로 그의 역사철학의 중심목표들 가운데 하나였다. 리가 시절의 논문 「인간들 사이에 존재하는 취미와 사고방식의 상이함에 관하여」("Von der Verschiedenheit des Geschmacks und

---

93 VI, 33-38, 74-90, 특히 86-87 참조. 이상, Beiser, ebd., 207 참조.

94 Leo Srauss, *Natural Right and History*, Chicago and London, 1953(1950), 26-34 참조.

der Denkart unter den Menschen," XXXII, 18-29)에서 그는, 역사에서 취미과 가치의 모든 변화로부터 발생하는 회의주의의 위험성을 고찰했다. 그리고 이러한 변화들 가운데는 단일한 인간성이 존재한다고 내내 단언하고 있다.

상대주의의 문제에 대한 헤르더의 관심은 1774년의 논고에서도 계속되었다. 초기의 초고는 다음과 같은 질문으로 시작한다. "어떤 종류의 미덕과 부덕이 인간을 모든 시대에 지배했는가? 그리고 미덕과 부덕에 대한 인간의 성향은 시대와 더불어 개선되었는가 악화되었는가? 아니면 항상 같은 것으로 머물러 있었는가?"[95] 그리고 이 저술의 최종판에서 헤르더는 역사의 모든 변화에도 불구하고 인간의 단일한 본성이 존재하는지를 다시 물었다(V, 511-513 참조). 그는 자기들 자신의 시대의 기준을 적용함으로써만 역사에서의 진보를 보는 계몽주의자들과, 역사에서의 변화만 보고 진보나 보편적 가치는 보지 않는 회의주의자들이라는 두 극단 사이에서 길을 찾는 것이 자신의 목표였다고 설명했다. 어쨌든 그는 자기 민족중심주의와 상대주의라는 두 극단 사이에서 움직여야 했다. 그는 중간의 길이 "보다 고차적인 의미의 진보"가 존재한다는 것을 보여줄 것이라고 말한다. 이러한 진보가 존재한다는 것이 실로 이 저술 전체의 중심주제다: "인류는 언제나 단지 인류로 남아있을 것이다. 그러나 계속되는 추구의 계획이 드러나게 될 것이다. 바로 이것이 나의 큰 주제다."[96]

---

95 "Was für Tugenden oder Untugenden haben die Menschen zu allen Zeiten beherscht? und ist der Hang der Menschen mit der Zeit verbessert oder verschlimmert worden? oder sich immer gleich geblieben?"(V, 587).

96 "(…) die Menschheit bleibt immer nur Menschheit — und doch wird ein *Plan des*

그렇다면 헤르더는 어떻게 상대주의의 위험을 피했을까? 그는 어떻게 "보다 고차적인 의미의 진보"가 존재한다는 것을 확증했을까? 그의 전략의 핵심은 유기적 유비(類比)를 역사에 적용하는 것이다. 과거의 모든 문화들은 성장의 많은 단계들이자 인류의 자기 교육의 증진과정에 나타나는 많은 국면들과 다른 것이 아니다. 초기 히브리인들은 유아기, 이집트인들은 유년기, 희랍인들은 청년기, 로마인들은 인류의 성년기였다.[97] 이 유기적 은유를 통해 헤르더는 역사의 진보를 볼 수 있었고 각 문화의 독특한 가치를 강조할 수 있었다. 그가 각 문화의 자율성과 개성을 강조한 것은 모든 가치들이 저마다 상대적이라고 믿었기 때문이 아니라 각문화가 그 발전의 특정단계에서 인류에 적합한 가치를 가지고 있다고 생각했기 때문이라는 점을 아는 것이 가장 중요하다. 문화들이 각기 독특한 가치를 갖는 것은, 마치 성인에게 좋은 것이 아이에게 좋은 것이 아닌 것처럼 한 단계의 성장에 적절한 것이 다른 단계에게는 그렇지 않기 때문이다. 헤르더는 희랍인들이 이집트인들을 얕보고 또 이집트인들이 유대인을 경멸하는 방식을 언급하면서, 이것은 청년이 어린아이에 대해 또 어린아이가 유아에 대해 갖는 그런 종류의 경멸이라고 말했다. 그는 곧바로 "이들의 증오야말로 발전, 진보, 사다리의 단계들을 보여준다"(V, 489)고 덧붙였다. 우리는 각 문화를 그 장소와 그 시대에 비추어 검토해야 하는데, "왜냐하면 또한 일곱 살짜리 소년이 노인이나 성인처럼 추리하는 것은 불가능하기 때문

Fortstrebens sichtbar — mein großes Thema!"(V, 511).

97 헤겔은 동양의 세계를 유아기로, 희랍과 로마세계를 청년기로, 그리고 게르만세계를 인류의 성년기로 보았다.

이다."[98] 계몽주의 역사학자들이 길을 잃은 것은, 단순히 한 문화의 기준을 다른 문화에 적용하기 때문이 아니라, 보다 성숙하고 발전된 인류(인간성)의 단계라는 기준을 보다 원시적이고 미발전된 단계에 적용하기 때문이다. 그들이 보지 못하는 것은, 문화적 가치들이 서로 비교될 수 없다는 점이 아니라, 진보된 시대에 적합한 것이 그보다 이른 시대에는 적합하지 않다는 점이다(V, 484-6 참조). 그렇다면 이런 유기적인 용어들로 말함으로써 헤르더는 각 문화들이 서로 비교할 수 없는 것인 동시에 그 문화들은 모두 하나의 기준이나 목표에 따른다고 가까스로 말한 것이다.

그러나 헤르더의 해결책은 분명히 그 자체의 문제점들과 난점들을 남긴다. 그것들은 역사의 발전의 목적이나 종착점은 무엇인가? 문명의 다양한 단계들은 무엇을 위한 준비인가? 라는 것들인데, 그는 『인류의 도야를 위한 또 하나의 역사철학』에서는 이 질문에 관해 모호한 태도를 취하고 심지어 언급을 회피하기까지 했고, 『인류의 역사철학을 위한 이념들』에서야 비로소 그럴듯한 대답을 개진했다. 여기서 그는 역사의 목적을, 인간의 모든 신체적·감성적·활동적·지적 능력의 자율적인 발전이라고 보았다(XIII, 154-165 참조). 이 정의는 자기민족중심주의와 상대주의의 위험을 피한다고 그는 믿었는데, 왜냐하면 비록 모든 민족들이 같은 능력을 발전시키지만, 그들은 전적으로 다르고, 실로 서로 비교할 수 없는 방식으로 그렇게 하기 때문이다.[99]

---

98 "denn auch mit dem Knaben von sieben Jahren läßt sich noch nicht, wie mit Greis und Manne vernünfteln"(V, 490).

99 XIII, 161, 387-8, 392-5 참조.

어려움이 무엇이든 간에, 상대주의의 문제에 대한 헤르더의 해법은 그가 얼마나 계몽주의의 전통 속에서 여전히 작업하고 있었는지를 보여준다. 각 문화의 독특함과 자율성을 강조했음에도 불구하고, 그는 차마 계몽주의의 낙관주의나 진보 개념을 버릴 수 없었다. 역사의 모든 시대를 신의 섭리에 의한 인류의 교육으로 보고 있다는 점에서, 그는 렛싱의 『인류의 교육』(*Erziehung des Menschengeschlechts*)의 유산을 재확인하고 있었다. 그러나 계몽주의에 대한 이러한 변함없는 충성은 근대 인류학의 창시자 헤르더의 해석이 시대착오적인 것은 아닌지 묻도록 강요한다. 왜냐하면 그렇게 많은 당대의 인류학자들과는 달리 헤르더는 문화적 기준들의 완전한 비교 불가능성을 옹호하고 있지 않았기 때문이다. 그는 여전히 모든 문화를 보편적인 자연법칙에 따라 진보와 완(벽)성이라는 척도로 보고자 했다.[100]

---

100 Beiser, ebd., 207-9 참조.

III. 헤겔

헤겔(Georg Wilhelm Friedrich Hegel, 1770-1831)은 역사상 최초로 체계적이고 포괄적인 역사철학을 전개했다. 그리하여 헤겔 이후의 역사철학은 그로부터 큰 영향을 받고 있다. 그의 연구대상은 세계사로서, 二 내용은『세계사의 철학강의』(*Vorlesungen über die Philosophie der Weltgeschichte*, 1837)와『역사 속의 이성』(*Die Vernunft in der Geschichte*, 1837) 등에서 찾아볼 수 있다.『세계사의 철학강의』는 1837년 고인우인회(편) 헤겔 전집 속에 간스(Eduard Gans)에 의하여, 다시 1840년에는 헤겔의 장남(Karl Hegel)에 의해 편집·간행되었다. 그 이후 랏손(Georg Lasson)에 의해 철학총서[Philosophische Bibliothek]의 비판본으로 제3판까지(1917, 1920, 1930) 간행되었는데, 이들 서 명의 발행인들 모두에 의해 텍스트가 변경되었다.

헤겔은 1822/23년 겨울학기부터 2년마다 한 번[in zweijährigen Turnus], 그때마다 주당 네 시간씩 5회에 걸쳐 강의했는데, 마지막 강의는 1830/31년 겨울학기에 이루어졌다.[101] 그가 첫 번째 강의를 위해

---

101 Hegel, *Vernunft in der Geschichte* (=VG), fünfte, abermals verbesserte Auflage. hg. v. J. Hoffmeister, Hamburg, 1955, Vorbemerkungen des Herausgebers, Ⅶ 참조.

작성한 원고는 분실되었고 필기노트들[Nachschriften]을 통해서만 전해진다.

1. 역사를 고찰하는 세 가지 방법 : 역사철학은 역사를 어떻게 연구하는가?

헤겔은 역사를 고찰하는 세 가지 방법을 다음과 같이 구분하고 있다.

1) 근원적(본래의) 역사[ursprüngliche Geschichte]
   : (사건의) 기록으로서의 역사
2) 반성적 역사[reflektierende (oder reflektierte) Geschichte]
   : 역사학으로서의 역사
3) 철학적 역사[philosophische Geschichte]
   : 역사철학으로서의 역사

1) 근원적(본래의) 역사

• 여기에 관해서는 희랍시대의 헤로도토스나 투키디데스를 들 수 있다. 이들은 그들 스스로가 직접 목격한 사실이나 상태, 또는 다른 사람들로부터 얻어들은 이야기나 보고를 서술하였다: "이들은 특히 자기 눈앞에 있고 또 그 본질(정신, Geist)에 관심을 가졌던 행위·사건·정세들을 기술하고 외적으로 존재했던 것을 정신적 표상의 왕국으로 이입(移入)시켰다. 이렇게 해서 외적 현상은 내적 표상으로 번역된다."[102]

• 역사기술자는 덧없이(신속히) 지나가는 것들을 결합해서 그것들을 기억(記憶)의 여신(女神)의 신전(神殿)으로[in den Tempel der Mnemosyne] 안치(安置)하여 불멸의 것이 되게 한다.

• 그러나 ① 이 종류의 역사는 그 범위가 (시공간적으로) 극히 제한되고, ② 사실에 관한 반성이 전혀 없다. 왜냐하면, 이 역사를 서술한 사람 자신이 그 사실이 일어나게 된 시대의 정신 속에서 살고 있었으며, 이 시대의 정신에서 벗어나지 못하기 때문이다.[103]

2) 반성적 역사

• 이것은 "역사의 서술이 시대에 관계하지 않고 현재를 너머서 정신에 관련된 역사를 말한다. 이 두 번째의 유(類) 속에서는 전적으로 상이한 종(種)들이 구별된다." 여기에 속한 역사는 또 다음과 같이 구분된다.

① 일반사[allgemeine Geschichte]

• "우리는 어쨌든 한 민족이나 한 나라 혹은 세계의 전역사(全歷史)에 대한 개관을, 간단히 말하면 우리가 일반사를 쓰고 있다고 말하는 것을 요구한다"(TW 12, 14). 이것은 주로 로마시대에 폴리비우스나 리

---

102 Hegel, *Vorlesungen über die Philosophie der Geschichte*, TW 12, 11. 이 저술은 앞으로 TW 12로 줄임.

103 이런 맥락에서 헤겔의 다음과 같은 말을 상기해볼 만하다: "(…) 미네르바의 올빼미는 황혼이 깃들 무렵에야 날기 시작한다[(…) die Eule der Minerva beginnt erst mit der einbrechenden Dämmerung ihren Flug]"[*Grundlinien der Philosophie des Rechts oder Naturrecht und Staatswissenschaft im Grundrisse (1821)*, Vorrede, 28. 이 저술은 TW 7로 줄임].

비우스 등에게서 시작된 것으로, 사실이나 사건 자체를 조사·탐구해서 기술하는 것이 아니라, 역사가 자신의 정신에 입각해서, 즉 그 사실이나 사건이 발생했던 시대를 초월한 역사가 자신의 정신에 입각해서 사료를 수집하고 그 사료를 역사가의 정신에 알맞게 가공해서 쓰는 역사를 말한다.

이것은, 사실을 서술하되 이 사실을 시대적 순서에 따라서 서술하지 않고, 정신적으로 이 시대를 떠나서 일정한 거리를 두고 모든 민족의 전체역사, 즉 세계사나 일반사를 서술하는 것을 말한다. 그런데 이를 위해서는 잡다한 역사적 자료에 대한 검토가 필요하고, 이러한 검토를 위해서 역사가는 자기의 정신을 가지고 사료를 취사선택해야 한다.

② 실용적 역사[die pragmatische Geschichte]

• 교훈적 목적에 입각해서, 즉 동양식으로 말하면 온고지신(溫故知新)이나 귀감(龜鑑)으로 쓰이는 역사를 말한다. 오늘날 사가(史家)들은 이것을 교훈적 역사라고도 부른다.

• 우리는 순전히 지식욕이나 호기심에서만이 아니라 과거의 사실 속에서 현재나 미래에 필요한 교훈을 얻기 위해 역사를 연구한다. 이처럼 장래의 생활을 위한 교훈을 얻기 위하여 과거의 사실을 반성하는 입장에서 쓰는 역사를 <실용적 역사>라고 말한다.

③ 비판적 역사[die kritische Geschichte]

• 역사의 역사 그리고 역사적 설화의 비평 및 그것의 진실성·확실성의 연구다.[104] 즉 비평의 자료로서 과거의 사실을 활용하는 역사를 말한다.

• 소위 고등비평[die sogenannte höhere Kritik][105]의 경우: "이 고등비평은 허황된 상상력에서 비롯된 가능한 모든 비역사적 망상(妄想)이 횡행(橫行)하게 된 데 대한 정당한 근거를 제시해야만 했다"(TW 12, 18).

④ 전문적 역사[die Spezialgeschichte[106]]

• 인간생활의 특수한 부문의 발전과정이나 과거사실을 취급하는 예술사·법률사·종교사 등의 전문역사를 말한다.

3) 철학적 역사

• 헤겔이 말하는 '철학적 역사'는 역사를 철학적으로 연구하는 역사철학을 가리키며, "역사철학이란, 역사를 사상적(思想的)으로 고찰하는 것 외에 다른 것을 뜻하는 것이 아니다.[107]

---

104 니버(B.G. Niebuhr, 1776-1831)의 『로마사』(*Römische Geschichte*)는 이와 같은 방법으로 쓰인 것이다. 즉 이것은 사료의 문헌학적 비판에 의해 로마 태고사(太古史)를 덮는 신화·전설의 구름과 같은 것을 일소하려 한 것으로서, 근대의 비판적 역사의 기점이 되었다.

105 상층비평(上層批評)이라고도 하며, 저급비평에 대립되는 말이다. 저급비평이 성서의 원문에 관한 연구인 데 반해, 그 저작연대와 저자, 또 역사적·사상적 배경 등 성서에 관한 문예학적·역사적 비평·연구를 주안으로 하므로, '문예비평' 또는 '역사비평'이라고도 한다. 이 용어는 1783년 J.G. Eichhorn이 처음으로 사용하였는데, 이 방법은 18~19세기 J. 벨하우젠, F. 파울 등을 중심으로 성행하였다.

106 Spezialgeschichte라는 표현은 『역사 속의 이성』(*Die Vernunft in der Geschichte*, hg v. J. Hoffmeister, fünfte Aufl., Hamburg, 1955. 앞으로 VG로 줄임)에서만 나오고, 『역사철학강의』(*Vorlesungen über die Philosophie der Geschichte*)(TW 12)에서는 발견되지 않는다.

107 "(…) Philosophie der Geschichte nichts anderes, als die denkende Betrachtung derselben bedeutet"(TW 12, 20).

• 그런데 역사를 사상적으로 고찰한다는 것은 무엇인가? 헤겔에 의하면, 철학은 역사 연구에 들어가기 위하여 다음과 같은 생각(사상)을 미리 가져야 한다고 주장한다: "철학이 지니고 있는 유일한 사상은 이성이 세계를 지배하며, 세계사도 이성적으로 진행되었다는 이성에 대한 단순한 생각(사상)이다."[108] 이것은 뒤에 논의하겠지만 일종의 신의론(神義論)[변신론(辯神論)][Theodizee]이라고 할 수 있다.

• 헤겔은 세계사가 정신의 기초 위에서 진행한다고 하는 소위 '정신사관'을 주장하고 있다. 세계사가 이성적으로 진행한다는 것, 즉 이성이 세계를 지배한다는 것은 세계사의 서술에서 증명된다고 헤겔은 주장한다. 즉, 세계사는 이성이 자기를 계시하는 하나의 특수한 현상이라는 것이다.

• 헤겔은 정신사관의 실례로 두 가지 견해를 들고 있다. 그 하나는 고대 희랍의 철학자 아낙사고라스(Anaxagoras)의 사상이요, 또 하나는 신의 섭리라는 기독교사상이다.

① 아낙사고라스의 사상

• "그 하나는 희랍의 아낙사고라스가 nous (νοῦς), 지성 일반 혹은 이성이 세계를 다스린다고 처음으로 말한 역사적인 내용이다. 그런데 이때의 누우스는 자기를 의식하는 이성으로서의 지성[Intelligenz]이나 정신 자체가 아니어서 우리는 이 양자를 아주 잘 구별해야 한다. 태양계의 운동은 불변의 법칙들에 따라 행해지고 있고, 이 법칙들이 태양

---

108 "Der einzige Gedanke, den die Philosophie mitbringt, ist aber der einfache Gedanke der Vernunft, dass die Vernunft die Welt beherrsche, dass es also auch in der Weltgeschichte vernünftig zugegangen sei"(TW 12, 20. 그리고 VG, 26, 27, 37 도 참조).

계의 이성이다. 그러나 태양도, 이 법칙 속에서 태양 주위를 도는 행성들도 법칙을 의식하고 있지는 않다. 마찬가지로 자연 속에 이성이 있으며, 자연이 일반법칙에 의해 변치 않고 지배되고 있다는 사상에 우리는 결코 놀라지 않는다"(TW 12, 23 f.)[109]

② 기독교 사상

• "더 나아가, 이성이 세계를 지배한다는 사상의 이러한 등장은 우리가 주지하고 있는 추가적인 적용과 관련되는데, 이러한 적용은, 세계는 우연이나 외적·우연적 원인에 내맡겨지지 않고 신의 섭리가 세계를 지배한다는 종교적인 진리의 형태를 지닌다. (…) 기독교에서 신은 자기를 계시(啓示)했다. 즉 신은 인간에게 자기가 누구인지 알도록 자신을 드러냈기 때문에 그는 더 이상 감춰진 자, 비밀의 존재자가 아니다. 신을 알 수 있는 이러한 가능성과 더불어 우리에게는 신을 인식할 의무도 부과되었다. (…) 한때 동물이나 식물, 개개인의 운명 속에 신의 지혜가 작용하고 있음을 보고 감탄하는 일이 유행했다. 신의 섭리가 그런 대상들과 소재들 속에 계시된다고 인정한다면, 세계사 속에서도 신의 섭리가 왜 인정될 수 없겠는가? 세계사라는 소재는 너무 큰 것으

---

109 아낙사고라스는 처음으로 nous가 세계를 지배한다고 말했다. 그러나 여기서 말하는 nous는 '정신'이나 '이성'으로 번역되지만, 단순히 이(理) 일반이나 이법(理法)을 뜻한다. 그것은 자기가 자기를 자각하는 자기의식적인 이성, 즉 정신 그 자체를 의미하는 것은 아니다. 예컨대 태양계는 일정한 법칙(理法)에 따라 운동한다. 이러한 이법이 곧 태양계의 누우스다. 그러나 태양계 자체도, 그 주위를 돌고 있는 행성도 그러한 이법을 의식하지 않는다. 그러므로 누우스가 세계를 지배한다는 것은, 자연계 속에 이법이 존재한다, 자연계가 이법에 의해 지배되고 있다는 것을 의미할 뿐이다. 이것은 별로 놀라운 일이 아니다(한명수, 『역사철학』, 이문출판사, 1996, 112 참조).

로 보인다. 그러나 신의 지혜, 즉 이성은 작은 소재에 있어서나 커다란 소재에 있어서나 동일한 것이어서 우리는 그의 지혜를 위대한 것에까지 적용하기에 너무 약한 것으로 간주해서는 안 된다. 우리의 인식은, 영원한 지혜가 목표로 하는 것이 자연의 지반 위에서와 같이 세상에서 실제로 활동하고 있는 정신의 지반 위에도 나타나 있다고 하는 통찰의 획득을 목표로 한다"(TW 12, 25-28).

• 헤겔은 역사를 있는 그대로 받아들여야 한다고 말하는데, 그러기 위해선 세계를 이성적으로 보아야 한다고 주장한다: "세계를 이성적으로 보는 사람을 세계도 이성적으로 보며, 양자는 상호 규정한다."[110] 이성적인 것을 인식하려면 우리 자신이 이성을 가져야 한다. 역사에 있어서 이성적인 것을 인식해야 하는 과제를 가진 역사철학은 이성으로 사실을 대해야 한다고 헤겔은 말한다"(TW 12, 33 참조).

• 여기서 헤겔은 이성 내지 정신의 본질이 자유라는 점을 강조한다: "물질의 실체가 무게[중량(重量)][die Schwere]이듯이, 우리는 정신의 실체 혹은 본질은 자유(自由)라고 말해야 한다."[111] 그러므로, 세계사에 있어서의 실체적인 것, 즉 정신을 인식하는 것이 세계사의 철학의 목적이자 곧 헤겔의 목적이라고 규정된다.

---

110 "Wer die Welt vernünftig ansieht, den sieht sie auch vernünftig an, beides ist in Wechselbestimmung"(TW 12, 23).

111 "Wie die Substanz der Materie die Schwere ist, so, müssen wir sagen, ist die Substanz, das Wesen des Geistes die Freiheit"(TW 12, 30). 또한 『법철학』의 다음 구절도 참조: "(…) wie die Schwere eine Grundbestimmung der Körper ist, Das Schwere macht den Körper aus und ist der Körper. Ebenso ist es mit der Freiheit und dem Willen, denn das Freie ist der Wille. Wille ohne Freiheit ist ein leeres Wort, so wie die Freiheit nur als Wille, als Subjekt wirklich ist"(TW 7, § 4 Zus.)

• "그런데 철학이 지니고 있는 유일한 사상은 이성이 세계를 지배하며, 세계사도 이성적으로 진행되었다는 이성에 대한 단순한 생각(사상)이다." 그런데 여기서 헤겔이 말하는 이성은 절대이성[die absolute Vernunft]이다. 그러므로 "이성이 세계를 지배"한다는 주장은 신이 세계를 지배한다는 기독교신앙과 유사하다. 이렇게 볼 때 헤겔의 역사철학은 하나의 신의론 내지 변신론(辯神論)[112]이라고 할 수 있다. 이 점에 관해서 헤겔의 역사철학은 다음과 같이 말하고 있다.

> 우리의 인식은, 영원한 지혜가 목표로 하는 것이 자연의 지반 위에서와 같이 세상에서 실제로 활동하고 있는 정신의 지반 위에도 나타나 있다고 하는 통찰의 획득을 목표로 한다. 우리의 고찰은, 그런 한에서는 신의론, 신의 정당화다. 이러한 정당화를 라이프니쯔는 자기의 방식대로 아직 무규정적이고 추상적인 범주들을 가지고 형이상학적으로 시도하여, 세상의 악이 개념적으로 파악되고, 사유하는 정신과 악이 화해된다고 한다(TW 12, 28).

---

112 변신론은 'theodicy [Theodizee]'를 번역한 용어다. 이것은 'theos [신]'와 'dikē [정의]'로 이루어진 복합어로, '신이 정의롭다'라는 의미다. 따라서 글자 그대로는 '신의론(神義論)'이라고 하는 것이 가장 적절하다. 그러나 '신정론(神正論)'이라는 번역어는 적절하지 않다. 왜냐하면 '정의(正義)롭다'를 줄이면 '의(義)롭다'가 되어야지 '정(正)하다'라고 해서는 안 되기 때문이다. 오늘날 사용되는 '변신론'이라는 말은 라이프니츠가 1697년에 처음 사용했다가 『변신론』(*Essais de Theodicee*, 1710)을 출판한 뒤 철학적·신학적 용어로 정착된 것이다.

신은 세계를 통치하며 그의 통치의 내용, 그리고 그의 계획의 성취가 세계사다(TW 12, 53).

• 그러나 우리가 절대이성 내지 신의 세계계획(섭리)을 알 수 있는가? 인간은 신을 인식할 수 없다는 것이 보통 사람들의 생각이 아닌가? 그런데 헤겔에 의하면 "(…) 성서에서 최고의 의무로 명령하는 것은 신을 사랑할 뿐만 아니라 신을 인식해야 한다 (…)"(TW 12, 26-7)는 것이다. 그러나 헤겔 자신이 신의 인식을 기독교의 명령으로 이해하고 있다 할지라도, 실제로 인간이 신을 인식할 수 있다는 결론이 도출되지는 않는다. 하지만 헤겔은, 인간은 신이 존재한다는 사실을 알 수 있을 뿐만 아니라, 더 나아가서 신을 인식할 수도 있다고 주장한다. 즉, "우리는 신이 존재한다는 사실, 그리고 신을 직접적으로 안다는 사실을 안다"(TW 16, 49). 분리와 구별을 고수하는 지성은 절대자인 신을 인식할 수 없지만, 대립을 통일하는 원리인 이성을 지닌 인간은 무한한 정신인 신을 인식할 수 있다는 것이다. 그리하여 신은 "이제 더 이상 미지의 존재자가 아니며"(VG, 46) "더 이상 은폐된 자, 비밀이 아니다"(VG, 45). 헤겔에 의하면 "인간의 이성은 (…) 인간 속에 있는 신적인 것"[113]인 한 편, 대자적인 정신, 자기를 객관화·외화하는 정신으로서의 신은 인간에게 자기를 계시하므로[114] 인간은 신을 인식할 수 있다고 한다. 뿐만 아니라 오직 사유만이 신을 인식할 수 있는 방법이며,[115]

---

113 Hegel, *Vorlesungen über die Philosophie der Religion I*. *TW* 16, 40.

114 신의 자기현시는 정신 자체의 본질에 속하며, 자신을 드러내지 않는 정신은 정신이 아니라고 헤겔은 말한다(TW 17, 193 참조).

115 Enz. § 19 Zus. 2. TW 8, 70.

"신은 인간의 정신 속에서만 정신으로 인식된다"[116]고도 말하며, "정신은 우리를 진리로 인도하며, 모든 것을 인식하며 신성(神性)의 깊은 곳까지도 침투한다. 기독교에서 신은 자기를 계시(啓示)했다. 즉 신은 인간에게 자기가 누구인지 알도록 자신을 드러냈기 때문에 그는 더 이상 감춰진 자, 비밀의 존재자가 아니다. 신을 알 수 있는 이러한 가능성과 더불어 우리에게는 신을 인식할 의무도 부과되었다. 신은 자기의 자녀들이 편협하고 텅 빈 머리가 되기를 원치 않는다. 오히려 신은 우리가 마음은 가난할지라도 신에 대한 인식에 풍부하고, 신에 대한 인식에만 모든 가치를 두기 원한다. 그러므로 이 신의 본질의(신적 존재자의)[des göttlichen Wesens] 계시라는 이러한 토대로부터 출발한 사유하는 정신의 발전은, 우선 감정적 표상적인 정신에 대해 주어진 것을 마침내 사유에 의해서도 파악하는 데까지 이르러야 한다. 세계사라는 창조적 이성의 이 같은 풍부한 산물도 개념적으로 파악할 때가 마침내 도래했다"(TW 12, 27-8)고도 말한다.

• 이렇게 보면, 헤겔 역사철학은 결국, 세계에 존재하는 악에 대하여 신의 의로움을 정당화하려는 라이프니쯔의 변신론과 유사한 것으로 생각할 수 있을 것이다. 그러나 헤겔은 라이프니쯔의 『변신론』을 "철학체계"라기보다는 "세계의 본성"에 대한 하나의 "가설(假說)"이며 "자의적인 생각들이자 형이상학적 소설"[117]이라고 평가하듯, 설득력이 부족한 것으로 평가하는데,[118] 뒤에서 좀 더 상세히 살펴보겠지만, 변신

---

116 Hegel, *Vorlesungen über die Ästhetik* Ⅰ. TW 13, 106. 즉, "정신만이 정신을 인지한다"(*Vorlesungen über die Geschichte der Philosophie I.* TW 18, 93).

117 Hegel, *Vorlesungen über die Geschichte der PhilosophieⅢ*. TW 20, 238.

118 백훈승, 『서양근대철학』, ebd., 175 참조.

론으로서의 헤겔의 역사철학도 쉽게 정당화되기는 어렵다. 즉, 헤겔에 의하면 세계사란 절대정신인 신이 자기를 세계 속에 계시하고 현시(顯示)하는 과정인데, 그렇다면 그러한 세계사에 어떻게 악이 존재하며, 또 이 악의 존재에 대하여 신의 의로움은 어떻게 정당화되는가?

3. 자유의 진보와 세계의 재판정(裁判廷)으로서의 역사

• 헤겔에 의하면 세계사는 정신의 토대 위에서 진행한다. 그러므로 그는 세계사를 이해하기 위해서는 "우선 우리의 대상, 즉 세계사가 정신적인 지반 위에서 진행한다는 점에 주목해야 한다"(TW 12, 29)고 말한다. 그런데 헤겔은 정신의 본질을 자유로 이해하고 있다: "a) 정신의 본성은 그 정 반대의 것에 의해서 인식될 수 있다. 우리는 정신과 물질을 대립시키고 있다. 물질의 실체가 무게이듯, 정신의 실체이자 본질은 자유라고 말해야 한다"(TW 12, 30). 따라서 정신이 존재하기는 하지만 자유롭지 않다면, 그것은 사실은 정신이 아니라는 것이다. 또 한편, 정신은 아직 완성된 것이 아니며 정지해 있는 것도 아니다. "정신은 활동적인 것이다. 활동은 정신의 본질이며 정신은 정신의 소산이다. 따라서 정신은 자기의 단초임과 동시에 그 종국이다. 정신의 자유는 정지된 존재에 있는 것이 아니라, 자유를 지양하려고 위협하는 것을 부단하게 부정하는 데에 있는 것이다" (VG, 55).

• 헤겔은 정신이 이처럼 "자유를 지양하려고 위협하는 것을 부단하게 부정"해 나감으로써 역사가 진보한다고 믿는다. 이로부터 "세계사

는 자유의 의식 속에서의 진보다"[119]라는 그의 유명한 말이 나오게 된다. 그런데 이러한 헤겔의 명제는 몇 가지로 달리 해석될 수 있다. 즉,

① '진보하는 것은 세계사이며, 세계사는 인간이 자유롭다는 의식(생각) 속에서[의식(생각)에 의해서] 진보한다'는 의미다.

② 세계사에서 이루어지는 진보는 인간이 자유롭다는 의식(생각)이 진보한다'는 의미다.

③ 세계사에서 이루어지는 진보는 인간의 자유가 신장(伸張)된다는 사실을 가리킨다'는 의미다. 가능한 세 가지 의미의 적절성을 한 번 살펴보기로 하자.

① '진보하는 것은 세계사이며, 세계사는 인간이 자유롭다는 의식(생각) 속에서[의식(생각)에 의해서] 진보한다'는 의미

• '세계사의 진보'라는 것을 규정하는 것은 사람에 따라 다르며, 이를 판정할 객관적인 기준이 없다. 어떤 사람은 기술문명 내지 물질문명의 발전을 세계사의 진보로 보고, 어떤 사람은 문화예술의 고양이나 인간의 상생정신 내지 타인에 대한 배려심의 증가를 세계사 진보의 척도로 간주할 것이다. 그런데 이러한 것들이 반드시 '인간이 자유롭다는 의식(생각)에 의해서 이루어진다고 말할 수는 없다는 점에서 첫 번째의 해석 가능성은 포기되어야 한다.

② 세계사에서 이루어지는 진보는 인간이 자유롭다는 의식(생각)이 진보한다'는 의미

119 "Die Weltgeschichte ist der Fortschritt im Bewußtsein der Freiheit"(TW 12, 32).

• 헤겔은 세계사의 전개에 대해 다음과 같은 주장을 제시하고 있다. 즉, "태양, 빛은 동양에서 떠오른다. (…) 세계사는 동(東)에서 서(西)를 향해 나아간다. 왜냐하면 유럽은 단적으로 세계사의 종말이고 아시아는 시작이기 때문이다. (…) 외적 물리적 태양은 아시아에서 뜨고 서양에서 진다. 그런데 이에 비해, 서양에서는 고도의 광채를 발산하는 자기의식의 내적 태양이 떠오른다"(TW 12, 133-4). 이에 대한 좀 더 구체적인 내용을 그는 『역사철학 강의』 서문의 〈B. 세계사 속에서의 정신의 규정〉의 〈(a) 정신의 본성에 대한 추상적 규정〉라는 항목에서 다음과 같이 말하고 있다.

> '정신은 자유'라는 추상적 정의에 따른다면, 세계사란 정신이 본래의 자기를 차츰 정확하게 알아가는 과정을 서술하는 것이라고 할 수 있다. 마치 식물의 배아(胚芽)가 수목(樹木)의 모든 성질과 열매의 맛과 형상(形相)[형태, Form]을 지니고 있는 것처럼, 정신의 첫 발자취도 이미 전(全)역사를 잠재적으로 포함하고 있다. 동양인은 정신 자체 또는 인간 자신이 그 자체로 자유롭다는 것을 알지 못한다. 그들은 이 사실을 모르기 때문에 자유롭지 않은 것이다. 그들은 한 사람만이 자유롭다고 알 뿐이다. 그러나 바로 그렇기 때문에 그러한 자유란, 자의(恣意), 횡포[Wildheit], 우둔한 정열일 뿐이다. 혹은 단지 자연적 우연[Naturzufall]이나 자의에 불과한 것의 온화함, 온순함일 뿐이다. 그러므로 이러한 한 사람은 그저 전제군주일 뿐이지 자유로운 인간은 아니다. 희랍인에게서 비로소 자유의식이 등장했다. 그래서 희랍인은 자유로웠다. 그러나 희랍인과 로마인은 인간 자체가 자유롭다는 것이 아니라 몇몇 사람들만이 자유롭다고만 알았다. 플라톤이나 아리스토

텔레스조차도 이것을 몰랐다. 그래서 희랍인은 노예를 소유하였고 자신들의 삶, 그리고 자신들의 아름다운 자유의 존립은 노예에 구속되어 있었을 뿐만 아니라, 그들의 자유 자체도 어느 면에선 우연적이고 일시적이고 제한된 꽃인 동시에, 다른 한편으로는 인간적인 면, 인도적인 면의 가혹한 예속상태였다. 게르만 국가들은 기독교 안에서 인간이 인간으로서 자유로우며, 정신의 자유가 인간의 가장 고유한 본성을 이룬다는 의식에 이르게 되었다. (…) 예컨대 기독교의 수용과 더불어 노예제도가 곧바로 사라진 것은 아니었다. (…) 이 원리가 세상에 널리 적용되고 세속상태에 침투해 완전히 형성되기까지에는 긴 세월을 필요했는데, 그 과정이 곧 역사 자체를 이룬다. (…) 세계사란 자유의식 속에서의 진보이며, 우리는 이 진보를 그 필연성 속에서 인식해야 한다.

나는 자유에 관한 앎을 구별에 대하여 일반적으로, 그리고 우선 다음과 같은 형태로 말했다. 즉 동양인은 한 사람만이 자유롭다고 알았을 뿐이지만, 희랍과 로마세계는 몇몇 사람이 자유롭다고 알았던 데 반해, 우리는 모든 사람이 그 자체로, 즉 인간은 인간으로서 자유로운 것으로 알고 있다고 말했다. 그런데 이러한 구분은 동시에, 세계사의 구분 및 우리가 다루게 될 세계사의 구분방식을 시사한다(TW 12, 31-2).

헤겔은 <구분>이라는 항목에서 위의 내용을 요약하여 다음과 같이 말한다: "동양은 한 사람이 자유롭다고 알았고 또 알고 있고, 희랍과 로마세계는 몇몇 사람이 자유라고, 게르만 세계는 모든 사람이 자유롭다고 알았고 또 알고 있다. 그러므로 우리가 세계사에서 보는 첫 번째 정치형태는 전제정치이고, 두 번째가 민주제 및 귀족제, 세 번째가 군주제다"(TW 12, 134). 이러한 인용문들로 보면 헤겔은 1차적으로는, 인류의 역사란, 인간이 '자유를 의식하는 정도'가 확장되어 나가는 역사로 간주하고 있는 것으로 이해된다. 즉, 그는 인류의 역사를 '자유의 의식에 있어서의 진보'로 보고 있다는 말이다. 그러나 '자유의식'이 점차적으로 계속해서 확장된다고는 말할 수 없고, 우여곡절(迂餘曲折)의 과정을 겪으면서 확장되어 나간다고 할 수 있다. 그리고 헤겔은 서양에 비해 동양을 무시하고 있지만, 예컨대 한민족은 약 5천 년 전에 이미 <천손사상(天孫思想)> 속에 자유·평등사상을 가지고 있었다.

③ 세계사에서 이루어지는 진보는 인간의 자유가 신장(伸張)된다는 사실을 가리킨다'는 의미

그런데 헤겔은 바로 위에서의 언급에 이어서, "동양인은 정신 그 자체 또는 인간 자신이 그 자체로 자유임을 알지 못한다. 자유임을 모르기 때문에 자유롭지 않은 것이다"라고 말함으로써, '자유임을 아는 것'과 '자유로운 것'을 동일시하고 있거나, 아니면 '자유로운 것(상태)'의 필요조건이 '자유임을 아는 것'이라고 주장하고 있다. 그리고 인간의 자유는 동양으로부터 서양으로 점차로 신장되어 나간다고 주장하는데, 이러한 헤겔의 주장이 지니고 있는 문제점에 대해 생각해보자.

1) 우선, 헤겔은 '자유' 개념의 의미를 명확하게 규정하지 않고 사용함으로써, 세계사의 행정(行程)에 있어서의 '진보'에 대한 논의를 정확하게 할 수 없게 만들고 있다. 따라서 헤겔은 무엇보다 먼저, 자신이 여기서 말하고 있는 자유가 '정신의 자유'인지 '신체의 자유'인지, 정신의 자유 가운데서도 '이론적 사유의 자유'인지, '정서의 자유'인지, 아니

면 '의지의 자유'인지를 언급한 후에 자신의 논의를 진행했어야 하는데 그렇게 하지 못한 것이 문제다.

2) 따라서 우리는 그가 여기서 말하고 있는 자유가 무엇인지를 『역사철학 강의』 및 『역사 속의 이성』이라는 텍스트를 통해 파악할 수밖에 없는데, 헤겔이 동양인은 그들의 전제군주 한 사람만이 자유로운 자라고 알고 있으며, 또 그만이 실제로 자유롭다고 — 그러나 이것은 헤겔이 말하는 대로 진정한 자유는 아니겠지만 — 주장하는 것으로 미루어 볼 때, 헤겔이 말하는 자유는 단지 정신의 자유만이 아니라, 신체의 자유, 즉 행동의 자유를 가리키는 것으로 보아야 한다. 그러나 이렇게 보더라도, 헤겔의 주장은 너무도 추상적일 수밖에 없다. 왜냐하면 자유란, '구속이 없는 상태'인데, 이 세상 어느 누구도 아무런 구속을 받지 않는 사람도 없을 뿐만 아니라, 모든 면에서 전적으로 구속되어 있는 사람도 없기 때문이다. 다시 말하면, 구속에도 '정도(程度)'가 있듯이 자유에도 '정도'가 있어서, 단순하게 '자유가 있다'거나 '자유가 없다'고 말할 수 없기 때문이다. 뿐만 아니라 헤겔은 사태를 정확하게 파악하지 않고 단순화하고 있다. 전제군주는 동양에만 있었던 것이 아니라 서양에도 있었다는 사실을 간과하고 있다.

3) 자유가 신장되는 방향은 획일적인 상향 발전이 아니라, 우여곡절의 과정, 즉 전진과 퇴보를 반복하면서 점차적으로 발전하는 과정이다.

4) 헤겔은 세계사가 동양에서 서양으로 진행하며 자유의 의식도 이런 방향으로 진보한다고 주장한다. 그러나 우선 동양과 서양이라는 개념

자체가 모호한 개념이며 오늘날까지도 이론의 여지가 있는 개념이다. 그러나 헤겔이 말하는 동양과 서양을 그의 저술에서 살펴볼 수 있는바, 그가 말하는 동양은 중국, 인도, 페르시아, 젠드(Zend)민족, 아시리아, 바빌로니아, 메디아, 페르시아, 유대, 이집트 등을 가리킨다. 그리고 서양에는 희랍, 마케도니아 왕국, 로마, 그리고 게르만 세계를 가리킨다.

일단 이를 인정하고 논의를 진행해보자. 그렇다면 과연 헤겔이 말하는 대로 전제주의는 동양에만 있었던 것인가? 서양에도 전제주의는 존재했고, 다시 전제주의는 중세 말(15, 6세기)부터 다시 발생했다. 즉, 서유럽의 역사에서는 전제군주제 또는 절대주의체제는 중세 봉건사회의 약화와 붕괴 속에 근대 시민사회가 형성되기 전까지의 과도적인 체제[120]였다. 마치 동양에만 전제주의 국가가 존재했던 것처럼 주장하는 헤겔의 주장은 오류다.

5) 모든 사람은 '자유로운 자(이어야 한)다'는 사상은 기독교에 앞서 한민족의 <천손사상>에 존재해 왔다는 주장도 함께 검토되어야 한다.

4. 민족정신[Volksgeist]

• 헤겔이 말하는 현실적인 정신은 역사를 통해 자기를 실현시켜 나가는 정신이며, 따라서 정신은 본래 역사적인 정신이다. 그는 이 역사

120 https://blog.naver.com/hgb1000300/221181278914 참조.

적 정신을 개인적 정신, 민족정신, 세계정신으로 구별했는데, 역사철학에서 가장 중요한 것은 민족정신이다. 세계정신이란, 세계사 속에서 자기를 전개하는 신적(神的) 정신이며, 민족정신은 세계정신이 특수화된 것, 또는 세계정신이 발전하는 한 단계다.

다시 말하면 민족정신이란, 역사적으로 개별화한 객관적 정신인데, 민족정신은, 비록 개인이 의식하지 못하는 경우라 하더라도, 한 민족의 생활과 활동의 실체이며 개인은 민족정신이라는 일반적 분위기 속에서 도태(淘汰)된다. 민족정신은 개인적 정신의 실체이므로 개인은 이 실체로부터 벗어나지 못하고 그 속에 머물러 있다. 정신이 세계 속에서 자기를 형성할 경우 그 실현의 재료나 지반으로 되는 것이 민족정신이다. 그 민족의 목적이나 관심, 그리고 법률, 풍속, 종교 등은 모두 이 민족정신 속에 포함되어 있다. 개인은 민족정신을 넘어서지 못한다. 이와 같이 정신은 구체적으로는 민족정신으로서 나타나는 것인데, 민족정신의 근본에는 세계정신이 존재하고 있다.[121] 헤겔은 세계정신과 민족정신에 대하여 다음과 같이 말하고 있다.

> 민족정신은 본질적으로 하나의 특수한 정신인 동시에, 절대적인 일반정신 외에 다른 것이 아니다. 왜냐하면, 그것은 오직 하나[유일자(唯一者)]이기 때문이다. 세계정신은 인간의 의식 속에 자기를 개진하고 있는 세계의 정신이다. 인간이 세계정신에 대해 갖는 관계는, 인간의 실체를 이루고 있는 전체에 대해서 개별자가 갖는 관계와 같다. 그리고 이 세계정신은 절대적 정신인 신적(神的) 정신에 따른다. 신이 편

---

121 한단석, 『헤겔철학사상의 이해』, 한길사, 1981, 137 참조.

재하고 있는 한, 신은 각각의 인간 곁에 존재하고, 각자의 의식 속에 나타난다. 그리고 이것이 세계정신이다. 어떤 특수한 민족의 특수한 정신은 몰락할 수 있지만, 그것은 세계정신의 연쇄적 행정(行程)의 한 부분이며, 이 일반적 정신이 몰락할 수는 없다(VG, 60).

• 헤겔에 의하면, 정신적으로 위대한 인물은 민족정신을 파악하고 그에 따라 행동하는 사람이다. 따라서 위대한 인물에 있어서는 개별성이 희박해 지고 보편성이 활성화된다. 각 민족은 각자의 원리를 가지고 있는데, 이 원리는 그 민족의 목적이기도 하다. 자기의 목적을 실현한 민족은 세계에서 벌써 할 일이 없어서 세계사의 무대에서 퇴장한다. 그리고 다른 민족이 자기의 원리와 목적을 가지고 등장하게 된다. 이때에 세계사는 새로운 단계로 올라간다. 그러므로 헤겔은 "(…) 세계사는 최고형태의 정신의 신적·절대적 과정의 서술이며, 정신이 자기의 진상(眞相)과 자기의식[자각(自覺)]에 도달하는 이러한 단계의 서술이며, 이 단계의 여러 형태들은 세계사적 민족정신들이다. (…)"(TW 12, 73)라고 한다.

세계정신이란, 세계사를 자기실현의 무대 자기의 소유·자기의 거주(居住)로 취하는 정신이며, 그 무엇을 실현시키려고 하는 한없는 충동과 열망을 가진 정신이다. 그러면, 세계정신이 한없는 충동과 열망을 가지고 실현하려고 하는 것은 과연 무엇인가? 즉 세계사의 궁극목적은 무엇인가?

5.1. 세계사의 궁극목적

• 헤겔은, "정신의 실체이자 본질은 자유"(TW 12, 30; VG, 54 ff. 참조)이며, 자유는 "주체가 자신 속에서 발견할 수 있는 최고의 내용"이자 "정신의 최고의 특징"[122]이라고 말한다. "정신의 모든 특성은 오직 자유에 의해서만 존립하며, 모든 것은 자유에 도달하기 위한 단계에 불과한 것"이라고 한다. 그러면, 헤겔은 정신의 본질인 자유를 어떻게 규정하고 있는가? 헤겔에 의하면 자유란, 일자(一者)가 "자기 자신 곁에 머무르는 것[das Bei-sich-selbst-Sein]"(TW 12, 30. 또한 VG., 54 참조)이다. 사유 속에서 정신은 자유롭다. 왜냐하면, 그는 자기의 타자 속에 있지 않고 오직 자기 자신 곁에만 머물러 있기 때문이다. 그러나 사실, 이러한 자유는 단지 자신 속에 안주(安住)해 있는 추상적이고 공허하고 형식적인 자유에 불과하며, 진정한 자유는 아니다. 즉, 타자에 매개되지 않은 일자의 이러한 직접적인 자유는 "부정적 자유 혹은 지성의 자유"(TW 7, 50. § 5) 또는 "이러한 추상 속에로 자기의 존재만을 정립하는, 고정된 공허의 자유"(TW 7, 50. § 5 주해)에 불과하다. 이와는 달리 구체적이며 진정한 자유의 규정은 바로 "자기의 타자 속에서 자기 자신 곁에 있음[In seinem Anderen bei sich selbst zu sein]"(Enz. § 24 Zus. 2. TW 8, 84 그리고 TW 7, 57. § 7 추가 도 참조)이다. 즉, 구

---

122 *Vorlesungen über die Ästhetik* I. TW 13, 134.

체적 자유·진정한 자유는 타자와 공존하면서도 타자에 구속되지 않는 자유다.

5.2. 목적 실현의 수단

• 이리하여 정신은 자기의 목적, 즉 자유를 추구하고 실현해 나가는데, 이것이 바로 세계사의 궁극목적이며, 이 목적을 위하여 "지상(地上)의 광대한 제단(祭壇)에서, 또 오랜 시간의 경과 중에서 모든 희생이 바쳐졌다"고 헤겔은 말한다. 따라서, 이 목적 즉 자유가 세계사의 모든 사건과 상태의 변천을 통해서 실현되어 간다.

• 그런데 목적은 그 정립자(定立者)가 있어야 하는데, 세계사의 목적의 정립자는 바로 신적 정신이다. 그러면 신적 정신이 자유를 실현하기 위하여 무엇을 수단으로 사용하는가? 그것은 바로 인간의 '의지와 활동'이다. 역사를 만드는 것은 인간이다. 헤겔은, 인간의 의지와 활동을 통하지 않고서는 세계사의 궁극목적, 즉 자유의 이념이 실현될 수 없다고 한다. 그런데 개별적인 "인간의 행동은 욕망(欲望)[필요(必要)], 정열(情熱), 관심(關心)[흥미(興味)], 성격(性格), 재능(才能) 등에서 발현하는"(TW 12, 34) 것인 바, 헤겔은 이것을 정열이라는 말로 포섭하여 이 정열이 인간활동의 근본동기가 되는 것이라고 한다. 정열이란, "사람들이 그것과 동시에 가지고 있고, 또 가질 수 있는 다른 모든 관심과 목적을 무시하고서 개인 전체에 내재한 의욕의 전 혈관(全血管)[소질(素質, Ader)]을 동원해서 하나의 대상에 몰두하고, 그 개인의 모든 욕망과 힘을 이 목적에 집중하는 한, (…) 그러한 관심"(TW 12,

37-ε)을 가리킨다.[123]

• 인간이 무엇을 성취하려고 할 때, 반드시 그 일에 관심을 갖고 그것을 자기 자신의 목적으로 추구한다. 동시에 그는 그것을 성취함으로써 스스로 만족을 얻으려고 한다. 그리고 "주체가 자기의 활동과 노동 속에서 스스로 만족을 발견하는 것은 주체가 지닌 무한한 권리다."[124] 여기서 헤겔은 다음과 같이 말한다: "세상의 어떤 위대한 일도 정열 없이 이루어진 것은 없다. 여기에 두 계기가 우리의 대상으로 된다. 그 하나는 이념이고 다른 하나는 인간의 정열이다. 한쪽은 우리 앞에 펼쳐져 있는 세계사라는 큰 양탄자의 날실[종사(縱絲)]이고, 다른 한 쪽은 씨실[횡사(橫絲)]이다. 그리고 이 양자의 구체적인 중심이고 통일이 국가에 있어서의 인륜적 자유다"(TW 12, 38; 또한 Enz § 474. TW 10, 296 참조). 세계사라는 양탄자는 이념이라는 날실과 정열이라는 씨실이 엮어져 만들어지는 것이라는 말이다. 헤겔은 이미 『논리학』에서도 이와 유사한 언급을 한 바 있다. 즉, 마치 이성이 동일과 구별이라는 날실[종사(縱絲)]과 무늬를 서로 결합하고 엮어서 직물을 만드는 베틀인 것처

---

123 "정열은 옳지 않은 것, 다소 악한 것으로 간주된다. 그리하여 인간은 정열을 가져서는 안 된다고 한다. 그리고 정열이라는 말도 여기서 내가 표현하려고 하는 바를 나타내는 데 전적으로 적합한 말은 아니다. 즉, 여기서는 일반적으로 특수한 관심이나 특별한 목적, 혹은 이기적인 의도에서 나온 인간의 활동 — 단, 그 인간의 의욕과 성격의 전 에너지를 이 목적 속에 놓아, 다른 목적으로도 될 수 있는 것, 또는 오히려 다른 모든 것을 그 목적을 위하여 희생시키는 인물의 활동 — 이라는 의미다. 이 특수한 내용은 인간의 의지와 일치하여 인간 의지의 전적인 규정성[ganze Bestimmtheit]을 이루고, 인간의 의지와 분리되지 않는다"(TW 12, 38).

124 "Dies ist das unendliche Recht des Subjekts, dass es sich selbst in seiner Tätigkeit und Arbeit befriedigt findet"(TW 12, 36 f.).

럼,[125] 이념과 정열의 "한 쪽은 우리의 눈앞에 널리 펼쳐져 있는 세계사라는 거대한 양탄자[126]의 날실이고 다른 한 쪽은 그 무늬"(TW 12, 38)라는 것이다. 즉 역사의 목적은 이념 그 자체에 의해서만은 실현될 수 없고 "인간의 욕구[Bedürfnis], 충동[Trieb], 경향[Neigung], 그리고 정열[Leidenschaft]"(TW 12, 36)에 의한 활동을 필요로 한다고 말한다. 이처럼 헤겔은, 이성에 비해서 상대적으로 인간의 감정을 경시하는 계몽주의의 견해와, 그런 입장에 반대하는 낭만주의의 견해를 통합하는 입장에 서 있다고 하겠다.[127]

5.3. 이성의 꾀[die List der Vernunft]

• "이런 엄청나게 많은 의욕, 관심, 활동은 세계정신이 자기의 목적을 달성하고 그 목적을 의식에로까지 높여서 실현하기 위한 도구요 수단이다"(TW 12, 40). 즉, 절대자는 개개인으로 하여금 자유롭게 행위하도록 해놓고, 어떤 것은 실패하게 하고 어떤 것은 성공하게 함으로써 자기의 목적을 실현해 간다. 인간이 정열을 가지고 자기의 목적을 추구하고 이루는 가운데, 자기가 전혀 관여하지 않은 결과를 초래할 수 있다. 인간은 정열에 의해 움직이며 행동한다. 그러나 그 결과까지도 개인적인 것은 아니다. 인간이 개인적인 요소를 추구하고 만족시켜

---

125 *Wissenschaft der Logik*. GW 11, 261 참조. 피륙=직물(織物): cloth (옷감).

126 양(洋)탄자= 융단(絨緞): carpet, Teppich.

127 백훈승, 『서양근대철학』, ebd., 492 f. 참조.

나감과 동시에 인간의 행동은 무의식 중에 보다 높은 것, 보다 이상의 것을 향한 수단과 도구가 되어 있다

• 인간은 정열에 의하여 행동한다. 그리고 많은 사람들의 행동이 모여서 역사가 이루어지는데, 결과로서의 역사는 주관적·개인적인 정열, 욕망 의도 등과는 별도의 것이다. 실은 배후에 이성이 존재하고 있어서 인간을 조종하고 있다. 인간들끼리는 전력을 다하여 다투고 싸워서 몰락해 가는데, 세계정신은 망하지 않고 오히려 그러한 싸움을 통해서 자기를 실현해 간다. 그러므로 역사는 개인적·주관적 정열을 통해서는 이해하지 못한다. 역사는 인간의 개인적인 행동과는 독립적인 것이다. 따라서 역사를 이해하려면 독특한 역사적인 안식(眼識)이 필요하다. 역사는 이와 같은 것인데, 개인은 이성의 꼭두각시[괴뢰(傀儡)]이기는 하지만 무의미한 존재자는 아니다. 개인의 행동도 보다 높은 것을 실현해 가므로, 여기에 개인의 가치가 존재하는 것이다.

• 그렇다면, 세계사의 궁극목적인 자유의 이념도 정열을 수단으로 사용하지 않고서는 실현될 도리가 없음이 분명하다. 그러므로 세계사의 과정에서는 "보편적인 것은 특수목적에 내재하며, 이것을 통해서만 비로소 완성된다"고 한다. 보편적인 것은 특수한 것을 통해서만 실현된다.[128] 그러면 세계의 궁극목적이 어떻게 특수한 목적들을 수단삼아서 제 자신을 실현하는 것일까? 헤겔에 의하면, 세계사에 있어서는 일반적으로 인간의 행위에 의해 초래된 것이, 처음에 목적으로 추구된 것 또는 직접 욕구하고 의식하던 것과 전혀 다른 것이다. 헤겔은 이와

128 소위, <구체적 보편[die konkrete Allgemeinheit]> 또는 <진무한[die wahrhafte Unendlichkeit]>의 자기전개를 말한다.

관련하여, 여러 가지 재료와 원소를 가지고 집을 짓는 경우와 방화의 예를 들어 설명하고 있다.

1) 첫 번째 예: "마찬가지로 정열도 제각기 자기의 만족을 구하여 움직이는데, 그의 자연적 성능에 응해서 자기 자신의 역할과 자기의 목적을 완수하여, 그 결과로 인간사회라고 하는 건물을 만들어 올린다. 그러나 그렇게 되면 이번은 또 이 사회 안에서는 법률이라든가 제도로부터 자기가 구속받게 된다. 위에서 든 예는 또 다음과 같은 의미까지도 포함하고 있다. 즉 세계사에서는 인간의 행위를 통해서 생기는 것은 그 인간이 목표로 하여 달성한 것, 인간이 직접적으로 의식하여 의욕하고 있는 것과는 전혀 다른 어떤 것이라고 하는 것이다. 인간은 제각기 자기의 관심을 추구한다. 그러나 그것과 더불어 그 밖에 확실히 그들의 관심 안에 내면적으로 포함되어 있기는 했지만 그들의 의식과 의도 속에는 나타나 있지 않았던 그 이상의 어떤 것이 이루어진다"(TW 12, 42 f.).

2) 두 번째 예: 헤겔은 여기서, 상대방에 대한 복수심에 불타서 그 사람의 집에 불을 질렀는데, 뜻하지 않게 그 사람과는 관계없는 옆집으로 불이 옮겨 붙어 피해를 주게 된 예를 들고 있다. 그런데 이런 결과는 행위자의 의식에도 없었고, 더구나 의지에도 없었던 것이다. 이런 일은, 인간의 행위가 행위자의 의식이나 의지에 없는 그 이상의 큰 결과를 가져온다는 것을, 그리고 특수한 정열이 어떤 보편적인 것의 실현과 불가분적인 것임을 실증하는 것이다. 이것은 개인이 자기의 어떤 특수목적을 실현하기 위하여 온갖 정열을 바쳐서 활동하지만, 그 개인

의 활동에서 그가 예기치도 않았던 보편적 이념이 실현된다는 것을 뜻하는 것이다.

• 그러므로 "정열이라는 특수한 관심과 보편적인 것을 실현하는 것은 서로 떼어놓을 수 없다. 왜냐하면 보편자의 실현은 특수자의 부정을 통해서 이루어지기 때문이다. "그러므로 정열의 특수한 관심과 보편자(일반자)의 실행은 불가분의 것이다. 왜냐하면 보편자는 특수한 규정된 관심과 그것의 부정(否定)에서 생기는 결과이기 때문이다. 특수한 것은 서로 투쟁하여 한쪽이 몰락한다. 보편적 이념은 결코 대립이나 투쟁에 휩쓸려서 위험을 무릅쓰지 않는다. 보편적 이념은 공격을 받지 않고 피해를 입지도 않은 채 배후에 자리 잡고 있다. 그것은 정열로 하여금 스스로 활동하게 하지만, 이 경우에 정열에 의해 존재하게 되는 것이 벌을 받고 피해를 입는다"(TW 12, 49). 헤겔은 이것을 "이성의 꾀"[129](TW 12, 49)라고 부른다. 즉, 그것은, 절대자가 역사 속에서 인간을 수단으로 삼아 자신의 목적을 성취해 나가는 것을 말한다. 다시 말하면 세계정신은, 개인이 자기의 목적을 추구하고 자기의 욕구를 만

---

129 헤겔이 사용한 용어 <List der Vernunft>는 <이성의 간지(奸智)>나 <이성의 간계(奸計)>, <이성의 교지(狡智)>로 번역되어서는 안 된다. 왜냐하면 고대(古代)로부터 지혜는 "선을 분별하고 선한(훌륭한) 삶을 살기 위해 필요한 지식의 유형"으로 생각되었기 때문이다. 따라서, 악한 행위에 필요한 지식을 사용하는 능력은 지혜라고 말하지 않는다. 어떤 악한 목적을 이루기 위해서 머리를 잘 쓰는 사람을 우리는 '지혜롭다'고 하지 않고 '교활(간교)하다'고 말한다. 따라서 <간지(奸智)>나 <교지(狡智)>는 잘못된 표현이다. 헤겔이 여기서 말하는 이성은 '절대이성' 내지 '세계이성', 곧 신(神)을 가리키며 헤겔이 말하는 신(神)에게는 '간사(奸邪)하다'거나 '간교(奸巧)하다'라는 술어가 적용될 수 없기 때문에 부적절한 번역이다. 우리말 <꾀>나 한자 <책략(策略)>, <계략(計略)>, <계책(計策)>, <재략(才略)> 등이 적절하다.

족시키기 위한 정열을 수단으로 하여 자기를 실현한다. "개인들은 희생되며 또 포기된다. 이념은 삶의 허무함에 대한 공물(貢物)을 스스로 바치지 않고 개인의 정열로 하여금 지불(支拂)하게 한다"(TW 12, 49).

• 그러나 역사 속에서 인간의 행위가 보편자로서의 이념의 도구적인 역할을 한다고 해서 헤겔이 인간 개개인의 자율성을 부인한 것은 아니다. 인간 한 사람 한 사람을 놓고 볼 때 개개의 인간은 분명히 자신의 신념이나 정열·욕망·목적에 따라 행동한다. 그러나 이러한 개별적인 행위 속에는 보이지 않는 세계정신의 의도가 내포되어 있다. 단지 인간은 그것을 의식하지 못했을 뿐, 결과적으로는 세계정신의 보편적인 목적을 수행하고 있다는 것이다. 예컨대, 나폴레옹은 자신의 정치적인 야심(野心)에 의해, 그리고 정복욕에 의해 알프스를 넘어 이탈리아를 침공하고 유럽제국을 정복했다. 그러나 이와 같은 나폴레옹의 개인적인 행위 속에는 유럽의 절대왕정체제를 종식시키고 근대 시민사회를 탄생시키려는 세계정신의 숨은 의도가 내포되어 있다는 것이다. 근대 시민사회의 탄생, 그것이 곧 당시의 시대정신이었다. 물론 나폴레옹 자신은 근대 시민사회를 탄생시키기 위해 이탈리아를 침공하고 유럽제국을 정복한 것은 아니었다. 오히려 자신의 황제의 위치를 더욱 확고히 하기 위해 전쟁을 일으켰다. 그러나 결과적으로는 자기도 모르게, 그리고 자신의 의도와는 달리 그의 행동이 유럽 근대 시민사회를 탄생시킨 하나의 수단적인 역할을 하게 된 것이다.

• 그렇다면 개개인이 자신의 의도와 목적에 따라 행동하는데 그것이 어떻게 종국에 가서는 세계정신의 의도와 목적에 부합(符合)하게 되는가? 예컨대 꿀을 찾아 이 꽃 저 꽃으로 날아다니는 벌과 나비들의 행태는 분명히 자의적이고 개별적인 것이라 할 수 있다. 그러나 벌과 나비

들의 이러한 활동은 꽃 수술을 이리 저리 옮기어 결국은 꽃들이 수정되어 열매를 맺게 한다. 꿀을 따 모으려는 벌과 나비들의 개별적인 활동이 자연의 보다 큰 목적과 일치하게 되는 것이다. 이것은 자연과 역사의 신비다.

6. 영웅주의적 사관 / 세계사적 개인[weltgeschtliche Individueen] (=영웅)[Heroen]

• 이로 볼 때 세계정신은 냉혹하고 무자비하다. 왜냐하면, 그것은 개인의 희생을 요구하기 때문이다. 이처럼 자기의 개인적인 목적 속에 세계사적 목적이 깃들어 있는 개인을 헤겔은 "세계사적 개인[die welthistorischen Individuen]"(TW 12, 45, 46) 혹은 "영웅[die Heroen, Held(en)]"(TW 12, 46, 48)이라 부르며, 역사상 이런 인물로 대표적으로 알렉산더(Alexander, BC 356-323), 시이저(Gaius Julius Caesar, BC 100-BC 44), 그리고 나폴레옹(Napoléon Bonapart, 1769-1821)을 제시한다. 이런 역사적 인물은 역사적 전환기에 처하여 '무엇이 그 시대에 성숙하고 있는가', '무엇이 필연적인 것인가'를 통찰하여 그것을 자기의 목적으로 삼고 그것을 실현하려고 혼신의 정열을 기울이는 사람이다. 헤겔은 세계사적 개인 혹은 영웅을 다음과 같이 정의한다: "그러한 고차적인 보편자를 파악하여 자기의 목적으로 삼고, 정신의 고차적인 개념에 적합한 목적을 실현하는 자는 위대한 세계사적 개인이다. 그런

한에서 그들을 영웅[*Heroen*]이라고 부를 수 있다"(VG, 97). 영웅의 의욕이 공상(空想)과 다른 것은, 그들은 무엇이 필연적인가를 뚜렷이 알고 있으며, 그것이 그들의 마음속에 계시되어 있기 때문이다.

• 헤겔은 자신이 영웅으로 분류한 나폴레옹을 예나에서 목격하고 감명 받아 그 느낌을 다음과 같이 표현했다. 헤겔은 '1806년 10월 13일(월요일), 예나가 프랑스인에게 점령되고 나폴레옹 황제가 자기가 점령한 성벽(城壁) 안에 도착한 날에'라고 하면서, 니이트하머(Friedrich Philipp Immanuel Ritter von Niethammer, 1766-1848)[130]에게 보내는 편지에서 다음과 같이 쓰고 있다: "나는 황제, 이 세계혼이 정찰하기 위해 말을 타고 도시를 통과하여 밖으로 나가는 것을 보았습니다. 말 위에 앉아서 여기 한 점에 집중하며 세계를 거머쥐고 지배하는 개인을 보는 일은 실로 놀라운 기분입니다."[131]

이와 같은 영웅들은 단지 자기 자신의 삶이나 국가나 민족의 운명만을 목적으로 두고 있는 인물들이 아니라, 세계사적 목적을 수행하고

---

130 헤겔과는 튀빙엔 신학교에서 알게 되었다. 예나에서 라인홀트를 통해 칸트철학을 배우고 1794년부터 예나대학에서 철학을 가르치고 1797년부터 피히테와 함께 『철학잡지』(*Philosophische Journal*)를 간행하였으며, 이로 말미암아 그의 친구이자 헤어베르트(Franz Paul von Herbert)의 친구인 포어베르크(Friedrich Karl Forberg)가 유발한 무신론 논쟁에 휘말리게 되었다. 1804년까지 예나대학 신학 원외교수로 일했고 1804년에 뷔르쯔부르크대학의 초빙을 받았고, 1806년에 프랑켄의 개신교 상급학교감독관[Oberschulkommissar]이 되었다. 헤겔이 어려울 때마다 도움을 주었다. 『정신현상학』 출간에 곤란을 겪고 있었을 때 헤겔을 위해 출판사에 보증을 서주었고, 밤베르크의 카톨릭 신문 편집장 자리나, 뉘른베르크의 애기디엔 김나지움의 교장 및 교수직을 제안한 것도 그였다.
(https://de.wikipedia.org/wiki/Friedrich_Immanuel_Niethammer 참조).

131 "(…) den Kaiser — diese Weltseele sah ich durch die Stadt zum Rekognoszieren hinausreiten; — es ist in der Tat eine wunderbare Empfindung, ein solches Individuum zu sehen, das hier auf einen Punkt konzentriert, auf einem Pferde sitzend, über die Welt übergreift und sie beherrscht"(Briefe I, 120).

있는 인물들이다. 시이저(Caesar)도 이와 같은 영웅인데, 이 영웅은 표면적으로 볼 때는 자기 자신의 지위·명예·안전을 위해 싸운 것처럼 보이나, 실은 세계사의 발전을 촉진시키고자 하는 세계사의 목적을 수행한 것이다.

이들 영웅들은 자신들의 목적 가운데에 이념 일반이라는 의식을 갖고 있는 것은 아니다. 오히려 그들은 실제적 인물이요 정치가였다. 하지만 동시에 그들은 생각하는 인간이며 그 시대의 요구와 동향을 잘 통찰하고 있다. 그들은 그 시대에 통찰력이 가장 풍부한 식자(識者)이며 그들의 언행은 그 시대의 가장 좋은 것이다. 그러므로 일반대중은 이 "영혼의 지도자"(TW12, 46)에 추종할 수밖에 없다.

• 영혼의 지도자인 영웅은 모든 고난과 싸워서 그들의 사명을 수행한다. 세계사의 획기적인 전진은 그들의 분골쇄신(粉骨碎身)의 노력 없이는 이루어질 수 없다. 영웅들이 일반적으로 갖는 명예심이나 정복욕은 세계사의 정신 또는 세계이성이 그의 목적을 실현하기 위하여 그 영웅들을 조정하는 충동질이다. 이것을 헤겔은 〈이성의 꾀〉라고 했다. 다시 말하면 영웅은 이성의 꾀에 이용당하고 있는 것이다. 그들은 세계정신이 자기의 목적을 달성하기 위하여 요구하는 수단이요, "세계정신의 사무집행인"(TW12, 46)에 불과하다. 이것은 그들의 운명을 일별(一瞥)하면 분명해진다. 이들의 생애는 개인적인 입장에서 볼 때, 불행하며 악전고투로 연결된 생애였다. 그러므로 개인적으로는 불행한 사람들이다. 세계사의 정신은 이들의 이 불운하고 악전고투로 연결된 생애를 이용하여 자신을 역사 속에 현현한다. 그리고 세계정신은 이러한 목적이 이루어졌을 때, 마치 씨를 맺은 후에 풀을 말려버리듯 그 영웅들을 죽여 버린다.

그들의 전(全) 성격은 오직 정열 그것이었다. 그들에겐 "세계사는 행복의 지반(地盤)이 아니다. 행복한 시대란 세계사의 공백(空白)이다"(TW12, 42). 그들은 자신들의 목적이 달성되면 마치 알맹이 없는 빈 껍질과 같이 몰락한다. 그들은 "알렉산더처럼 요절하거나 시이저처럼 살해되거나 아니면 나폴레옹처럼 세인트 헬레나(Saint Hellena)로 유배된다"(TW 12, 47)[토사구팽(兎死狗烹)].[132] 그들도 인간이기에 범인(凡人)처럼 혹은 그 이상으로 많은 결함을 갖고 있다. "시종(侍從)의 눈에는 영웅이 없다"는 속담이 있지만, "이것은 후자가 영웅이 아니기 때문이 아니라, 전자가 시종이기 때문이다"(TW12, 48).

• 역사 속에서 세계사적인 인물의 역할이란, 그 시대에 드러난 세계정신, 즉 시대정신[Zeitgeist]의 의도를 남보다 앞서 간파하고 그 시대정신의 흐름의 물꼬를 터주는 일이다. 그들의 역할은 마치 도도히 흘러가는 강물 속에서 뗏목을 저어가는 사공의 역할과도 같다. 그는 강물을 거슬러서 뗏목의 방향을 바꿀 수는 없다 오직 그 뗏목이 좌초하지 않고 목적지까지 잘 도달할 수 있도록 그 뗏목을 이리저리 조정해 나갈 수 있을 뿐이다. 세계사적인 인물, 즉 위대한 정치가나 영웅들의 역할도 이와 같다. 그들은 결코 시대정신의 흐름을 거역할 수는 없다. 그가 할 수 있는 일은 시대정신의 방향을 정확하게 간파하고 시대정신의 의도한 바를 성실하게 수행해 나가는 것이다.

---

132 백훈승, 『서양근대철학』, ebd., 494 ff. 참조.

IV. 맑스[133]

맑스(Karl Marx, 1818-1883)는 1818년에 독일 라인란트 주(州)의 트리어(Trier) 시에서 유대인 변호사 아버지의 7남매 중 첫째로 태어났다. 로마제국의 수도 중 하나였던 트리어는 19세기 초, 주민의 95%가 카톨릭이었는데, 부친 하인리히 맑스는 칼 맑스가 태어나기 전에 프로테스탄트로 개종하였고, 맑스는 6세에 개신교에서 침례를 받았다.

1835년에 트리어의 프리드리히 김나지움을 졸업하고 1835년 본 대학 법학부에서 2학기 수학한 후 베를린 대학[134] 법학부에서 수학하였다(1836-41). 이 시기에 헤겔 철학 연구에 전념하고(1837) 바우어(Bruno Bauer, 1809-82) 등 헤겔 좌파와 교류하였다. 1839년에는 희랍 철학에 몰두한다. 박사 논문『데모크리토스와 에피쿠로스의 자연철학의 차이』를 집필하여 1841년에 예나대학에서 철학박사학위를 취득하였다. 1843년에 파리로 망명하였고, 1844년에『경제학·철학수고』(*Ökonomisch-philosophische Manuskripte*)(=『파리수고』)를 집필하였

133 이 장(章)은 백훈승,『헤겔과 변증법』(서광사, 2022)중, <맑스(Karl Heinrich Marx, 1818-1883)의 물질변증법>(457-480)을 부분적으로 수정한 것이다.

134 베를린 훔볼트대학(Humboldt Universität zu Berlin, 1810년 설립)을 가리킴. 베를린 자유대학(Freie Universität zu Berlin)은 2차 대전 후인 1948년에 설립됨.

다. 1845년, 『신성한 가족』(*Die heilige Familie*), 『포이어바흐에 대한 테제』(*Thesen über Feuerbach*), 『독일이데올로기』(*Deutsche Ideologie*)를 집필하였다. 1848년, 『공산당 선언』(*Manifest der Kommunistischen Partei*)을 간행하고 1849년, 가족과 함께 런던으로 이주하여 죽을 때까지 살았다. 1867년, 함부르크의 마이스너 사에서 『자본』(*Das Kapital*) 제1권을 1,000부 출판하였고(9.14). 『자본』 제2권(1885). 『자본』 제3권(1894)이 간행되었다. 1883년, 장녀 제니가 사망한(1.11) 후, 런던에서 사망하였다(3.14).

1. 맑스주의 성립의 세 토대(土臺)

맑스주의의 성립에 결정적인 영향을 미친 사상을 크게 셋으로 구분할 수 있는데, 그 첫 번째는, 소위 독일의 고전철학이다. 여기에 포함되는 두 가지 주요사상은 바로 헤겔의 관념 변증법과 포이어바흐의 유물론이다. 맑스는 헤겔의 관념 변증법으로부터는 관념론[혹은 정신주의(精神主義)]을 버리고 변증법이라는 방법을 채택하였고, 포이어바흐의 정적(靜的) 유물론으로부터는 정적(靜的)인 요소를 버리고 유물론이라는 존재론을 택함으로써 결국 〈변증적 유물론〉의 입장을 취하였다. 맑스는 이 변증적 유물론을 역사에 적용하여 〈역사적 유물론〉[135]

135 '역사적 유물론'이라는 어휘는 엥엘스가 맑스의 『공상에서 과학으로의 사회주의의 발전』(1892)이라는 저술의 〈서문〉에서 처음 사용했다.

혹은 <유물사관>을 만들었다.

두 번째로는 생시몽(Saint Simon, 1760-1825), 후리에르(F.M. Fourier, 1772-1837), 블랑키(L.A. Blanqui, 1805-81), 프루동(P.J. Prcudhon, 1809-1865) 등의 공상적(空想的)[유토피아적] 사회주의 사상이고, 세 번째로는 스미스(Adam Smith, 1728-90), 맬더스(Th. R. Malthus, 1766-1834), 리카르도(David Ricardo, 1772-1823) 등으로 대표되는 영국의 고전 경제학이다.

특히, 헤겔에 있어서 근원적 존재자는 절대이념, 절대정신, 절대이성 혹은 로고스(Logos)이며, 모든 존재자는 그것의 발현(發現) 내지 현현(顯現)에 불과하며, 그의 변증법은 이념 혹은 로고스의 전개(발전)형식인데, 맑스는 이러한 헤겔의 관념(정신) 변증법은 전도(顚倒)된 것[das Verkehrte]이라고 생각하고, 그것을 물질 변증법으로 되돌려놓아야 한다고 주장한다. 이에 대해 맑스는 『자본론』에서, 헤겔의 변증법은 "머리로 서 있다. 신비적인 외피(外皮)에 싸인 합리적인 핵심을 발견하기 위해서는 그것을 뒤집어야만 한다"[136]고 말한다.

이러한 되돌림에 있어서 결정적인 영향을 미친 사람이 바로 포이어바흐(L. Feuerbach, 1804-72)다. 1841년 11월 포이어바흐는 『기독교의 본질』(*Das Wesen des Christentums*)을 출간했는데, 이 책의 제2판 머리말에서 자기의 철학은 "초인간적인, 즉 반인간적이고 반자연적인 종교나 사변에 의해 부패하고 불구가 된 모든 인간에 반대하는 철학"이

---

136 『자본론』 제1권, MEW 제23권, 27. 그럼에도 불구하고 맑스는, 헤겔이 관념론자로서 변증법을 신비화하긴 했지만, "변증법의 일반적인 운동형태들을 최초로 포괄적이고 의식적인 방식으로 서술한"(ebd.) 사람이었다고 평가한다.

며, "스피노자의 실체도 칸트와 피히테의 자아도 아니고 쉘링의 절대적 동일성이나 헤겔의 절대정신도 아니며, 요컨대 단지 사유되거나 공상적(空想的)인 추상적 존재자가 아니라 현실적인 존재자, 혹은 오히려 가장 현실적인 존재자, 가장 현실적인 참된 존재자[das wahre Ens realissimum], 곧 인간을, 즉 가장 긍정적(적극적)인 현실의 원리를 자기의 원리로 갖고 있다"[137]고 말한다. 포이어바흐에 의하면 자연과 인간 외에는 아무 것도 존재하지 않는다. 이러한 그의 사상은 절대자와 보편자를 중시한 헤겔철학에 반기(反旗)를 든 것이다. 그는 헤겔철학을 낡은 철학으로, 자신의 철학을 새로운 철학으로 규정하였다: "나는 추상적인, 사유하기만 하는 존재자며, 신체는 나의 본질에 속하지 않는다고 하는 명제를 낡은 철학이 자신의 출발점으로 가지고 있었다면, 새로운 철학은 이와는 반대로 '나는 현실적 · 감각적(감성적) 존재자며 신체는 나의 본질에 속한다. 실로 신체의 총체가 나의 자아며 나의 본질 자체다'라는 명제와 더불어 시작한다"[138]

그는 헤겔과는 달리, 철학을 신·절대자·이념에서가 아니라 인간·유한자·현실로부터 이끌어냈기 때문에 신도 철저하게 인간적 입장에서 이해하였다. 그는 『기독교의 본질』에서, 기독교인이 믿는 신이나 신앙체계는 따로 존재하는 초월적 존재자나 내세에 대해 말하는 것이 아니고 인간의 소망을 말하고 있는 것이며, 따라서 종교는 인간의 가장 큰 소망을 자기의 외부로 투사(投射)한 것에 불과하다는 이론을 전개했

---

137 Ludwig Feuerbach, *Werke in sechs Bänden 5 Das Wesen des Christentums (1841), Ffm*, 1976, 402.

138 Ludwig Feuerbach, "Grundsätze der Philosophie der Zukunft," in: *Werke in sechs Bänden. 3. Kritiken und AbhandlungenII (1839-1843)*, Ffm., 1975 (247-322), 302.

다. 즉, "인간이 신에 관해서 말하는 그것을 사실은 자기 자신에 관해서 말한다"[139] 인간의 신 개념은 인간소망의 투사에 불과하며 그 소망 너머에는 아무 것도 존재하지 않는다는 것이다. 예컨대, 신의 지혜는 인간의 지성과 이해력이 투사된 것이고, 신의 의로움은 인간의 도덕성과 정의감이, 신의 사랑은 인간의 사랑이, 예수의 부활은 영생에 대한 인간의 소망이 투사된 것이라고 주장하였다. 따라서, "감각적인 대상들과 관련해서 대상의식은 자기의식과 잘 구별될 수 있지만, 종교적 대상의 경우에 있어서는 의식은 자기의식과 직접적으로 일치한다"[140] 왜냐하면 감각의 대상은 인간의 외부에 존재하는 데 반해서, 종교적 대상은 인간 속에 존재하는 내면적 대상이기 때문이다. 그리하여 종교적 대상에 있어서 "주체의 대상은 주체 자신의 대상적 본질 외에 다른 것이 아니다. 인간이 자기에게 대상이듯이, 신은 인간에게 대상이다. (…) 인간이 가치를 가지는 그만큼만 그의 신도 가치를 가지며 그 이상의 가치를 갖지 않는다. 신에 대한 의식은 인간의 자기의식이며, 신에 대한 인식은 인간의 자기인식이다. 당신은 인간의 신으로부터 인간을 인식하며, 다시 인간으로부터 인간의 신을 인식한다. 그런데 이 둘은 동일한 것이다. 인간에게 신인 것은 인간의 정신, 인간의 혼이며, 인간의 정신, 인간의 혼, 인간의 마음은 인간의 신이다. 즉 신은 인간의 내면이 드러난 것이고 인간의 자아가 표현된 것이다. 종교란 인간의 숨겨진 보물이 장엄하게 드러난 것이고 인간의 가장 내면적인 생각이 공언(公言)되는 것

---

139 Ludwig Feuerbach, *Das Wesen des Christentums (1841)*, ebd., 43.

140 Ebd., 30.

이며, 인간의 사랑의 비밀이 공적으로 고백된 것이다"[141] 그리하여 그는 다음과 같이 말한다: "신학의 비밀은 인간학이다"[142] 이렇듯 "인간은 — 이것이 종교의 비밀이다 — 자기에게 자기의 본질을 대상화한다"[143]

그런데 인간은 "자기가 신 안에 정립하는 것을 자기에 관해서는 부정할 뿐"[144]이다. 다시 말하면, 인간은 모든 것을 할 수 없기 때문에 '전능(全能)'이라는 이상을 가지며, 모든 것을 알지 못하기 때문에 '전지(全知)'에의 소망을 가지고, 또 전적으로 선하지 못하기에 '전선(全善)'의 이념을 갖는 것이며, 이러한 이념들을 외부로 투사하여 '신'이나 '절대자' 개념을 만들어낸다는 것이다. 그리하여 유대·기독교에서는 신이 자기의 형상(形像)을 따라서 인간을 만든 것으로 보지만, 포이어바흐는 인간이 자신의 소망을 투사하여 신을 만들었다고 주장한다. 따라서 인간에 있어서 신은 바로 인간의 본질을 말하는 것이라 할 수 있다. 그러므로 신이란, 인간이 그렇게 있고 싶어 하는 것이고, 따라서 종교는 인간의 욕구의 산물이며 개체의 환상(幻像)이라는 것이다. 포이어바흐는 유대·기독교에 대한 비판과 유사한 비판을 헤겔철학에 대해서도 행한다.

> 신학의 신적인 본질이 모든 실재성의, 즉 모든 규정들의, 모든 유한성의 이상적(理想的)인 혹은 추상적인 총괄인 것처럼, 헤겔의 논리학도 그러하다. 지상

---

141 Ebd., 30 f.

142 "Das Geheimnis der *Theologie ist die Anthropologie*, (…)"[Ludwig Feuerbach, "Vorläufige Thesen zur Reform der Philoso*phie [1843]," in:* Ludwig Feuerbach. *Werke in sechs Bänden. 3. Kritiken und Abhandlungen* II *(1839-1843),* Ffm., 1975, (223-243), 223].

143 Ludwig Feuerbach, *Das Wesen des Christentums* (1841), *ebd.*, 44.

144 Ebd., 41.

에 존재하는 모든 것은 신학의 하늘에 다시 존재한다 — 그리하여 자연에 존재하는 모든 것은 또한 신적인 논리학의 하늘에도 존재하는데, 그것은 질, 양, 도량(度量,), 본질, 화학론, 역학론, 유기체다. 우리는 모든 것을 신학에서 두 번 갖는데, 한 번은 추상적으로, 또 한 번은 구체적으로 갖는다 — 그리고 우리는 헤겔철학에서 모든 것을 두 번 갖는데, 한 번은 논리학의 대상으로서, 그리고 나서는 다시 자연철학과 정신철학의 대상으로서 갖는다.[145]

헤겔의 철학에는 신학과 마찬가지의 신비적 요소가 담겨있다. "신학의 무한한 존재자가 추상적이고 유한한 존재자인 것과 마찬가지로 헤겔의 절대정신도 추상적인, 자기 자신으로부터 분리된, 소위 유한한 정신외에 다른 것이 아니라"[146]고 포이어바흐는 주장한다.

맑스는 포이어바흐의 중요성을 다음과 같이 강조한다: "그리고 당신들이 진리와 자유에 이르는 길은 '불의-시내[화-천(火川, Feuer-bach)]'를 통하는 길 외에 다른 길은 없습니다. 포이어바흐는 현대의 연옥(煉獄)입니다."[147] 그러나 포이어바흐에 있어서는 헤겔철학에 있어서와 같은 변증법이 전혀 보이지 않는다. 그래서 그의 철학은 동적인 것이 아니고 정적이다.

---

145 Ludwig Feuerbach, "Vorläufige Thesen zur Reform der Philosophie [1843]," ebd., 225.

146 Ebd., 226.

147 "Und es gibt keinen andern Weg für euch zur Wahrheit und Freiheit, als durch den Feuer-bach. Der Feuerbach ist das Purgatorium der Gegenwart"[K. Marx:"Luther als Schiedsrichter zwischen Strauß und Feuerbach (1842)," in: MEW Bd. 1, 1974 (26-27), 27].

맑스는 엥엘스와 공동 저술한 『독일 이데올로기』(1845-46)[148]에서 처음으로 유물사관의 체계화에 착수한다. 그리고 다음해인 1847년 『철학의 빈곤. 프루동의 "빈곤의 철학"에 대한 답변』(*Das Elend der Philosophie. Antwort auf Proudhons "Philosophie des Elends"*)[149]에서 맑스는 역사의 진정한 토대와 그의 추진력이 어디에 있는가를 다음과 같이 말함으로써 유물사관의 핵심을 표현하고 있다: "사회적 제 관계는 생산력과 밀접하게 결부되어 있다. 새로운 제 생산력을 획득함과 더불어 인간은 자기의 생산양식(방식)을 변경한다. 그리고 생산양식을, 자기의 생계(生計)를 획득하는 양상을 변경함과 더불어 인간은 자기의 모든 사회적 관계를 변경한다. 손맷돌은 봉건영주를 갖는 사회를 낳고, 증기기관은 산업자본가를 갖는 사회를 낳는다"[150] 그리고 유물사관의 기본원리는 『정치·경제학 비판』(*Zur Kritik der politischen*

---

148 Karl Marx·Friedrich Engels, *Die deutsche Ideologie* (1845-46)(DI로 줄임), in: MEW Bd. 3, Berlin/DDR, 1978 (9-77), 46.

149 『철학의 빈곤. 푸르동의 "빈곤의 철학"에 대한 답변』은, 프랑스의 무정부주의자 프루동의 『경제적 제모순의 체계 또는 빈곤의 철학』에 대한 비판적 저술이다.

150 "Die sozialen Verhältnisse sind eng verknüpft mit den Produktivkräften. Mit der Erwerbung neuer Produktivkräfte verändern die Menschen ihre Produktionsweise, und mit der Veränderung der Produktionsweise, der Art, ihren Lebensunterhalt zu gewinnen, verändern sie alle ihre gesellschaftlichen Verhältnisse. Die Handmühle ergibt eine Gesellschaft mit Feudalherren, die Dampfmühle eine Gesellschaft mit industriellen Kapitalisten"[Karl Marx, *Das Elend der Philosophie. Antwort auf Proudhons "Philosophie des Elends,"* in: MEW Bd. 4, Berlin/DDR, 1972 (63-182), 129].

Ökonomie, 1859)[151]에서 요약된다. 그러면 〈유물사관〉의 내용을 살펴보자.

2.1. 사회구성체론: 토대[Basis]와 상부구조[Überbau]

토대와 상부구조라는 비유는 맑스와 엥엘스에 의해 사회의 경제구조(토대)가 국가의 존재 및 제형태와 사회의식(상부구조)을 규정한다고 주장됨으로써 사용된다. 이 개념에 대한 최초의 공식적인 언급은, '생산과 상업으로부터 직접적으로 발전해 온 사회조직'에 대해 언급하고 있는 『독일 이데올로기』 제1부에 나타나 있으며, 생산과 상업은 모든 단계에서 국가 및 관념적 상부구조의 나머지 부분의 기초를 형성한다.[152]

> 인간은 자기의 삶의 사회적 생산에 있어서 특정하고 필연적인, 자기의 의지로부터 독립한 관계인 생산관계에 들어가는데, 이 생산관계는 그들의 물질적 생산력의 특정한 발전 단계에 대응한다. 이러한 생산관계의 총체가 사회의 경제구조를 구성하는데, 이것이 현실의 토대다. 이러한 현실의 토대 위에 법률적·정치적인 상부구조가 서고, 특정한 사회적 의식 형태들은 이 토대에 대응한다. 물질적 생활의 생산양식이 사회적 · 정치적 · 정신적인 생활과정 일반을 조건 짓는다. 인간의 의

---

151 이 저술은 1858년 8월부터 1859년 1월까지 쓰였다.

152 Tom Bottomore 외, 『마르크스 사상사전』, 임석진 편집 및 책임감수, 청아출판사, 1988, 564 참조.

식이 그의 존재를 규정하는 것이 아니라, 반대로 그의 사회적 존재가 그의 의식을 규정한다.[153]

맑스의 이러한 2중 구조론은 인체상의 2중 구조, 가치설정의 기준이 되는 욕망상의 2중 구조, 생활상의 2중 구조, 사회상의 2중 구조, 존재론적인 2중 구조 등으로 구별해서 생각할 수 있다. 이를테면 인간의 신체는 횡격막을 중심으로 하여 상부, 즉 머리와 가슴이 포함되는 부분과, 하부 즉 소화를 통하여 각 부분에 보급될 에너지를 생산하는 소화기 계통과 생식행위를 통하여 종족을 유지시키기 위해 자손을 생산하는 생식기를 포함하는 부분으로 구분되며, 인간의 욕망은 상부, 즉 머리와 가슴이 느끼는 공상적 욕망과 하부, 즉 소화기와 생식기에서 일어나는 욕망으로 구별되며, 생활은 의식(意識)과 생계로 구별되며, 이러한 제 구별은 사회적으로 적용되어 사회에서 의식의 역할을 담당하는 부르주아 계급과 생산을 담당하는 프롤레타리아 계급으로 구별된다. 그리고 이것을 총괄적으로 또는 존재론적 입장에서 말하면, 세계는 정신적 세계와 물질적 세계로 구별되게 된다.

---

153 "In der gesellschaftlichen Produktion ihres Lebens gehen die Menschen die bestimmten, notwendige, von ihrem Willen unabhängige Verhältnisse ein, Produktionsverhältnisse, die einer bestimmten Entwicklungsstufe ihrer materiellen Produktivkräfte entsprechen. Die Gesammtheit dieser Produktionsverhältnisse bildet die ökonomische Struktur der Gesellschaft, die reale Basis, worauf sich ein juristischer und politischer Überbau erhebt, und welcher bestimmte gesellschaftliche Bewußtseinsformen entsprechen"[*Zur Kritik der politischen Ökonomie* (KPÖ로 줄임), in: MEW Bd. 13, Berlin/DDR, 1975, Vorwort].

그런데 이상의 두 가지로 구별되는 구조, 즉 상부구조와 하부구조는 각각 그 본질을 지니게 되는데, 상부구조의 본질은 하부구조에 의해 규정된다. 즉, 신체상의 상부구조의 본질인 의식은 육체적 욕구인 생활에 의해 규정되고, 사회상의 상부구조인 이데올로기는 생산의 제 관계에 의해 규정되며, 부르주아의 운명은 프롤레타리아에 의해 규정되고 궁극적으로 정신세계는 물질적 세계의 반영에 불과하다.

이러한 하부구조 중심의 2원론의 배경에는 맑스의 가치관이 존재한다. 즉, 그에게서 가장 중요한 것으로 간주되는 것들 가운데 하나는, 개인으로서의 인간의 실존[Existenz]인데, 이때의 존재는 데카르트와 같은 철학자가 말하는 cogito의 존재가 아니라 극히 소박하고 육체적인 의미의 존재, 즉 '살아있다'고 하는 것, 다시 말해서 '생존[Dasein]'을 의미한다. 그러므로 맑스는 『독일 이데올로기』에서 다음과 같이 말한다: "물론 모든 인간사의 첫 번째 전제는 살아있는 인간개인의 실존[Existenz]이다. 그러므로 확보되어야 할 첫 번째 사실은, 이러한 개인들의 신체기관과, 이 신체기관을 통해 주어지는, 그 밖의 자연과의 관계다"(DI, 20 f.). 여기서 '자연'이란 '물질', 더 구체적으로 말하면, 인간이 생존하는 데 필요한 의식주의 조건들이다. 그러므로 맑스에 있어 가장 가치 있는 것, 제일 먼저 확보되어야 할 것은 개인들이 생존하기 위해서 신체적으로 요구되는 물질, 즉 의식주의 조건들이다. 이것들이 충족되지 않는 한, 인간 개인들은 존재할 수 없고, 이 같이 이들이 생존해 있지 못할 때 역사는 있을 수 없는 것이다. 그러므로 인간이 역사를 만들기 위해서는 먼저, 먹고 마시고 입어야 하고 또 주거를 가져야 하며, 그 때문에 기본적인 생활수단, '물질적 생활 그 자체'의 생산은 제1의 혹은 기본적인 역사적 행위인 것이다.

맑스에 있어서 가치를 규정하는 것은 정신이 아니라 물질이며, 진선미 또는 도덕적 행위나 정의, 그리고 철학적이고 고상한 이상이 아니라, 동물적이고 신체적인 욕망을 충족시키는 일이며, 이를 위해 요구되는 현실적인 경제행위다. 그리고 이 같은 물질적 가치를 추구하는 인간의 행위, 즉 경제적 생산행위와 그로 인해 성립되는 제 생산관계에 의해서 역사는 만들어지는 것이다. 따라서 이러한 물질을 생산하는 자, 이를테면 공상을 자아내는 신체상의 상부구조에 대립되는 위부(胃腑: 위와 오장육부), 즉 신체상의 에너지와 종족을 생산하는 하부구조와, 의식(意識)을 만드는 일을 담당하는 철학자나 신학자나 법률가들의 엘리트로 구성되는 사회의 상부구조에 대립되는 프롤레타리아, 즉 자연물에 효용가치를 더해주는 노동이 임하는 이들로 구성된 사회적 하부구조가, 그리고 종국적으로 정신에 대립되는 물질이 역사의 주체가 되는 것이다.

모든 사회의 상부구조에 있어서의 지배적인 견해는 지배적인 경제적 계급의 견해다. 맑스는 이에 관해 다음과 같이 말한다: "어느 시대에나 지배계급의 사상이 지배적인 사상이다. 즉 사회의 지배적인 물질적 세력인 계급이 동시에 그 사회의 지배적인 정신적 세력이다"(DI, 46). 토대와 상부구조의 관계를 다음과 같이 나타낼 수 있다.

<table>
<tr><td rowspan="2">상부
구조</td><td>토대를 간접적으로 반영한 것</td><td>"특정한 사회적 의식형태들"(KPÖ, 8)
=사회적 의식/"그밖의 관념적 상부구조"
(DI, 36/78–9); "의식, 종교, 철학, 도덕 등등의
모든 다양한 이론적 산물과 형태들"(DI, 37–8/80–1)</td></tr>
<tr><td>토대를 직접적으로 반영한 것</td><td>"법(률)적 · 정치적 상부구조"(KPÖ, 8)
= 사회제도/국가(DI, 36/78–9)</td></tr>
<tr><td>(현실의)
토대</td><td>생산력의 발전에 의해 구축된 것</td><td>생산관계(소유관계, 조직관계, 분배관계).
"생산관계 전체가 사회의
경제적 구조 · 실제적 토대를 이룬다"(KPÖ, 8)</td></tr>
</table>

물질적 생산방식의 변화, 즉 생산양식의 변화는 사회의 구조와 제도의 변화를 야기한다. 봉건제적 생산양식에서는 농노를 억압하고 봉건영주의 이익을 옹호하기 위한 법과 제도가 만들어졌다면, 자본주의적 생산양식에서는 노동자를 억압하고 자본가의 이익을 옹호하기 위한 제도가 만들어진다. 경제적 토대가 법률이나 사회제도 같은 상부구조와 도덕, 예술, 종교, 철학 등의 사회적 의식을 결정한다.[154] 그러나 토대가 일방적으로 상부구조에 영향을 미치기만 하는 것이 아니라, 토대가 상부구조에 대해 1차적·근원적으로 작용하고, 상부구조는 토대에 대해 2차적·파생적으로 반작용한다.[155]

---

154 손철성, 『헤겔&마르크스. 역사를 움직이는 힘』, 김영사, 2008, 157 ff. 참조.

155 상부구조의 적극적 역할을 인정하고 있는 실례는 예컨대 1890년에 슈미트(Schmitt)에게 보낸 엥엘스의 서한에서 발견할 수 있다: "정치적·법적·철학적·문예적·예술적 발전은 경제적 발전에 그 기초를 두고 있다. 그러나 이러한 발전은 모두 서로 간에 혹은 경제적 토대에 대해서도 반작용을 한다. 그것은 경제상태가 원인이고 오직 그것만이 능동적이요, 그 밖의 모든 것은 수동적인 결과에 불과한 것은 아니고 궁극적으로 항상 자기를 관철하는 경제적 필연의 기초 위에서의 교호작용이다"(Engels, "To Conrad Schmitt," in: MESW II, 447). 이와 유사한 내용도 보르기우스에게 보내는 엥엘스의 편지에서도 발견된다: "정치, 법률, 철학, 종교, 문예, 예술 등의 발전은 경제적 발전에 그 바탕을 두고 있다. 그러나 이 모두는 서로 경제적 토대에도 반작용을 한다. 다른 모든 것은 단지 수동적 결과이고, 경제적 상황만이 오

상부구조에는 정치·법률과 같이 그 관계를 직접적으로 반영하고 있는 것도 있고, 예술·종교·철학과 같이 간접적으로 정치·국가 등 직접적인 것을 매개로 한 것도 있다. 이와 같은 상부구조의 두 가지 영역에 대해서 베터(Wetter)는 정치적·법률적인 것과 이데올로기적인 것의 두 가지를 구별했다.[156]

2.2. 생산양식[Produktionsweise/Produktionsart]

맑스에 의하면 인간의 사회적 연관, 즉 사회생활의 뜻은 '생산'이다. 인간이란 자연에 순응할 뿐만 아니라 자연에 작용해서 자연 및 자연력을 이용하며 지배하려는 합목적적 활동인 사회적 생산, 즉 '노동'에 종사하고 있다. 〈생산=노동〉이 사회생활(사회성)의 기초다.

그런데 인간이 자연에 노동을 투하하여 재화를 생산할 때, 개별적으로 고립해서 생산하는 것이 아니라, 공동으로 사회 속에서 생산한다. 즉, 생산은 언제나 '사회적 생산'이다. 이러한 경향은 특히 근대에 있어서 노동분업에 의해 촉진되고 있다.

직 능동적인 원인이라고 할 수는 없다. 오히려 경제적 필연성 — 그것은 언제나 궁극적으로 자신을 드러낸다 — 을 토대로 하는 상호작용이 있을 뿐이다"(K. Marx/F. Engels, *Selected Works*. Vol. 3, "Engels to W. Borgius. January 25. 1894," Moscow, 1973, 502).

156 Gustav A. Wetter, *Soviet Ideology Today*: Dialectical and *Historical Materialism*, Heinemann, Translated by Peter Heath, NY. and Washington, 1966, 169. 신일철, 「토대·상부구조 논쟁의 전개과정과 그 영향 —북한 〈주체철학〉교정(教程)에 미친 영향 —」, 『아세아연구』 26(2), 고려대학교 아세아문제연구소, 1983 (1-30) 14에서 재인용.

생산력[Produktivkraft]에는 ⓐ 생산하는 인간(노동자)과 ⓑ 생산수단(노동수단), 즉 도구, 기계, 장치 등과 노동대상, 즉 원료가 포함된다. 생산관계[Produktionsverhältnis]란, 생산과정에서 <생산하는 인간 상호간의 관계>, 즉 생산수단의 소유형태(소유관계), 다시 말하면 <누가 생산도구를 가지고 있느냐>를 의미한다. 그런데 이는 구체적으로는, 생산수단을 갖고 있는 유산계급과 생산수단을 갖고 있지 않은 무산계급의 관계를 가리킨다. 생산수단이, 노동하는 생산자가 아닌 사람의 소유일 때의 생산관계는 <지배와 예속> 관계가 성립되고, 생산수단이 생산자의 사회적 소유일 때의 생산관계는 <상호협력> 관계가 성립된다.

생산력이 발전·변경될 때에는 그에 대응하는 생산관계도 변경되고, 따라서 낡은 생산양식은 새 생산양식으로 교체된다. 예컨대, 봉건사회에서는 간단한 도구를 이용한 수공업으로 물건을 생산하는데, 이때의 생산관계는 한 사람의 주인과 몇 사람의 고용인 간에 한정된다. 자본주의 사회에서는 거대한 기계공장에서 상품을 대량생산한다. 이때의 생산관계는 소수의 자본가와 수천·수만의 노동자와의 광범한 관계로 확대되고 그 성질도 중세적 주종관계로부터 근대적 계약관계로 바뀐다. 이러한 생산관계의 총화(總和)가 사회의 경제구조를 형성하고, 이 토대 위에 상부구조가 이루어지고 이 바탕 위에 사회의식이 이룩된다.

상부구조는 그 당시 지배계급의 이익을 반영한 것이다. 따라서 생산력의 변경에 의하여 곧바로 상부구조가 변경되지는 않는다. 왜냐하면, 낡은 생산관계에 의해 이익을 보던 계급은 이것을 그대로 유지하려고 하기 때문이다. 여기에서, 새로운 생산관계의 출현에 의해 이익을 볼 수 있는 계급은 그와 대립·투쟁하여, 마침내 사회혁명이 폭발하고 낡은 경제구조는 무너지고 상부구조도 붕괴한다.

2.3. 인류역사 전개의 5단계설

맑스는 인류의 역사가 다음과 같은 다섯 단계를 거쳐 전개되는 것으로 보고 있다.

① 원시 공산사회(아시아적 사회)

② 고대 노예사회

③ 중세 봉건사회

④ 근대 자본주의사회

⑤ 사회주의 및 공산주의 사회

① 원시 공산사회에서는 모든 사람이 제각기 자기의 도구를 사용하여 생산활동을 한다.

② 고대 노예사회에서는 생산수단이 노예 소유주에 의해 점유되고, 노예 자신이 생산수단이 되어 노동의 열매조차 나눠 갖지 못한다.

③ 중세 봉건사회에서 농노(農奴)는 도구를 일부 소유하고 있는 점에서 고대의 노예보다 향상된 지위에 있으나 아직도 영주를 위해 일해야만 한다.

④ 근대 자본주의사회에서의 노동자는 농노와 같이 땅에 묶이지 않고 노동시장에서 자유경쟁을 통해서 노동력을 처분할 수 있다는 점에서 자유롭지만, 그들도 생산수단을 소유하지 못하기 때문에 살기 위하여 노동력을 자본주에게 팔아야 한다.

⑤ 사회주의 및 공산주의 사회에서는 이러한 사회의 '모순'[157]이 지양되면, 모든 생산수단의 소유가 모든 사람에게 돌아가는 공산주의 사회로 필연적으로 넘어가지 않을 수 없다고 한다.

이러한 역사발전은 인간의 사상과 행동에 의하여 유도되는 것이 아니라 생산력의 발전에 따른 〈사회구성체〉[gesellschaftliche Formation]의 변동에 의해 일어나는 것이며, 따라서 현실사회의 '모순'은 도덕적으로 단죄할 당위성의 문제가 아니라 역사법칙으로 극복되어야 할 필연성의 문제로 본다.

맑스는 사회의 '모순'을 해결하기 위하여 제도개혁, 종교적·도덕적 교화와 같은 인간적 노력을 경주하는 것은 역사의 필연적 법칙에 역행하는 것이라고 본다. 그러면 노동계급의 혁명활동은 왜 필요한가? 그것은 "산고(產苦)를 줄이고 덜기 위한 것"이라고 대답한다. 이처럼, 사회혁명의 주원인은 경제적 '모순'이고, 그 보조수단은 폭력혁명이다. 그럼에도 불구하고 소련을 필두로 한 과거 및 현재의 공산주의 체제들은 공산주의 사상으로 무장한 소수집단의 폭력혁명으로 수립된 것이지, 성숙된 자본주의 사회의 경제적 '모순'을 겪은 역사의 산물이 아니다.

---

157 유물(물질)변증법 내지 역사적 유물론에서 자주 등장하는 '모순' 개념은 많은 경우, '논리적 모순'이 아니라 '변증적 모순'의 의미로 사용되고 있다. 예컨대 무산자(프롤레타리아)와 유산자(부르주아)의 관계는 '논리적인 모순관계'에 있는 것이 아니다. 유물변증법론자들은 변증적 모순관계를, 예컨대 유산자와 무산자 간에 성립하는 '적대적 모순관계'와, 남성과 여성 간에 성립하는 '비적대적 모순관계'로 구분하고 있는데, 이러한 관계에서 발생하는 것은 '갈등'이나 '대립', '충돌' 등으로 표현하는 것이 적절할 것이다.

역사는 사회주의의 출현과, 더 나아가 공산주의의 성립으로 그 목적을 실현하게 된다. 헤겔에 의하면 변증적 발전과정은 자유라는 이상(理想)이 완전히 실현될 때 종식된다. 왜냐하면 이는 모든 투쟁과 갈등의 종식을 의미하기 때문이다. 반면에 맑스는 대립자들 간의 투쟁이 물질적 질서 속에 존재하며, 따라서 계급들 간의 투쟁 속에 존재한다고 생각했기 때문에, 만일 계급들 간의 내적 '모순'들이 해소된다면 운동과 변화의 원리도 사라질 것이며 계급 없는 사회가 출현할 것이라고 예견했다.

[사회주의와 공산주의의 차이점]

		사회주의	공산주의
경제	생산	생산재–공유 소비재–사유	생산재와 소비재–공유
	분배	노동의 질과 양(성과)	인간의 필요(욕망)
	교환	화폐–있음	화폐–없음
정치	국가	유–프롤레타리아 독재	무–국가 사멸
사회	계급	무계급	무계급

※ 사회주의로 접어든 시기(전 재산 국유화)

소련: 1937년 / 북한: 1958년 / 중공: 1958년[158]

158 노희상 편저, 『공산주의비판노트』, 대왕사, 1989, 23-4.

2.4. 계급투쟁설

맑스는 자기가 살던 당시의 자본주의 사회가 두 개의 적대적인 계급으르 나누어져 있다고 보았다: "두 개의 거대한 계급이 서로에게 적대하고 있다. 부르주아와 프롤레타리아가 그것이다"(『공산당 선언』). 현실사회에서 역사의 주체 문제는 계급의 문제와 깊이 결부되어 있다. 이어 대해 맑스는 다음과 같이 말한다: "어떤 시대에서나 지배계급의 사상이 지배적인 사상이다. 즉 사회의 지배적인 물질적 세력인 계급이 동시에 그 사회의 지배적인 정신적 세력이다"(DI, 46). 물질적 생산수단을 지배하는 계급은 동시에 정신적 생산수단도 지배하고, 생산수단을 갖지 않은 사람들의 사상과 행동은 지배계급의 사상과 행동에 예속된다. 오늘날 자본이라는 최고의 생산수단을 독점적으로 소유하고 지배하는 계급은 단지 은행과 광산, 공장과 교통기관을 지배할 뿐만 아니라, 신문사, 방송국, 학교, 교회, 잡지사, 출판사, 종이회사, 인쇄소 등 (정신적 생산수단)도 지배하기 때문에 다수자의 의식, 관념, 욕망, 기호, 사상, 도덕 등도 소수의 힘에 의해서 좌우될 수 있다. 이렇게 한 나라의 경제를 지배하는 자가 정치, 군사, 교육, 사상, 도덕을 지배하고, 그럼으로써 역사에서 주체적인 자로 나타나게 된다.

생산수단이 소수에 의해 점유되고 있는 데 사회의 '모순'이 있고, 이러한 '모순'으로 인해 역사는 계급투쟁을 불가피한 계기로 하여 변증적으로 발전하는 것으로 맑스와 엥엘스는 본다. 그리하여 이들은 다음과 같이 말한다: "지금까지 모든 사회의 역사는 계급투쟁의 역사다. 자유민과 노예, 귀족과 평민, 영주와 농노, 동업조합의 장인(匠人)과 도제(徒弟), 간단히 말해 억압자와 피억압자가 서로 영원한 적대관계에서

때로는 은밀하게, 때로는 공공연하게 끊임없이 투쟁을 전개해 왔다. 그리고 이 투쟁은 항상 사회 전체가 혁명적으로 변혁되거나 투쟁하는 계급들이 함께 몰락하는 것으로 끝났다"[159]

3. 잉여가치(剩餘價値)[Mehrwert, surplus value]설

다음의 예를 통하여 잉여가치의 문제를 살펴보자.

- 자본가는 100원을 투자한다
  : 기계+원료 = 70원 / 노동자 1명: 30원(10시간 노동/1일)
  ① 불변자본[160] ② 가변자본[161]
- 노동자는 기계로 원료를 가공하여 라면을 생산하고, 자본가는 라면 1개를 120원에 판매한다.

→ 상품가치(120원) = 불변자본(C) + 가변자본(V) + 잉여가치(S)
→ 노동자가 하루 10시간 일해서 50원의 가치를 만들어내고, 그 50

159 Marx·Engels, "Manifest der Kommunistischen Partei," in: MEW Bd. 4, 6. Auflage, 1972, unveränderter Nachdruck der 1. Auflage 1959, Berlin/DDR (459-493), 462.

160 불변자본[constant capital]: 생산과정에서 자기의 가치를 변화시키지 않고 70원 그대로 상품에 옮겨가므로.

161 가변자본[variable capital]: 노동력의 구입에 투자한 30원은 생산과정에서 자기의 가치를 변화시켜 50원의 가치를 상품에 첨가하므로.

원을 라면의 가치에 첨가한다. 그러나 노동자가 받은 것은 30원의 임금뿐이다. 나머지 20원은 자본가에게 잉여가치로 들어간 것이다. 이것을 노동시간으로 따지면, 30원의 임금(또는 노동가치)를 창조하려면 6시간의 노동(시간)이 필요하고, 20원의 잉여가치를 창조하려면 4시간의 노동(시간)이 필요하다. 노동자는 6시간은 〈자기의 임금〉을 창조하기 위해 노동하는데, 이를 〈필요노동〉이라 하고, 자본가를 위해 잉여가치 20원을 만들어주는 공짜노동을 〈잉여노동〉이라고 한다. 그러므로 〈필요노동〉은 지불받는 노동이고, 〈잉여노동〉은 지불받지 못한 노동이다.[162]

4. 노동과 소외의 문제

4.1. 노동

맑스에 의하면 노동은 인간이 자신을 실현하는 데 필요한 수단이다. 비코(Giambattista Vico, 1668-1744)를 인용하면서 맑스는 "인간의 역사는 인간이 만든 것이지만 자연의 역사는 인간이 만든 것이 아니라는 점에서 전자와 후자는 구별된다"고 말한다. 맑스는 이 과정을 『자본』에서 다음과 같이 잘 요약하고 있다: "노동은 우선, 인간과 자연 사이에서 일어나는 하나의 과정인데 이러한 과정에서 인간은 자기 자신의 행

162 김수행, 『자본론 공부』, 돌베개, 2016, 69 ff. 참조.

동을 통하여 자연과의 신진대사를 매개하고 조절하고 통제한다 (…) 인간은 자연의 소재를 자기 자신의 삶을 위해 사용할 수 있는 형태로 취득하기 위하여 자기의 신체에 속한 자연력인 팔과 다리, 머리와 손을 움직인다. 인간이 이러한 운동을 통하여 자기의 외부에 존재하는 자연에 대해 작용하고 그것을 변화시킴으로써, 자기 자신의 본성도 동시에 변화시킨다. 그는 자신 속에 잠자고 있는 역량들을 전개하여 자기의 힘들의 작용을 자기 자신의 지배하에 둔다."[163]

이러한 노동개념을 맑스는 적어도 부분적으로는 헤겔로부터 계승한 것인데, 『경제학·철학 수고』의 <헤겔 변증법 및 철학 일반에 대한 비판>이라는 장(章)에서 "우리는 헤겔철학의 진정한 탄생지이자 비밀인 헤겔의 『정신현상학』과 더불어 시작해야만 한다"[164]고 말하면서, "그러므로 헤겔은 노동의 본질을 포착하고, 대상적인 인간, 현실적이

---

163 "Die Arbeit ist zunächst ein Prozess zwischen Mensch und Natur, ein Prozess, worin der Mensch einen Stoffwechsel mit der Natur durch seine eigne Tat vermittelt, regelt und kontrolliert. (…) Die seiner Leiblichkeit angehörigen Naturkräfte, Arme und Beine, Kopf und Hand, setzt er in Bewegung, um sich den Naturstoff in einer für sein eigenes Leben brauchbaren Form anzueignen. Indem er durch diese Bewegung auf die Natur außer ihm wirkt und sie verändert, verändert er zugleich seine eigene Natur. Er entwickelt die in ihr schlummernden Potenzen und unterwirft das Spiel ihrer Kräfte seiner eigenen Botmäßigkeit"[Das Kapital, Dritter Abschnitt: Die Produktion des absoluten Mehrwerts, FÜNFTES KAPITEL [Anfang], Arbeitsprozeß und Verwertungsprozeß, 1. Arbeitsprozeß, in: MEW Bd. 23, "Das Kapital", Bd. I, Berlin/DDR, 1968 (11-802), 192].

164 "Man muß beginnen mit der Hegelschen Phänomenologie, der wahren Geburtsstätte und dem Geheimnis der Hegelschen Philosophie"[K. Marx, *Ökonomisch-philosophische Manuskripte* (1844), in: K. Marx und F. Engels, Werke, Ergänzungsband, 1. Teil, Berlin/DDR, 1968 (465-588), 571].

기 때문에 진정한 인간을 그 자신의 노동의 결과로 파악하고 있다"[165]고 헤겔을 칭찬한다. 그런데 문제는, 맑스만이 아니라 헤겔도 — 적어도 『정신현상학』의 <자기의식>장에 관한 한, — 주인의 노동의 가치는 제쳐놓고 오로지 노예의 노동의 가치만을 인정하고 있다는 점이다. 그러나 맑스는, "헤겔이 오로지 알고 인정하는 노동은 추상적으로 존재하는 정신노동이다"[166]라고 헤겔을 비난하고 있는데, 맑스가 주장하고 있는 것과는 달리 헤겔은 예컨대 『정신현상학』의 <지배와 예속>장에서는 이와는 정반대의 주장을 하고 있다는 점을 말하지 않을 수 없다.

그러나 노예의 육체노동 못지않게 중요한 것은 주인의 통치[government] 내지 관리[management]인데, 이 역시 노동이다. 이는, 노동의 본질이 '규칙적[regular]'이고 '의무적[obligatory]'이며, '봉사[service]'라고 할 때에도 마찬가지다. 뿐만 아니라 자유민[the free]이나 억압자[the oppressors] 역시, 예속된 자[the servile]나 피억압자[the oppressed]만큼이나 생산의 향상에 관심을 갖고 있고, 그들만큼이나 그들은 자연과 자기 자신들에 대해 면밀하게 연구하며 창의적이다. 또한 어떤 면에서 보면 그들은 예속적인 자들과 피억압자들보다 훨씬 더 지적(知的)이고 성찰적인 계급이라고 할 수 있다.[167]

---

165 K. Marx, ebd., 574.

166 Ebd.

167 J. Plamenatz, *Man & Society. Political and Social Theories from Machiavelli to Marx. Vol. 3. Hegel, Marx and Engels, and the Idea of Progress*, London and NY., 1993, 67 f. 참조.

그런데 맑스는 노동에 대한 분석에서 결정적인 내용을 덧붙이는데, 그것은 바로 노동분업 개념이다. 노동분업이란, 효과적인 생산을 위한 노동의 특수화를 의미한다. 그러나 맑스가 볼 때 이러한 노동의 특수화·분화는 비인간적이고 유해한 결과를 초래하는 것이다. 이 점에 관해 그는『독일 이데올로기』에서 다음과 같이 말한다.

> 노동이 할당되자마자 각각의 인간은, 그에게 강요되어 그것으로부터 도망칠 수 없는 특수한 배타적인 활동영역을 갖게 된다. 그는 사냥꾼, 어부, 목동, 또는 비판적 비판가이며, 만일 그의 생존수단을 잃어버리고 싶지 않다면 계속 그렇게 머물러 있어야만 한다(DI, 33).[168]

노동분업은 노동자들을 그들의 생존을 위해 각자의 제한된 특수한 활동에 묶어놓음으로써 여러 측면에서 소외(疎外)를 야기한다.

4.2. 소외(疎外)[Entfremdung]

'소외'란 어떤 것과 다른 어떤 것 사이가 '서먹서먹해지는 것', '거리가 멀어지는 것'을 의미한다. 이전에 맑스는 가장 중요한 인간소외의 영

---

168 이와는 반대로, 사회주의가 완성된 공산주의 사회에서의 이상적인 삶을 맑스는 다음과 같이 묘사하고 있다: "사회가 일반적 생산을 규제하며 그렇기 때문에 나는 오늘은 이 일을 하고 내일은 저 일을 하며, 사냥꾼, 어부, 목동 또는 비평가가 되지 않고도 내가 마음먹는 대로 아침에는 사냥을 하고, 오후에는 고기를 잡고, 저녁에는 소를 먹이고, 저녁 후에는 비평을 할 수 있게 될 것이다"(DI, 33).

역을 종교나 정치라고 생각하고 있었는데, 1844년에 와서야 그는 노동과정이 인간의 근본적인 소외영역을 이루고 있다는 결론에 도달했으며, 그는 이 견해를 그 후 한 번도 버린 적이 없다. 맑스에 있어서 소외는 주로 경제적인 개념으로 사용되고 있다. 『경제학·철학 수고』의 〈소외된 노동〉이라는 절(節)에서 맑스는 자본주의 하에서 노동자가 처해 있는 소외된 상황을 네 가지 측면으로 나누어서 고찰한다.

① 노동의 산물로부터의 소외

노동자는 자기가 노동해서 만들어낸 물건을 마치 낯선 물건인양 대하게 된다(공장에서 생산한 최고급 승용차는 노동자의 것이 아니다!). 그가 생산한 물건이 자기에게 귀속되지 않고 도리어 그를 지배하고, 결국에는 단지 그의 빈곤을 증대시키는 데에만 기여한다. "노동은 부자들을 위해서는 멋진 것을 만들어내지만, 가난한 자들에게는 불행만을 만들어낸다"(『경제학·철학 수고』)

『독일 이데올로기』에서도 맑스는, 노동자들이 자신의 노동의 산물을 '자신들의 외부에 있는 낯선 것'으로 본다고 말한다.

② 노동과정으로부터의 소외

소외는 생산결과에서만 발생하는 것이 아니라 생산과정과 생산활동 자체에서도 일어난다. 노동자는 자신의 노동을, 단지 다른 욕구를 충족시키는 수단으로서만 보기 때문에 이러한 노동에 안도감(安堵感)을 갖지 못한다.

노동자들은 공장 시스템으로부터, 언제 일하고 어떻게 일할 것인가를 지시받게 되므로 자신들의 노동에서 만족을 얻기가 어렵다. 노동을 통해 자아를 실현하고 행복을 느끼지 못하고, 돈을 벌기 위해 단순노동을 반복한다.

노동분업에 의한 생산과정에서, 각각의 노동자들은 구분된 특화된 생산라인에서 전문성을 가지고 일한다. 각자는 자신에게 할당된 생산영역에서 성과를 내기만 하면 되므로 굳이 다른 생산라인에서의 노동에 간섭하거나 신경 쓸 필요가 없다. 그리하여 각각의 생산영역은 다른 영역과 소외상태에 놓이게 된다.

③ 인류(동료인간)로부터의 소외

소외된 노동은 인간을 인류(동료인간)로부터 소외시키는 데로 나아간다. 유적(類的) 생활, 생산적인 생활, 생명을 창조하는 생활이 단순히 노동자의 개인적 존재(생활)를 유지하기 위한 수단으로 전락하게 되고 인간은 자기의 동료인간들로부터 소원해지게 된다. 소외는, 인간관계(<나-너> 관계)가 사물관계(<나-그것> 관계)로 대체되었다는 것을 의미한다.

④ 자연 자체로부터의 소외

자연 자체가 인간으로부터 소외됨으로써 인간은 자기의 비유기적인 신체를 상실해버린다. 맑스에 의하면, 자우는 자연과의 실천적 관계 속에서, 즉 자연을 "인간의 비유기적인 신체[der unorganische Leib]"로 삼는 과정에서 생겨난다.

위의 구절은 자본주의 사회에서 가장 뚜렷하게 소외된 계층인 노동자들에 관해서 언급하고 있기는 하지만, 맑스는 소외상태가 자본주의 사회의 모든 계층에 공통적인 현상이라고 보았다. 『신성한 가족』에서 그는 다음과 같이 말한다: "유산계급과 프롤레타리아 계급은 똑같이 인간의 자기소외를 드러내고 있다. 그러나 전자의 계급은 이러한 자기소외 속에서 안락함과 힘을 느낀다. 유산계급은 소외를 자기 자신의 힘으로 알고 있고 그 속에서 인간실존의 가상(假象)을 소유한다. 그러나 후자의 계급은 소외 속에서 무화(無化)됨(파괴됨)[vernichtet]을 느끼고 그 속에서 자신의 무력함과 비인간적인 실존의 현실을 본다."[169]

즉, 맑스는 자본가들은 최소한 "소외 속에서도 행복하다"고 말한다. 자본가들이 가진 권력과 부와 특권이 진정한 행복을 대신해 주기 때문이다. 그러나 이와는 달리 노동자들의 소외는 억압적인 것이다. 노동자들이야 말로 소외로 인해 진정으로 고통 받는데, 생산수단이나 생산물 그 어느 것도 가진 것이 없기 때문이다. 노동자들이 가진 것은 노동력뿐이다. 노동자 없이는 자본가들이 존재할 수 없음에도 불구하고 오히려 노동자들이 돈과 임금의 위력 때문에 자본가들 없이는 자신들이 존재하지 못한다고 믿는다.『독일 이데올로기』에서 맑스는 사유재산의 철폐가 어떻게 노동자와 생산물 사이의 소외를 없애고, 노동자들의 삶을 회복시켜 줄 수 있는가를 살핀다. 맑스는 소외에 대한 깨달음이 공산주의를 가져 올 혁명으로 가는 첫 걸음이라고 보았다.

---

169 Karl Marx-Friedrich Engels, *Die heilige Familie oder Kritik der kritischen Kritik. gegen Bruno Bauer und Kunsorten*, in: MEW Bd. 2, Berlin/DDR, 1972 (3-223), 37.

※ 노동과정에서의 소외를 통해 '전문분야의 바보[Fachidiot]'가 탄생한다.

① 예컨대 자동차 공장에서 노동할 때, 자기의 생산라인의 일만을 반복적으로 하고, 다른 생산라인 내지는 부문에서의 노동(작업공정)에 관해서는 알지 못하고, 또 알 필요도 없다.
② 학문이 세분화된 오늘날, 예컨대 같은 철학전공인데도, 세부영역에 대해선 전혀 모르거나 잘 모르는 현상이 발생한다.

이런 경우에 한 사람의 노동은 다른 사람의 노동으로부터 소외되어 있다고 말할 수 있다. 헤겔식으로 말하면, 욕구의 추상화로부터 노동의 추상화(노동의 분화, 분업)[Arbeitsteilung]가 발생한다고 할 수 있다. 맑스는 『임금노동과 자본』(1849)에서 이와 관련하여 다음과 같이 말하고 있다:

> 더 나아가, 노동의 분화가 증대되는 것과 동일한 정도로 노동은 단순하게 된다. 노동자의 특수한 숙련성은 무가치한 것으로 된다. 노동자는 신체적·정신적 긴장력[Spannkräfte]을 작동할 필요가 없는 단순하고 단조로운 생산력으로 변화하게 된다. 그의 노동은 누구나 할 수 있는 노동으로 된다. 그러므로 모든 측면에서 경쟁자들이 그에게로 몰려드는데, 더욱이 우리가 기억하는 것은, 노동이 더욱 단순하고 쉽게 배울 수 있는 것일수록, 그리고 노동을 자기 것으로 만들기 위해 필요한 생산비가 더 적게 들수록, 임금(賃金)은 더욱 더 떨어지게 된다는 사실이다. 왜냐하면 다른 모든 상품의 가치와 마찬가지로 임금도 생산비에 의해 정해지기 때문이다.

요컨대, 노동이 더 불만족스럽고 역겨운 고역(苦役)이 되는 것과 동일한 정도로, 경쟁은 심해지고 임금은 줄어든다. (…) 기계류는 이와 동일한 결과들을 훨씬 더 큰 단계로 초래하였다. 즉 기계류는 숙련공과 남자와 성인을 몰아내는데, 숙련공은 비숙련공으로, 남자는 여자로, 성인은 아동으로 대치함으로써 그렇게 한다, 그리고 기계류가 새로 도입되는 곳에서는 수공업자가 무더기로 거리로 쫓겨나고, 기계가 발전되고 개량되고 생산성이 높은 기계들로 대치되는 곳에서는 노동자들이 소규모로 해고된다.[170]

5. 맑스의 유물사관 및 잉여가치설의 문제점들

5.1. 토대와 상부구조의 문제

• 사회라는 유기적 조직체를 토대와 상부구조로 이분화 하는 것은 문제타 할 수 있다. 예컨대 언어, 수학 등은 상부구조나 토대의 어디에도 속하지 않는다(스탈린의 주장).

• 토대의 변화가 반드시 상부구조를 변화시키는 것은 아니다. 예컨대 종교는 고대부터 현재까지, 그리고 자본주의 국가나 사회주의 국가를 막론하고 모두 존재하였다.

---

170 Karl Marx, *Lohnarbeit und Kapital*, in: MEW Bd. 6, Berlin/DDR, 1959 (397-423), 420 f..

• 오늘날의 사회주의 국가에서는 상부구조인 당(黨)이 정치, 사상, 학문, 예술은 물론 토대인 경제까지 지배하고 있다.

• 상부구조에 속한 인간의 의식이나 정신은 생활조건이라는 토대에 의해 일방적으로 그리고 피동적으로 규정되는 것이 아니라 상호작용 한다. 어떻게 보면 역사는 상부구조인 인간의 정신이 토대인 물질적 조건을 극복하고자 함으로써 비로소 만들어지는 것이라 할 수 있다. 인간의 정신·의식이 생산력·생산수단 등 경제구조의 변화를 더 많이 가져 온다고도 할 수 있다. 즉, 생산력(토대)의 발달은 자연과학의 발달에 의한 것이며, 자연과학은 인간의 정신활동(상부구조)의 결과인 것이다. 아이러니컬한 이야기이지만 맑스는 프롤레타리아가 아닌 고도의 지식인이었으며 무서운 정신력의 소유자였다.

5.2. 계급투쟁의 문제

• 사회의 변혁이 반드시 계급투쟁이라는 수단에 의해서만 성취되는가? 자본가[使]와 임금노동자[勞] 간의 협의에 의해 의견이 조정될 수도 있고, 혁명이 아닌 (점진적) 개혁 — 예컨대 교육을 통한 개혁 — 을 통해 사회의 발전이 이루어질 수도 있다. 그리고 프롤레타리아 혁명이 일어났다고 해도 반드시 사회주의(공산주의)로 나아간다는 보장은 없다.

• 그가 예상한대로 자본주의 체제가 악화 일로를 걷고 무산대중의 생활이 계속 나빠진 것은 아니다. 그는 자본주의 체제가 노동조합의 발전, 생산기술의 개선, 그리고 국가의 강력한 개입을 통해서 자신을 수정할 것을 내다보지 못했다. 여러 가지 사회개혁 법률이 제정되어

극심한 문제와 고통을 자아내는 행위들이 제거되고 노동조건은 개선되었으며, 자본주의사회의 문제와 결함이 지속되고 있음에도 불구하고 두산계급의 수입과 생활환경은 훨씬 개선되었다.

• 유물사관으로 알려진 맑스의 역사이론은 제대로 적중하지 않았다. 영국과 독일에서 제일 먼저 발생하리라는 사회주의 혁명에 대한 예언은 몇 차례 빗나갔고, 100 여년이 지난 지금까지도 실현되지 않고 있다. 반대로 사회주의 혁명은 자본주의가 전혀 성숙하지 못했던 몇몇 후진국에서만 성공적으로 이루어졌다. 그것도 노동자와 무산대중의 힘으로만 성취된 것이 아니라, 지식인과 때로는 농민의 도움을 받아야 했다.

• 사회주의 혁명을 거치고 맑스의 노선을 따른다는 사회들도 인간을 위해서 자유와 민주주의, 정의와 풍요를 더욱 잘 보장한다는 증거를 아직드 제시하지 못하고 있다. 그들은 인간을 위한다면서 수많은 인간을 고통으로 몰아넣기도 했다. 그들은 분업을 없애지도 못하고 지배와 예속을 근절하지 못했으며, 국가도 사라지지 않고 있다. 자유롭고 계급이 없고 국가도 종교도 없는 이상적인 공산주의 사회가 도래할 것이라는 징조가 전혀 보이지 않는다. 이들 안에서 국가의 과도한 힘은 인간의 자유와 창의력을 침해하고 억제하며, 국가와 정당의 일치는 〈국가 자본주의〉를 초래했다. 공산당원 경영자와 관료들은 〈새로운 계급〉을 형성하여 노동자를 지배한다. 1980년대에 들어와서 그들은 자유와 개인의 창의를 확대하고 시장의 기능을 활용하며 자본주의적 요소들을 어느 정도 도입하려고 노력한다.

5.3. 생산력과 생산관계, 잉여가치의 문제

• 동일한 생산력을 가진 사회들이 상이한 생산관계들을 가질 수 있다(미국: 자본주의 사회; 구 소련: 사회주의 사회).[171]

• 생산관계가 생산력의 발전을 저해할 때, 사회적 실천인 혁명이 일어난다고 한다. 풀어 말하면, 자본주의 사회의 경우 악질 자본가가 잉여가치를 착취하여 노동자가 궁핍의 극에 달하고, 새 자본을 투입하지 않고 노후시설을 그대로 사용해서, 그러한 생산관계 때문에 생산력이 발전은커녕 도리어 퇴보할 때, 생산양식의 변혁이 요구되어 혁명이 일어난다는 뜻일 것이다. 그는 가치에 관하여 노동가치설을 확신하여 가치란 노동량, 즉 노동시간에 의해 결정되는 것이며, 자본가는 노동자의 노동시간의 일부분에 해당하는 가치만을 임금으로 지불하고 나머지 노동시간에 해당하는 가치, 이른바 잉여가치를 착취하고 있다고 주장한다.

그러나 맑스가 스미스와 리카르도로부터 원용하고 있는 노동가치설은 오늘날의 경제학자들에 의해 격렬한 반대에 부딪히고 있다. 이들은, 상품의 가치는 그것을 생산하는 데 필요한 노동량에 의해서가 아니라 수요와 공급에 의해, 또한 노동의 숙련도에 의해 결정된다고 본다. 뿐만 아니라 맑스는 상품의 가치를 계산할 때에, 자본가 자신의 노동(예컨대 관리노동)의 가치는 제외해버리는 오류를 범했다. 자본가가 잉여가치를 착취한 것이라고 보아서는 안 될 것이다. 자본가는 노동자와의 계약에 의해 시간당 혹은 상품의 생산량에 따라 정해진 임금

---

171 노희상 편저, 『공산주의비판노트』, ebd., 52 ff. 참조.

을 지불하기로 하고, 그 결과에 따라 임금을 지불하고 나머지의 이익은 자본가 자신의 노동에 대한 대가로 사용하는 한편, 일부는 다시 생산을 위하여 기계나 장치를 구입한다든가 하는 경비로 사용하는 것이다. 우리가 문제 삼을 점이 있다면, 애당초 자본가가 노동자와 계약을 맺을 때에 적절한 조건으로 계약이 이루어지는가 하는 것이다.

그러나 자본가가 잉여가치를 착취함으로써 생산관계가 생산력의 발전을 저해할 때 생산양식의 변혁을 요구하는 혁명이 일어난다는 논의를 그대로 시인한다 하더라도, 그것은 자본주의가 성숙했을 때 일어날 수 있는 현상일 것이다. 그러나 프롤레타리아 혁명이 일어난 나라는 자본주의 국가가 아닌, 봉건사회조차 미처 완전히 벗어나지 못한 후진 농본국(農本國) 러시아, 중공, 체코슬로바키아, 폴란드, 몽고 등이었고,[161] 자본주의가 가장 무르익은 영국, 미국에서는 혁명세력의 성숙이 지극히 완만(緩慢)함은 어떻게 설명할 수 있는가? 맑스의 예언과는 달리 자본주의는 파멸하지 않았다. 그는 스스로를 개혁할 수 있는 자본주의의 힘을 과소평가했다. 자본주의는 근대의 자본주의로 머물러있지 않고, 예컨대 사회주의의 요소를 가미한 〈사회민주주의〉 등의 형태로 발전하고 있다.[172]

---

172 전드하, 『서양 현대철학의 제유형』, 진영사, 1981(19751), 185 참조.

5.4. 경제결정론과 노동의 문제, 그리고 프롤레타리아와 부르주아의 관계

맑스는 인류는 자본주의가 지니고 있는 내적인 문제들로 인해 필연적으로 사회주의로 나아간다고 예언했다. 이것은 인간의 역사를 '경제'라는 단 하나의 요인을 통해 규정짓는 아주 단편적인 사고라 할 수 있다. 이러한 그의 경제 결정론적 사고는 바로 역사법칙주의[historicism]와 통하는 것이다. 그러나 인간의 역사를 움직이는 힘은 단지 육체노동 및 그들 통한 물질적 재화의 생산이라고만 볼 수는 없다. 역사는 오히려 철학, 예술, 종교, 그리고 다양한 사상(思想)과 문화, 즉 정신활동을 통해 발전하는 측면이 강하다고 말할 수 있다. 뿐만 아니라, 앞에서도 지적했듯이 맑스는 프롤레타리아의 육체노동의 가치를 지나치게 높게 평가한 반면, 부르주아의 관리노동·정신노동은 평가절하 하는 오류를 범했다.

5.5. 사유재산 소유 금지와 인간의 욕망 및 창의력 억제의 문제

맑스도 루소와 마찬가지로 사적 소유가 인간의 불평등을 초래하는 것으로 보아 사유재산제를 반대하였다. 그러나 우리가 여러 사회주의 사회에서 보아왔듯이 이러한 제도는 결국 인간의 근본적인 욕망의 억압으로 이어지고 결과적으로는 사회의 발전을 저해하게 된다. 인간의 사적 소유를 제한 내지 금지하는 것은 결국 인간의 기본권 내지 자유를 제한하고 억압하는 행위다. 이와 더불어 이러한 제도는 인간의 창의성마저 떨어뜨리게 된다. 애써 머리를 써서 열심히 노력한다 해도 주어지는 빵이 결정되어 있다면, 굳이 새로운 아이디어를 짜내려고 하지 않을 것이다.

V. 야스퍼스

야스퍼스(Karl Jaspers, 1883-1969)는 의학공부를 하던 시절, 친구인 마이어(Gustav Mayer, 1871-1948)와 많은 시간을 함께 보냈는데, 마이어는 콘슈탐(Oskar Kohnstamm)의 정신요양원의 간호사였던 그의 누이인 게르트루트(Gertrud Mayer, 1879-1974)를 1907년에 야스퍼스에게 소개했고, 1910년 게르투르트와 결혼하게 된다. 마이어는 야스퍼스의 아주 중요한 대화상대자로 수십 년간 유대관계를 가졌다. 이 두 오누이는 정통 유대교의 상인가정 출신이었다. 그녀는 나치시대를 오로지 이 결혼 덕분에 살아남을 수 있었다. 그녀는 1974년에 95세의 나이로 죽었다. 이 결혼은 독일인인 야스퍼스에게 시련을 안겨주었다. 1930년대 나치정권이 들어서면서 아내 게트트루트가 유대인이라는 사실이 문제가 된 것이다. 그는 유태인과 결혼했다는 이유만으로 반동분자로 간주되었다. 사방에서 야스퍼스에게 이혼을 권고했다. 그러나 야스퍼스는 꿈쩍도 하지 않았다. 급기야 야스퍼스는 대학교수직을 박탈당하게 된다. 당시 나치는 유태인 색출을 위해 가정을 급습하는 일도 서슴지 않았는데, 이러한 위기 상황에서 야스퍼스는 안락사를 염두에 두기까지 했다. 생사가 걸린 위기상황에서 자신이 체포되어 죽임을 당하게 되면, 부디 아내와 함께 묻어달라는 당부를 남겼다고 한다.

1933년 나치당의 권력장악은 야스퍼스에게도 고통의 세월을 가져왔다. 나치독일은 <직업공무원제복구법>[Gesetz zur Wiederherstellung des Berufsbeamtentums, 1933. 4. 7) 및 일련의 <획일화법>[Gleichschaltungsgesetz]에 근거하여 유대인과 정치적 기피인물들을 공직에서 대량으로 숙청했다. 이들은 당국에 의해 해외로 추방당하거나 스스로 독일을 탈출하기도 했는데, 그렇지 못한 경우에는 국내에 머물며 온갖 사회적 활동을 제약당해야 했다. 후자의 상황이 완곡어법으로 표현하자면 <내적 망명>[innere Emigration]이다. 야스퍼스는 나치 패망 후 『실존철학』(*Existenzphilosophie*) 재판 후기(1956)에서, 당시 정치적 견해나 철학이 문제가 된 게 아니라 유대인 부인과 이혼하지 않아서 1937년 해직되었다고 적었다. 그리고 스스로 박해받는 자가 되기 전까지는 나치체제의 방관자로서 도덕적 죄를 저질렀다고 고백했다.

1937년 9월 말 휴직상태로 들어간 후 그는 스위스 바젤대학으로 떠나고자 했으나 당국이 부인의 출국을 허가하지 않아 국내에 남아있을 수밖에 없었다. 그는 이때 철학사의 주요인물들을 탐색하기 시작했고, 그 결실을 전후에 『위대한 철학자들』(*Die großen Philosophen*, 1957)로 출간했다. 960여쪽에 달하는 이 책은 실존철학을 철학사에 적용한 놀라운 시도로, 그는 이 책에서 철학자들을 시대 순으로 배열하는 전통적인 철학사 서술방식을 버리고 새로운 분류방식(표준적인 인물들, 철학의 건설자들, 형이상학들)에 따라 총 15인의 인물을 논의했다. 15인 중에 붓다, 공자, 노자, 용수까지 포함 시켰으니 말 그대로 세계철학사를 구상했다고 할 수 있다. 이 책에서 아리스토텔레스, 아퀴나스, 데카르트, 헤겔이 제외된 것도 이채롭다.

1945년 3월 초, 야스퍼스는 지인의 귀띔으로 자신과 아내가 4월 14일에 강제수용소로 이송될 것이라는 이야기를 들었다. 야스퍼스는 이런 경우를 미리 대비하여 자기와 부인을 위해 청산가리를 지니고 있었다. 그러나 그것을 사용하는 일은 그에게 일어나지 않았다. 천만 다행으로 미군(美軍)이 하이델베르크를 3월 30일에 해방시켰기 때문에 그는 끔직한 공포에서 벗어날 수 있었고, 연합군 당국은 나치청산정책을 추진할 깨끗한 독일인으로 야스퍼스를 낙점했다. 나치독재 동안에 그가 보여준 비난받지 않을 태도로 인해 야스퍼스는, 1945년 이후에 하이델베르크대학의 새로운 정초(定礎)와 재개교(再開校)를 위해 기여할 수 있었던 탁월한 학자들 가운데 한 명이었다. 그는 1945년 4월 5일에 미국의 점령관청의 동의를 받아 만들어진 13명의 대학재건위원에 속하였다. 그는 하이델베르크대학을 다시 개교하는 책임을 진 교수들 가운데 한 사람으로서, 대학개혁의 필요에 관해 긴 글을 썼고, 독일 전체를 통해 민주주의 사상을 보급하기 위한 수단으로서 자유주의적이고 인문주의적인 교육의 역할을 강조했고, 나치에 협력한 역사를 가진 교수들의 복권에 반대하는 확고한 노선을 취했다.

그는 대중 앞에서 적극적으로 발언하기 시작했고, 스스로 대중철학자임을 자처했다. 죄책의 문제(*Die Schuldfrage*, 1946), 『철학입문』(*Eifűhrung in die Philosophie*, 1950), 『원자탄과 인간의 미래』(*Die Atombombe und die Zukunft des Menschen* 1958, 1982), 『철학적 사유의 작은 학교』(*Kleine Schule des philosophischen Denkens*, 1965) 등은 이 시기 대학강연과 라디오강의, TV강의를 통해 나온 대중화의 걸작이다. 그의 역사철학에 대해서는 특히 『역사의 기원과 목표』(*Vom Ursprung und Ziel der Geschichte*, 1949)를 참고해야 한다.

1. 사건사(事件史)적 의식과 역사적(歷史的) 의식

1.1. 사건사적 의식

• 야스퍼스(Karl Jaspers, 1883-1969)는 역사와 관계하는 의식을 사건사적 의식[Historisches Bewußtsein]과 역사적 의식[Geschichtliches Bewußtsein]으로 구별한다. 사건사적 의식은 "역사에 관한 지(知, Wissen)"이며, 이러한 "사건사적 의식은 역사학에서 성취된다."[173]

> 사건사적 의식에서 우리는 사건에 대해 알고 탐구하면서 늘 단지 맞서 있을 뿐이며, 사건을 고찰하고 사건의 원인들을 묻는다. (…) 이것은 이 개별자로서의 나에 대해 존재하는 것이 아니라, 현재적인 한 인간의 경우로서의 나, 혹은 단지 우연히 오늘을 사는 어떤 인간 일반의 경우로서의 나에 대해 존재한다. (…) 개별자로서의 나는 이러한 지(知)에서 나 자신이 아니라 의식일반으로서, 내가 아는 객체로부터 분리된 아는 자[das Wissende]로서 존재한다(Philosophie II, 118 f.).

• 요컨대 사건사적 의식이란, 객관적이고 대상적인 역사에 관한 지식을 말한다. 이것은 예컨대 1919년 기미년 3월 1일에 3.1운동이 일어났고, 1950년 한국전쟁이 일어났다는 사실에 관한 의식이다. 사건사적

---

173 Karl Jaspers, *Philosophie II. Existenzerhellung* (앞으로는 Philosophie II로 줄이고 뒤에 쪽수를 병기함), Berlin·Göttingen·Heidelberg, 3. Aufl, 1956, 118.

의식은 특수한 개별자인 나를 위해 존재하는 것이 아니라, 현존하고 있는 인간 일반을 위해 존재한다.[174]

1.2. 역사적 의식

• 역사적 의식이란, 자기가 "자신의 역사성을" 자각하는 의식이다. 이러한 역사적 의식은 "근원적으로 개인적일[persönlich] 수밖에 없고" 거기서 나는 "다른 역사적 자기존재와 소통하면서 나를 의식한다"(PhilosophieⅡ, 119). 역사적 의식이란, 기미년의 3.1정신은 무엇이고, 그 의미는 무엇인가 하고 묻는 의식을 가리키는 것으로, 사건사적 의식보다는 훨씬 더 실존적이고 근원적이다. 왜냐하면 그러한 의식은 역사성의 자기의식 속에서 실현되는 것으로서, 비로소 언제나 새롭게 지각되기 때문이다. 역사적 의식은 현존하고 있는 인간 일반이 아니라 실존으로서의 나 개인에 관계하므로 실존은 역사의식에서 비로소 실존적 역사성을 의식하게 된다.[175]

• 그런데 야스퍼스에게 있어서는 역사의식을 갖는 실존만이 중요한 것도 아니고, 사건사적 의식을 갖는 객관적 존재자만이 중요한 것도 아니라, 이 양자의 요소를 하나로 수용하는 변증적 긴장관계가 무엇보다 중요하다.[176]

---

174 백승균, 『세계사적 역사인식과 칸트의 영구평화론』, 계명대학교출판부, 2007, 259 f. 참조.

175 Ebd., 260 f. 참조.

176 Ebd., 264 참조.

1.2.1. '나'의 역사성과 역사의식

야스퍼스는 사건사적 의식과 역사적 의식의 차이점에 대해 서술한 뒤에 바로 이어서 〈절대존재와 역사성〉에 대해 언급한다. 야스퍼스가 말하는 〈절대존재〉는 곧 절대자·초월자요, 야스퍼스가 자주 사용하는 표현으로는 〈포괄자〉를 가리킨다. 그런데 "나의 사유는 초월자 자체를 포착하는 것이 아니라 세계 내의 초월자의 암호를 포착한다"(Philosophie Ⅱ, 120). 나는 나의 "현존에서 현존의 제약 속에서 내가 초월자로 생각했던 절대적 존재와 현존을 구분할 뿐만 아니라, 그것의 실현이 가능한 절대적 존재로서의 나의 자기존재와 현존을 구분한다"(Philosophie Ⅱ, 121).

야스퍼스는 인간(나)의 존재방식을 다음과 같이 이분화한다. 그 하나는, "제한된 장소 가능성의 공간에 있는, 육체의 교체될 수 없는 모습"(ebd.), 시간 속에서 나타나며 사라지는 현존으로서의 나다. 이것을 그는 "시간 현존[Zeitdasein]" 혹은 그냥 "현존[Dasein]"(Philosophie Ⅱ, 120 ff.)이라고도 말한다. 다른 하나는 "자기존재[Selbstsein]"(Philosophie Ⅱ, 121), "나[Ich]"(ebd.) 혹은 "가능한 실존[mögliche Existenz]"(ebd.), 혹은 그냥 "실존[Existenz]"(ebd.)이다.

이 양자가 통합될 때, "나의 역사성"이 성립되며, 이 "역사성에 내재해 있는 것이 역사적 의식"(ebd.)이다. 그런데 왜 여기서 "초월자"가 등장하는 것인가? 야스퍼스가 말하는 초월자는 특정종교의 신이 아니라 '나'의 궁극적 근거로서, 야스퍼스의 표현을 빌려 말하면 "포괄자[das Umgreifende]"다. 그런데 역사를 초월자와의 관련 속에서 이해한다는 것은, 역사를 단편적으로 다루지 않고 그것의 전모와 의미를 포착하고

자 한다는 것을 의미한다. 우리는 초월자를 인식할 수 없지만, 초월자가 세계와 역사 속에 숨겨놓은 암호[Chiffre]를 해독함으로써 간접적으로 이해한다.

1.2.2. 현존과 실존의 통일로서의 역사성

• 역사성은 현존과 실존의 통일로서 생성된다. 역사적 의식에서는 "현존과 실존의 통일"(Philosophie Ⅱ, 122)이 근원적으로 실현되는데, 이때 "사실적인 연관성은 고유한 것으로 파악된다"(Philosophie Ⅱ, 123). 우리에게 역사성이 생성되기 위해서는 현존과 실존의 양 측면이 모두 필요하다. 1) "현상하는 대상성이 없다면 우리는 존재하지 않는다. 그러나 우리가 대상성을 역사적인 순간 및 특정한 상황 속에서와는 달리 절대적인 것으로 정립한다면, 우리는 우리의 실존을 무시간적으로 그리고 비현실적으로 존립하는 어떤 보편적인 참된 것에 고정시키는 것이다. 그렇게 되면 우리 자신은 현존으로서만이 아니라 실존하는 자로서도 그러한 보편적인 참된 것에 대해 무관심하게 되어버린다"(Philosophie Ⅱ, 124).

2) 그러나 다른 한편으로는, 우리가 현상하는 모든 대상성을 단순히 제약된 현존으로 만들어버린다면, 우리는 두제약성과 함께 모든 근원을 잃어버리기 때문에, 실존을 잃어버린다. 구제약성을 역사적·구체적인 현재에 집중시킴으로써만이 이러한 무지약성을 참된 것으로 남아있게 한다. 실존이 여기서 자기(自己)에 도달하면서 획득하는 진리는 현상 속에서만 존재한다"(Philosophie Ⅱ, 124).

1.2.3. 필연과 자유의 통일로서의 역사성

내 앞에는 이미 결정된 상황들이 존재하지만, 이와 동시에 나는 "일평생 결단해야만 한다"(Philosophie Ⅱ, 125). 나는 나의 "결정의 가능성을 통해 근원적으로 자유롭게 나의 모습을 드러낸다"(ebd.). 야스퍼스는 여기서 소제목을 〈필연과 자유의 통일로서의 역사성[Geschichtlichkeit als Einheit von Notwendigkeit und Freiheit]〉이라고 붙이고 있지만 사실 여기서의 "필연"은 "결정된 일"로 수정되어야 한다. 이미 우리가 분석적 역사철학에서 살펴보았듯이, 필연의 모순개념은 '우연'인데, 〈필연과 자유의 통일로서의 역사성〉이라는 표현에서의 '자유'는 우연의 의미로 사용되고 있기 때문에, 전체의 표현은 잘못된 것이다. 야스퍼스가 본래 말하고자 하는 내용은, "인간의 역사성은 이미 결정된 사실에서의 삶과 아직 결정될 수 있는 삶, 그리고 아직 결정되어야 하는 삶"[177]이므로, 야스퍼스의 표현은 수정되어야 한다. 왜냐하면, 이미 일어난 일·결정된 일이라 해서 필연적인 것·필연적으로 발생한 일은 아니기 때문이다. 그것은 '일어난 일'이어서 돌이킬 수 없는 일일뿐이지, '반드시 일어날 수밖에 없던 일'은 아니다. 야스퍼스가 말하고자 하는 것은, 우리에게는 이미 일어나서, 즉 우리에게 이미 주어져 있어서 되돌릴 수 없는 일들이 존재하지만, 그렇다고 해서 미래까지도 결정된 것은 아니고 우리의 선택에 따라 달라질 수 있다는 사실이다.

새가 진공 속을 날 수 없듯이, 실존도 현존이라는 소재(素材)의 저항 없이는 자기를 실현할 수 없다. 실존은 시간적·역사적으로 나타날

---

177 Ebd., 277.

수밖에 없다. 나는 무조건적으로 자유롭지 않다. 나는 한편으로는 경험적으로 주어진 것으로 나타나며, 다른 한편으로는 선택의 가능성과 결단으로 나타난다. 다시 말하면, "자유 없는 소여성도, 소여성 없는 자유도 존재하지"(Philosophie Ⅱ, 126) 않는다. 나는 이런 의미에서 역사적으로 존재하며, 이에 대한 의식이 바로 "포괄적인 역사(적)의식"(ebd.)이다.

역사 속에서 지금을 사는 '나'의 역사성은 시간과 무시간(성)[영원]의 통일로서 존재한다. 이를 야스퍼스는 "실존은 무시간성도 아니고 시간성 자체도 아니다. 오히려 시간성은 무시간성 안에 존재하고, 시간성은 무시간성 없이는 존재하지 않는다"(ebd.)라고 말한다.

2. 인류역사의 세계사적 구조

2.1. 세계사의 도식1과 도식2

• 야스퍼스는 지금까지의 인류역사 전체를 하나의 새로운 세계사적 도식으로 재구성하여, 우리로 하여금 종전(從前)과는 다른 역사인식을 가능하도록 하였다. 그는 유럽 중심의 전통적인 세계사적 역사인식을, 중국과 인도를 비롯한 각 지역문화권의 가치를 인정하는 <축(軸)[178]의

178 "바퀴 등의 회전체에서는 회전 운동의 중심이 되며, 공간에서는 해당 공간을 나누는 기준선을 의미"한다(https://namu.wiki/w/%EC%B6%95). 야스퍼스의 용어 Achsenzeit를

시대>의 세계사 도식으로 바꾸어 축 중심의 세계사적 역사인식을 갖도록 하였다. 이로써, 지금까지 동양과 서양이라는 서양근대성에 대한 2분법적 사고는 깨지고, 세계전체라는 통합적 사고가 새로운 세계사적 인식을 부각(浮刻)시켰다.

• 야스퍼스는 세계사의 시기를 구분하면서 세계사의 도식을 2회에 걸쳐 제시하고 있다.[179] 그는 "말하자면 인간은 네 번에 걸쳐 새로운 토대로부터 출발하는 것으로 보인다"(UZG, 36)라고 말함으로써 세계사의 도식1을 네 시기로 구분하여 제시하는바, 그 제1시기가 선사시대, 제2시기가 고대고도문화시대, 제3시대가 축의 시대, 그리고 제4시기가 과학기술시대다. 세계사의 도식2는 인류역사를 세 시기로 구분한다. 제1시기가 프로메테우스시대인 선사시대이고, 제2시기가 역사시대, 그리고 제3시기가 세계사시대다. 도식1을 살펴보자.

'차축(車軸)시대'로 번역하기보다는 이 말의 본래 의미대로 '축의 시대'로 옮긴다. '기축(機軸)시대'나 '추축(樞軸)시대'도 가능할 것이다.

179 Karl Jaspers, *Vom Ursprung und Ziel der Geschichte. Karl Jaspers Gesamtausgabe*, hg. im Auftrag der Heidelberger Akademie der Wissenschaften und der Akademie der Wissenschaften zu Göttingen von Th. Fuchs, Jens Halfwassen und Reinhard Schulz in Verbindung mit A. Hügli, K. Salamun und H. Saner, Muttenz/Basel, 2017, *Bd.* 10, 34-38: "세계사의 도식1"; 74-79: "세계사의 도식2". 이 책은 앞으로 UZG로 줄임.

2.2. 세계사의 도식1

2.2.1. 선사시대(先史時代, Vorgeschichte): 언어와 도구 및 불을 사용하기 시작함으로써 인간이 비로소 인간다워 진 시대

• 이 시기는 언어와 도구 그리고 불을 사용하게 됨으로써, 인간이 비로소 인간으로 된 시기다(UZG, 36). 선사시대에는 두 종류의 발전이 존재하는바, 그 하나는 인간의 생물학적 발전이고, 다른 하나는 문자 없이도 전승을 만드는 인간의 역사적 발전이다. 생물학적 발전은 유전되는 특성들을 제공하는 반면, 역사적인 발전은 전승만을 제공한다. 그런데 유전되는 것은 영속적으로 존재하고 전승은 가장 짧은 기간 내에 파괴되어 잊힐 수 있다. 인간에 있어서는 생물학적인요소와 역사적인 요소가 해체될 수 없도록 결합되어 있다(UZG, 45).

• 인간의 생물학적 특성에 대해 말하자면, 인간은 직립보행하며, 크고 무거운 뇌를 갖고 있고 그에 상응하는 두개골의 형태와 높은 이마를 가지고 있다. 또한 손이 발달해 있고, 벌거벗었으며 인간만이 웃고 울 수 있다는 등이다. 동물들은 자신들의 삶을 제한하고 있는 특정한 환경의 특수성과 관련하여 특정한 과제를 수행하기에 적합한 기관들을 예외 없이 발전시키고 있다. 동물들에게 있어서는 기관들이 특수화되어 있기 때문에 특수한 수행능력을 가지게 되어, 어떤 점에 있어서는 인간을 능가한다. 그러나 그러한 우월성은 동시에 협소화(위축)를 뜻한다. 인간은 전문화(특수화)되어 있지 않기 때문에, 개별적인 기관들에 있어서는 열등함을 지니고 있지만 전문화되어 있지 않다는 확증된 가능성으로 말미암아 우월함을 지니고 있는 것이

다. 인간은 자신의 열등함으로 인해 내몰리게 되었고, 자기의 우월함을 통하여, 모든 동물들과는 전혀 다른 방법으로 자기의 의식의 힘으로 자기의 현존(생존, Dasein)을 실현할 수 있는 능력을 가지고 있다. 이로써 인간은 육체를 통해서가 아니라, 모든 기후와 지역, 그리고 모든 상황과 환경에 대해 준비되어 있는 것이다. 포르트만(Adolf Portmann, 1897-1982)이 말하듯이, 인간의 신생아는 다른 포유동물들에 비해 1년이나 빨리 어머니의 자궁 밖으로 나온다.[180] 동물이 완성된 생존방식을 이미 가지고 태어난다면, 인간은 모든 기능이 미성숙하나, 개방적(開放的)이고 자유롭다는 인간특유의 생존방식을 가진다(UZG, 46 f. 참조).

• 멀리 선사시대로 되돌아가보면, 인간의 기본적인 구성의 분화에 대한 물음은 백인종, 흑인종 그리고 황인종이라는 큰 인종들에 이르게 된다. 이 인종들은 역사 속에서 아주 긴 선사시대로부터 발생한 것이 분명한, 비교적 항구적인 요소다. 순수인종이란 언제나 하나의 이상적인 유형일 뿐이다. 모든 인종은 그 자체로 혼합된 것이고, 인간존재의 도태되고 변이되는 유동적인 형태들이다. 선사시대에 인간이 출현했다는 점에서 보면, 선사시대는 하나의 거대한 현실이다. 그러나 우리는 그러한 현실에 대해서 근본적으로 알지는 못한다. 그러나 우리 인간이 도대체 무엇인지 묻고, 우리가 어디에서 왔는지를 앎으로써 그

---

180 포르트만은 인간이 1년 일찍 자궁(모체) 밖으로 나오는 현상을 가리켜, “자궁 밖의 조기(早期) 1년[extrauterines Frühjahr]”이라고 말했다. 새의 경우, 부화(孵化) 후 곧 둥지 밖으로 나올 수 있는 ‘자식류(自食類, Nestflüchter)’와 오랫동안 둥지에 머물러야 하는 ‘유소류(留巢類, Nesthocker)’가 있는데, 기타의 포유동물이 전자에 해당한다면, 인간은 후자에 해당한다.

대답을 구한다 해도, 우리는 선사시대의 비밀 속으로 충분히 깊게 침잠할 수 없을 것이다. 이러한 모호함은 당연히 우리를 유혹하는 매력을 지니고 있으며, 우리로 하여금 무지를 통해 영속적인 환멸을 느끼도록 한다. 인간이 단일계통으로부터 유래하는지 다계통으로부터 유해하는지를 경험적으로 결정할 수는 없다. 왜냐하면 우리는 인간의 생물학적 기원에 대해서 전혀 알지 못하기 때문이다. 그러므로 인간의 기원이 하나라는 것은 하나의 이념이지, 경험할 수 있는 현실이 아니다(UZG, 48 ff. 참조).

2.2.2. 고대사의 고도문화(高度文化)[Die alten geschichtlichen Hochkulturen] 시대

• 야스퍼스는 고대의 고도문화가 지구의 세 지역에서 거의 동시에 발생했다고 말하는데, 첫 번째 지역은 기원전 4천년 이래에 시작된 수메르·바빌로니아, 이집트 그리고 에게 세계이고, 두 번째 지역은 기원전 3천년 경에 이루어진, 수메르인과 연관된 선(先)아리아 인도문화[vorarische Induskultur]이며, 세 번째 지역은 기원전 2천년 경의 고대 중국문화다. 이때의 인간은 문자화된 기록을 통해 서로 말할 뿐만 아니라, 건축물과 예술작품을 가지고도 의사소통했다. 그러나 이러한 고도의 문화들은 새로운 인간존재를 정초한 정신적 혁명을 아직은 결여하고 있다(UZG, 52 참조).

• 야스퍼스는 '어떤 사건들이 역사를 인도했는가?'라고 묻고, 역사에서 본질적인 사건들을다음과 같이 제시하고 있다.

1) 나일강, 유프라테스·티그리스 강, 그리고 황하에서의 치수(治水)와 관개(灌漑)를 조직화하는 과제가 중앙집권화·관료제·국가형성을 강제함
2) 그러한 조직화의 조건으로서의 문자의 발명은 수메르인에 있어서는 약 3,300년경에 이집트인에 있어서는 3,000년경에, 그리고 중국에서는 2,000년경에 이루어졌고, 알파벳 문자는 기원전 마지막 천 년 안에 페니키아인에 의해 비로소 발명되었다.
3) 공동의 언어·공동의 문화·공동의 신화와 더불어 자신들을 하나라고 느끼는 민족들의 발생
4) 최초로 메소포타미아로부터 세계제국이 발생한 이후에, 앗시리아·이집트·페르시아·인도·중국의 제국이 형성됨
5) 말의 등장. 말은 사람을 대지(大地)로부터 해방하여 광범위한 행동범위와 자유를 주었으며 새로운 탁월한 전투기술과 주인다움을 제공해주었다.

그러나 이러한 여러 사건들은, 선사시대와는 달리 인간을 역사로 인도하는 것이 본질적으로 무엇인가, 역사적 과정의 근본성격이 무엇인가 하는 물음에 대한 대답이 되지는 못하는 것으로 야스퍼스는 생각한다. 그는 이에 대한 해답을 인간의 내면으로부터 찾는다. 그가 알고 싶어 하는 것은 외적 사건들이 아니라 인간의 내면적 변화다. 그리고 그러한 단순한 사건으로부터 역사로의 비약을 다음과 같이 특징짓는다.

1) 의식과 기억을 통해서, 그리고 정신적 업적의 전승을 통해서, 단순한 현재로부터의 해방이 발생한다.

2) 그 어떤 의미와 범위를 합리화함으로써, 그리고 기술화함으로써, 예방[Vorsorge]과 안전을 위해 우연히 지근(至近)거리에 있는 것에 대한 생명적 구속성으로부터의 해방이 발생한다.

3) 인간을 모범으로 삼음으로써, 인간의 소행·업적, 그리고 운명은 지배자와 현자(賢者)의 형태로 눈앞에 존재한다. 이와 더불어, 우둔한 자기의식으로부터, 귀신들에 대한 두려움으로부터 해방되기 시작한다.

그러나 상이한 고대 고도문화들 간의 차이점들이 존재하는바, 중국에서는 우주 질서에 대한 최초의 생각부터 신화의 단초들만이 존재하고, 처음에는 자연적인 인간성을 지닌 생동적인 자연관과 절제를 지닌 우주적인 질서관념이 존재한다. 메소포타미아에서는 강인함과 힘, 극적인 것, 그리고 초기 길가메시 서사시에서는 비극적으로 감동받는 내용이 존재한다. 이집트에는 평준화하며 노동을 강요함으로써 삶이 은폐될 때에도, 친밀함 속에서 쾌활한 삶의 기쁨을 누렸고, 장엄한 위대함의 고차적인 양식감정(樣式感情, Stilgefühl)이 존재했다.

언어의 차이는 정신의 뿌리에까지 이른다. 중국어는 어근(어원)에서만이 아니라 구조에서도 서양언어와 근본적으로 달라서 그 유래를 공통의 근원어로부터는 거의 상상할 수 없다(UZG, 53 ff. 참조).

2.2.3. 축의 시대[Achsenzeit]

• 야스퍼스에 앞서 이미 헤겔이 신인(神人) 예수의 출현을 세계사의 축이라고 주장한 바 있다. 헤겔은 이렇게 말한다: "신은 삼위일체의 신으로 알려짐으로써만 정신으로 인식된다. 이 새로운 원리는 세계사가

그 주위를 도는 기축(基軸)이다. 역사는 여기까지 진행되어 왔고 또 거기로부터 시작한다."[181] 그러나 이 점과 관련하여 야스퍼스는, "그러나 기독교신앙은 하나의 신앙이며, 인류의 신앙이 아니다. 이 주장의 결함은, 그러한 보편사관은 오직 믿음을 가진 기독교인들에게만 타당할 수 있다는 사실이다"(UZG, 17)라고 지적하며 이러한 견해를 배척한다.

• 그렇다면 세계사의 축은 과연 존재하는가? 그리고 존재한다면 그것은 무엇인가? 결국 그것은 기독교인뿐만 아니라 모든 인간에게 적용될 수 있는 사실로서 경험적으로 세계사 속에서 발견될 수 있는 것이어야 할 것이다. 야스퍼스에 의하면 "세계사의 이러한 축은 기원전 500년경으로, 기원전 800년과 기원전 200년 사이에 이루어진 정신적 과정 속에 존재하는 것으로 보인다. 역사의 가장 심오한 분기점은 이때 존재한다. 그와 더불어 우리가 오늘날까지 살고있는 그러한 인간은 그때 발생하였다. 이 시기를 간략하게 '축의 시대'라고 부를 수 있다"(UZG, 17).

• 이 축의 시대에는 비범한 것들이 밀려들었다. 중국에서는 공자(孔子), 노자(老子), 묵자(墨子), 장자(莊子), 열자(列子) 등의 철학자들이 등장했고, 인도에서는 우파니샤드가 이루어졌고 석가모니(붓다)가 나타났으며, 철학이 회의주의와 물질주의, 궤변론과 허무주의로 전개되었다. 이란에서는 짜라투스트라가 선악의 투쟁이라고 하는 세계상을

---

181 "Gott wird nur so als *Geist* erkannt, indem er als der Dreieinige gewußt wird. Dieses neue Prinzip ist die Angel, um welche sich die Weltgeschichte dreht. Bis *hierher* und von *daher* geht die Geschichte"(TW 12, 386). 여기서 '기축(基軸)'으로 옮긴 단어 'Angel'은 '경첩'이라는 의미도 지니고 있는데, '기축'이나 '경첩' 역시 Achse와 마찬가지로 '그것을 중심축으로 하여 어떤 것들이 회전하는 것'을 가리킨다는 점에서는 대동소이하다 하겠다. 이 단어는 '낚시바늘'이라는 뜻도 가지고 있다.

가르쳤고 팔레스틴에서는 엘리아로부터 이사야와 예레미아를 거쳐 제2 이사야에 이르기까지 여러 예언자들이 나타났다. 희랍에서도 시인으로는 호메로스, 철학자로는 파르메니데스, 헤라클레이토스, 플라톤을 들 수 있고, 비극작가로는 투키디데스와 아르키메데스를 들 수 있다. 그런데 이들 유명인들은 이 몇 세기 동안에 서로에 대해 알지 못한 채 중국, 인도, 그리고 서양에서 동시에 이 모든 일이 일어났다.

• 이 시대의 새로운 점을 야스퍼스는 다음과 같이 말하고 있다: "이 시대의 새로운 점은 중국, 인도, 서양이라고 하는 세 세계의 인간들은 전체 속에 있는 존재를 알게 되었고, 자기 자신 및 자신의 한계를 알게 되었다는 점이다. 인간은 세계의 공포성과 자신의 무력함을 경험한다. 인간은 근본적인 물음들을 제기한다. 그리고 심연(深淵)에 직면하여 해방과 구원(救援)을 추구한다. 인간이 의식(意識)을 가지고 자신의 한계를 파악함으로써 인간은 최고의 목표를 설정한다. 인간은 자기 존재의 깊이와 초월의 확신 속에서 무제약성을 경험한다. 이런 일은 성찰 속에서 일어났다. 반성적 각성[Bewußtheit]은 의식을 다시 한 번 각성시켰고, 사유는 사유로 향하였다"(UZG, 18). 야스퍼스는 축의 시대에, 우리가 오늘날까지 그 안에서 사유하는 근본범주들이 만들어졌고 세계종교들의 단초들이 창조되었으며, 이런 의미에서 보편적인 것에로 나아가는 걸음을 내디뎠다고 말한다(UZG, 18 참조).

이와 더불어 야스퍼스는 축의 시대를 통해 성취된 내용을 다음과 같이 정리한다. ① 고대의 신화적 세계의 점진적인 몰락과 더불어 인간 존재의 총체적인 변화가 이루어진바, 이것을 정신화[Vergeistigung]라 할 수 있다. 인간은 그때까지 아무도 묻지 않고 알리지도 않은 것을 들을 수 있고 이해할 수 있게 되었다. ② 인간은 자기를 전체 세계에 맞서서 내면적으로 정립할 수 있었다. 그리고 인간은 그로부터 자기 자신 및 세계 너머로 자기를 고양하는 근원을 자신 속에서 발견하였는데, 이런 일을 수행한 것은 바로 중국의 은자(隱者)들과 유랑하는 사상가들, 그리고 인도의 금욕주의자들과 희랍의 철학자들, 그리고 이스라엘의 예언자들이다. ③ 사변적 사유 속에서 인간은 분열 없이, 주관과 객관의 사라짐 속에서, 그리고 대립의 일치 속에서 포착되는 존재 자체에로 비약하였다. 최고의 비약 속에서, 존재 속에서의 자기 자신에게로 나아감으로서 혹은 신비적인 합일로서, 신성과의 합치로서 혹은 신의 뜻을 위한 도구가 되는 것으로서 경험되는 것은, 객관화하는 사변적 사유 속에서는 애매(曖昧)하고 오해를 야기하는 것으로 표현되고 있다. ④ 육체에 구속되어 있고 감추어져 있으며 충동에 사로잡혀 있고 자기 자신을 모호하게만 알고 있으며 해방과 구원을 동경하고 그것을 세상에서 분명히 성취할 수 있는 자가 본래적인 인간이다. 다시 말하면 이들은, 이념에로 도약해 있거나 무격정(無激情, Ataraxie)의 방임 속에 있거나 혹은 명상에 잠겨있거나 자기 자신과 세계를 아트만으로 알고 있거나 혹은 열반을 경험하거나, 아니면 도(道)와 일치하거나 신의 뜻에 헌신하거나 하는 사람들이다. 이들에게 공통적인 것은, 그들이 자기 자신을 존재의 전체 속에서 의식하게 됨으로써 그들 자신을 넘어선다는 점이다. 그리고 나중에 이성과 인격이라고 불린 것의 드러남[Offenbarwerden]이 축의 시대에 발생했다(UZG, 18 ff. 참조).

• 야스퍼스에 의하면 축의 시대는 인류를 세계사와 연관 짓는 효소가 됨으로써, 전 인류에 대한 민족들의 역사적 의미가 밝혀지게 되는 척도가 된다고 말한다. 그리고 민족들이 축의 시대의 위대한 발현에 관계하는 방식으로 인해 민족들 간에는 깊은 분리가 존재하는데, 그러

한 분리를 그는 다음과 같이 구분한다:

1) 축의 민족들

자기 자신의 과거와의 연속성 속에서 도약을 이룬 동시에 그러한 도약 속에서 두 번째로 태어나서 인간의 정신적 본질과 자기의 본래적인 역사를 정초한 민족들이 존재하는데, 그런 민족들은 중국인, 인도인, 이란인, 유태인, 희랍인이다. 야스퍼스는 이러한 민족들을 역사적 민족[die geschichtlichen Völker]이라고 부른다.

2) 축을 발현시키지 못한 민족들

야스퍼스는 이집트문화와 바빌로니아문화에는 인간을 변화시키는 성찰이 결여되어 있고, 축의 민족들로 인한 어떠한 변형도 경험하지 못하였고 자신들의 영역 밖에서 일어나는 축의 발현에 대해서 더 이상 반응하지 않았다고 말한다. 이 문화들은 국가적·사회적 생활의 질서에서, 그리고 건축술, 조소(彫塑)와 회화, 마술적 종교의 형성에 있어서 놀라울 정도의 모습을 보였지만, 그러한 문화들은 천천히 종말에 이르게 되었다. 이런 문화들에는 페르시아문화, 사산조문화, 메소포타미아의 이슬람문화, 로마의 세계와 기독교문화가 포함된다고 말한다. 이러한 민족들을 자연민족[die Naturvölker]이라고 부른다(UZG, 57 ff. 참조).

2.2.4. 과학기술시대[wissenschaftlich-technische Zeitalter]

• 기원후 1500년경 이래, 기술에서 성과를 얻은 과학이라는, 단적으로 새로운 것이 등장했다. 과학은 세계를 내적·외적으로 변혁했을 뿐

만 아니라 미증유의 기회와 위험성도 제공하였다. 과학과 기술의 기원은 게르만·로마민족에게서 찾을 수 있다(UZG, 67 참조).

과학과 기술에 광채를 비추어주는, 1500년에서 1800년까지의 유럽의 비범한 정신적 피조물들 — 미켈란젤로, 라파엘로, 레오나르도, 쉐익스피어, 렘브란트, 괴테, 스피노자, 칸트, 바흐, 모차르트 — 은 2,500년 전의 축의 시대와의 비교를 요구한다. 야스퍼스는 이러한 근대를 제2의 축[eine zweite Achse]이라고 부르며, 이 제2의 축에서는 제1의 축의 세계들에서 발견되는 순수함과 명확성, 천진난만함과 신선함은 존재하지 않는다고 말한다. 그러나 제2의 축의 시대는 제1의 축의 시대가 갖고 있지 않은 가능성을 가지고 있는바, 제2의 축의 시대는 지난 경험을 받아들일 수 있었고 지난 사상을 동화시킬 수 있었기 때문에 처음부터 더 많은 의미를 지니고 있었고 더욱 풍요로왔다. 그리하여 제2의 축의 시대는 그 전에는 결코 볼 수 없었던 인간 존재의 깊이를 드러나게 하였고, 따라서 우리는 제2의 축의 시대에 우위를 둘 수 있을 것이라고 말한다(UZG, 78 f. 참조).

야스퍼스는 근대과학의 착오[Verkehrung, 도착(倒錯), 전도(顚倒)]와 과제에 대해 다음과 같이 말한다. 과학자가 내세우는 전제는 두 가지인데, 첫째는 세계 속의 대상들을 인식할 수 있다는 전제이고, 둘째는 세계 전체를 인식할 수 있다는 전제다. 그런데 첫 번째 전제만이 타당하고 두 번째 전제는 타당하지 않다. 전체로서의 세계는 우리의 인식에서 벗어나 있기 때문이다. 과학에 대한 현대의 미신은, 모든 진실(진리)과 현실을 우리의 지성이 마음대로 다룰 수 있는 것이라고 파악한다. 그리고 과학을 전적으로 신뢰함으로써 과학의 권위에 의심 없이 복종한다. 그러나 예컨대 현대의 의사는 오늘날 미증유의 향상된 의술을 가지고서도 모든 병을 고칠 수 없을 뿐만 아니라 죽음을 막을 수 없다. 인간은 거듭해서 자기의 한계에 부딪힌다. 이런 상황에서 중요한 것은, 알 수 있는 것을 분명히 아는 것과 마찬가지로, 자신의 한계도 분명히 자각하는 진정한 과학을 자신의 것으로 획득하는 일이다. 그렇게 할 때에만, 우리는 과학에 대한 미신과 과학에 대한 증오라는 이중적 과오에서 벗어날 수 있다.

야스퍼스는 기술(技術)을, "인간의 생존(현존)을 형성하려는 목적을 위해 과학적인 인간이 자연을 지배하는 절차(방법 Verfahren)"(UZG, 97)라고 말하며, 현대의 (과학적) 기술 및 이와 밀접하게 연관된 노동의 문제를 다룬다. 우선, 기술은 지성의 작용에 근거해 있고, 따라서 합리화 작용의 일부다. 또한 기술은 하나의 능력이고 이러한 능력의 처리는 목적과 관련하여 밖으로 드러난다. 기술은 자연력에 맞서 자연력을 정립함으로써 자연 자체를 통해 자연을 간접적으로 지배한다. 그리고 이러한 지배는 지(知)에 근거해 있다. 이런 의미에서 우리는 '아는 것이 힘이다'라고 말하는 것이다. 기술의 의의를 요약해서 말하면, 자연에 대해 자유를 얻는 것이라 하겠다. 즉, 기술은 인간을 빈곤과 위협, 그리고 속박을 동반하고 있는 자연에 동물처럼 구속되어 있는 상태로부터 해방해야 한다.

3. 미래에 대한 물음

• 야스퍼스는 미래문제와 관련된 당대의 기본경향으로 사회주의, 세계통일, 신앙을 꼽고 있다: "오늘날 사회주의란, 특권을 거부하고 정의의

척도 아래 모든 사람이 함께 노동하고 함께 생활하는 질서로 나아가는 모든 신념과 경향, 그리고 계획을 말한다. 사회주의는 모든 인간의 자유를 가능하게 하기 위한, 노동의 조직화 및 노동의 산물에 대한 몫의 조직화에 대한 현대 인류의 보편적 경향이다. 그런 한에서 오늘날에는 거의 모든 사람이 사회주의자다. 사회주의적 요구들은 모든 정당(政黨)에서 발견된다. 사회주의는 우리 시대의 근본적인 특징이다"(UZG, 162).

사회주의는 저항이 있을 때 폭력을 사용할 수 있는 권력에 의해서만 실현될 수 있다. 사회주의 사상의 에너지가 권력과 어떻게 결합하고 그것을 어떻게 사용하며 그것에 예속되고 그것의 주인이 되는가 하는 것은 미래의 인간의 자유를 위해 아주 중요한 문제로 된다. 정의로운 자유를 얻기 위하여 사회주의는 권력에 맞서서, 즉 독재자의 자의(恣意)에 맞설 뿐만 아니라, 순간적으로 다수인 대중의 자의에 맞서서, 인간을 구원하는 세력들과 하나가 되어야 한다. 서양에서 발전된 정치적 자유의 원리들은 야스퍼스가 보기에 위험에 처해 있어서, 그러한 원리들을 자기의 것으로 삼는 사회주의만이 자유의 사회주의로 남을 수 있을 뿐만 아니라 구체적이며 인본적인 사회주의가 된다(UZG, 163 참조).

• 다음으로, 세계통일의 문제가 있다. 야스퍼스는 여기서 세계제국[Weltimperium]인가, 세계질서[Weltiordnung]인가 하는 물음을 던진다. 세계제국은 "지상에 있는 한 장소로부터 만인을 제압(정복)하는 유일한 권력을 통한 세계평화"인바, 이 경우에 형성되는 질서의 형태는 "독재정치의 평화안정"이다. 세계질서는 "협상 속에서 이루어지는 공동의 결의를 통해 발생하는 통일 이외에는 통일의 강제가 없는 통일"로서, "결의된 질서는 합법적으로 확정된 방법으로만 새로운 결의를 통해 변경될 수" 있다. 그리고 이 경우에 발생하는 질서의 형태는 "영

속적인 민주주의의 불안과 자기수정 속에서 변화하는, 만인의 평화공동체"가 될 것이다. 그러므로 우리에게 있어서 중요한 것은 "세계제국으로 나아가는 길을 택할 것인가 아니면 세계질서로 나아가는 길을 택할 것인가"(UZG, 185) 하는 문제다. 세계질서는 "절대적 주권의 폐기"를 의미할 것이고, 세계질서 하에 존재하는 국가들은 "법적으로 제한된 영역들 자체 속에서" 관리되며, 결국 그 결과는 하나의 "포괄적인 세계연방제[ein umfassender Föderalismus]"(UZG, 186)가 될 것이라고 야스퍼스는 내다본다. 그런데 세계질서는 "완성된 전체로서 구성될 수 있을 것이 아니고, 자유의 수많은 단계들을 거치면서 구성될 수 있을 것"(UZG, 187)이다.

• 셋째로, 신앙의 문제가 남게 된다. 야스퍼스는 신앙의 문제는 〈신앙과 허무주의〉라는 항목에서 다루고 있는데, 그가 말하는 신앙은 "어떤 특정한 내용이나 교의(教義)"가 아니다. "신앙은, 인간의 근거 속에서 충족되는 것이고 운동하는 것이다. 그러한 근거 속에서 인간은 자기 자신을 넘어 존재의 근원과 결합해 있다"(UZG, 200). 그런데 야스퍼스가 보기에 "만인의 적이자, 이미 만인 속에 자리 잡고 있는 적은 오직 허무주의일 뿐"인데, 허무주의는 "무신앙 상태로 가라앉는 것"(UZG, 201)이다. 야스퍼스는, 인간이 충동적 존재자요 지성을 가진 존재자일 뿐만 아니라 자기를 초월하는 존재자임을 언급하면서 이러한 자기 초월성이 포괄자에게서 한 부분을 얻을 수 있으며 포괄자를 통해서 인간은 비로소 본래적으로 그 자신이 된다고 말한다. 그리고 인간은 신앙 없이는 살아갈 수 없다고 말한다. 왜냐하면 신앙의 반대극으로서의 허무주의 자체도, 부정된 신앙이긴 하지만 가능한 신앙과 관계해서만 존재하기 때문이라는 것이다(UZG, 201 참조).

• 야스퍼스는 『시대의 정신적 상황』(*Die geistige Situation der Zeit*, 1931)에서는 유럽을 휩쓴 퇴폐풍조에 대해, 『죄책(罪責)의 문제』(*Schludfrage*, 1946)에서는 독일제국의 영토 확장주의나 프러시아군의 폭력에 대해, 『원자탄과 인간의 미래』(*Die Atombombe und die Zukunft des Menschen*, 1958, 1982)에서는 원자폭탄이 초래한 새로운 상황과 인류멸망에 대해 위기감을 표명하고 시대와 사회에 대해 날카롭게 비판했다. 야스퍼스는, "철학은 비정치적인 태도를 보일 때조차도 항상 정치적인 의미를 지니고 있었다"[182]고 말하면서 철학자의 사유와 발언이 정치적인 문제와 연관되어 있음을 강조하는데, 여기서는 특히, 그가 1946년에 발표한 『죄책(罪責)의 문제』에 나타난 그의 정치적인 사상을 살펴본다.

4.1. 야스퍼스가 구분한 네 종류의 죄책[Schuld]

• 이 책의 부제는 '독일의 정치적 책임에 관하여(Von der politischen Haftung Deutschlands)'인데, 이 책의 제1부 〈구별의 도식〉에서 야스퍼스는 죄책을 다음의 네 종류로 구분한다.[183]

---

182 Karl Jaspers, *Kleine Schule des philosophischen Denkens*, München, 1974(1965), 68.

183 Karl Jaspers, *Die Schuldfrage*, Heidelberg, 1946, 31 ff. 그리고 47 ff. 참조. 앞으로 이

4.1.1. 형사적 죄책[die kriminelle Schuld]

• "형사적 죄책{범죄[Verbrechen]}은 명확한 법률을 위반하는, 객관적으로 입증 가능한 행위다. 최종심급[Instanz]은 형식적인 절차를 통해 범죄사실을 신뢰할 수 있게 확정하고 범죄사실에 법률을 적용하는 법원이다"(SF, 31).

• 범죄의 대가는 형벌이다. 형벌의 전제는 처벌받는 자가 정당하게 처벌받는다는 점을 인정하는 것이 아니라, 의지로 자유롭게 결정하는 법관 쪽에서 피고인의 유죄를 인정하는 것이다(SF, 35 참조).

저술은 SF로 줄인다; 칼 야스퍼스, 『죄의 문제』, 이재승 역, 앨피, 2014, 85 ff. 참조. 우리말 번역서의 제목은 '죄의 문제'로 되어있지만 나는 '죄책의 문제'로 옮긴다. 내가 'Schuld'를 '죄'로 옮기지 않는 이유는 그것을 'Verbrechen[법적 죄]'이나 'Sünde[종교적 죄]'와 구별하기 위해서다. 뿐만 아니라 'Schuld'는 '책임'이라고도 번역될 수 있으나 '책임(責任)'이 아니라 '죄책'으로 번역한 이유는 이것을 독일어 'Verantwortung'과 구별하기 위해서다. 'Verantwortung'은 영어 'responsibility'에 대응하는 용어로, '~의 물음(부름)에 응답하는 것'이라는 의미를 지니고 있다. 그러나 'Schuld'는, '자기의 죄(값)에 대해 져야 할 책임'을 가리킨다. 물론 'Schuld'는 도덕적인 의미를 지니지 않은 경우에도 사용되는 용어다. 그래서 이것은 우리말 '탓'과 밀접하게 관련된 단어라고 할 수 있는데, '탓'은 '이유[reason; Grund]'를 뜻하기도 하고 '잘못(허물)[fault, blame; Schuld]'를 뜻하기도 하는데, 이는 잘못, 원인[guilt, reponsibility, cause] 등의 의미를 지니고 있는 희랍어 'aitia (αἰτία)'에 대응한다. 이 단어의 어원을 좀 더 살펴보면, 'Schuld'라는 용어는 고대(古代) 고지(高地) 독일어 'sculd'에서 유래하는데, 이것의 1차적인 의미는 (지불해야 할) 의무, 채무(債務), 빚을 의미했고, 과오(過誤)[잘못, 허물] 등의 의미도 갖는다. 오늘날 Schuld'는 우선, '죄책이나 급부(이행)[Leistung]'를 나타내고, 그 다음으로는 특별히, 대부(貸付)로부터 발생하는 지불의무'를, 그리고 '빌려서 갚아야 할 돈'을 뜻할 뿐만 아니라 (채권자의 입장에서 보면) '빌려준 돈, 받을 돈'을 뜻하기도 한다[Wolfgang Pfeifer (erarbeitet von einem Autorenkollektiv des Zentralinstituts für Sprachwissenschaft unter der Leitung von), *Etymologisches Wörterbuch des Deutschen Q-Z*, Berlin, 1989, 1577 참조]. 야스퍼스는 위의 책 31 ff.에서는 형사적 죄책[die kriminelle Schuld], 정치적 죄책[die politische Schuld], 도덕적 죄책[die moralische Schuld], 형이상학적 죄책[die metaphysische Schuld]으로 구분하는 반면, 47 ff.에서는 형사적 죄책을 '범죄[die Verbrechen]'로 바꾸어 표현하고 있다.

4.1.2. 정치적 죄책[die politische Schuld]

• '내가 국민이라는 이유로 이 국가의 행위의 결과를 감당해내야 하고, 내가 국가권력에 복종하고 국가질서를 통해 나의 생존을 유지하고 있다면, 정치적 죄책은 정치인의 행위와 한 국가의 국민지위[국적, Staatsbürgerschaft]에 존재한다{죄책이라기보다는 정치적 책임[politische Haftung[184]]이다}. 인간이 어떻게 통치받고 있는지는 각자의 인간의 공동책임이다. 최종심급은 국내정치뿐 아니라 국제정치에서도 승자의 권력과 의지다. 성공이 결정한다. 자의와 권력은 추가적인 결과를 고려하는 정치적 지혜를 통해, 그리고 자연법과 국제법의 이름으로 효력을 지닌 규범들에 대한 승인을 통해 경감된다"(SF, 31).

• 정치적 죄책은 국가의 행위로 발생한 결과에 대해 모든 국민이 책임을 진다는 의미지, 국가의 이름으로 행한 범죄와 관련하여 모든 개개의 국민들이 형사적인 죄책과 도덕적 죄책이 있다는 것을 뜻하지는 않는다. 형사범죄에 대해서는 법관이, 정치적 책임에 대해서는 승자가 결정할 수 있다(SF, 32 참조).

• 정치적 죄책에 대해서는 책임[*Haftung*]이 존재하며, 그 대가는 원상회복[배상(賠償)], 그리고 정치적 권력과 정치적 권리의 광범위한 상실이나 제한이다. 정치적 죄책이 전쟁으로 결정되는 사건들과 관계있다면, 패배자들에게는 파괴와 강제이주, 절멸이라는 결과가 초래될 수

---

184 독일의 Piper 출판사에서 출간된 제3판에는 이 문장 끝에 {"정치적 책임[politische Haftung]"}이라는 표현이 추가되어 있다(Karl Jaspers, *Die Schuldfrage*, München, 2019, 19).

있다. 다만, 승자가 원하면 이 결과들을 법과 기준의 형식으로 전환할 수 있다(SF, 35 참조).

4.1.3. 도덕적 죄책[die moralische Schuld]

• "나는 항상 이 개별자로서 행하는 행위들에 대해 도덕적인 책임을 진다. 그리고 더욱이 내가 수행하는 정치적 행위와 군사적 행위를 포함한 나의 모든 행위에 대해 도덕적인 책임을 진다. 단지 '명령은 명령이다'라는 말은 결코 타당하지 않다. 명령되었다고 할지라도 범죄는 어디까지나 범죄이듯이(위협, 협박, 공포의 정도에 따라 경감의 사정이 될 수 있지만), 모든 행위는 도덕적 평가를 받을 수밖에 없다. 최종심급은 자신의 양심이고, 친구·이웃·내 영혼에 관심을 가진 애정 어린 동료 인간과의 소통[Kommunikation]이다"(SF, 31). 도덕적 죄책에 대해서는 연대관계를 이룬 인간들이 사랑하면서 하는 투쟁 속에서만[nur in liebendem Kampfe] 진지하게 이야기할 수 있다(SF, 32 참조).

• 도덕적 과오는 그로부터 정치적 죄책과 범죄가 발생하는 상태들의 근거다. 무수한 자잘한 태만의 행태와 안이한 순응, 불의(不義)를 유치하게 두둔하거나 부지불식간에 촉진하는 행태, 불투명성을 확산시키고 그 자체로 악이 가능하게 만드는 공적인 분위기 조성에 관여하는 행태 등, 이 모든 것이 결과적으로 사회적 상태 및 사건에 대한 정치적 죄를 함께 발생시킨다. 인간의 공동생활에서 권력의 의미에 대한 불투명성(을 유지하는 것)도 도덕적인 문제다. 이러한 근본적인 사실을 은폐하는 행태 뿐 아니라 권력을 사태의 유일한 결정요인으로 부당하게 절대화하는 행태도 죄에 해당한다.

• 도덕적 죄에서는 통찰이 발생하고, 이와 더불어 속죄와 쇄신이 생긴다. 이것은 내면적인 과정이지만, 이어서 세상에서 현실적인 결과를 발생시킨다(SF, 35 참조).

4.1.4. 형이상학적 죄책[die metaphysische Schuld]

• "인간으로서의 인간 사이에는 연대가 존재한다. 연대는 세상의 모든 불법과 불의에 대해, 특히 자신의 면전에서 혹은 자신이 알고 있는 가운데 발생하는 범죄에 대하여, 모든 사람을 책임 있는 자로 만든다. 내가 범죄를 방지하기 위해 할 수 있는 바를 행하지 않는다면, 그 범죄에 대해 함께 책임이 있는 것이다. 내가 타인의 살해를 막기 위해 내 목숨을 걸지 않고 수수방관하였다면, 나는 법적·정치적·도덕적으로는 적절하게 파악할 수 없는 방식으로 죄책감을 가진다. 그러한 범죄가 발생했는데도 내가 아직 살아있다는 사실은 지울 수 없는 죄책으로 나에게 놓인다. 어떤 행운이 우리에게서 이러한 상황을 면제해주지 않는 한, 우리는 인간으로서 어떠한 목적도 없이, 즉 성공의 전망이 보이지 않는데도 무조건 목숨을 걸 것인지, 아니면 성공이 불가능하기 때문에 살아남기를 선호할 것인지를 선택해야만 하는 한계에 직면한다. 어떤 사람에게 범죄가 자행되는 경우, 혹은 물질적인 생활조건을 나누는 것이 중요할 경우, 인간은 함께 살거나 그렇지 않으면 전혀 살 수 없다는 원칙이 인간들 사이에서는 그 어디에서나 무조건적으로 타당하다는 것이 형이상학적 죄책의 본질을 이룬다. 그러나 이러한 일이 모든 인간의 유대에도, 같은 국민 사이에도, 심지어 소규모 집단 사이에도 존재하지 않고, 매우 긴밀한 인간관계에 제한적으로 남아있다는 것이 우리 모두

의 형이상학적 죄책을 구성한다. 최종심급은 신뿐이다"(SF, 31 f.).

• 형이상학적 죄책에 대해서는 아마도 시작품이나 철학저작 속에서 구체적인 상황에서의 계시가 가능할 것이지만, 이를 개인적으로 알리기란 거의 불가능하다. 일단 무제약성[Unbedingtheit]에 도달했지만, 이러한 무제약성을 모든 사람에게 알릴 수 없다는 사실로 인해 포기를 경험한 사람들에게 있어서 형이상학적 죄책이 가장 깊게 의식된다. 여기에 항상 현재적인 것·구체적으로 발견할 수 없는 것·기껏해야 일반적으로 해명할 수밖에 없는 어떤 것에 대한 수치(羞恥)심이 남는다. 우리 인간이 그러한 형이상학적 죄책에서 해방될 수 있다면, 우리는 천사가 될 것이고 다른 모든 세 가지 죄책 개념들의 대상들도 사라질 것이다(SF, 32 f. 참조).

• 형이상학적 죄책의 결과는, 신 앞에서 인간의 자기의식이 변화하는 것이다. 자부심은 무너진다. 내면적인 행위를 통한 자기변화는 능동적인 삶의 새로운 원천이 될 수 있다. 그러나 이 자기변화는 겸손 속에 존재하는 지울 수 없는 죄의식과 결합되어 있는데, 겸손은 신 앞에 자기를 알리고, 모든 행동을 교만이 불가능하게 되는 분위기 속으로 가라앉힌다(SF, 35 참조).

4.2. 개인적 죄책과 집단적 죄책[185]

• 야스퍼스가 구분한 네 종류의 죄책 가운데 '집단적으로' 책임을 물을 수 있는 죄책은 〈정치적 죄책〉뿐이다. 법적·도덕적·형이상학적

---

185 Karl Jaspers, ebd., 37 ff. § 4. Wer urteilt und wer oder was wird beurteilt?(누가 심판하고, 누가 또는 무엇이 심판받는가?) 중에서.

죄책은 모두 개인적으로 짊어져야 할 죄책이다. 국가행위로 발생하는 결과에 대해 그 국가의 국민 전체에게 책임을 지우는 것은 의문의 여지없이 합리적이다. 이 경우에 해당되는 것은 집단이다.

반면에, 형사범죄에 대해서는 오로지 각 개인이 처벌받을 수 있다. 물론 단독범이거나 일련의 공범이 있을 수 있다. 이 경우 공범자는 해당범죄에 관여한 정도에 따라 처벌받지만, 최소한 이 범죄단체의 일원이었다는 사실만으로도 해명이 요구된다(책임을 추궁당한다). 그러나 민족 전체에게 형사책임을 지우는 것은 불합리하다. 형사범은 항상 개별자일 뿐이다. 또 민족 전체를 도덕적으로 고발하는 것도 불합리하다. 어떤 민족에 속하는 개인이라면 누구나 갖게 되는 그러한 민족성은 존재하지 않는다. 물론 언어·습속·습관·기원의 공통성은 존재한다. 하지만 동일한 언어를 사용하는 사람들조차 마치 자신들이 동일한 민족에 전혀 속하지 않은 것처럼 이질적으로 남아 있을 수 있는 강력한 차이들이 동시에 존재할 수 있다.

도덕적으로도 항상 집단이 아닌 개인만이 심판받는다. 인간을 집단적으로 바라보고 특징짓고 판단하는 사유형태가 엄청나게 퍼져있다. 예컨대 독일인, 러시아인, 영국인의 성격을 이렇게 규정하는 것은 개개의 인간들이 그 아래에 포섭될 수 있는 유개념[Gattungsbegriffe]이 결코 아니라, 개별적인 인간들이 다소간 그것에 상응하는 유형개념[Typenbegriffe]에 해당한다. 유(類)와 관련된 견해와 유형에 관련된 견해를 혼동하는 것이 집단적 사고의 징표다.

사람들은 흔히 독일인은 어떻고 영국인은 어떻고 노르웨이인은 어떻고 유대인은 어떻다고 제멋대로 말하고, 남자는 어떻고 여자는 어떻고, 청년은 어떻고 노인은 어떻다고 말한다. 어떤 대상이 유형적인 파악을 통해 들어맞는 다는 사실이, 우리가 각 개인을 저 일반적인 특징으로 인해 들어맞는 것이라고 생각할 때에 각 개인을 파악한 것이라는 견해로 오도해서는 안 된다. 바로 이것이 수세기 동안 민족과 인간집단들 간의 증오의 수단으로 이어진 사고방식이었다. 유감스럽게도 대다수 사람들에게 자연스럽고 자명하게 받아들여지는 이러한 사고방식을 나치주의자들이 가장 악랄하게 이용하였고, 선전을 통해 사람들의 머리에 심어 넣었다. 그들은 인간이라고 하는 것은 더 이상 존재하지 않고, 오로지 집단만이 존재하는 것처럼 사람들을 선동하였다.

민족이 일개인으로 될 수는 없다. 민족은 영웅적으로 죽을 수도, 범죄자가 될 수도, 도덕적으로 혹은 비도덕적으로 행위할 수도 없으며, 오로지 민족으로부터 나온 개인만이 그러한 행위를 할 수 있다. 전체로서의 민족은 형사범죄의 의미나 정치적인 의미 혹은 도덕적인 의미에서 유죄나 무죄일 수 없다{국가의 국민[공민(公民), Staatsbürger]만이 정치적인 책임이 있다}.

• 그런데 한 민족에게 집단적 죄책[Kollektivschuld]을 지우는 세계 여론은, 예수가 십자가에 못 박힌 것은 유대인의 책임이라고 수천 년간 생각하고 말한 사실과 똑같은 종류의 사실이다. 그 유대인은 누구인가? 로마점령군과 협력하여 예수를 처형한 자들은 당시의 유대인들 가운데서도 일정한 힘을 가진 특정한 정치적·종교적 열혈당원이었다.

• 한 민족의 집단적 죄책이나 여러 민족들 내부의 어떤 집단의 집단적 죄책은 — 정치적 책임을 제외하고는 — 존재할 수 없다. 형사적 집단적 죄책도, 도덕적 집단적 죄책도, 형이상학적 집단적 죄책도 존재할 수 없다.

VI. 아렌트

아렌트(Hannah Arendt, 1906-1975)는 독일출신의 정치이론가다. 그녀는 철학은 "단독자로서의 인간[man in the singular]"에 관심을 갖고 있다는 이유로, 철학자라는 호칭을 거부했지만, 종종 철학자로 불렸다. 대신에 그녀는 자기의 저술이 "보편적 인간[Man]이 아니라 인간들[men]이 지구에 살고 세계에 거주하고 있다"[186]는 사실에 초점을 맞추고 있으므로 자신을 정치이론가로 기술했다. 그녀는 지금은 하노버(Hanover)의 일부인 린덴(Linden) 시에서 세속적인 독일·유대인 가정에서 태어났으며, 세 살 때 부모의 고향인 쾨니히스베르크(Königsberg)[187]로 이주했다. 기술자였던 아버지가 일찍 돌아가신 후에(1913), 그녀는 사회민주주의의 입장을 가지고 있던 어머니에 의해 자유롭게 교육받았다. 14세 때에 이미 그녀는 칸트의 『순수이성 비판』과 야스퍼스의 『세계관들의 심리학』을 읽었다. 고등학교 2학년 때 반항한다는 이유로 퇴학당한 후 베를린대학에서 형식적인 학교졸업장

---

186 Hannah Arendt, *The Human Condition*, Second Edition, Introduction by Margaret Canovan, University of Chicago Pr., 1998(1958)(앞으로 HC로 줄임), 7.

187 프러시아의 철학자 칸트의 출생지이며 Kaliningrad로 개명되었고 1946년에 소련에 합병됨.

없이 고전(古典)과 기독교신학 강의를 들었고 처음으로 키에르케고르에 몰두했다. 다시 쾨니히스베르크로 돌아가서 외부수험생[externer Prüfling]으로 1924년에 아비투어(Abitur, 대학입학자격시험)에 합격하여 마부르크(Marburg)대학으로 갔다.

1926년 초에 그녀는 학업지를 바꾸기로 결심하고 훗설에게 한 학기 배우기 위해 프라이부르크(Freiburg)로 갔다. 이어서 하이델베르크에서 철학을 공부하고 야스퍼스의 지도로 1928년에 『아우구스티누스의 사랑 개념』이라는 논문으로 박사학위를 취득했다. 야스퍼스와는 그가 죽을 때까지 우정이 계속되었다. 이 논문은 1929년에 출판되었으나, 아렌트는 1933년에 유대인이라는 이유로 교수 자격 취득을 금지당했으며 따라서 독일 대학에서 강의하는 것도 좌절되었다, 그래서 독일에서 피신하여 파리로 갔다. 프랑스에 있는 동안 아렌트는 유대인 피난민들을 지원하고 돕는 일을 했다. 파리에서 8년간 살면서 많은 유대인 피난민 기관을 위해 일했다. 그러나 제2차 세계대전 중 프랑스가 선전포고를 한 뒤 독일이 프랑스 일부를 군사적으로 점령하고, 유대인들이 수용소에 강제 이송되게 되자, 아렌트는 프랑스에서 도주해야 했다. 그녀는 Camp Gurs에 수감되었지만 몇 주 후에 탈출할 수 있었다.

• 1940년에, 아렌트는 독일 시인이자 철학자인 블뤼허(Heinrich Blücher)와 결혼했다. 1941년에는 아렌트를 포함하여 2,500명 정도 되는 유대계 망명자들에게 불법으로 비자를 발행해 준 미국 외교관 하이램 빙엄 4세의 도움으로 남편과 어머니와 함께 미국으로 망명했다. 그는 그 뒤 독일 출신 유대인 공동체에서 활발하게 활동했으며 주간 『아웁바우』(*Aufbau*)지[188]에 기고했다. 1950년에 그녀는 미국 귀화 시민

이 되었으며, 1959년에는 프린스턴 대학에서 완전한 교수직에 지명 받은 최초의 여성이 되었다.[188]

• 그녀는 학문공동체의 내부와 외부에 중한 영향을 미친 두 저작들로 가장 잘 알려져 있다. 첫 번째의 것은 『전체주의의 기원』(1951)인데, 이 저서는 나치와 스탈린주의자 정부에 관한 연구로서, 전체주의 현상의 본성 및 그 역사적인 내력에 관한 광범위한 논쟁을 야기했다. 두 번째의 저서는 『인간의 조건』(1958)으로서, 이것은 활동적 삶(노동, 제작, 행위)[vita activa (labor, work, action)]라는 근본범주들을 탐구한 독창적인 철학적 연구였다. 이 두 주요저작 외에도 아렌트는 혁명, 자유, 권위, 전통, 그리고 현대의 본성과 같은 주제들에 관한 많은 영향력 있는 글들을 출간했다. 1975년에 그녀가 죽을 때, 그녀의 마지막 철학저술인 『정신의 삶』(*The Life of the Mind*)의 첫 번째 두 권을 완성했는데, 이 저술은 정관적(靜觀的) 삶(사유, 의지, 판단)이라는 세 가지의 근본능력을 탐구하였다.

---

188 독일어로 출간된 뉴욕의 신문이다.

1. 인간의 조건[189]

1.1. 활동적 삶과 인간의 조건

• 인간의 조건을 설명하면서 아렌트는 인간의 삶을 정관적 삶[vita contemplativa]과 활동적 삶[vita activa]이라는 두 가지 범주로 나눈다. 정관적 삶은 이 세계에 적극적으로 개입해 들어가는 삶이 아니라 영원한 세계 또는 진리세계에 대한 수동적 관조를 의미한다. 정관적 삶의 능력에는 사유, 의지, 판단이 포함된다고 그녀는 *The Life of the Mind*(1978)에서 말한다. 반면 활동적 삶은 세계에 적극적으로 개입하는 활동 또는 세계와 세계적인 것과 관련된 사고나 활동으로 이루어져 있다. 『인간의 조건』에서 아렌트가 가지고 있는 목적은, 일단 정관적 삶의 영역을 제쳐두고 활동적 삶의 다양한 형태들을 설명하는 것이라고 볼 수 있는데, 그것들을 설명하면서 아렌트는 특히 정치의 존재론적 기초인 행위에 관심의 초점을 맞추고 있다.

• 아렌트는 활동적 삶이라는 용어를, 인간의 세 가지 근본적 활동 — 노동·제작·행위 — 을 통해 영위되는 삶이라는 포괄적 의미로 사용하고 있다. 이 세 가지 활동을 근본적이라고 하는 이유는, 그 각각의 활

189 『인간의 조건』의 영어본은 1958년에 나왔고, 독일어판은 아렌트 자신의 번역으로 2년 후인 1960년에 콜하머(Kohlhammer)와 피퍼(Pieper) 출판사에서 간행되었다. 독일어판의 제목은 Vita Activa인데, 이것은 라틴어로 '활동적 삶'이라는 뜻이며, 부제 'oder vom tätigen Leben'은 '활동적 삶에 관하여'라는 의미로서, 라틴어 제목을 독일어로 바꾸어 말한 것이다. 독어본은 영어본보다 더 자세히 설명한 부분도 있다.

동이 "지상에서의 삶이 인간에게 주어진 기본적인 조건들 가운데 하나에 대응하기 때문이다"(HC, 7). 1) 노동(勞動)[Arbeit, labor]은 "인간 신체의 생물학적 과정에 대응하는 활동"(HC, 7)으로, 노동의 인간조건은 '생명 그 자체'다. 인간은 노동을 통해 생명을 유지하기 위한 필수품들[vital necessities]을 마련한다. 한 마디로 말하면 노동은 생존을 위한 활동이라 할 수 있다. 이때의 인간은 '노동하는 동물[animal laborans]'이다. 2) 제작(製作)[Herstellen, work]은 "인간실존의 비자연성에 대응하는 활동"(ebd.)으로, 그 인간조건은 '세계성'이다. 제작은 "모든 자연적 환경과 명확하게 구별되는 '인공적 사물세계'를 제공한다"(ebd.) 인간은 제작이라는 활동을 통해 자신의 창의(創意)와 상상력을 표출한다. 이때의 인간은 '제작하는 동물[homo faber]'이다. 마지막으로 3) 행위(行爲)[Handeln, action]는 "사물이나 물질의 매개 없이 사람들 간에 직접적으로 이루어지는 활동으로, 다수성이라는 인간적 조건, 다시 말해 한 명의 인간이 아니라 다수의 인간들이 이 땅 위에 살고 또 세계에 거주한다는 사실에 대응하는 유일한 활동이다. 인간의 조건의 모든 국면들이 어떻게든지 정치와 관련되어 있지만, 특히 이러한 다수성이야말로 모든 정치적 삶의 '필요조건'일 뿐만 아니라 '충분조건'이라는 의미에서 유일한 조건이다"(ebd.). 이때의 인간은 '정치적 동물[zōon politikon]'이다.

1.2. 공적(公的) 영역과 사적(私的) 영역

1.2.1. 인간은 사회적 동물인가 아니면 정치적 동물인가?

• 아렌트는 아리스토텔레스가 한 말인 'zōon politikon'은 '정치적 동물'로 번역되어야 한다고 주장한다. 그래서 예컨대 세네카의 '사회적 동물[animal socialis]'도 오역이고, 토마스가 "homo est naturaliter politicus, id est, socialis (인간은 본성적으로 정치적이다. 즉 사회적이다)"라고 한 말에서 "사회적이다"라는 표현도 제거되어야 할 것을 시사한다(HC, 23 ff. 참조). 그리고 'social'이라는 단어가 로마어에 어원을 갖고 있으며, 희랍어 또는 희랍사상에는 이에 해당하는 낱말이 없다고도 주장한다. 그러면서도 다른 한편으로는, "라틴어 societas의 용법은 본래 제한적이긴 하나 분명한 정치적 의미를 가지고 있었다"고 첨언한다. 즉 societas는 "특별한 목적을 위해 사람들이 동맹하는 것을 의미했다"(HC, 23)는 것이다. 그런데 플라톤과 아리스토텔레스는 인간이 자신의 동료를 떠나 살 수 없다는 것을 모르지 않았으며 이 사실에 무관심했던 것도 아니지만, 그들은 이것을 인간의 특성이라고 생각하지 않았다는 것이다. 이와는 반대로 동료와 함께 산다는 것은 인간의 삶과 동물의 삶의 공통점이었다고 말한다(HC, 24 참조).

• 그런데 아렌트의 주장이 어느 정도까지 설득력이 있는지 살펴보자. 과연 아리스토텔레스의 주장은, "인간은 사회적 동물이다"라고 번역되어서는 안 되고 "인간은 정치적 동물이다"로 번역되어야 하는가? 아리스토텔레스는 폴리스에 대해 다음과 같이 말한다: "여러 마을로 이루어진 완전한 공동체가 폴리스인데, 폴리스는 한마디로 말해서 이

미 전적인 자족(自足)의 한계에 도달해 있는 것이다. 그런데 그것은 삶을 위해서 존재하는 것이지만, 좋은 삶을 위해서 존재하는 것이다. 이런 까닭에 모든 폴리스는 자연적으로(본성적으로, physei, φύσει) 존재하는 것인데, 최초의 공동체들도 또한 그렇기 때문이다. (…) 그러므로 이러한 것들로부터 분명한 것은, 폴리스는 자연적으로 존재하는 것들에 속하고 인간은 본성적으로 폴리스적인 동물[physei politikon zōon, φύσει πολιτικὸν ζῷον]'이라는 것이다."[190]

이로 보건대, 아리스토텔레스의 명제는 "인간은 사회적 동물이다"라고 변역될 수 있다는 것을 알 수 있다. 아리스토텔레스는『정치학』제3권 제6장에서도 "인간은 본성상 폴리스적 동물[physei (…) zōon politikon, φύσει ζῷον πολιτικόν]이라고도 말해진다. 이런 까닭에 사람들은 서로 간에 어떤 도움을 필요로 하지 않을 때조차도, 함께 살기를 욕망한다"라고 말한다(1278b19-22). 뿐만 아니라『니코마코스 윤리학』에서는 다음과 같이 말하고 있다: "홀로 지내면서 모든 좋은 것을 다 소유하라고 하면, 이것을 선택할 사람은 아무도 없을 것이다. 인간은 폴리스적이며 본성적으로 함께 살게끔 되어 있으니까. 따라서 이것은 행복한 사람에게도 맞는 말이다."[191]; "완전한 좋음은 자족적인 것처럼 보이기 때문이다. 그런데 인간은 본성상 폴리스적 동물이기 때문에, 우리가 이야기하는 자족성은 자기 혼자만을 위한 자족성, 고립된 삶을 살아가는 사람의 자족성

---

190 Aristotle, *Politics*, 1252b29-1253a3, in: *Aristotle in twenty-three volumes* XXI. *Politics*, Cambridge Massachusetts, Harvard Univ. Pr., 1977(1932).

191 Aristotle, *The Nichomachean Ethics*, IX. ix. 3, in: *Aristotle in twenty-three volumes* XIX. *The Nichomachean Ethics*. Cambridge Massachusetts, Harvard Univ. Pr., 1968(1926).

이 아니다. 부모, 자식, 아내, 일반적으로 친구들과 동료시민들과 함께 사는 사람의 자족성이다."[192] 이 구절들로 미루어볼 때도, '폴리스적 동물'은 '사회적(공동체적) 동물'로 해석될 수 있으며, 굳이 'politikon'을 '정치적'으로만 해석해야만 한다는 주장은 설득력이 떨어진다.

• 그런데 '폴리스(polis)'가 ① 도시국가로서의 공동체, 그리고 ② 정치공동체라는 두 가지 의미를 지니고 있다는 점을 생각하면 문제는 쉽게 해결될 수 있지 않을까? 희랍은 수백 개의 폴리스들로 이루어져 있었다. 그리고 각각의 폴리스에는 남자와 여자, 노인과 어린아이, 주인과 노예, 희랍인과 이방인 등이 섞여 살았다. 이 첫 번째 의미의 '폴리스'는 '사람들이 모여 사는 공동체[koinōnia]'를 가리키며, 이것이 본래 아리스토텔레스가 zōon politikon이라는 말로 가리키고자 한 바일 것이다.

그런데 이러한 의미의 도시국가인 폴리스에서 모든 사람들이 '시민'인 것은 아니었다. 폴리스에 살고 있는 사람들 가운데서 어린아이, 여자, 노예, 이방인 등은 정치공동체의 일원이 될 수 없었다. 따라서 이로부터 자연스럽게 '폴리스'의 두 번째 의미가 등장하는바, 그것은 바로 '정치공동체'로서의 폴리스다. 예컨대 스파르타의 경우 상공업·수공업에 종사하는 사람들은 시민사회에 참여할 수 없었다. 스파르타 시민의 상공업 활동은 아예 금지되었다. 아테네와 다른 개방적 도시들은 대개 외국인과 노예를 시민에서 제외했다. 시민이 되는 것은 결코 쉬운 일이 아니었다. 코린토스, 레기온 같은 곳은 시민권을 갖기 위한 최소 재산 보유를 요구했다. 이런 제약을 받지 않는 시민공동체를 형성하는 시민을 '폴리테스(polites)'로 정의하고, 이들에게만 참정권을 부

---

192 Aristotle, *The Nichomachean Ethics*, I .vii.6., in: ebd.

여했다[193]. 이 내용을, 아렌트에 있어서 정관적 삶과 활동적 삶과 관련하여 정리하면 다음과 같다.

1. 정관적 삶 ⇨ theōria [이론]
2. 활동적 삶
   1) 노동 ⇨ ponos
   2) 제작 ⇨ poiēsis
   3) 행위 ⇨ praxis (이것이 vita activa의 본래의미임. 즉 '공적 · 정치적 일에 헌신하는 삶')

★ 광의의 폴리스(polis) = 1과 2가 이루어지는 전(全)영역
협의의 폴리스 = 2의 3)이 이루어지는 영역

• 아렌트는 다음과 같이 말한다: "우리는 이 정의 — 인간은 '정치적 동물'이라는 정의(필자 첨가) — 를, 인간은 '이성과 언어를 가진 동물[zōon logon echon]'이라는 유명한 두 번째 정의와 함께 생각할 때에만 완전히 이해할 수 있다. '합리적(이성적) 동물[animal rationale]'이라는 이 정의의 라틴어 번역은 '사회적 동물'과 마찬가지로 근본적인 오해에 기인한다"(HC, 27). 그런데 아리스토텔레스는 다음과 같이 말했다: "Φύσει μέν ἐστιν ἄνθρωπος ζῷον πολιτικόν (Physei men estin anthrōpos zōon politikon)"(1253a3). 이 말은 "그런데 인간은 본성적으로(본래) 폴리스에 속한 동물이다"라는 뜻이다. 그래서 이 구절에 대한 아렌트의 해석은 오류이지만, '정치공동체'라는 의미의 폴리스에서 정치 활동을 수행하는 폴리스의 시민들에게 필요한 능력이 '로고스'라

193 클로드 모세, 『고대 그리스의 시민』, 김덕희 역, 동문선, 2003, 151 참조.

는 사실은 너무도 분명한 사실이다. 그런데 '로고스'는 '이성'이라는 뜻 이외에도 '말(언어)'라는 의미도 지니고 있다. 그러나 '로고스'가 라틴어 '라치오(ratio)'로 번역됨으로써 오류가 생겼는데, 그것은 'ratio'에는 'logos'가 지니고 있는 '말(언어)'이라는 의미는 빠지고 '이성'이라는 의미만 있기 때문이다. 그래서 아리스토텔레스가 본래 말한, 인간은 '이성과 언어를 가진 동물[zōon logon echon]'이라는 주장은 인간은 '이성적 동물[animal rationale]'이라는 의미로 축소·변질되었다. 즉, 정치공동체로서의 폴리스에서 본질적인 것은, 이성을 가진 인간이 '말(언어)'를 통해 자기의 의사를 표시하고 상대방의 견해를 경청하면서 의견을 조정해 나가는 일이다. 정치행위는 결국 언어를 통해서 이루어지는 것이다.

1.2.2. 공적 영역

• 아렌트는 "사적 영역과 공적 영역의 구별은 가정과 정치적 영역에 대응한다"(HC, 28)고 말한다. 공적 영역은 정치행위가 이루어지는 폴리스를 구성하는 반면, 사적 영역은 폴리스를 뒷받침하는 가정의 영역으로 노동, 곧 생명 유지를 위한 활동이 이루어지는 영역이다.[194] 희랍에서 가정은 오늘날의 가정과는 달리, "가장 엄격한 불평등의 중심이었던 데 반하여 폴리스의 영역은 평등만을 알았던"(HC, 32) 영역이자 "자유의 영역"(HC, 30)이었다. 자유롭다는 것은 "타인의 명령에 예속

---

194 그러나 고대 희랍에서 노동은 가정이라는 사적 영역에서 수행되는 활동이었다면, 오늘날의 노동은 가정만이 아니라 시민사회에서 오히려 더 전문화되고 대규모로 이루어지고 있다.

되지도 않고" "타인에게 명령하지도 않는 것", 즉 "지배하지도 않고 지배되지도 않는 것"(HC, 32)을 뜻한다.

아렌트는 "'공적인'이라는 용어는 서로 밀접하게 관련되어 있지만 전적으로 동일하지는 않은 두 현상을 가리킨다"(HC, 50)고 말하는데, 그것은 첫째로, "공개적으로 나타나는 모든 것은 만인이 보고 들을 수 있으며, 또 가능한 가장 광범위한 공개성을 갖는다는 것을 의미한다"(HC, 50). 두 번째로, "'공적인'이라는 용어는, 세계가 우리 모두에게 공통적인 것이고 세계 속에 있는 우리의 사적 소유지와 구별되는 한에서, 세계 자체를 가리킨다"(HC, 52).

우리가 보며 들을 수 있는 현상들은 한데 어우러져 현실을 구성한다. 이에 반해 개인적인 생활은 마음의 정념(情念)들이나 정신의 사고(思考) 그리고 감각적 쾌락과 같은 아주 강렬한 힘일지라도 탈개체화·공개화 되지 않는다면 '공적인 것'이 되지 못한다. 그러므로 공적 영역은 일차적으로 '출현의 공간[the space of appearance]'이라고 할 수 있다. 그리고 공적 영역을 지켜주는 것은 법이다: "울타리가 없으면 조금의 소유도 존재할 수 없는 것처럼, 담 같은 법이 없다면 공적 영역은 존재할 수 없을 것이다. 울타리가 가족의 생물학적 삶의 과정을 보호하는 것처럼, 법은 정치적 삶을 둘러싸서 보호하였다"(HC, 118). 그런데 공적 영역과 사적 영역의 가장 근본적인 의미는, "한편으로는 감추어질 필요가 있는 것들이 존재하고 다른 한편으로는, 존재하기 위해서는 공적으로 드러날 필요가 있는 것들이 존재한다는 점을 가리키고 있다"(HC, 73). 그런데 공적 영역은 사람들이 공유하는 진실들이 백일하에 드러나는 유일한 장소다(HC, 118).

• 아렌트적 인간은 무엇보다도 '공적 존재자'다 공개적인 출현 장소

에서 개개의 행위주체들은 한편으로 행위와 발언을 통해 자기 자신이 누구임을 드러내면서 세계의 사물들에 관한 자신의 느낌과 생각을 표현한다. 또 다른 한편으로는 타인들의 의견과 비판을 듣고 자기 견해를 수정하거나 강화함으로써 자신의 정체감을 형성·강화시킴은 물론 세계에 대한 현실감까지도 확신하게 된다.

• 아렌트에게 있어서 공적영역은 개인의 사고능력(思考能力)의 발전을 위해서도 필수적인 조건이다. 아렌트는 사람들이 공적 공간에서 서로 대화할 수 있을 때에만 사고를 계속해나갈 수 있다고 주장한다. 왜냐하면 타인과의 대화는 공적 공간을 전제로 하는 만큼 사고의 발전 역시 공적 공간과 직접적인 관련성을 맺고 있기 때문이다.

1.2.3. 사적 영역

• 아렌트는 다음과 같이 말한다:

> 본래 '박탈(결여)된'이라는 의미를 가지는 '사적인'이라는 용어는 공적 영역의 이러한 다양한 의미와 관련되어 있다. 전적으로 사적인 삶을 산다는 것은 우선, 진정으로 인간적인 삶에 본질적인 것이 박탈(결여)되었음을 의미한다. 타인이 보고 들음으로써 생기는 현실성의 박탈, 공동의 사물세계의 중재를 통해 타인과 관계를 맺거나 분리됨으로써 발생하는 타인과의 '객관적' 관계의 박탈, 삶 그 자체보다 더 영속적인 어떤 것을 성취할 수 있는 가능성의 박탈, 사적 생활의 이러한 박탈은 타인의 부재에 존재한다. 타인에게 관심을 갖는 한 사적 인간은 나타나지 않으며, 따라서 마치 그는 존재하지 않았던 것처럼 된다(HC, 58).

• 공적 영역이 정치행위가 이루어지는 폴리스의 영역이라면, 사적 영역은 폴리스를 뒷받침하고 있는 가정의 영역으로, 육체적 생명의 유지를 위한 활동이 이루어지는 곳이다(HC, 28 f. 참조). 인간에게는 공적인 영역과 사적인 영역 모두가 필요하며, 어느 한쪽만으로는 온전한 인간의 삶이 이루어질 수 없다. 그런데 근대와 고대 희랍의 차이점은, 근대에는 타인에 의해 간섭받지 않는 사적 영역이야말로 자유로운 영역이라고 생각한 데 반하여, 고대 희랍의 폴리스에서는 정치활동인 행위가 이루어지는 공적 영역이야말로 자유로운 영역이라고 생각했다는 점이다.[195]

• 사생활은 글자 그대로 어떤 것을 박탈당한 상태를 뜻했는데,[196] 인간의 능력들 가운데 최상 내지 최고로 인간적인 능력, 곧 공적 영역에 들어갈 수 있는 능력이 박탈당한 — 예컨대 노예처럼 공적 영역에 들어가는 것이 허용되지 않고 사적인 삶만을 사는 — 상태를 가리켰다. 그런데 이러한 상태는 충분히 인간적인 상태라고 할 수 없는 것이다. 그러나 우리는 '사생활'이라는 단어를 사용할 때 더 이상은 박탈을 주로(본질적으로) 생각하지 않는다(HC, 38.). 다른 한편, 강렬한, 다른 모든 경험을 잊게 할 정도로 강렬한 느낌인 신체의 커다란 고통의 경험은 가장 사적인, 그래서 그 누구에게도 전달할 수 없는 경험이다. 그리고 사적인 영역에서만 살아남을 수 있는 아주 유의미한 문제들이 있는데, 예컨대 우정과는 달리 사랑은 공적으로 드러나는 순간 끝나거나 사라진다(HC, 50 f. 참조).

---

195 나카마사 마사키, 『한나 아렌트 『인간의 조건』을 읽는 시간』, 김경원 역, 아르테, 2012(2017), 100 참조.

196 '사적인'이나 '사생활'을 뜻하는 'private'와 'privacy'라는 단어는 결여나 박탈을 뜻하는 'privation'과 연관된다.

1.2.4. 사회적 영역

아렌트는 공적인 영역도 아닌 사회적 영역의 존재에 대해 다음과 같이 말한다: "사적 영역과 공적 영역의 구별은 가정과 정치적 영역에 대응하며, 이 두 영역은 적어도 고대 도시국가가 발생한 이래로 명확하고 분리된 독립체로 존재해왔다. 그러나 사적인 영역도 공적인 영역도 아닌 사회적 영역의 출현은 엄격히 말하자면 비교적 새로운 현상이다. 이 현상의 기원은 근대의 출현과 일치하며 민족국가에서 그 정치적 형태를 발견하였다"(HC, 28).

아렌트가 여기서 말하고 있는 "사적인 영역도 공적인 영역도 아닌 사회적 영역"이란, 아마도 '시민사회[civil society]'를 가리키는 것으로 보인다. 시민사회 개념은 근대에 출현한 개념이다. 그러나 칸트나 로크 등도 시민사회와 국가를 구별하지 못하고, 시민사회라는 말로 국가를 지칭했다(칸트의 「세계시민적 의도에서 본 보편사의 이념」이나 로크의 『통치론』 참조). 시민사회와 국가를 구별한 인물은 헤겔이다. 헤겔은 그의 『법철학』에서 인륜[Sittlichkeit]의 세 단계를 구별했는데, 그 첫 번째 단계가 가정이며 세 번째 단계가 국가인데, 시민사회는 양자를 매개하는 위치에 있다. 시민사회는, 17-18세기 신흥 시민 상공인들의 경제활동 영역인 동시에, 국가의 제도와 공공정책을 통해 안정적으로 작동되는 정치사회이기도 하다.[197] 즉, 헤겔이 말하는 시민사회는 국가와 시장으로부터 독립된 영역이 아니라, 근대적 시장의 원리가 작동하는 경제사

---

197 이에 반해, 현대의 시민사회는 국가와 시장(市場)으로부터 독립된, 그리하여 국가와 시장의 개입으로부터 자유로운 공공성을 지닌 사회다.

회와, 국가제도가 작용하는 정치사회라는 양 측면을 지니고 있다. 그리하여 헤겔은 시민사회의 세 계기를 다음과 같이 구분하고 있다:

1) 필요(욕구)의 체계[das System der Bedürfnisse]: 시민사회의 경제적 측면에 관해 논의함.
2) 사법(司法)활동[Rechtspflege]: 필요(욕구)의 체계에 포함되어 있는 인격권이나 소유권과 같은 보편적인 것을 사법활동에 의해 보호함.
3) 복지행정[Polizei]과 직능단체[Korporation]: 1)과 2)의 두 체계 안에 잔존(殘存)하는 우연성에 대해 미리 배려하는 것. 특수한 이익은 복지행정과 직능단체를 통해 공동의 이익으로 배려되고 관리된다.[198]

1.3. 세 가지 활동(活動, Tätigkeiten)

1.3.1. 노동·제작·행위

여기서는 이미 위에서 간략하게 언급한 세 가지 활동인 노동·제작·행위와 관련된 문제들에 대해 좀 더 자세히 살펴보겠다. 아렌트에 따르면 이 세 가지 활동과 그에 대응하는 인간의 조건들은 '출생과 죽음'이라는 가장 일반적인 실존적 조건과 밀접히 연관되어 있다. 아렌트는 활동적 삶의 세 가지 형태와 출생과 죽음이라는 가장 일반적인 실존적

---

198 G.W.F. Hegel, *Grundlinien der Philosophie des Rechts oder Naturrecht und Staatswissenschaft im Grundrisse* (1821) § 188.

조건과의 관계를 다음과 같이 설명하고 있다.

노동은 개인의 생존뿐만 아니라 종(種)의 생존도 보장해준다. 제작과 그 산물인 인공물은 죽어야 할 생명의 무상(無常)함과 덧없이 지나가는 인간적 시간에 상당한 정도의 영속성과 지속성을 확보해준다. 행위는 정치체(政治體)들을 창설하고 보존하는데 개입하는 한에 있어, 기억을 위한 조건, 다시 말해 역사를 위한 조건을 창출한다. 행위는 물론 노동과 제작 또한 출생 속에 뿌리를 두고 있는바, 그것들은 이방인으로서 끊임없이 세계에 태어나 들어오는 신참자들의 유입을 미리 예견하고 고려할 수 있는 세계를 마련하고 또 보존하는 과업을 갖고 있다. 그렇지만 세 가지 활동 중에서도 출생이라는 인간의 조건에 가장 밀접한 연관성을 갖고 있는 것은 행위다. 그리하여 출생 속에 내재한 새로운 시작은 세계 속에서만 드러날 수 있는 것으로, 그것은 그 신참자가 새로운 것을 시작할 수 있는 능력인 행위의 능력을 소유하고 있기 때문에 가능한 것이다. 이러한 주도(主導)라는 의미에서의 행위라는 요소, 따라서 출생이라는 요소는 모든 인간적 활동에 내재되어 있다. 게다가 행위는 무엇보다도 정치적인 활동이기 때문에 죽음이 아니라 출생이 형이상학적인 사고와 구별되는 정치적 사고의 핵심적 범주가 될 수 있는 것이다.

1.3.2. 노동과 제작은 명확히 구별될 수 있는가?

• 그런데 여기서 우리가 재고해보아야 할 문제는 아렌트가 말하는 '노동'과 '제작'의 구별이다. 『인간의 조건』의 〈우리 신체의 노동과 우리 손의 작업〉이라는 절(節)에서 나타나는 아렌트의 주장은 다음과 같다. 아렌트

는 '우리 신체의 노동과 우리 손의 작업'이라는 표현의 출처는 로크의 『정부론』, sec. 26이라고 말하면서, 양자의 구별에 대해 다음과 같이 말한다:

> 그러므로 희랍어는 ponein과 ergazesthai를 구별하며, 라틴어도 laborare와 facere 또는 동일한 어근을 가진 fabricari를 구별한다. 프랑스어는 travailler와 ouvrer를 구별하며, 독일어도 arbeiten과 werken을 구별한다. 이 모든 경우에 'labor'에 대응하는 단어들만이 고통과 수고라는 명백한 함의를 지니고 있다. 독일어 Arbeit는 본래 농노가 행한 농장 노동에만 적용되었을 뿐 Werk라 불리는 장인의 제작[work]에 적용되지는 않았다. 프랑스어 travailler는 보다 오래된 labourer를 대체하였는데, 이 단어는 고문(拷問)의 일종인 tripalium에서 파생되었다(HC, 80).

계속 이어서 아렌트는 말한다: "그래서 제작하는 손과 노동하는 신체에 대한 로크의 구별은 독일어의 수공업자[Handwerker]에 상응하는 고대 희랍의 장인[cheirothechnēs]과, '노예나 길들여진 동물처럼 자신의 신체로 삶의 필요에 봉사하는'(아리스토텔레스, 『정치학』, 1254 b25) 사람들 혹은 희랍어의 숙어로, '신체로 일하는[to sōmati ergazesthai]' 사람들 사이의 구분을 다소간 상기시킨다{그러나 여기서도 노동과 제작은 이미 동일한 것으로 취급된다. 왜냐하면 이때 사용된 말은 노동[labor, ponein]이 아니라 제작[work, ergazesthai]이기 때문이다}"(HC, 80). 그리고 아렌트는 '노동'과 '작업'의 차이에 대해서 좀 더 상세하게 말한다:

> 이 순환운동이 유지되기 위해서는 소비가 필요하며, 이때 소비의 수

단을 제공하는 활동이 노동이다. 노동이 생산하는 것은 무엇이나 거의 즉각적으로 인간 삶의 과정에 투입되며, 삶의 과정을 갱생시키는 이 소비는 신체유지를 위해 필요한 새로운 '노동력'을 산출하거나 혹은 오히려 재산출한다. 삶의 과정의 절박함, 즉 로크가 말한 '생계유지의 필요'란 관점에서, 노동하고 소비하는 것은 서로 밀접하게 이어지는 거의 하나의 동일한 운동을 구성한다. '생존의 필요'는 노동과 소비 모두를 지배한다. 그리고 노동이란 것이 자연이 제공하는 것을 '채취·수집하여 신체와 결합하는' 활동이라면,[199] 이때 노동은 신체가 영양분을 흡수할 때 행하는 일을 더욱 능동적으로 행하는 것이다. 노동과 소비는 모두 물질을 파괴하여 게걸스럽게 삼키는 과정이다. (…) 노동활동의 이와 같은 파괴적이고 소모적인 측면은 오로지 세계의 관점에서만 그리고 작업과는 구별하여 관찰할 때 드러나는 활동이다. 작업은 신체와의 결합을 위한 물질을 준비하는 것이 아니라, 물질을 원료로 변화시켜 생산품을 만들어낸다. 자연의 관점에서 보면, 파괴적인 것은 노동이기보다 작업이다. 왜냐하면 작업과정은 자연의 손으로부터 질료(물질)를 취하기는 하지만 살아-있는 몸의 자연적인 신진대사라는 신속한 과정을 통해 자연에 되돌려주지는 않기 때문이다 (HC, 99 f.).

• 아렌트는 '우리 신체의 노동과 우리 손의 작업'이라는 두 가지 종류의 인간활동에 대한 로크의 구별에 힘 입어 노동과 제작을 구별하고 있다. 그러나 우선, 인간의 활동에서 "우리 신체"와 "우리 손"을 명확하

199 로크, 『정부론』, sec. 46, 26, 27.

게 구분할 수 있는가 하는 문제를 지적해야 하겠다. '손' 역시 '우리의 신체'가 아닌가! 위의 주장들을 종합해 보면 아렌트는 노동을, '우리의 생명을 유지하기 위해 자연이 제공하는 것을 채취·수집하여 신체와 결합하는 활동', 즉 '생명 유지에 필요한 음식물을 얻기 위한 활동 및 음식물을 섭취하는 활동'으로 간주하고 있음을 알 수 있다. 따라서 노동의 산물을 소비하는 활동은, 노동의 산물을 "신체의 신진대사를 통해 자연에 되돌려" 주는 것이며 '비내구재'를 만들어낸다. 제작은 이와는 달리, "신체와의 결합을 위한 물질을 준비하는 것이 아니라, 물질을 원료로 변화시켜 생산품을 만들어" 내는 활동으로서, '망가지지 않고' 매우 오래 '지속하는' 것들을 만들어내는 활동으로 보고 있다. 그리하여 아렌트는, "로크가 '우리 신체의 노동과 우리 손의 작업'이라는 자신의 구별에 별 관심을 갖지 않았다 할지라도 '비내구재'와 '망가지지 않고' 매우 오래 '지속하는' 것들의 구별은 인정해야만 했다"(HC, 103 f.)고 말하고 있다.

그런데 독일어에서 행동(행위) 내지 활동을 지시하는 단어들 중 하나가 Handlung인데, 이 용어는 바로 '손'을 뜻하는 'Hand'에서 나온 것이다. 이것은 인간의 행동(행위)의 주요도구가 바로 '손'이라는 사실을 뜻한다. 그렇다면 과연 '손'을 제외하고 인간의 행동(행위)를 말할 수 있을까?! 로크나 아렌트는 우리의 먹을거리를 얻기 위한 '노동'이 신체의 활동을 통해 이루어진다고 주장하지만, 과연 '손'을 제외한 신체의 활동을 통해서 이런 일이 성취될 수 있는가! 우리가 먹고 소비하여 그 결과물을 다시 자연에 돌려주는 활동(신진대사 활동)인 '노동'도 손을 포함한 우리의 신체를 통해서 이루어지는 것이고, 지속적으로 사용할 물건이나 예술품을 만들어내는 제작 또한 그러한 것이다. 따라서 양자를 '신체'와 '손'이라는 개념을 통해서 구별하는 것은 사실과 맞지 않다.

• 뿐만 아니라 노동과 제작은 명확히 구별될 수 있는가? 아렌트의 구별대로, 노동은 인간생명의 유지를 위해 하는 활동이고, 제작은 물질을 원료로 변화시켜 생산품을 만들어내는 활동이라면, 예컨대 요리학원에서 선생과 학생이 팔보채라는 요리를 만들어내는 활동은 노동인가 제작인가, 아니면 둘 다라고 할 수 있는가? 그것은 '먹는 것'을 주목적으로 하지 않고 '교육'을 목적으로 하는 활동이기에 노동이 아니라 제작인가? 그러나 이렇게 만들어진 요리는 결국, 사람이 먹거나 그렇지 않으면 수일 내에 부패하여 자연으로 돌아가지 않는가? 이런 측면에서 보면 그것은 아렌트가 말한 노동에 해당하는 활동이다. 또 다른 경우는 어떠한가? 예컨대 대학의 박사과정 학생이 학회지에 발표하기 위한 논문을 쓰는 활동은 노동인가 제작인가? 그 결과물은 소비되어 자연으로 돌아가는 것이 아니기에 제작이라고 해야 하는가? 그러나 우리는 그것을 일반적으로는 정신노동의 산물이라고 부르지 않는가? 이에 대응하는 독일어 역시 'Arbeit'다. 정신노동도 Arbeit라고 하고, 그러한 노동의 산물 또한 Arbeit라고 한다{예컨대 Doktorarbeit[박사학위 논문]}.

이렇게 보면 아렌트에 의한 노동과 제작의 구별은 애매모호한 것이라 하겠다. 즉, '노동'과 '제작'은, 정의(定義)도 명확하게 이루어지지 않은 개념들일뿐만 아니라, 양자의 한계도 명확하지 않은 개념들이라는 말이다. 양자 모두 '일'이나 '노동', 혹은 '작업'이라고 하면 될 것을, 확실하지도 않은 구분을 굳이 도입할 필요가 없다.

1.3.3. 행위

1.3.3.1. 인간의 복수성

아렌트는 행위와 말의 기본조건인 인간의 복수성에 대해 다음과 같이 말한다:

> 행위와 말의 기본조건인 인간의 복수성은 동등함과 차이라는 이중적인 성격을 지닌다. 만약 사람이 동등하지 않다면 서로를 이해할 수도 없을 것이고 이전(以前)의 사람들을 이해할 수도 없을 것이고 미래를 계획하거나 미래에 도래할 사람들이 필요로 하는 것들을 예견할 수도 없을 것이다. 사람들이 구별되지 않는다면, 즉 모든 사람들이 현재 살고 있거나 과거에 살았거나 미래에 살게 될 다른 사람들과 구별되지 않는다면, 사람은 자신을 이해시키기 위해 말이나 행위를 할 필요가 없을 것이다. 직접적이고 동일한 필요와 욕구를 전달하기 위한 기호나 소리만 있으면 충분할 것이다. (…) 그러나 오직 인간만이 이러한 차이를 표현하고 (타자와) 자신을 구별할 수 있다. 그리고 인간만이 단지 무엇인가 — 갈증이나 배고픔, 애정이나 적대감 혹은 두려움 — 간을 알릴 수 있을 뿐만 아니라 자신을 알릴 수 있다. 인간에게 있어서는, 존재하는 모든 것과 공유하고 있는 타자성[otherness], 그리고 살아있는 모든 것과 공유하고 있는 차이성[distinctness]은 독특함[uniqueness]으로 된다. 그리고 인간의 복수성은 독특한 존재자들의 역설적(逆說的)인 복수성이다(HC, 175 f.).

앞서 말했듯이, 아렌트가 말하는 '행위'는 인간의 여러 활동들 가운데서 '정치활동'을 가리키는 용어다. 인간의 활동 가운데서 '말'을 가장 많이 필요로 하는 '행위'의 토대를 이루고 있는 것은 '인간의 복수성'이다. 인간의 '노동'활동과 '제작'활동의 경우, 다수의 인간은 많은 경우에 있어, 노동과 제작을 용이하고 신속하게 만들고 그 생산성을 향상시킬 수 있지만, 반드시 '다수의 인간'이 필요한 것은 아니다. 그러나 말과 행위는 다수의 인간을 전제로 하고 있다. 혼자서 하는 말은 '독백'에 불과할 것이고, '정치활동'으로서의 '행위'는 공적 영역에서의 다수의 인간들 간의 논의 내지 토론이 수반되어야 하기 때문이다. 그런데 인간의 복수성에는 동등함[equality]과 차이[distinction]라는 두 측면이 존재한다. 이 측면은 무엇을 가리키는가? 전자는 인간의 본성과, 후자는 인간의 우유성과 관련된다. 세상의 수많은 인간들은, 그들이 '인간'이라는 점에서는 동등하다. 그러나 그 가운데 동일한 사람들은 하나도 없다. 각자는 신체적으로도 그 외모와 골격, 기능 면에서 다를 뿐 아니라, 어떤 옷을 입고 있는가 하는 면에서도 다르다. 정신적인 면에서도 그 생각이나 가치관과 욕망, 지식의 내용 등에 있어서도 차이를 보인다. 원론적으로 말하면, 개별화된 존재자들 가운데 '동일한' 것은 아무것도 없고, 그들 사이에는 '유사성'이 존재할 뿐이다. 그렇다면 인간의 복수성을 전제로 하고 있는 말과 행위에 있어서는, 인간의 복수성에 포함되어 있는 동등성과 차이성을 고려할 수밖에 없다. 이러한 사태를 찰스 테일러의 견해를 인용하여 설명하면 다음과 같다. 정치에서 우리가 고려해야 할 두 종류의 인정(승인)행위가 존재하는바, 그 하나는 인간의 '존엄성의 인정'과 다른 하나는 '차이의 인정'이다. 전자는, 인간들이 지니고 있는 수많은 다양성과 차이에도 불구하고 '인간'이라는 보편성 내지 공통성을 인정하는 것이고, 후자는 '그 밖의 개인들이나 집단들과는 구별되는, 이 개인이나 집단의 특유한 정체성'을 인정하는 것이다. 즉 인간에게는 '보편적인 정체성'과 이 개인이나 집단에 '특유한 정체성'이 존재하는바, 우리는 각자에게 특유한 것을 승인함으로써만, 보편적으로 존재하는 것 — 모든 사람이 어떤 정체성을 가지고 있다는 것 — 을 적절히 승인할 수 있다는 것이다. 테일러는 이것을 '차이의 정치[politics of difference]'라고 말한다.[200] 우리가 어떤 사람을 승인한다는 것은 우선 그 사람이 사람이기 때문에 갖는 '인간으로서의 존엄성'이라는 보편성을 승인하는 것이고, 다른 한 편으로는 그 사람 개인이나 어떤 집단이 갖는 특수성을 승인하는 것이다. 승인은 이처럼 양쪽에 걸쳐서 이루어져야 하며, 어떤 한 면만의 승인은 불완전한 것으로 본다.

1.3.3.2 주체의 현시(顯示)로서의 행위

인간은 노동을 통해서 신체적인 필요를 드러내고 제작을 통해서 솜씨를 드러내듯이, 행위를 통해서는 '자신'을 드러낸다. 그리고 자신의 정체(正體)를 드러내는 행위에는 '말'이 필수적으로 동반된다. 인간이 다른 존재자들과 뚜렷이 구별되는 영역이 바로 행위의 영역이라고 아렌트는 말한다.

> 말과 행위는 이러한 독특한 차이(성)를 드러낸다. 말과 행위를 통해 사람들은 자신들이 단지 다른 사람들과 구별된다는 것을 넘어 다른 사람들과 자기 자신을 구별한다. 말과 행위는 인간이 서로에게 실로 물

---

200 Charles Taylor, "The Politics of Recognition," in: *Philosophical Arguments*, Cambridge, Massachusetts and London, England, 1995, 234 참조

리적 대상으로가 아니라 인간으로 나타나는 모습이다. 단순한 육체적 실존과 구별되는 이러한 '출현(현상)'은 창시적 주도권[initiative]에 의존한다. 그런데 이 창시적 주도권은 인간이면 누구나 억제할 수 없어서 여전히 인간적인 것이다. 이것은 활동적 삶의 다른 활동에는 적용되지 않는다(HC, 176).

사람들은 행위하고 말하면서 자기가 누구인지를 보여주고 자기의 독특하고 개인적인 정체를 능동적으로 드러내며, 그렇게 함으로써 인간세계에 출현한다. (…) 어떤 사람이 '무엇'인가 – 그가 드러낼 수도 있고 감출 수도 있는 자기의 성질, 재능, 재주 그리고 결함 – 하는 것과 구별되는 '누구'의 현시는, 그가 말하고 행하는 모든 것 속에 함축되어 있다. 그것은 완전한 침묵과 완전한 수동성에서만 감춰질 수 있지만, 그것의 현시는 의도적인 목적으로서는 결코 달성되기 어렵다(HC, 179).

그런데 여기서 아렌트는 인간이 자기 자신을 타인에게 인간으로 드러내 보이는 활동, 그리하여 자기를 단순한 육체적 실존과 구별되는 모습으로 세상에 출현시키는 활동은 행위에서 수행되며, 이러한 출현은 "창시적 주도권[initiative]에 의존한다"고 말하는데, 이 생각에 이의를 제기할 수 있다. 즉 우리는 정치활동에서만이 아니라 예컨대 하나의 예술작품이나 책의 제작(활동)을 통해 인간으로서의 자기의 면모를 타인에게 보여줄 수 있다. 그리고 이러한 활동 또한 타인에 의해서, 누군가의 지시나 명령에 의해서 이루어지지 않고 자기 자신의 창시적 주도권에 의해 수행될 수 있는 것이다. 그러므로 창시적 주도권이 행위 이외의 다른 활동적 삶에는 적용되지 않는다는 그녀의 주장은 재고되어야 할 것이다.

1.3.3.2. 행위는 '다스리는 것' · '지배하는 것'인가?

'행위'가 (말을 통해) 어떤 일을 주도적으로 시작할 수 있는 능력 또는 자유로서의 활동이라는 점은 인정할 수 있을 것이다. 그러나 그녀는 '행위'를, 희랍어 archein과 동치시켜 그것을, '다스리는 활동' 내지 '지배하는 활동'으로 이해하고 있지만, 이러한 주장에는 동의하기 어렵다. 왜냐하면 정치활동이라는 것은 상대방을 인정하는 서로 대등한 관계에서 이루어지는 대화요 토론활동이기 때문이다.

> 말과 행위로 우리는 우리 자신을 인간세계 속으로 끼워 넣는다. 그리고 이러한 끼워 넣음은 제2의 탄생과도 같다. (…) 가장 일반적인 의미로 볼 때, 행위한다는 것은 '주도권을 잡다', '시작하다'(희랍어 archein은 '시작하다', '이끌다', 그리고 마침내는 '지배하다'를 가리킨다), '어떤 것을 움직이게 하다'(이것은 라틴어 agere의 본래 의미다)를 의미한다(HC, 176 f.).

말과 행위를 통해 인간이 제2의 탄생을 경험하게 된다는 그녀의 주장에는 공감할 수 있을 것이다. 우리가 어머니의 배에서 세상으로 나온 것을 제1의 탄생이라 한다면, 인간으로서 자기를 세상에 드러내는 정치활동으로서의 행위를 제2의 탄생에 비유할 수 있을 것이기 때문이다. archein은 '시작하다'라는 의미를 지니고 있다. 명사형 아르케(archē, ἀρχή)는 '시초(始初)'의 의미를 가진다. 시초에 있는 것은 그 후에 생겨나는 것의 원인이기도 하므로 아르케는 원인(原因)·원리(原理)를 뜻하게 되며, 사물의 근거를 말하기도 한다. 동사형인 archein(ἄρχειν)은 '시작하다'라는 뜻 외에도 '다스리다'라는 뜻을 지니고 있다.

출발점이 되는 원리가, 이후에 오는 것들을 다스린다는 의미가 포함되어 있는 것으로 보인다. 예컨대 'anarchism'은 '다스리는 것'이 '없는[a]' 상태이므로 '무정부주의'가 된다. 한자 '원리(原理)'의 '이(理)'에도 '다스린다'는 뜻이 들어있다. 아르케는 '시원(始原)', '만물의 근원', '원리(原理)', '원질(原質)' 등으로 번역한다.

그런데 이해하기 어려운 것은, 아렌트가 왜 행위를 '다스리다', '지배하다'라는 의미로 사용되고 있는 archein과 연관시키고 있는가 하는 점이다. 우리가 받아들일 수 있는 것은 '시작하다'라는 의미의 archein과 행위의 연관성이다. '시작'의 본성은, "이전에 발생할 수 있었던 그 어떤 것으로부터도 예상할 수 없는 새로운 것이 시작된다는 것"(HC, 177 f.)이며, 이것이 곧 "자유의 원리"(HC, 177)다.

2. 전체주의

2.1. 『전체주의의 기원』

아렌트는 전체주의로부터 도피하여 미국에 도착한 지 10년째 되는 해인 1951년에 자신의 첫 번째 주요저작인 『전체주의의 기원』(*The Origins of Totalitarianism*)을 출간한다. 이때에는 나치의 전체주의는 끝났지만 소련의 전체주의는 여전히 강력하게 지속되고 있었다. 이 저술의 제1부와 2부를 이루고 있는 〈반유대주의〉와 〈제국주의〉는 1943년에서 1946년 사이에 썼던 글을 모은 것이고 제3부인 〈전체주의〉는 새로 집필한 것이다. 이 책이 1951년에 영어로 출간될 때에는 총 12장으로 구성되었다. 독일어판은 아렌트 자신의 번역으로 1955년에 『전체(주의)적 지배의 요소와 기원』(*Elemente und Ursprünge totaler Herrschaft*)이라는 제목으로 간행되었다. 그리고 1958년 개정판에는 책의 마지막에 결론 부분을 대신하여 두 개의 장이 추가되었다. 두 개의 장은 제13장: 〈이데올로기와 테러: 새로운 국가 형태〉 — 이 글은 야스퍼스의 일흔 번째 생일을 기념하는 논문집[*Jaspers-Festschrift*]에 실린 글로 1953년에 썼다 —, 그리고 제14장: 〈에필로그: 헝가리 혁명에 대한 성찰〉인데, 제14장은 후속 개정판에서는 생략되고 별도의 책으로 출간되었다. 그래서 현재 완성된 판본은 총 13장으로 구성되어 있다.

책의 제목이 말해주고 있듯이 이 책은 전체주의의 기원에 대해서 분석하고 있지만, 정확하게는 그 역사적 기원을 설명하는 것 보다는 발생 요소에 초점을 두고 설명하고 있다. 책은 크게 세 부분으로, 제1부는 〈반유대주의〉, 제2부는 〈제국주의〉, 그리고 제3부는 〈전체주의〉로 구성되어 있다. 아렌트는 반유대주의와 제국주의를, 전체주의를 가능하게 만든 전조 현상으로 서술하고 있으며, 이 책의 마지막 부분인 〈전체주의〉에서는 인간의 인격마저 말살한 나치즘과 스탈린주의의 총체적 지배의 의미를 분석한다.

2.2. 전체주의의 정의(定義)

전체주의란 "반대정당을 금지하고, 국가에 대한 개인 및 집단의 정치적 주장을 무시하고 불법이라고 선언하며, 사회의 공적 영역과 사적 영역을 통제하는 정치체제이자 정부형태"[201]다. 따라서 전체주의는 "강제와 억압을 통해 개인생활의 모든 측면을 통제하고 지시하려고 하는 강력한 중앙통치"[202]를 그 특징으로 갖는다. 독일의 국가사회주의(소위 나치즘, 1920-1945)와 소비에트 공산주의(1924-1953)는 전체주의의 대표적인 형태다. 아렌트에 따르면 그것은 반셈족주의(반유대주의)와 인종주의, 제국주의 등이 20세기에 들어서면서 결정화[crystallization] 되어 나타난 현상이다.

아렌트의 견해에 따르면, 나치즘과 스탈린주의는 아리스토텔레스가 기술한 여섯 가지의 통치형태인 민주정치 귀족정치, 군주정치 및 각각 그것의 타락한 형태인 천민정치[중우(衆愚)정치, Ochlokratie], 과두정치(寡頭政治)[Oligarchie], 독재(獨裁)정치[Diktatur]에 속하지 않으며[203], 나치즘과 스탈린의 전체주의는 이데올로기 및 그것에 필연적으로 뒤따르는 테러에 근거하는 완전히 새로운 지배형태다. 즉, 아렌트는 총체적 지배[total domination] 형태로서의 전체주의는 폭정[참주정치, tyranny]·전제정치[despotism]·독재정치[dictatorship] 등의 정치적 억압과는 다르다고 말한다. 예컨대 "전체주의는 인간에 대한 전제적 지배를 추구하지 않고 인간이 잉여(剩餘)[무용지물, superfluous]로 되는 체제를 추구한다."[204] 그리고 "합법성이 비전제적 정부의 본질이고 무법성이 전제정치의 본질이라면, 테러는 전체주의적 지배의 본질이다"(OT, 464).

---

201 https://en.wikipedia.org/wiki/Totalitarianism.

202 https://www.britannica.com/topic/totalitarianism.

203 Annette Vowinckel, *Hannah Arendt*, Leipzig, 2006, 32 참조.

204 Hannah Arendt, *The Origins of Totalitarianism* (앞으로 이 책은 OT로 줄임), Cleveland and NY., 1962(1958), 457.

또한 전체주의의 지도자와 보통의 독재자나 전제군주 사이에는 다음과 같은 결정적인 차이가 있다: "폭군(참주, a tyrant) 은 결코 자신을 자기 부하들의 행위와는 말할 것도 없고, 부하들과 동일시하지 않을 것이다. 그는 이들을 희생양으로 이용하고 국민의 분노로부터 자신을 지키기 위해 기꺼이 그들을 비난할 수도 있을 것이다. 그러나 그는 항상 자기의 모든 부하들 및 모든 국민으로부터 절대적인 거리를 유지하려고 할 것이다. 이와는 반대로 지도자(총통)는 자신의 부하에 대한 비판을 허용할 수 없다. 왜냐하면 그들은 항상 자신의 이름으로 행동하기 때문이다"(OT, 374 f.).

또한 "전체주의 지도자들과 독재자들을 구별하는 것은 오히려, 전적으로 허구적인 다른 세계의 토대가 되기에 가장 적합한 요소들을 기존의 이데올로기들로부터 선택하는 그들의 단순하고 순진한 과단성(고의성)[simple-minded, single-minded purposefulness]이다"(OT, 361-2).

2.3. 전체주의의 발생과정(기원)

전체주의의 발생에는 반셈족주의(반유대주의)와 인종주의, 제국주의 등이 영향을 미쳤다는 점은 앞서 언급했는데, 그 밖의 주요 요인들로는 폭민의 등장, 그리고 대중의 개인화 내지 원자화를 들 수 있다.

2.3.1. 폭민

아렌트에 의하면 전체주의는 대중운동을 통해 권력을 확립하는데,

이때의 '대중'은 '폭민(暴民, mob)'을 가리킨다. 폭민은 모든 계급의 낙오자·폐물들을 대표하는 집단으로, 항상 '강한 자', '위대한 지도자'를 소리 높여 외치려고 하며, 자신이 배제된 사회를 증오할 뿐만 아니라 자신을 대변해주지 않는 의회도 증오한다. 이처럼, 사회와 정치적 대의제로부터 배제된 폭민은 의회 밖에서 행동할 수밖에 없다. 이들은 계급이라는 보호장벽의 붕괴로 인해, 모든 정당의 배후에서 활동하지 않는 다수가 조직되지 않고 구조를 갖추지도 않은 성난 개인들의 집단으로 변형된 자들이다. 그리고 이들의 심성의 두드러진 특징은 잘 속는 것[gullibility]과 냉소주의[cynicism]가 혼합된 것이었다(OT, 107, 108, 155, 315, 382 참조).

2.3.2. 대중의 원자화 / 외로운 대중의 발생

전체주의 운동은 대중사회의 비구조성[structurelessness]에 의존한다기보다는, 원자화되고 개인화된 대중[mass]의 특수한 조건에 의존해 있다(OT, 318 참조). 다시 말하면, 전체주의 운동은 "원자화되고 고립된 개인들의 대중조직"(OT, 323)이다. 이들은 정당에 가입하지도 않고 투표하러 가지도 않는, 중립적이고 정치적으로 무관심한 사람들이다(OT, 311 참조). 원자화된 개인들의 고립이 전체주의 지배의 대중적 토대를 제공할 뿐만 아니라 전체주의의 전체 구조의 정점에 이르기까지 관철된다(OT, 407 참조). '원자화'는 개인을 사회로부터 분리·고립시켜서 '파편화(破片化)'하는 것인데, 고립과 연관되어 있는 것이 바로 '외로움'이다. 아렌트는 우선 '고립'의 문제를 제기한다. 테러는 서로 고립되어 살고 있는 사람들만을 전적으로 지배할 수 있으며, 그리하여 모든 전제정부의 1차적인 관심사들 가운데 하나가 이러한 고립을 야기하는 것이다. 고립은 "테러의 시작"일 수 있으며, 분명히 "테러의 가장 비옥한 토양"이며, 또 항상 "테러의 결과"라는 것이다. 고립된 인간은 무력하며, 고립과 무력은 늘 전제(專制)의 특성이었다. 그런데 "우리가 정치영역에서 고립이라고 부르는 것은 사회 교제의 영역에서는 외로움[loneliness]이라고 불린다"고 아렌트는 말한다. 물론 고립과 외로움은 같지 않다는 것을 아렌트도 안다. 나는 외롭지 않으면서 고립될 수 있고, 고립되지는 않았지만 외로울 수 있다. 고립이 외로움으로 바뀌는 것은, 인간이 더 이상 제작인[homo faber]으로 인정받지 못하고, 자기에게 필요한 '자연과의 신진대사'가 그 누구의 관심도 받지 못하는 노동하는 동물[animal laborans]로 취급받을 때, 정치적인 행위영역에서 자기의 자리를 잃은 고립된 인간이 물(物)들의 세상에서도 버림받게 될 때다.[205] 그리하여 아렌트는, 전체주의의 지배는 인간의 가장 근본적이고 절망적인 경험들 가운데 하나인, 세상에 전혀 속하지 않는다는 경험, 곧 외로움에 근거하고 있다고 말한다. 또한 아렌트는 외로움과 고독[solitude]의 차이점에 대해서도 언급한다. 고독은 혼자 있기를 요구하지만, 고독한 사람은 그래서 '자기 자신과 함께 있

---

205 보통은 '고독'과 '외로움'은 같은 뜻으로 사용되지만, 경우에 따라서는 다른 의미로 사용되기도 한다. 즉 '고독'은 '고립되어 홀로 있음'이라는 의미로 사용되는데 반해, '외로움'은 "모든 사물과 모든 사람들에게서 버려졌다는 경험"(OT, 476)을 가리킨다. 그래서 보통은 독일어 'Einsamkeit'는 '고독'과 '외로움' 모두를 가리키지만, 아렌트는 두 가지 다른 사태를 지시하기 위해서, '버림받음'이라는 의미의 '외로움'에 해당하는 용어로 "Verlassenheit"를, '고독'에 대해서는 'Einsamkeit'를 사용하고 있다(Hannah Arendt, *Elemente und Ursprünge totaler Herrschaft*, München/Zürich, 1986(1955), 727 ff. 참조). 영어로는 전자에 'loneliness'를, 후자에는 'solitude'를 사용했다.

을 수 있다.' 달리 말하면, 고독 속에서 나는 나 자신과 함께 '내 곁에' 있으며, 그래서 '하나 속의 둘'인 반면, 외로움 속에서 나는 다른 모든 사람들로부터 버림받고 실제로 홀로 있는 것이다(OT, 474 ff. 참조). 그리하여 아렌트는 '외로움'을 전체주의 발생의 한 요인으로 제시한다: "비전체주의 세계에서 사람들로 하여금 전체주의적 지배를 준비하도록 만드는 것은, 한때 우리가 노년(老年)과 같이 어떤 주변부의 사회적 조건에서 보통 겪는 경계선상의 경험이라 보았던, 외로움이 우리의 세기에 그 규모가 지속적으로 커져가고 있는 대중들의 일상적 경험이 되었다는 사실이다"(OT, 478). 외로움은 전체주의를 야기하는 요소인 동시에, 전체주의 체제를 지속적으로 유지하기 위한 요소이기도 하다.

2.4. 전체주의의 특징(실상): 총체적 지배와 그 결과

아래에서는 아렌트가 전체주의의 특징들로 제시한 내용들을 정리해 본다.

2.4.1. 객관적인 적(敵)을 찾음

• 전체주의 운동은 영속성을 획득하고 유지하기 위해 객관적인 적을 찾는다. 전체주의에서의 객관적인 적은 정부의 정책에 의해 규정되는 것이지, 정부를 전복하려는 그(객관적인 적) 자신의 욕망에 의해 규정되는 것이 아니다. 변화하는 상황에 따라, 새로운 객관적인 적들이 발

견된다. 즉, 나치는 유대인 말살이 완성될 것을 예견하면서 이미, 폴란드 국민을 제거하기 위해 필요한 예비조치들을 취했다. 용의자가 객관적인 적으로 바뀌는 일은, 전체주의 국가 속에서 차지하는 비밀경찰의 지위변화와 밀접하게 연관되어 있다. 단순히 비밀정보를 소유하고 있다는 사실은 정부의 구성원들에게 공공연한 위협이 된다. 전체주의 국가의 지도자만이 누가 그 다음의 잠재적인 적이 될 것인지를 결정할 수 있고, 비밀경찰의 간부들도 골라서 제거할 수 있다(OT, 422 ff. 참조).

2.4.2. 개인들을 고립시키고 획일화하며 복수의 인간들이 사라지게 함 / 잉여 인간의 생산

전체주의는 이데올로기를 이용해 개인을 고립시키며 인간의 사고 능력을 파괴하고, 고립된 개인을 다른 모든 사람과 대립시킴으로써 사람들에게서 동반자를 빼앗고, 새로운 시작과 정치행위를 불가능하게 만든다. 전체주의의 총체적인 테러는 개인들 간의 경계와 의사소통 채널을 철로 만든 하나의 끈으로 대체한다. 이 끈은 사람들을 아주 단단히 묶기 때문에 마치 복수(複數)의 사람들이 거대한 차원의 한 사람 속으로 사라져버린 것처럼 보일 정도다(OT, 465 f. 참조). 아렌트가 『인간의 조건』에서 말하듯, 행위의 전제조건은 '복수의 인간'인데, 이것이 사라졌다는 것은, 전체주의 체제 하에서는 정치행위가 존재하지 않는다는 말이다. 이 뿐만 아니라 테러의 강철끈은 인간의 경험 능력 및 사유능력도 파괴한다(OT, 474 참조). 이것은 곧 '인간성의 파괴'를 의미한다.[206]

---

206 '전체주의의 승리는 곧 인간성의 파괴와 일치할 수 있다. 전체주의가 지배한 곳 어디에서

전체주의 체제는 이데올로기를 통한 세뇌와 총체적 테러를 통해서, 자발성과 개성을 갖춘 인간을 잉여인간으로 만든다. 총체적 테러의 단적인 형태는 나치의 강제수용소와 소련의 노동수용소(굴라크)다.

2.4.2.1. 선전과 테러(비밀경찰과 강제수용소)

전체주의 정권이 권력을 장악하기 위해 벌이는 운동의 주요한 두 측면은 선전과 테러라 할 수 있는데, 테러를 실행하기 위한 수단은 비밀경찰과 강제수용소(OT, 437 ff. 참조)다.

2.4.2.1.1. 선전

• 폭민과 엘리트는 전체주의 자체의 힘[momentum]에 끌릴 수 있지만, 대중은 선전에 의해 얻어야 한다. 전체주의 국가에서 동전의 양면을 이루는 것은 선전과 테러다. 그런데 전체주의가 절대적인 지배권을 소유하게 되면 선전을 교화(敎化, indoctrination)로 대체한다. 선전은 심리전의 일부이지만 테러는 그 이상의 것이다. 테러는 심리적인 목표가 성취되었을 때에도 전체주의 정권에 의해 계속 사용된다. 테러가 지니고 있는 진정한 공포는, 테러는 완전히 정복된 사람들 위에 군림한다는 사실이다. 강제수용소에서처럼 테러 통치가 완벽하게 이루어진 곳에서 선전은 완전히 사라지고, 나치 독일에서는 명백히 금지되기까지 했다. 선전은 비전체주의 세계를 다루기 위해 전체주의가 사용하는 하나의, 아마도 가장 중요한 도구일 것이다. 이와는 반대로 테러는 전체주의의 통치형태의 본질이라고 할 수 있다. 전치주의 운동은 권력을 잡

나 그것은 인간의 본질을 파괴하기 시작했다"(OT, viii).

고 자신의 교리에 따라 세계를 건립하기 이전에, 일관된 거짓말의 세계를 만들어낸다. 이 일관된 거짓말의 세계는 현실 자체보다 인간정신의 필요(욕구, needs)에 더 적합하다. 뿌리 뽑힌 대중은 이 거짓말의 세계를 그향처럼 느낄 수 있고, 또 거짓말의 세계 속에서는 현실의 삶과 실제의 경험이 인간 및 인간의 기대에 가하는 끝없는 충격을 피할 수 있다. 나치 선전의 가장 효과적인 허구는 유대인의 세계음모 이야기였다. 전체주의의 선전은 유대인의 세계음모에 관한 가정을, 객관적이고 논증할 수 있는 문제에서 나치 현실의 주요 요소로 변형시켰다. 여기서 중요한 점은, 마치 세계가 유대인에 의해 지배되고 있고 그것을 방어하기 의해서는 반대음모가 필요한 것처럼 나치가 행동했다는 사실이다. 전체주의 선전의 진정한 목표는 설득이 아니라 조직이며, 폭력이라는 수단을 소유하지 않고 권력을 축적하는 것이다(OT, 341 ff. 참조).

2.4.2.1.2. 비밀경찰

비밀경찰은 전체주의 정권의 모든 통치부서들 가운데에서 가장 잘 조직되어 있고 가장 능률적인 기관이며, 정부의 진정한 집행부서로서, 이 부서를 통해 모든 명령이 전달된다(OT, 430 참조). 전체주의 정권은 현실을 부단히 허구로 변형하는 국내 실험의 집행자이자 감시인으로 비밀경찰을 만들고, 총체적 지배 속에서의 실험을 완수하기 위한 특수한 실험실로 마침내 강제수용소를 세운다(OT, 392 참조). "국가의 위에, 표면적인 권력의 모습(간판, façades) 뒤에, 여러 겹으로 중복된 관청들의 미로(迷路) 속에, 권위의 모든 이동의 근저에, 그리고 비능률의 혼돈 속에, 국가권력의 핵심인, 초능률적이고 뛰어난 능력을 가진 비밀경찰의 부서들(직원들, services)이 존재한다." 겉으로 보기에는 군대가 더 큰 권력을 가진 것처럼 보이지만, 실제로는 군대는 경시되었고 경찰이 유일한 권력기관의 역할을 한다. 전체주의 정권의 초기단계에서는 비밀경찰과 당의 엘리트 집단은 숨어 있는 적들을 색출해내고 과거의 반대파들을 추적할 때에 지나칠 정도로 잔인한 방법을 사용했다. 비밀경찰의 업무는 범죄를 적발하는 것이 아니라, 정부가 특정한 범주의 주민들을 체포하기로 결정할 때 도움을 주는 것이다. 살인자는 자기 뒤에 시체를 남긴다. 설령 그가 자기 신분의 흔적을 지우려고 해도, 희생자의 정체를 살아남은 세상의 기억으로부터 지울 힘은 없다. 이와 반대로 비밀경찰의 작전은 불가사의하게도, 희생자가 세상에 전혀 존재하지 않았던 것으로 만들어버린다(OT, 420 ff., 그리고 452 참조).

2.4.2.1.3. 강제수용소

• 전체주의 지배의 가장 중요한 기관(시설)인 강제수용소는 인간의 영혼·성격·개성을 파괴함으로써 결국은 생명이 없는 인간을 만들어낸다(OT, 441 참조). 강제수용소는 삶과 죽음의 밖에 존재하기 때문에 수용소의 참상(공포, horror)을 인간의 상상력만으로는 결코 온전히 이해할 수 없다. 이 참상은 또한 완전하게 알릴 수도 없는데, 생존자가 산 자들의 세계로 돌아오지만, 그가 이 세계로 돌아왔다는 사실은, 산 자들로 하여금 생존자 자신의 과거경험을 완전히 믿지 못하게 만들기 때문이다. 살아 돌아온 자들의 이야기는 산 자들에게 마치 다른 행성에서 벌어진 일처럼 들렸고, 어느 누구도 피수용자의 생사여부를 알지 못하는 산 자들의 세상에서 피수용자들은 태어나지 않았던 사람들이나 마찬가지였다(OT, 444 참조).

전체주의 정권의 강제수용소나 집단학살수용소[extermination]는 '모든 것이 가능하다'는 전체주의의 근본적인 신념이 검증되고 있는 실험실로 사용된다. 전체주의 정권은 총체적 지배를 추구하는데, 이러한 총체적 지배는 무한히 많고 다양한 인간들을 마치 모든 인간이 하나의 개인인 것처럼 조직하고자 한다. "총체적 권력은 조건반사의 세계, 즉 자발성이라곤 조금도(최소의 기미도) 없는 꼭두각시의 세계에서만이 달성되고 보호된다"(OT, 457). 총체적 지배는, 모든 개인이 각각 항상 변함없는 반작용들의 동일성으로 축소되어서 이 반작용 묶음들이 다른 묶음과 임의로 교환될 수 있을 때 비로소 가능하다. 전체주의 지배는 이 목표를 엘리트 집단의 이데올로기 주입 교육과 수용소 내의 절대적인 테러(공포정치)를 통해 이루고자 한다. 엘리트 집단의 무자비한 만행은 주입된 이데올로기가 실제로 적용된 것이었다. 즉, 이데올로기 교육이 입증되는 시험장이었다. 수용소의 소름 끼치는 광경은 이데올로기의 이론검증으로 간주된다. 수용소는 사람들을 말살하고 인간의 품위를 떨어뜨릴 목적으로만 만들어진 것이 아니다. 그것은 과학적으로 통제된 조건에서 인간 행동의 표현인 자발성 자체를 제거하고 인격을 단순한 물(物)로 변형시키는 무서운 실험장치다(OT, 437 f. 참조).

• '모든 것이 가능하다'는 전체주의의 근본적인 신념에 관해 말하자면, 이때의 가능성은 인류의 발전과 행복을 위한 가능성이 아니라, 그것의 반대극에 존재하는 가능성이다. 즉, 인간이 인간이기를 포기하고, 악의 극단까지 갈 수 있는 가능성을 가리킨다. 그리하여 나치는 강제수용소에서 인간성을 말살하는 행동을 자행하였다. 강제수용소를 통해서 다음과 같은 '박탈'이 일어난다.

총체적 지배로 나아가는 도정에는 세 가지 중요한 단계가 존재한다. 첫 번째의 중요한 단계는 인간 속에 있는 법적 인격[juridical person]

을 살해하는 것이다. 한편으로는 일정한 범주의 사람들을 법적으로 보호하지 않고 동시에 국적을 박탈하는 일이고, 다른 한편으로는 강제수용소를 정상적인 형벌체계의 밖에 두고 피수용자를 정상적인 법적 절차, 즉 일정한 범죄에 예측할 수 있는 처벌이 따르는 그런 절차 밖에서 선발하는 것이었다. 그런데 강제수용소라는 시설이 반사회적 분자들을 위해 존재한다는 선전을 그럴듯하게 만들기 위해서는 범죄자들을 포함시킬 필요가 있었다.

총체적 지배로 나아가는 두 번째 단계는 도덕적 인격[moral person]의 살해다. 도덕적 인격이 공격받을 경우, 살인관료로 살기보다는 희생자로 죽는 것이 낫다는 양심적인 생각으로 저항할 수도 있을는지 모른다. 그러나 전체주의의 공포는 도덕적인 인간에게 개인주의적인 도피의 길을 차단하고 양심의 결정을 전적으로 의문스럽고 애매(曖昧)한 것으로 만든다. 만약에 어떤 사람이 두고한 친구를 속여서 죽이거나 아니면 처자식을 죽게 하는 것 가운데 선택해야 한다면, 그리고 자살할 경우 곧바로 자기의 가족이 살해될 것이라면, 그는 어떤 결정을 내려야 하는가? 삼자택일[대안(代案), alternative]은 더 이상 선과 악 사이에서가 아니라 살인과 살인 사이에서 이루어진다. 세 자녀 가운데 누가 죽어야 할지를 선택하도록 나프치에 의해 허락받은 희랍의 엄마의 도덕적 궁지를 누가 해결할 수 있을 것인가? 강제 수용소는 선을 행하는 것이 전적으로 불가능한 조건을 만듦으로써 전체주의 정권의 범죄에 모든 사람이 의식적으로 조직적인 가담을 하게 만들고는 이로써 그 사람의 도덕적 인격을 살해한다. 전체주의 정권은 문제를 해결하기에 양심이 충분하기를 멈추는 조건 선을 행하는 것이 전적으로 불가능하게 되는 조건을 만듦으로써 전체주의 정권의 범죄에 모든 사람이 의식적으로 조직적인 가담을 하게 되고, 이 공모 관계는 희생자에게까지 확대됨으로써 진짜로 전체주의적으로 된다(OT, 447 ff. 참조).

총체적 지배로 나아가는 세 번째 단계는 개성[individuality]의 살해다. 법적·도덕적 인격이 파괴된다 해도 개인의 독특한 정체성의 차이는 남아 있다. 그러나 강제수용소는 이마저도 말살한다. 수백 명의 사람이 발가벗겨진 채 서로 완전히 달라붙은 상태로 며칠에 걸쳐 수용소로 이송되었고, 수용소에서는 삭발당하고 이상한 수용소 복(服)이 입혀진 후 죽지 않을 정도로 육체의 고문을 당한다. 인간의 신체의 파괴는 인간의 존엄성·개성의 파괴를 위해 계산된 것이다. 개성을 파괴하는 것은 인간의 자발성을 파괴하는 것이며 스스로 새로운 일, 즉 환경과 사건에 대한 반응을 토대로 해서는 설명될 수 없는 어떤 것을 자기 자신의 자원(資源)으로부터 시작할 수 있는 힘을 파괴하는 것이다. 그렇게 하여 남는 것은 인간의 얼굴을 한 무시무시한 꼭두각시들인데, 이들은 모두가 파블로프의 개처럼 행동하고, 그들 자신이 죽게 될 때에조차도 완전한 신뢰를 가지고 반응하는 것 외에는 아무것도 하지 않는다. 결국 전체주의는 인간에 대한 전제적(專制的) 지배를 추구하는 것이 아니라 인간이 무용지물이 되는 체계를 추구한다. 그런데 인간이 똑같이 무용지물이 되는 일은 강제수용소에서만 성취될 수 있는 일이다. 결국 전체주의 이데올로기가 목표로 하는 것은 외부세계의 변형이나 사회의 혁명적인 변화가 아니라 인간본성 자체를 바꾸는 것이다(OT, 453 ff. 참조).

2.4.3. '무정형성(無定型性, Shapelessness)'

• 'Shapelessness'란, '모양(모습)이 없음'이라는 말인데, 이것의 진의는, 고정(확정)된 모습이 없다는 뜻이다. 하나로 확정되지 않고 유동적인 것이라는 말이다. 이러한 무정형성은 전체주의 국가의 다음과 같은 여러 면에서 발견된다.

1) 전체주의 국가조직에서도 발견된다. 즉, 전체주의 국가조직은 2중 구조를 지니고 있는바, 여기에는 "당과 국가의 2중 권위가 공존한다"(OT, 395). 그런데 권위의 두 근원인 국가와 당의 관계는, "표면상의(허울뿐인, ostensible) 권위와 진정한 권위의 관계라 할 수 있고, 그래서 정부 기구는 보통, 당의 진정한 권력을 감추고 보호하는 무력한 외관(모습)으로 종종 묘사된다"(OT, 395). 이러한 유동성은, 나치가 독일을 가우에(Gaue: 나치 독일의 행정구역)로 분할할 때, 가우에의 경계선이 일치하지 않아, 모든 지방은 지리적으로도 전적으로 다른 두 개의 행정단위에 속했다는 사실에서도 나타난다(OT, 396 참조). 뿐만 아니라, 이와 같은 지리적 혼란 외에도 진정한 권력과 표면적 권력 간의 관계가 늘 변화하면서 곳곳에서 반복되었다. 히틀러의 제3제국의 주민은 공무원, 당, 돌격대[Sturmabteilung: SA], 친위대[Schutzstaffel: SS] 같이 서로 경쟁하는 권력들의 동시적이고 종종 상충하는 권위 아래서 살고 있었다. 어떤 기관의 권위를 가장 상위에 두어야 할 것인지 결코 확신할 수 없었고 분명한 말을 듣지도 못했다. 그는 주어진 어떤 순간에 누구에게 복종하고 누구를 무시해야 할지를 알 수 있는 제6감을 개발해야만 했다. 명령을 내려야 하는 사람들의 형편도 훨씬 더 나은 것은 아니었다. 그런 명령들의 대부분은 의도적으로 모호했고, 명

령받는 사람이 명령하는 사람의 의도를 알아차려서 거기에 맞춰 행동할 것이라는 기대 속에서 내려졌다(OT, 399 그리고 368도 참조).

2) 관청의 증가

관청의 증가는 권력의 끊임없는 이동에 극히 유용했다. 그리고 전체주의 정부의 통치기간이 길어질수록 관청의 수는 더 많아지는데, 그것은 관청의 권위가 사라져도 관청이 폐기되지 않기 때문이다. 이처럼 관청의 수를 늘리고 그 기능들을 중복시킴으로써 양파 같은 구조가 형성된다(OT, 399 및 413 참조). 이처럼 기능이 중첩되면서 동일한 임무를 부여받은 관청들 간의 끊임없는 경쟁은, 반대나 사보타주가 효과를 발휘할 수 있는 기회를 거의 주지 않는다(OT, 404 참조).

전체주의 정권은 지도자가 있어야 할 중앙이 비어있는 여러 겹으로 이루어진 양파와 같다. 그래서 그것은 피라밋 형태로 구성되어 있는 다른 정권들과 다르다. 전제정의 피라밋에서 지도자는 꼭대기에 위치하며 권위 구조에 간섭하지 않으면서 국민을 지배한다. 그리고 권위주의 정권에서 지도자는 권위 구조를 통해 지배한다. 그러나 "전제정과 권위주의 체제 양자와 비교해볼 때, 전체주의적 지배와 조직에 어울리는 이미지는 양파구조, 즉 지도자가 중앙의 텅 빈 공간을 차지하고 있는 형태 같다. 지도자가 무엇을 하든 — 그가 정치체제를 권위주의적 위계 체제로 통합하든 아니면 전제자처럼 그의 신민들을 억압하든 상관없이 — 그는 외부나 상부가 아닌 내부에서 그렇게 한다. 전체주의 운동의 비상하게 다중적인 구성요소들 — 전위조직·전문가·정당원·정당당직자·엘리트편대·경찰 — 은 다음과 같은 방식으로 상호 연결되어 있다. 즉 각각의 구성요소는 한쪽 면으로는 외관을 형성하고 다른 쪽

면으로는 중심을 형성함으로써, 요컨대 한 층위를 위해서 정상적인 외부세계의 역할을 하고 다른 층위를 위해서는 급진적 극단주의의 역할을 담당하는 방식이다."[207] 그런데 전체주의 국가에서는 "더 많이 알려진 통치기구일수록 권력은 더 작고, 그 존재가 드러나지 않을수록 더 큰 권력을 가지고 있다"(OT, 403).

3) 권력의 끊임없는 이동

"전체주의 지배장치 안에서 운동이 존재할 수 있었던 것은 지도부가 끊임없이 실질적인 권력의 중심을 다른 조직으로 이동시키면서도 권력을 빼앗긴 집단(조직)을 해체하지 않았고, 공개적으로 탄핵하지 않았기 때문이다. 나치 정권 초기에 돌격대가 권력의 진정한 심장부였지만 그 후 권력은 친위대로 넘어갔고, 결국 공안부로 넘어갔다"(OT, 400). 히틀러는 권력 및 권한(권위)을 끊임없이 이동시킴으로써, 그리고 주변의 가까운 친구들을 자주 바꿈으로써 파벌형성을 막았고 그렇게 하여 자기와 함께 권력을 잡은 사람들 사이에 존재하던 과거의 모든 연대는 곧 사라졌다. 게다가 히틀러나 스탈린의 성격에서 가장 눈에 띄는 특징으로는, 기이할 정도로 신의가 없다는 점이 거의 똑같은 용어로 보고되는데, 이런 성격 때문에 그들은 파벌과 같이 지속적이고 오래 가는 집단을 통솔할 수 없었다(OT, 407 참조).

---

207 한나 아렌트, 『과거와 미래 사이. 정치사상에 관한 여덟 가지 철학연습』, 서유경 역, 한길사, 2023, 218.

그렇다면 과연 우리가 전체주의의 길로 빠지지 않기 위한 방법은 무엇인가? 그것은 앞에서 전체주의의 발생과정과 원인에서 언급한 내용들을 살펴보면 드러나게 될 것이다. 우리는 무엇보다도 먼저, 깨어 있는 의식을 가지고 무지(無知), 특히 정치(현상)에 대한 무지로부터 벗어나야 할 것이다. 그리고 고립화·원자화·파편화로부터 벗어나서, 깨어있는 자들과 연대(連帶)하여, 대중들의 정치 참여와 정치적 자유가 제도적으로 보장된 질서 잡힌 정치적 공동체를 확립하는 것이 중요하다. 그런데 정치적 공동체 확립의 문제는 궁극적으로 그것을 이루는 개인들이 어떻게 살아야만 개인적·집단적으로 의미 있는 삶을 영위하며 인간답게 살 수 있는가 라는 문제로 환원된다. 아렌트는 1958년에 출판된『인간의 조건』에서 그 대답을 찾는데, 그녀는 인간의 활동을 노동·제작·행위로 분류하며, 그중 적극적인 '행위의 삶'만이, 개인들의 삶을 의미 없게 만들려는 경향이 강한 현대에, 인간 실존의 완전한 잠재력을 실현할 수 있는 공동체의 밑바탕이 되리라고 전망한다. 그리고 이는 또한 전체주의라는 괴물이 다시는 등장하지 못하는 자유민주주의 사회를 이루는 원동력이 될 것이다.

아렌트는, 전체주의는 단지 과거에 일어난 현상에 불과한 것이 아니라 앞으로 언제든 다시 나타날 수 있다고 다음과 같이 경고한다: "전체주의라는 해결책은 아마도 강한 유혹의 형태로 전체주의 정권이 몰락한 후에도 생존할 것이다. 즉 인간다운 방식으로 정치적·사회적 또는 경제적 고통을 완화하는 일이 불가능해 보일 때면 언제나 나타날 강한 유혹의 형태로 생존할 것이다"(OT, 459).

3.1. 아이히만과 악의 문제

• 유대인 학살의 핵심 책임자 아이히만(Karl Adolf Eichmann, 1906-1962)에 대한 재판 보고서인 『예루살렘의 아이히만: 악의 평범성에 대한 보고』[208]는 소위 '악의 평범성[the banality of evil, die Banalität des Bösen]' 개념으로 인해 많은 논쟁을 초래했다. 홀로코스트(Hollocaust)의 총지휘자는 히틀러였지만, 작전명 <최종해결책[Endlösung, final solution]>을 직접 수행한 인물들 가운데 아이히만은 유대인 학살의 핵심 책임자다. 그의 지휘로 유럽 전역에서 잡혀 와 강제수용소에서 희생된 유대인 수는 약 600만 명에 이른다. 아이히만은 독일 패전 직전 오스트리아로 도망갔다 종전 후 미군에 체포되어 수용소에 수감된 후 탈출하였는데, 이탈리아로 가서 한 신부의 도움을 받아 망명자 여권을 발급받아 리햐르트 클레멘트라는 이름으로 1960년 5월까지 아르헨티나의 부에노스아이레스 근교에서 가족과 함께 숨어 살다가 5월 11일 이스라엘 비밀경찰에게 체포되어 1961년 6월 29일에 예루살렘 법정에서 시작된 공판 이후 12월 11일 선고공판에서 사형을 선고받았고, 1962년 3월 22일에 열린 항소심 후에 1962년 5월 29일에 원심 확정판결을 받고 그해 5월 31일 교수형에 처해졌다. 아이히만이 체포되었다는 소

208 *Eichmann in Jerusalem. A Report on the Banality of Evil*, Revised and Enlarged Edition, NY., 1964(1963). 앞으로 이 책은 EJ로 줄인다.

식을 들은 아렌트는 곧바로 주간지『뉴요커(*New Yorker*)』편집장에게 연락해, 자기를 특파원 자격으로 예루살렘에 파견하여 재판기록을『뉴요커』에 기사로 실을 수 있게 해 달라고 요청하였고, 이 요청은 수락되었다. 아렌트는 1961년에 이스라엘로 가서 재판을 참관했고 재판기록은『뉴요커』에 1963년 2월에서 3월까지 총 5회에 걸쳐 게재되었다.

• 아렌트는『전체주의의 기원』에서는 '절대악[the absolute evil]'을 거론하였다. 그것은 예컨대 전체주의 정권의 강제수용소에서 벌어진, "처벌할 수도 용서할 수도 없는 범죄"이자 "처벌할 수도 용서할 수도 없는 절대악"으로서, "이기심, 탐욕, 원한, 권력욕이나 비겁함 같은 악한 동기들에 의해 이해할 수도 없고 설명할 수도 없는 것"이며, 그래서 "분노로도 복수할 수 없고 사랑으로도 참을 수 없으며 우정으로도 용서할 수 없다"고 말한다. 이와 동시에 아렌트는 칸트가 사용한 '근본악[the radical evil, das radikale Böse]' 개념을 도입하면서, 칸트는 근본악을 "도착된 악한 의지"라는 개념으로 합리화했지만(이론적으로 설명했지만), 칸트의 개념으로도 근본악은 이해되지 않으며, 근본악은 "모든 사람이 똑같이 무용지물로 되어버린 체계와 결합하여 출현했다"고 말할 수 있다고 주장한다(OT, viii-ix, 459). 이 같은 맥락에서 아렌트는 나치의 행위를 하나의 범죄로 간주하는 야스퍼스의 입장에 반대한다는 점을 그와의 서신교환에서도 밝히고 있다: "저는 아직도 마음속에 다른 생각이 있습니다. 나치 정책이 범죄("형사책임")[209]라는 당신의 정의는 의심스럽습니다. 제가 보기에 나치 범죄는 법의 한계를 벗어납니다. 즉 나치 범죄는 바로 나치의 괴물성을 이루고 있습니다. 이런 범죄

---

209 Karl Jaspers, *Die Schuldfrage, ebd.*, 31 f., 41, 56 f. 등.

의 경우 어떤 처벌도 충분히 가혹하지 않습니다."[210]

• 그렇다면 아이히만은 히틀러의 유대인 학살명령을 수행하면서 '양심의 가책'을 받지 않았는가? 아렌트에 의하던 그가 죄책감으로부터 자유로와지기 시작한 계기는 바로, 나치의 '최종해결책'이 결정된 회의에서였다.[211] 그는 회의 참석자들 가운데 말단계급 신분으로 회의록 작성의 임무를 맡았다. 회의의 진행과정을 목격하면서 그는 "그 순간에 나는 일종의 본디오 빌라도의 감정과 같은 것을 느꼈다. 나는 모든 죄로부터 자유롭다고 느꼈기 때문이다"(EJ, 56)라고 말했다. 빌라도가 예수의 처형과 죽음에 책임이 없다고 말하며 물로 손을 씻었듯이, 아이히만은 유대인 학살이라는 죄를, 당시의 회의에 참석한 고위간부들 탓으로 돌리며 그 자신에게 면죄부를 준 것이라고 아렌트는 분석한다. 그러나 빌라도가 손을 씼었다고 해서 그에게 면죄의 특권이 주어질 수 없듯이 아이히만의 경우에도 사정은 마찬가지다.

• 아렌트가 아이히만에게서 발견한 죄의 원인 내지 죄는 무엇인가? 어떻게 그는 그런 악행을 저지를 수 있었는가? 이에 대해 아렌트는 '생각 없음[thoughtlessness]'이라는 말로 대답한다.[212] 아렌트는 이렇게 말한다: "자신의 개인적인 발전을 도모하는 데 특별히 근면한 것을 제

---

210 로테 쾰러·한스 자너 엮음, 「아렌트가 야스퍼스에게, 1946년 8월 17일」, 『한나 아렌트·카를 야스퍼스 서간집1. 1926-1969년』, 신서원, 2024, 168.

211 '최종해결책'이 논의된 것은 1942년 1월 베를린 교외의 '반제(Wannsee)' — 반 호수라는 뜻임 —에 있는 하이드리히 별장에서 열린 국가차관회의였다.

212 악행은 인간의 악마적 속성이 아니라 〈사고력의 결여〉에서 나온다. 평범하게 살아가는 사람들이 〈생각 없음〉 때문에 커다란 악을 저지를 수 있다. 무지(無知)도 악이 된다: "저들을 사하여 주소서. 저들은 자기들이 무슨 일을 하고 있는지 알지 못합니다"(누가복음 23:34).

외하고는 그는 어떠한 동기도 갖고 있지 않았다. 그리고 이러한 근면성 자체는 결코 범죄적인 것이 아니다. 그는 결코 상관을 살해하여 그의 자리를 차지하려고 살인을 범하려 하지도 않았을 것이 분명하다. 이 문제를 흔히 하는 말로 하면 그는 단지 자기가 무엇을 하고 있는지 결코 깨닫지 못한 것이다. (…) 그는 어리석지 않았다. 그로 하여금 그 시대의 가장 큰 범죄자들 가운데 한 사람이 되게 만든 것은 (결코 어리석음과 동일한 것이 아닌) '순전한 생각 없음[sheer thoughtlessness]'이었다"(EJ, 134). 일찍이 소크라테스는 "그러나 음미되지 않은 삶은 인간에게 삶으로 간주될 수 없다(ο δέ ανεξέταστος βίος ου βιωτός ανθρώπω)"고 말했다(*Apology*, 38a). 악행은 인간의 악마적 속성이 아니라 〈사고력의 결여〉에서 발생할 수 있다. 평범하게 살아가는 사람들도 〈생각 없음〉 때문에 커다란 악을 저지를 수 있다.

그러나 아이히만의 범죄가 단순한 '생각 없음(숙고하지 않음)'만에서 나오는 것이라 할 수는 없을 것이다. '생각 없음(숙고하지 않음)'은 범죄의 필요조건도 충분조건도 아니다. 그것이 필요조건이 아니라는 사실은, 숙고한 후에 행해진 많은 범죄들을 보면 알 수 있다. 그것이 충분조건이 아니라는 것은, '생각 없음(숙고하지 않음)'이 반드시 범죄를 야기하지는 않는다는 사실을 보면 잘 알 수 있다. 물론 우리는 하루하루 생각하면서, 그리고 특히 중요한 사안들에 대해서는 숙고하면서 살아야 한다. 그러나 그것만으로는 충분하지 않다. 숙고한다 해도, 잘못된 목적이나 가치관을 갖고 있다면 악행과 범법행위를 저지를 수 있다. 힘 자체가 중요한 것이 아니라, 힘이 올바른 방향을 향하고 있는가가 중요하다. 이를 의해서는 무엇보다도 교육이 중요하다. 가정과 학교, 그리고 사회에서의 올바른 가치관 확립을 위한 교육이 지속적으로 이루어져야 한다.

3.2. 악의 평범성

• 자신에게 교수형이 집행되기 직전에 아이히만이 남긴 말에 대해 아렌트는 다음과 같이 평가한다: "이는 마치 그 마지막 순간에 그가 인간의 사악함 속에서 지나쳐 온 이 오랜 과정이 우리에게 가르쳐준 교훈 — 말과 생각을 허용하지 않는 무서운, 악의 평범성 —을 요약하고 있는 것 같았다"(EJ, 118). 아렌트는 '악의 평범성'을, "생각하는 능력의 부재", 곧 "다른 어떤 사람의 입장에서 생각하는 능력의 부재"(EJ, 27)와 연결시킨다. 아렌트가 말하는 '악의 평범성'이란, 악행이 괴물 같은 자들에게서만 이루어지는 것이 아니라 바로 '생각하는 능력의 부재', '생각 없음'으로부터 발생한다.

• 아이히만은 재판 도중에, 자기가 전 생애에 걸쳐 칸트의 도덕교훈, 특히 칸트의 의무에 대한 정의에 따라 살아왔다는 것을 아주 강조하며 선언하듯 말하자, 라베 판사는 아이히만에게 그와 관련하여 물었다. 그런데 아이히만은 칸트의 정언명법(定言命法, Kategorischer Imperativ, categrorical imperative)에 대해 다음과 같이 거의 정확하게 말했다: "칸트에 대해 언급하면서 제가 말하려 한 것은, 나의 의지의 원리가 항상 일반적인 법의 원리로 될 수 있도록 해야 한다는 것입니다." 그러나 칸트의 『실천이성 비판』을 읽었다고 주장하는 아이히만이 잘 못 알고 있었던 것은, 칸트의 정언명법은 도둑질이나 살인 같은 악행에 대해서는 적용될 수 없다는 사실이다. 판사의 계속된 질문에 그는, '최종해결책'을 수행하라는 임무를 부여받은 순간부터는 더 이상 칸트의 원리들에 따라 살지 않았으며, 자기가 더 이상 '자기 자신의 행위의 주인이 아니다'라는 생각과 '어떤 것도 변경할 수' 없다는 생각으

로 자신을 위로했다고 설명했다. 그는, '국가에 의해 합법화된 범죄의 시대'에는 칸트의 정칙(定則)이 더 이상 적용 가능하지 않으므로 버렸을 뿐만 아니라, 칸트의 정언명법을 '당신의 행동의 원리가 이 땅의 법의 제정자나 법의 원리와 동일한 것처럼 행위하라'든가, 혹은 '만일 총통이 당신의 행위를 안다면 승인할 그런 방식으로 행위하라'는 식으로 왜곡하여 읽었던 것이다(EJ, 66).

그렇다면 아이히만의 생각에서 발견되는 문제점은 무엇인가? 우선 지적될 수 있는 것은, 실천이성[praktische Vernunft]에 대한 몰이해다. 칸트에 있어서의 실천이성의 의미는 대체로 다음과 같이 요약될 수 있다.

① '기술적(技術的)·실천적 이성'은 지향하는 의도를 실현하기 위한 기술적인 수단을 권고한다.

② '도덕적·실천적 이성'은 당위를 "단적으로 명령한다."[213]

③ (②와 관련하여) 당위적 행위를 일어나도록 하는 활동은 오로지 순수하게만 일어날 수 있으므로, 그러한 활동을 일으키는 마음의 능력은 '순수한 실천이성' 혹은 '자유의지'라고 불린다.

그런데 아이히만 문제와 관련된 실천이성은 '기술적·실천적 이성'과는 관계없고, '도덕적·실천적 이성' 내지 '순수한 실천이성' 혹은 '자유의지'와 관계된다. 그러나 아이히만은 '최종해결책'을 수행하라는 명령을 받은 순간부터는 더 이상 칸트의 원리들을 따르지 않았으며, 자

213 Immanuel Kant, *Metaphysik der Sitten*, in: *Immanuel Kant Werke in sechs Bänden*, hg.v. Wilhelm Weischedel, Bd. IV, Darmstadt, 2005 (303-634), 517.

기가 더 이상 '자기 행위의 주인이 아니'라는 생각과 '어떤 것도 변경할 수' 없다는 생각으로 자신을 위로했다고 말했는데, '자기가 자기 행위의 주인이 아니'라는 생각은 칸트가 말하는 실천이성과는 전적으로 배치되는 것이다. 실천이성의 핵심내용 중 하나는 바로 '자유의지[freier Wille]'인데, 칸트가 말하는 '자유의지'는, 우리가 일반적으로 말하는, '어떤 행위를 선택할 수 있는 의지'로서의 '자의(恣意, Willkür)'가 아니라, '이미 도덕법칙에로 향해 있는 의지'를 말하는 것이다. 따라서 도덕법칙을 향한 자유 — 자율(自律)로서의 자유 — 가 아니라 총통의 의지를 향해 있는 맹종(盲從)을 자신의 행동원칙으로 삼은 아이히만은 칸트의 정언명법을 곡해한 것이다.

앞서 언급된 칸트의 정언명법은 인간을 단순히 수단으로 대해서는 안 되고 항상 목적으로 대하라는 또 다른 정언명법을 내포한다. 이런 점에서 아렌트가 강조하는 자율적 판단능력, 즉 사유의 능력은 타인을 목적으로 대하는 능력과 관련된 것이다. 그런데 여기서 우리는 칸트의 이 정언명법의 정확한 의미를 확인할 필요가 있다. 칸트의 정언명법의 제3정칙(定則, Formel)은 다음과 같다: "너는 너의 인격뿐만이 아니라 다른 모든 사람의 인격 속의 인간성을 언제나 동시에 목적으로 필요로 해야 하며, 결코 단순한 수단으로 필요하도록 행위해서는 안 된다(*Handle so, daß du die Menschheit, sowohl in deiner Person als in der Person eines jeden anderen, jederzeit zugleich als Zweck, niemals bloß als Mittel brauchst*)"(AA 429/54 f.).[214]

---

214 Immanuel Kant, *Grundlegung zur Metaphysik der Sitten*. 앞의 쪽수는 Akademieausgabe VI, 203-493의 쪽수고, 뒤의 쪽수는 Immanuel Kant, *Grundlegung*

이 정칙은, 나 자신뿐만이 아니라 다른 사람들 역시, 즉 모든 사람들이 〈목적 그 자체〉임을 말하고 있다. 칸트는 이 정칙을 네 개의 사례에서 일관되게 제시하고 있다(AA 429 ff./55 f.). 이 정칙에서의 목적어는 〈인간성〉[die Menschheit]이다. 이것은 〈인간〉[der Mensch], 그리고 〈인격〉[die Person]과 구별된다. 칸트는 모든 사람은 인격을 지니고 있으며, 인격의 핵심을 이루는 것이 인간성이라고 말한다. 이 인간성은 결코 그 어떤 경우에도 〈수단〉으로 사용되어서는 안 된다는 것이다. 그리고 그것은 모든 사람에게 해당된다고 말한다. 즉, 나는 나의 인간성을 언제나 목적으로 간주해야 할 뿐만 아니라, 이와 동시에 다른 모든 사람의 인간성도 언제나 목적으로 간주해야 한다. 이 명령은, 인간성을 단순한 수단만이 아니라 동시에 목적으로도 대해야 한다는 것을 가리키지 않는다. 칸트는 『실천이성 비판』에서도 "인간은 충분히 신성(神聖)하지 않기는 하지만, 그의 인격 속에 있는 인간성은 그에게 신성한 것이 분명하다"(KpV A 155)이라고 말한다.

• 우리는 우리 자신을 포함한 인간을 수단으로 삼지 않고서는 하루도 살아갈 수 없다. 내가가 오늘 먹고 마신 음식과 물은 누군가의 노동에 의해 만들어진 것이고, 내가 입고 있는 옷도 타인의 수고에 의해 이루어진 것이며, 택배물도 타인을 수단으로 하여 내게 배달된 것이다. 칸트가 말한 것은, 모든 일을 타인의 도움 없이 스스로 하라는 것이 아니다. 인간은 사회적 동물이기에 그렇게 살아갈 수는 없는 것이다. 우리가 타인의 도움으로, 타인을 수단으로 하여 어떤 일을 하더라도, 그 어떤 경

---

zur Metaphysik der Sitten (Mit einer Einleitung hg.v. Bernd Kraft und Dieter Schönecker, Hamburg, 1999)의 쪽수임.

우에도 우리와 타인 모두에 내재해 있는 보편적인 요소인 <인간성>은 결코 수단으로 삼아서는 안 된다는 것이다. 이렇게, 이성적인 존재자인 인간이 각자 타인을 목적으로 대할 때 <목적들의 왕국>[das Reich der Zwecke]이 이루어지는 것이다. '나'만이 목적으로 대우받는 것이 아니라 '타인' 모두도 마찬가지로 동시에 목적으로 대우받는 사회, 그리하여 모두가 <목적>으로 존재하는 <목적들의 사회>가 이루어지는 것이다.

3.3. 전체주의와 악에 대한 책임

• 악에 대한 책임 문제와 관련하여 나는 2차 대전 당시 '죽음의 수용소[Konzentrationslager: KZ]'에서 살아 돌아 온 한 인물을 소개하고자 한다. 그 사람은 이탈리아의 유대계 화학자 레비(Primo Levy, 1919-87)다.

Häftling [포로(捕虜)] 174517! 삶과 죽음이 순간적으로 교차하는 한계상황[Grenzsituation]에서 살얼음판 위를 걷듯, 천 길 낭떠러지 위에서 외줄을 타듯, 스스로 죽지 못해 순간순간 숨 쉬며 삶을 살아낸 레비! 그는 유대계 이탈리아인이었다. 그는 자신의 여러 저서들 가운데 하나에서 '이것이 인간인가?'라고 묻는다. 이 물음은 이중적으로 이해된다. 첫째로, 살아서 겪는 지옥이라고 할 수 있는 참혹함에 인간을 빠지게 하는 자(者) 혹은 자(者)들은 과연 인간이라고 할 수 있는가 라는 물음으로 이해되고, 다른 한편으로는, 그러한 비인간적 상황에서 살아나가는, 아니 살아 나가야 하는 자들을 인간이라고 할 수 있는가 라는 물음으로 이해된다("인간을 죽이는 건 바로 인간이다. 부당한 행동을 하는 것도, 부당함을 당하는 것도 인간이다."[215]).

우리는 때로 남들보다 오래 살아서 혹은 오래 살게 되어서 슬퍼한다(혹은 슬퍼진다). 이것이 바로 "살아남은 자의 슬픔"(Bertold Brecht)이요, "살아남은 자의 아픔"(Primo Levy)이다. '나는 왜 1980년 광주(光州) 도청에서 동료들과 함께 죽지 못하고(않고) 살아남았을까?', '왜 나는 가라앉고 있는 세월호(歲越號)에서 구조됨으로써, 살려달라고 애원하는 친구의 외침으로 매일 괴로워하는가?' 레비 또한 강제수용소에 수용된 동료들과 함께 죽지 않음(못함)에 괴로워하고, 죄 아닌 죄로 인한 죄책감으로 고통스러워했을 것이다.

흔히 '아우슈비츠(폴란드어로는 '오슈비엥침') 이후에 신학은 없다'라고들 말한다. 그러나 이해할 수 없는, 도저히 납득할 수 없는 고통과 죽음은 인류가 시작한 이래 어느 때에나 존재했다. 다만 '아우슈비츠'는 20세기에 인간이 겪은 가장 큰 참혹함·파국(破局) — 유대인들은 '홀로코스트(holocaust)'[전번제(全燔祭), 즉 '홀딱 꼬스른다'는 뜻]라는 용어를 사용하지 않고, '쇼아(Shoa)', 즉 '파국'이라는 표현을 사용한다 — 이기에 더 가까이 느낄 뿐이다. 참고로, 이와 관련된 레비의 두 편의 시와 브레히트의 시 한편을 인용하고 싶다.

「이것이 인간인가 — 쉐마[216]」, Primo Levy

오늘도 저녁이면 따뜻한 집으로 돌아와

---

215 프리모 레비, 『이것이 인간인가』(*Se questo un è uomo*), 이현경 역, 돌베게, 2021(2007), 263.

216 히브리어 '쉐마(Shema)'는 '너희는 들어라!'라는 뜻으로, 유대교의 주기도문 같은 것이다. 유대인은 어릴 때부터 이것을 가르쳐 성인이 되면 아침과 저녁마다 쉐마를 부르며 기도하는데, 이 시의 마지막 몇 구절은 그것을 재구성한 것이다(프리모 레비).

다정한 가족들과 맛있는 음식을 나누며
언제나 즐겁고 행복한 삶을 누리는 당신.

하지만 바로 그 순간에도
행복이라는 말조차 모른 채 진흙탕 속을 뒹굴며
오직 빵 한 조각을 위해 싸우다가
'예스, 노'라는 말 한마디 때문에 생사가 오가는
그런 사람들이 있다.
생각해보라, 이것이 과연 인간인지 (…)

한 올의 머리카락이나 이름도 없이
무뇌아나 한겨울 개구리처럼 텅 빈 두 동공과
생리마저 얼어붙어 버린 그런 여자들이 있다.
생각해보라, 이것이 과연 인간인지 (…)
난 이것이 무얼 의미하는지,
당신 스스로 깊이 깨닫는 사람이 되기를 바란다
물론 당신 가족들도 그렇게 되기를 바란다.
따뜻한 집에 있을 때든, 혼자 길을 걸을 때든
잠자고 있을 때든, 깨어있을 때든
항상 가슴 깊이 반추(反芻)하며 살아가기를 바란다.
그러지 않으면 당신 가족은 용서받지 못할 것이며
결국
당신도 자식들로부터 버림받는 아버지가 될 것이다.

「살아남은 자의 아픔 — 생존자 B.V에게」

언제부터인가 그 끔찍한 순간들이 되살아 나
그 얘기를 말할 수 있을 때까지
내 가슴은 너무나 쓰라리고 저려왔다.
그는 희미하게 밝아오는 새벽이면
온통 시멘트 가루로 뒤덮인 잿빛 얼굴이며
다음날을 기약할 수 없는 불안한 잠자리로
죽은 송장이나 다름없는 동료들을 바라보았다.
그리곤 밤마다 악몽을 꾸며 너무 배고픈 나머지
두 같은 거라도 씹는 듯 마구 턱을 움직이며
애절한 목소리로 잠꼬대를 하곤 했다.

"돌아가게! 제발 나를 내버려 두고
돌아가게, 먼저 간 동료들이여!
난 아직 어느 누구의 것도 빼앗은 적이 없고
어느 누구의 빵 한 조각도 훔친 적이 없네.
그리고 지금까지
나 때문에 정말 단 한 사람도 죽은 적이 없네.
제발 그대들은 그대들의 세상으로 어서 돌아가게.
내가 아직 살아서
내가 아직 죽지 못해서
먹고, 입고, 잠자며 목숨을 부지하고 있다는 게
어찌 내 탓이고 내 잘못이란 말인가!"

「살아남은 자의 슬픔」[Ich, der Überlebende (나, 살아남은 자)],
Bertold Brecht, 1944년

물론 나는 알고 있다. 오직 운이 좋았던 덕택에
나는 그 많은 친구들보다 오래 살아남았다. 그러나
지난 밤 꿈속에서
이 친구들이 나에 대하여 이야기하는 소리가 들려왔다.
"강한 자는 살아남는다."
그러자 나는 자신이 미워졌다.[217]

Ich der Überlebende

Ich, weiß natürlich: einzig durch Glück.
Habe ich so viele Freunde überlebt. Aber heute nacht im Traum.
Hörte ich diese Freunde von mir sagen: "Die Stärkeren überleben."
Und ich haßte mich.

• 레비는 독자들의 두 번째 질문[218]에 대한 답변에서 다음과 같이 말

217 『베르톨트 브레히트 시선1. 살아남은 자의 슬픔』, 김광규 역, 한마당, 2014(1985), 117.
218 두 번째 질문은 다음과 같다: "독일인들은 알고 있었나? 연합군은 알고 있었나? 수백만 명

하고 있다: "내가 보기에 위의 진술들에 거짓은 하나도 없다. 하지만 이 그림을 완성시키려면 다른 하나가 덧붙여져야 할 것이다. 정보를 얻을 가능성이 다양하게 존재했음에도 불구하고, 대부분의 독일인들은 알고 싶지 않았기 때문에 알지 못했다. 아니, 더 정확히 말해 모른 척하고 싶었기 때문에 알지 못했다. 물론 공포정치는 가장 강력한 무기로, 거기에 저항하기란 매우 어렵다. 그렇지만 독일국민은 전체적으로 저항하려는 시도조차 해보지 않았던 것이 사실이다. 히틀러 치하의 독일에는 특별한 불문율이 널리 퍼져 있었다. 아는 사람은 말하지 않고, 모르는 사람은 질문하지 않으며, 질문한 사람에게 대답을 하지 않는다는 것이었다. 이런 식으로 해서 독일인들은 자신들의 무지를 획득하고 방어했다. 그런 무지가 나치즘에 동조하는 자신에 대한 충분한 변명이 되어주는 것 같았다. 그들은 입과 눈과 귀를 다문 채 자신들이 아무것도 모른다는 환상을 만들어갔고, 그렇게 해서 자신은 자기 집 앞에서 벌어지고 있는 일의 공범자가 아니라고 생각했다.

아는 것, 그리고 알리는 것은 나치즘에서 떨어져 나오는 방법(결국 그리 오래지 않아 위험에 처할 수밖에 없는 방법)이었다. 나는 독일 국민이 전체적으로 이런 방법에 의지하지 않았다고 생각한다. 그리고 나는 바로 이런 고의적인 태만함 때문에 그들이 유죄라고 생각한다."[219]

• 히틀러 일당의 군국주의·전체주의·인종차별(말살)정책의 책임을 그들에게만 지울 수 있을까? 많은 사람들이 지적하듯 레비도 이에 대

의 집단학살이 어떻게 유럽 한복판에서 아무도 모르게 진행될 수 있었나?"(프리모 레비, ebd., 270).

219 프리모 레비, ebd., 276 f.

해 부정적인 답변을 제시한다. 거기에는 독일인들의 책임도 함께 존재한다고. 즉 독일인들은 그에 대해 알고 있었지만, 더 이상 자세히 알려고 하지 않았다. 아니 오히려 "모른 척 하고" 살았다. 죽음의 공포 앞에서 불의에 저항하기란 매우 어려운 일이지만, 독일인들은 "저항하려는 시도조차 해보지 않았던" 것이다. 이 또한 불의에 적극적으로 책임지지 않으려는 행동, 불의를 방조하는 일이라 할 수 있다.

우리는 사회의 잘못된 점, 부조리한 점들을 <법의 테두리> 안에서 고치도록 최대의 노력을 해야 한다. 그래도 안 되고 오직 (잔정적인 폭력이지만) 폭력으로만, 더 큰 폭력을 없앨 수 있다면 이런 특수한 경우의 폭력은 허용되어야 할 것이다. 나치 치하의 신학자이자 목사인 본회퍼(Dietrich Bonhoeffer, 1906-1945)[220]는, 만일 미친 사람이 인도(人道)로 자동차를 몰고 간다면 자기는 목사이기 때문에 그 차에 희생된 사람들의 장례를 치른다거나 희생자들과 관련된 이들을 위로나 하는 것으로 만족하지 않고 자동차에 뛰어올라 운전대에서 운전자를 끌어내려야만 할 것이라고 말한 바 있다.[221]

---

220 1933년 히틀러가 집권한 때부터 반나치 저항운동에 가담하여 히틀러의 독재정권에 맞서 투쟁하다 1943년 게슈타포에게 체포되었다. 1945년 히틀러의 제 3제국이 무너지기 직전 베를린에 있는 플로센부르크 강제수용소에서 39세를 일기로 교수형에 처해졌다. *Hegel-Semiar* (1933)의 Ethik 중, "Was heißt die Wahrheit sagen?"은 칸트의 정언명법을 비판하고 있다. 즉, 그 어떤 경우에서도 거짓말을 해서는 안 된다는 칸트의 주장은 공허한 것이라는 주장이다. 수많은 선량한 사람들의 죽음을 막기 위해서 한 명의 악인을 살해할 수 있는 것, 아니 살해해야 하는 것이다.

221 Dietrich Bonhoeffer, *Widerstand und Ergebung. Briefe und Aufzeichnungen aus der Haft*, hg.v. Christian Gremmels, Eberhard Bethge und Renate Bethge in Zusammenarbeit mit Ilse Tödt, Gütersloh, 1998.

• 골트하겐(Daniel Jonah Goldhagen)은 자신의 하버드대 박사학위 논문인『히틀러의 자발적인 집행자들: 보통의 독일인과 홀로코스트』(*Hitler's Willing Executioners: Ordinary Germans and the Holocaust*, 1996)[222])라는 책에서, 홀로코스트는 소수의 열성적 나치들에 의해서나, 어쩔 수 없이 피동적으로 동참한 다수에 의해 자행되었다는 주장에 반대하여, 홀로코스트는 "독일에서 전통적으로 내려오던 반유대주의에 기초해 학살에 동의한 전체 독일인들 — 소수 친위대나 나치만이 아닌 — 에 의해 자행"되었다고 주장한다.

히틀러와 같은 미치광이들은 하늘에서 떨어지거나 땅에서 솟아 나온 것이 아니라 당시의 시대적 환경에서 만들어진 것이다. 히틀러 자신도 문제지만, 그런 자를 지지하는 자들이 있기 때문에 큰 범죄가 일어나는 것이다. 국민의 도덕의식·법의식이 살아있어야 하며, 불의를 용납하지 않겠다는 단호한 의지와 용기 있는 행동이 필요하다.

• 레비 또한 악의 평범성에 대해 다음과 같이 말한다.

> 비인간적인 명령을 부지런히 수행한 사람들을 포함한 이런 추종자들은 (몇몇 예외를 제외하면) 타고난 고문기술자들이나 괴물들이 아니라 평범한 인간들이었다는 점을 기억해야 한다. 괴물들은 존재하지만 그 수는 너무 적어서 우리에게 별 위협이 되지 못한다. 일반적인 사람들, 아무런 의문 없이 믿고 복종할 준비가 되어 있는 기술자들이 훨씬 더 위험하다. 아이히만이나, 아우슈비츠 수용소 소장이었던 회스, 트

---

222 이 책은 2000년에 독일어로 번역되었다. *Hitlers willige Vollstrecker. Ganz gewöhnliche Deutsche und der Holocaust*, tr. by Klaus Kochmann, München.

레블링카 수용소 소장이었던 슈텡글, 20년 뒤 알제리에서 학살을 자행한 프랑스 병사들, 30년 뒤 베트남에서 학살을 자행한 미군 병사들이 바로 그런 사람들이다.

그러므로 이성과 다른 도구로, 혹은 카리스마 넘치는 지도력을 앞세워 우리를 설득하려고 애쓰는 사람을 신뢰해서는 안 된다. 우리의 판단과 의지를 다른 사람에게 위임할 때에는 신중에 신중을 기할 필요가 있다. 진짜 선각자와 가짜 선각자를 구별하기란 어렵기 때문에 모든 선각자를 의심의 눈으로 보는 것이 좋다. 그들의 주장을 일단 거부하는 것이 좋다. 그것의 단순성과 눈부심이 우리를 들뜨게 한다 해도, 무상으로 그것을 얻을 수 있기 때문에 편리하다고 생각되더라도. 훨씬 더 소박하고 덜 흥분되는 진실, 차근차근, 지름길로 가지 않고 공부와 토론과 추론을 통해 얻을 수 있는 진실, 확인되고 입증될 수 있는 진실에 만족하는 게 훨씬 더 좋다.[223]

---

223 프리모 레비, 『이것이 인간인가』, ebd., 303.

VII. 호르크하이머와 아도르노

호르크하이머(Max Horkheimer, 1895-1973)와 아도르노(Theodor Ludwig Wiesengrund Adorno, 1903-1969)의 역사철학 사상은 그들의 주저인 『계몽(啓蒙)의 변증법』(*Dialektik der Aufklärung*)의 내용을 중심으로 고찰하고자 한다. 아도르노는 1941년, 호르크하이머가 있는 캘리포니아로 가서 그와 함께 『계몽의 변증법』과 관련된 단상(斷想)들 대부분을 구상(構想)했다. 이 책의 초고는 호르크하이머와 그가 주고받는 대화를 아도르노의 아내인 그레텔이 녹음한 것을 토대로 했다. 이것은 한편의 논문(「계몽 개념」)과 그 논문에 대한 두 편의 부연설명(「오뒷세우스 또는 신화와 계몽」, 「줄리엣 또는 계몽과 도덕」), 그리고 세 개의 부록(「문화산업」, 「반유태주의적 요소들」, 「스케치와 구상들」)으로 이루어진, 하버마스의 표현에 의하면 기이하게 구성된 된 책이다. 이 책의 전체 텍스트는 1944년에 완성되었지만, 책이 출간된 것은 3년 후인 1947년, 네덜란드의 암스테르담에서다.

1.1. '계몽주의의 변증법' 인가 '계몽의 변증법' 인가?

영어의 경우, 소문자로 시작하는 enlightenment는 계몽을, 대문자로 시작하는 Enlightenment는 특정한 사조(思潮)로서의 계몽주의를 가리키지만, 독일어에서는 모든 명사가 대문자로 시작하므로 Aufklärung은 계몽과 계몽주의 모두를 가리킬 수 있다. 그런데 저자들이 다루고 비판하고 있는 대상은 17·18세기 서구의 특정 사조인 계몽주의만이 아니라 계몽 일반이므로, 'Dialektik der Aufklärung'은 '계몽의 변증법'을 뜻한다.

1.2. 왜 계몽의 '변증법[Dialektik]' 인가?

• 엥엘스(Friedrich Engels, 1820-1895)는 자신이 주장하는 물질변증법의 핵심내용을 『자연변증법』에서, "양의 질에로의 전화(轉化) 및 그 역(逆)의 법칙; 대립의 침투의 법칙; 부정의 부정의 법칙"[224]이라는 세 가지 법칙으로 정식화하고 있는데, 이 법칙들은 본래 헤겔로부터 유래

---

224 "das Gesetz des Umschlagens von Quantität in Qualität und umgekehrt; das Gesetz von der Durchdringung der Gegensätze; das Gesetz von der Negation der Negation"[*Dialektik der Natur*, in: *Marx Engels Werke* (MEW), Bd. 20, Berlin/DDR, 1987(DN으로 줄임), (305-570), 348. 그리고 ebd., 307의 <계획의 초안>도 참조].

하는 것이다. 엥엘스 자신도, 이 "세 가지 법칙 모두는 단순한 사유법칙으로서 관념주의적인 방식으로 헤겔에 의해 발전되었는데, 첫 번째 법칙은 그의 『논리학』의 제 1부인 〈존재론〉에서 발전되었고, 두 번째 법칙은 그의 『논리학』의 제 2부이자 가장 중요한 부분인 〈본질론〉의 전체를 채우며, 마지막으로 세 번째 법칙은 전 체계를 구축하기 위한 기본법칙으로 나타난다"(DN, 348)고 말함으로써, 자신이 주장하는 세 가지 법칙의 출처가 헤겔에 있음을 명시하는 한 편, 헤겔의 오류는 이 법칙을 "자연과 역사"의 법칙이 아닌 "사유법칙"(ebd.)으로 파악했다는 점이라고 밝히고 있다. 구체적으로 말하면 헤겔은 『논리학』의 제 1권의 제3편: 〈도량(度量)[Das Maß]〉 중의 제2장: 〈자립적인 도량들의 비례〉[Das Verhältnis selbständiger Maße]에서 첫 번째의 법칙을 서술하고 있고, 제1권의 제1편: 〈자기 자신 속의 복귀로서의 본질〉[Das Wesen als Re- flexion in ihm selbst] 중의 제2장: 〈본체성 혹은 반성규정〉[Die Wesenheiten oder die Reflexionsbestimmungen]에서 두 번째 법칙에 해당하는 내용을 기술하고 있으며, 제2권의 제3편: 〈이념〉(Die Idee)의 제3장: 〈절대적 이념〉[Die absolute Idee] 가운데서 '부정의 부정'에 대해 말하고 있다(GW 11 및 GW 12 참조).

그러면 호르크하이머와 아도르노에게 있어서, 계몽의 변증적 사유방법으로서의 변증법이란 과연 무엇을 가리키는 것인가? 그것은 바로 '대립물의 상호침투'와 '부정'과 관련된다. 즉, 계몽은 자신의 대립물인 신화(神話)(적 사고)를 비판하는데, 신화도 계몽이며, 계몽은 신화(체계)로 되돌아간다는 것이다. 일반적으로 말하자면, 계몽이란 막스 베버가 말했듯이 세계의 탈마법화(脫魔法化, Entzauberung), 세속화·합리화의 과정이지만,[225] 호르크하이머와 아도르노는, "(…) 이미 신화는 계몽이며, 그리고 계몽은 신화(체계)로 되돌아간다"[226]고 말한다. 저자들은, 계몽과 신화가 서로 대립하는 것처럼 보이고, 계몽이 신화를 부정하는 측면이 있기는 하지만 다른 한편으로는 신화(체계)와 공통점을 지니고 있다는 사실을 드러냄으로써, 계몽은 "탈마법화가 아닌 새로운 신화체계, 즉 이데올로기에 불과"[227]하다는 점을 비판한다. 달리 말해, 계몽 개념은 세속화된 신화개념이라고 할 수 있다는 것이다.

• 그러면 위의 테제를 두 부분으로 나누어서 살펴보자. 우선, "신화는 이미 계몽이다"라는 테제는, "그러나 계몽의 제물이 되는 신화들 자체도 이미 계몽 자신의 산물이었다"[228]는 테제를 통해 다시 한 번 강조된다. 이들은 신화가 이성적 사유가 등장하기 이전의 사유방식이고, 이성적 사유는 신화를 극복한 사유방식이라고 하는 주장을 거부한다. 예컨대 "비극작가들의 눈에 포착된 신화들에는 이미 베이컨이 목표로 예찬(禮讚)하는 저 훈육(訓育)과 힘이 표시되어 있다."[229] "신화는 이미 계몽이다"라는 주장은, "양자에 있어서 현실적 존재에 대한 주권성이 주된 동기[Leitmotif]로 고양되고 있기"[230] 때문이다. 결국 신화에서도 계몽에서도 현실의 존재에 대한 주체의 주권적 지배가 특징으로 되고 있는 것이다.

---

225 "계몽주의의 프로그램은 세계의 '탈마법화'였다"(DA, 7).

226 "(...) schon der Mythos ist Aufklärung, und: Aufklärung schlägt in Mythologie zurück"(DA, 5).

227 노명우, 『계몽의 변증법. 야만으로 후퇴하는 현대』, 살림, 2010(2005), 111.

228 "Aber die Mythen, die der Aufklärung zum Opfer fallen, waren selbst schon deren eigenes Produkt"(DA, 11).

229 "Die Mythen, wie sie die Tragiker vorfanden, stehen schon im Zeichen jener Disziplin und Macht, die Bacon als das Ziel verherrlicht"(DA, 11).

230 W. Post, *Kritische Theorie und metaphysischer Pessimismus*, München, 1971, 60.

계몽의 원리는 인간의 자연지배다. 근대 경험주의 철학의 아버지인 베이컨(Francis Bacon)은 "아는 것이 힘이다(Scientia est potentia)"라는 입장에서, 이 자연지배를 근대과학의 원리로 기초 지었다. 계몽의 입장에서 보면, "인간이 자연으로부터 배우려고 하는 것은 자연과 인간을 완전히 지배하기 위해 자연을 이용하는 방법이다.[231] 그러므로 계몽에서 가장 바람직한 지식형태는 기술(技術), 즉 대상의 조작(操作)이다. 스스로를 지배의 도구로 만드는 이러한 "자연지배적 이성"[232] — 호르크하이머는 이것을 주관적 이성, 혹은 도구적 이성[233]이라고 부른다 — 은 대상을 지배하고 조작하기 위해, 대상을 양화하고 '세계의 계산가능성이라는 도식(圖式)'(DA, 9 참조)을 제시하기에 이른다. 계몽은 외적 자연뿐만 아니라 인간까지도 지배의 대상으로 양화하고, 질을 박탈당한 부분품으로, 오늘날의 말로 표현하면 인적(人的) 자원으로 물화(物化, Verdinglichung)한다. 계몽의 원리인 지배는 외적 자연의 지배요, 타자에 대한 사회적 지배인 동시에, 인간의 내적 자연에 대한 지배이기도 하다.[234] 소위 '도구적 이성'은 지배와 억압을 정당화하고 이

---

231 "Was die Menschen von der Natur lernen wollen, ist; sie anzuwenden, um sie und die Menschen vollends zu beherrschen"(DA, 8).

232 T.W. Adorno, *Negative Dialektik*, Ffm., 1966. 179.

233 M Horkheimer, *Zur Kritik der instrumentellen Vernunft*, in: ders., *Gesammelte Schriften*, hg.v. Alfred Schmidt und Gunzelin Schmid Noerr, Bd.6, Ffm., 1991 (19-185), 27. 주관적 이성의 반대개념은 객관적 이성인데, 이것은 수단과 마찬가지로 목적도 고려하는 포괄적인 사유를 가리킨다(Horkheimer, ebd., 28 참조); *Max Horkheimer*, "*Zum Begriff der Vernunft*," in: ders., *Sozialphilosophische Studien: Aufsätze, Reden und Vorträge* 1930-1972, hg.v. V. W. Brede, 2. Aufl. Ffm., 1982, 47-58 참조.

234 谷喬夫, ヘ-ゲルとフランクフルト學派 : 政治哲學の根本問題, 東京, 御茶の水書房, 1983(1982), 147 참조. "신화는 계몽으로 넘어가며 자연은 단순한 객체의 지위로 떨어진다. 인간이 자신의 힘을 증가시키기 위해 치르는 대가는 힘이 행사되는 대상으로부터의

론적 계산을 토대로, 목적을 이루기 위해 적합한 수단을 제시하여 인간과 자연을 지배하는 도구로 된다.

신화에서의 신들은 자연의 지배자로 나타난다. 이와 마찬가지로 계몽적 이성은 자연을 정복하고 그 위에 군림하는 지배자로 나타난다. 이 점에서 신화와 계몽은 일치한다.

• 두 번째 테제인 "계몽은 신화(체계)로 되돌아간다"를 생각해보자. 계몽은 탈신화화된 입장이라고 주장함으로써 계몽과 신화가 대립하는 것으로 보이지만, 계몽에 의한 진보는 사실은 (신화에로의) 퇴행이라는 것이다. 계몽은 자신이 비합리적인 신화와 달리 합리적이고, 자기가 구축하는 세계가 신화의 비합리적 세계와는 다른 합리적 세계라고 주장하지만, 사실은 계몽이 진행되면 될수록 "(…) 매 단계마다 신화(체계)에 더 깊이 연루(連累)된다."[235]

계몽 내지는 계몽주의는 인간을 신화적인 사고(思考)로부터 벗어날 것을 촉구한다는 점에서는 신화를 부정한다. 그러나 '계몽과 신화가 변증적 관계에 있다'는 말이 의미하는 바는, 계몽이 신화를 전적으로 부정하고 있는 것이 아니라 신화와 공통된 부분을 일정부분 가지고 있다는 것이다 — 즉 전면적인 부정이 아닌 특정한(규정적) 부정이

'소외'다. 계몽이 사물에 대해 취하는 행태는 독재자가 인간들에 대해 취하는 행태와 같다. 독재자는 인간들을 조종할 수 있는 한 인간들을 안다. 과학적인 인간은 그가 사물을 만들 수 있는 한 사물들을 안다. 이를 통해, 즉자적인 사물은 인간을 위한 사물이 된다(DA, 12); "'밖'이라는 관념 자체가 불안의 원천이기 때문에 아무 것도 밖에 있어서는 안 된다는 것이다. 자기 종족 중의 한 사람에게 저질러진 살인에 대한 원시인의 복수가 어떤 경우에는 그 살인자를 자기 가족의 일원으로 받아들임으로써 달래려는 것은 낯선 피를 자기 속에 받아들이는 것, 즉 '내재성의 창출'을 의미한다"(DA, 18).

235 "(...) so verstrickt Aufklärung mit jedem ihrer Schritte tiefer sich in Mythologie"(DA, 14).

다 — 계몽은 신화와 일치[coincidence]하는 것이 아니다. 즉 양자(兩者)는 합동(合同) 내지 동치(同値)관계에 있는 것이 아니라, 공통된 성질을 지니고 있다는 것이다. — 예컨대 "원숭이 엉덩이는 빨개. 빨가면 사과. 사과는 맛있어. 맛있으면 바나나. 바나나는 길어. 길면 기차. 기차는 빨라"라는 노래는 앞의 진술에 나오는 개념과 뒤의 진술에 등장하는 개념의 내포의 공통점을 가지고 이어가는 노래다 — 그러면 『계몽의 변증법』의 저자들이 계몽과 신화의 공통점을 어디에서 발견하고 있는가? 그것은 바로 양자가 〈인간에 대한 지배〉 내지는 〈자연에 대한 지배〉라는 속성을 지니고 있다는 점이다.

2. 계몽의 도구로서의 추상(抽象)

• 저자들에 의하면 "추상은 계몽의 도구"[236]로서, 자연을 비자연화할 뿐만 아니라 인간마저도 비인간화해 버린다. 이들이 여기서 말하는 추상이란 무엇인가? 그것은 첫째로, 추상이 실재(實在)의 원리가 아니라 가상(假象)의 원리라는 것을 뜻한다. 왜냐하면

1) 사태(또는 세계)는 유기적 전체임에도 불구하고, 추상은 주관과 객관을 분리할 뿐만 아니라 주관과 동시에 객관을 형식적으로 고찰하기 때문이다.

---

236 "Die Abstraktion, das Werkzeug der Aufklärung"(DA, 15).

2) 두 번째로, 추상이란 지배의 논리를 뜻한다. 추상이란 어디까지나 도구적인 것으로서, 자연이나 인간을 질서와 체계의 틀로써 파악하여 유용성을 추구하기 때문이다.

3) 세 번째로, 추상은 유기적인 것과 무기적인 것을 혼동한다. 왜냐하면, 두 번째 관점과 연관적으로 추상은 유기적인 것을 무기적인 것으로 해석할 뿐만 아니라 동적(動的)인 것을 형식논리의 틀에 삽입시키기 때문이다: "마치 신화가 살아있지 않은 것을 살아있는 것과 하나로 만드는 것처럼, 계몽은 살아있는 것을 살아있지 않은 것과 하나로 만든다"[237]는 것이다.

4) 넷째로, 사유는 추상으로 변형되고 추상은 연역적 형식으로 되어, 단지 도구의 역할밖에 하지 못 한다: "그 대신에, 직접적인 것의 가장 추상적인 형태인 수(數)를 수단으로 삼는 수학적 형식주의는 사유(思惟)를 공허한 직접성에 고착시킨다. 사실적인 것은 옳은 것으로 유지되며, 인식은 사실적인 것의 반복에 제한되고, 사유는 단순한 동어반복(同語反覆)으로 된다.[238] 이러한 표현을 통하여 저자들은, 추상이 파악하는 것은 실재로서의 역동적인 현실이 아니라 가상으로서의 현실임을 밝히고자 한다. 추상은 수학적인 상징에 의하여 지식의 힘으로서 생생한 현존재를 도식화한다. 그러므로 저자들은 계몽이 산 것을 죽은 것과 같은 것으로 만든다고 주장하는 것이다.

---

237 "Aufklärung, die das Lebendige mit dem Unlebendigen ineinssetzt wie der Mythos das Unlebendige mit dem Lebendigen"(DA, 18).

238 "Der mathematische Formalismus aber, dessen Medium die Zahl, die abstrakteste Gestalt des Unmittelbaren ist, hält statt dessen den Gedanken bei der bloßen Unmittelbarkeit fest. Das Tatsächliche behält recht, die Erkenntnis beschränkt sich auf seine Wiederholung, der Gedanke macht sich zur bloßen Tautologie"(DA, 27).

3. 계몽(주의)의 '이성'은 본래 파괴적이고 부정적인 것인가?

• '이성(理性)'은 실로 여러 의미로 사용되고 있다. '이성'에 대응하는 희랍어는 로고스(logos)다. 로고스는 라틴어 ratio로 번역되었다. logos는 '말', '이성', '이법(理法)' 등의 의미를 지니는데, 이의 번역어인 ratio에서는 '말', '이법' 등의 의미는 사라지고 '이성'이라는 의미만 남았다. 'ratio'에는 본래, '계산(하다)', '비율(比率)'이라는 의미가 포함되어 있다. ratio에 해당하는 영어는 reason인데, reasonable이라고 하면 '이성적이다', '합리적이다'라는 의미를 가지며, 물건을 사고 팔 때에 "(It's) reasonable"이라고 하면, '값이 합리적이다', '값이 비싸지도 않고 그리 싸지도 않고 적절하게 비율이 맞다'는 의미를 지닌다. 또한 라틴어 ratio를 그대로 가져와서 쓰고 있는 영어 'ratio(뤠이시오)' 역시 '비(율)'이라는 의미를 가지고 있다. 이와 유사한 단어인 'ration'은, (식료품, 연료 등의) 일정한 배급량, 할당량, 정량, (군사) 하루분의 양식, 군용식을 가리킨다.

• 또한 한자어 '이성(理性)'에도 '다스린다'[이(理)]라는 의미가 포함되어 있다. 그래서 이성은 만물(자연)을 다스리는 역할도 한다. 또한 '이(理)'는 '원리(原理)'라는 의미도 지니고 있다. 그래서 이성은 다른 것을 판단하는 원리가 된다. 이러한 사정은 희랍어 archē(ἀρχή)에도 해당된다. 'archē'는 '시작'이라는 뜻과 '원리'라는 뜻[239]을 가지고 있다.

---

239 예컨대 "태초에 로고스가 있었는데, (…)[Εν ἀρχῆ ἦν ὁ λόγος, (…)]"(요한복음 1:1)에서의 'archē'는 '시작', '시초(始初)'라는 의미로 사용되었다. 시초에 있는 것은 그 후에 생겨나는 것의 원인이기도 하므로 아르케는 원인, 원리를 뜻하게 되며, 사물의 근거를 말하기도 한

• 칸트의 주저 『순수이성 비판』이라는 제목에서의 '이성'은 '감성'과 '지성', 그리고 좁은 의미의 '이성(추리하는 능력)'을 포함하는 넓은 의미를 지니고 있다. 계몽주의자들이 말하는 '이성'은 헤겔에 의해 '지성'에 불과하다고 비판받았다.[240]

• 저자들은 계몽적 이성의 문제점을 몇 가지로 제시하였다. 첫째로, 계몽적 이성은 대상들을 '개념화 함[begreifen]'으로써, 대상들의 특수성과 차이를 무시하고 '동일성'만을 중시한다고 비판한다. 그러나 본래 '개념'이라고 하는 것은 — 특수개념(단일개념 개별개념)을 제외하고는 — 보편성·일반성을 지니는 것으로서, 구체적이고 특수한 수많은 대상들에서 공통적인 것·보편적인 것을 지니고 있는 개체들에 대해 붙이는 '이름'이다. 그러므로 개념은 '본질'과 관계하는 것이며, 따라서 개체들이 지니고 있는 여러 '우연적(우유적) 속성들'은 문제 삼지 않는다. 그러나 그렇다고 해서 우리의 사유가 그러한 우연한 속성들을 다루지 않는 것은 아니다. 개념이 본질과 관련을 맺는다는 사실로 인하여, 우리의 사유가 특수한 것들·우연적인 것들을 무시하거나 다루지 않는다는 주장이 정당화되는 것은 아니다. 저자들은 이 점을 인정하지 않고 있는 것 같다.

다. 'archē'의 동사인 'archē' [부정형: archein (ἄρχειν)]는 '시작하다'라는 뜻 외에도 '다스리다[이(理)]'는 뜻을 지니고 있다. 출발점이 되는 원리에는, 이후에 오는 것들을 다스린다는 의미가 포함되어 있는 것으로 보인다. 예컨대 'anarchism'은 '다스리는 것'이 '없는(a)' 상태이므로 '무정부주의'가 된다. 한자 '원리(原理)'의 '이(理)'도 '다스린다'는 뜻이 들어있다. 아르케는 '시원(始原)', '만물의 근원', '원리(原理)', '원질(原質)' 등으로 번역한다.

240 백훈승, 「계몽주의와 낭만주의의 종합자 헤겔」, 『범한철학』 제48호, 범한철학회, 2008. 3 (167-189) 참조.

또 하나, 계몽적 이성이 자연과 인간을 지배하고 정복하고 착취하는 기능만을 가지고 있는 것이 아님에도 불구하고 저자들은 계몽적 이성이 부정적으로 사용되는 경우들을 강조함으로서 사태를 왜곡하고 있는 측면이 있다. 이 점에 관해서는 하버마스도 지적한 바 있다. 『계몽의 변증법』의 저자들과는 달리 하버마스는 이성의 기능의 다른 측면을 강조한다. 하버마스는 계몽의 기획을 계속하기를 원한다. 이것은 바로, 이성의 공적(公的) 사용을 통한 해방이다. 칸트는 1784년에 『계몽이란 무엇인가?에 대한 답변』을 썼는데, 여기서 그는 "계몽이란 우리가 마땅히 스스로 책임져야 할 미성숙 상태로부터 벗어나는 것이다. 미성숙 상태란, 타인의 지도 없이는 자신의 지성을 사용할 수 없는 상태다. 이 미성년 상태의 책임을 마땅히 스스로 져야하는 것은, 이 미성년의 원인이 지성의 결핍에 있는 것이 아니라 타인의 지도 없이도 지성을 사용할 수 있는 결단과 용기의 결핍에 있을 경우다. 그러므로 과감히 알려고 하라!(Sapere aude!) 네 자신의 지성을 사용할 용기를 가져라! 하는 것이 계몽의 표어다"라고 말하고 있다. 하버마스는 저자들과는 달리 이성에 대해 훨씬 낙관적인 입장을 취한다. 그는 이성의 비판적 기능이 회복될 수 있고 극대화될 수 있다고 생각한다. 그리하여 하버마스는 비판이론을 갱신하고자 한다. 그는 옛 비판이론의 결점들을 다음과 같이 보고 있다.

1) 현대사회에 대한 일방적인 비관적 견해
2) 고전 형이상학의 주객모델
3) 충분히 발전되지 않은 규범이론

그래서, 그가 주장하는 의사소통행위이론은 현대사회에 대한 새로운 전망을 창출할 수 있다고 주장한다. 하버마스가 이런 입장을 취할 수 있는 이유는, 이성 개념을 폭넓게 설정하고 있기 때문이다. 흔히 이성을 하나의 동질적인 것으로 보지만 그의 생각은 다르다. 그는 이성이 발달하면서 이성에도 분화가 일어났다고 본다. 즉 이성은 ① 인지적·도구적 영역, ② 규범적·도덕적 영역, ③ 표현적·미학적 영역의 세 가지로 분화된다는 것이다. 현대사회의 의사소통을 체계적으로 가로막는 것은 이중 첫 번째 것일 뿐이다. 인지적·도구적 이성이 지나치게 비대화된 결과, 세계를 사물과 사태의 총체로 즉 객관적 세계로만 이해하게 되었으며, 그 객관적 세계에 상응하는 진리문제의 해결만을 합리적인 것으로 여기게 되었다. 하지만 규범적 이성이나 표현적 이성은 도구적 이성과는 달리 여전히 제 기능을 보존하고 있다. 그런데 이성의 이러한 3분화는 이미 칸트가 행한 것이다(순수이성, 실천이성, 판단력). 따라서 이성 자체를 해체 또는 폐기처분해야 한다거나, 이성은 이제 끝났다는 식의 판단은 섣부른 것이다. 현대사회에는 도구적 이성만이 과도할 뿐, 나머지 이성은 모두 부족한 상태에 있다.

• 이성으로 인해 생긴 현대사회의 병리현상(病理現象)은 얼마든지 이성으로 풀어낼 수 있다. 그 방법은, 한편으로 이성 자체가 지닌 비판적 기능을 회복하는 것이며, 다른 한 편으로 도구적 이성 외에 다른 이성의 영역들이 제 자리를 찾는 것이다. 하버마스에게 있어서 철학의 역할은, 인간의 역사에서 자유로운 의사소통을 방해하는 요소를 발견하고 이를 제거함으로써 자율과 책임을 향한 인류의 발전을 촉진하는 데 있다. 그는 철학의 궁극목적이 인간해방에 있다는 계몽주의의 틀을 포기하지 않는다. 의사소통 합리성이란, 도구적 이성(합리성)이 함축하고 있는 것들에 대한 비판이다.

4. 보론(補論)1: 오뒷세우스 또는 신화와 계몽

• 저자들은 『오뒷세이아』가 "총체적으로 계몽의 변증법에 관한 증거를 제시하고 있다"(DA, 42)고 말한다. 주지하듯 『오뒷세이아』는 이타카 섬의 영주인 오뒷세우스가 트로이 전쟁에서 승리한 후 귀향하는 도중에 겪은 여러 모험과 사건들을 기록한 호메로스의 서사시다. 저자들에 의하면, "호메로스의 이야기 속에는 신화와 지배와 노동이 서로 착종(錯綜)된 상태로 보존되어"(DA, 32) 있는데, 여기서 모험의 주인공인 오뒷세우스는 "바로 시민적 개인의 원형임이 입증된다"(ebd.)는 것이다. 오뒷세우스의 도정(道程)은 다음과 같이 요약된다.

> 살아남는 자아[오뒷세우스를 가리킴: 필자 첨가]가 다양한 운명과 맞서는 대립 속에서, 신화와 계몽의 대립이 각인(刻印)된다. 트로이에서 이타카로의 표류는 자연의 폭력에 비해 육체적으로는 무한히 연약한 도정인 동시에, 자기의식에 의해 처음으로 스스로를 형성하는 자아가 갖가지 신화를 통과해 나가는 도정이기도 하다(DA, 44).

오뒷세우스는 "자기를 구하기 위해 자기를 버린다"(DA, 45 f.). 다시 말하면 "자기를 보존하기 위하여 자기를 버리는 모험을 고집하는 자아[자기(自己)]의 도구는 '꾀[계략(計略), List]"(DA, 46)다. 그리고 오뒷세우스의 꾀의 원형은 "희생에 있어서의 기만(欺瞞)이라는 계기"(DA, 47)다. 태고의 자연신들을 '주인'이라 한다면, '손님'인 오뒷세우스는 화난 신들을 달래기 위해 선물이나 희생을 바치지만, 그것은 오뒷세우스의

"무력함과 패배의 증거"가 아니다. 왜냐하면 "손님의 선물에는 이와 동시에 등가교환(等價交換)의 원리[das Prinzip des Äquivalents]가 고지(告知)되고"(DA, 46) 있기 때문이다. 오뒷세우스는 선물과 안전한 항해를 바꾼 것이다. 결국 오뒷세우스는 얼핏 보면 신들을 두려워하고 공격하는 것처럼 보여도, 실제로는 인간 주체의 목적(자기보존)을 관철시키고 있는 것이다. 자연신들은 공경받는 것처럼 보여도, 사실은 속았던 것이다.[241]

> 교환이 희생의 세속화라면, 희생 자체가 이미 합리적 교환의 마술적 도식(圖式)인 것으로 생각된다. 결국 희생은 신들을 지배하는 인간의 행사(行事)이며, 신들은 바로 자기들이 겪는 숭배제도로 인해 완전히 파멸한다(DA, 47).

이제 「보론(補論)1: 오뒷세우스 혹은 신화와 계몽」을 통해서 우리가 얻을 수 있는 교훈들을 생각해보려고 한다. 저자들이 분석하고 있는 신화의 등장 순서는 사이렌(Seirēn)자매 ⇨ 로트화고이(Lōtophagoi)족(族) ⇨ 폴뤼페모스(Polyphēmos) 순으로 되어 있으나, 여기서는 『오뒷세이아』에 서술되어 있는 순서에 따라 고찰하고자 한다.

---

241 谷喬夫, ebd., 164 참조. 저자들은 "계획적으로 수행된 인간의 모든 희생행위는 행위의 대상이 되는 신을 기만한다. 희생행위는 신을 인간의 목적의 우위 아래 놓음으로써 신의 힘을 해체한다"(DA, 48)고 말한다.

1) 로토화고이(Lōtophagoi)족(族) [연꽃열매(연밥, Lōtos)를 먹는 사람]: 제9권, 84 f.[242]

• 오뒷세우스 일행은 귀향길에서, 연밥을 먹고 사는 로토화고이를 만나게 된다. 로토화고이는 그들에게 연밥을 건네준다. 그러나 로토화고이 때문에 그들에게는 아무런 피해도 발생하지 않았고(DA, 58 참조), 단지 "망각과 의지의 포기만이 연밥을 먹은 사람을 위협한다"(DA, 58). 즉, 그들에게 내려진 저주는, '비옥한 대지'에서 노동과 투쟁 없이 원시상태의 삶을 살아야 한다는 것이다. "꿀보다 더 달콤한 연밥을 맛본 자는 우리에게 보고할 생각도 하지 않고 귀환할 생각도 하지 않으며, 연밥이나 따먹으면서 고향도 잊어버린 채 그곳 로토파고이의 사회에 머물기를 원했다"(DA, 58).

로토화고이와 연밥의 유혹에 관한 이야기는 종교를 "민중의 아편(阿片)[Opium des Volkes]"[243]라고 한 맑스의 말을 연상시킨다. 진통제로 사용되는 아편은, 병을 치료하지는 못하면서도 통증을 잠시 동안 잊게 한다. 이처럼 종교도 진정한 고통을 근본적으로 없애지는 못하지만 잠시 동안 잊게 한다. 그래서 맑스는 종교에서 얻는 행복은 환상적이라고 한다. 둘째로, 함부로 사용되는 아편은 중독자를 만들고 무기력한 인간을 만들어 낸다. 맑스는 종교가 진정한 고통을 당하는 민중에게 내세의 삶과 행복을 약속함으로써 환상적인 행복을 느끼게 하여 위로하고, 나아가서 진정한 고통을 근본적으로 제거하는 데 필요한 투쟁

---

242 호메로스, 『오뒷세이아』, 천병희 역, 도서출판 숲, 2008, 194 f.

243 Karl Marx/Friedrich Engels, Werke. Band 1. *Zur Kritik der Hegelschen Rechtsphilosophie*. Einleitung, Berlin/DDR., 1976 (378-391), 378.

의지를 말살한다고 비난하는 것이다. 그러나 오뒷세우스는 "환각제의 행복을 경고하는 이러한 목가적(牧歌的)인 상황[Idylle]"은 '행복의 가상(假像)일 뿐"이고 "우둔한 식물적 생활"이며 "동물의 생존처럼 결여된 것"이다. "행복은 본질적으로 하나의 성과(결과)"다. 그리하여 오뒷세우스는 "로토화고이에 맞서서 자기 자신의 과업, 즉 역사적인 노동을 통해 유토피아를 실현하는 일을 옹호한다. 이와는 반대로, 행복의 이미지 속에 단순히 머무르는 것은, 행복으로부터 활력을 빼앗는 것이다"(DA, 58). 그리하여 그는 울고불고하는 부하들을 억지로 함선으로 데려가서, 노(櫓) 젓는 자리들 아래로 끌고 가, 속이 빈 배 안에 묶어두고 배를 출항시킨다.[244]

☞ 나는 『오뒷세이아』(BC 700년경)를 헤겔의 『정신현상학』(*Phänomenologie des Geistes*, 1807년)과 연관하여 해석해보고자 한다.

Lōtophagoi족(族)과의 만남의 경우에, 오뒷세우스는 『정신현상학』에서의 〈노예〉에 해당하고, 선원들은 〈주인〉에 대응한다.

① 연꽃열매의 달콤한 맛에 빠져서 고향으로 돌아가기(=본래의 목적)를 망각하고 있는 선원)들은 〈자기의식〉장에서의 '주인[Herr]'에 해당한다. 헤겔에 의하면, 주인은 노예에 의해 가공된 물(物)을 순전히 소비함으로써 자기의 욕망을 충족시킨다. 그러나 이러한 충족은 단지 아욕적(我慾的)인 욕망의 충족이고 순수한 소멸에 불과하다.

---

244 호메로스, 『오뒷세이아』, 천병희 역, 도서출판 숲, 2008, 195.

② 오뒷세우스는 <자기의식>장에서의 '노예[Knecht]'에 해당한다. 노예는 주인의 명령에 따라 주인의 욕망을 충족시키기 위해 노동해야 한다. 그런데 이러한 노동, 물의 가공은 물의 무화, 전면적인 부정이 아닌, 물의 일면만을 부정하는 규정적 부정이며, 내용의 산출이고 형성작용[die Formierung]이다. 이에 반해 주인에 의한, 욕망대상의 소비·향유로서의 욕망충족은 대상의 전면적인 부정이다. 이러한 욕망충족은 동물적인 것으로서, 덧없는 것, 일시적인 것이다.

헤겔은 노동을 "저지된 욕망[die gehemmte Begierde]"(PG, 149)이라고 하는데, 이것은 무슨 뜻인가? 노동은 대상의 순수한 부정으로서의 욕망이 아니라, 이러한 순수한 부정이 저지된 욕망이라는 뜻을 지닌다. 즉, 노동은 대상을 무화시키지 않고 그것을 가공하여 다른 물(작품)로 만들어 내는 창조적인 행위이므로, 순수한 부정으로서의 욕망이나, 소멸에 불과한 욕망충족이 아니다. 헤겔에 의하면, 욕망의 무화작용은 저지되어야 하는데, 바로 욕망과 대상 사이에서 욕망의 직접성을 지양하여, 욕망을 매개된 욕망에로 고양시키는 중심으로서 이러한 저지의 역할을 하는 것이 노동이다. 동물은 자기의 욕망과 대상을 모두 직접성 속에서 무화시킴으로써 욕망의 악무한에 빠진다. 그러나 인간에게 있어서는 욕망의 직접성이 지양됨으로써 대상 또한 무화·소멸되지 않고 지양되어 존속하게 된다. 만약에 이러한 노동이 없다면, 그리고 도구 및 기계 속에서 분명하게 드러나는, 욕망의 저지가 없다면, 자연의 사슬로부터의 해방도, 객체를 동물적으로 무화시키는 일로부터의 세계의 형성도 존재하지 않을 것이다. 그런데, 노동 속에서 노예의 욕망은 무화되지 않고 존속하며, 노동 속에서 단지 자기의 욕망만이 아니라 타인(주인)의 욕망까지도 포함하고 있으므로, 이기심에 사로잡혀 있는 주인보다 우월하며, 노예의 이기심의 극복은 인간의 진정한 자유의 시초를 형성한다. 노동하는 의식은 자기의 실천적 생산행위인 노동을 통하여 새로운 대상세계를 창조하는 동시에 자기 자신도 창조한다. 이때, 노동을 통해 변화·창조된 자연(세계)은 제2의 자연 또는 문화세계라고 할 수 있다.

2) 폴뤼훼모스(Polyphēmos)[퀴클롭스(Kyklōps)족(族) 중 가장 힘이 센 자. 외눈박이 거인]: 제9권, 105 ff.[245]

• 폴뤼훼모스는 오뒷세우스 일행이 두 번째로 겪게 되는 모험에 등장한다. 여기서는, 폴뤼훼모스에 대항하는 오뒷세우스의 계몽의 언어가 핵심적인 내용이다.

퀴클롭스족(族)은 법규도 없는 "오만불손한 두법자"며, 폴뤼훼모스는 퀴클롭스족(族) 중 가장 힘이 센, 외눈박이 거인으로서, 인육(人肉)을 먹는다. 오뒷세우스가 힘으로 그를 대항할 수는 없다. 그는 자신의 부하를 잡아먹은 폴뤼훼모스에게 복수하려고 한다. 그는 퀴클롭스의 우리 옆에 있는 올리브나무 몽둥이를 부하들에게 깎으라고 명령한 다음 그것의 끝을 뾰족하게 다듬어서, 활활 타오르는 불로 가져가 달구었다. 그러고 나서 그는 포도주가 든 나무 대접을 손에 들고 폴뤼훼모스에게 다가가서, 인육을 먹었으니 포도주를 받아 마시라고 권한다. 달콤한 포도주를 받아 마신 폴리훼모스는 오뒷세우스에게 한 잔을 더 청하고선, 이름을 말하면 선물을 주겠다고 말한다. 그렇게 말하자 오뒷세우스는 폴리훼모스에게 세 번이나 포도주를 주고, 그에게 자기 이름은 '우데이

---

245 호메로스, ebd, 195 ff.

스', 즉 '아무도 아닌 자'라고 말한다. 그가 오뒷세우스에게 줄 선물은, 전우들 가운데 그를 맨 마지막으로 잡아먹겠다는 약속이다.

폴뤼훼모스가 잠든 후 오뒷세우스는 달궈진 말뚝을 폴리훼모스의 눈에 찔러 피투성이가 되게 만들었다. 폴뤼훼모스는 괴로워하면서, 주위의 동굴에 사는 퀴클롭스들을 큰 소리로 부르며, 우데이스, 곧 '아무도 아닌 자'가 힘이 아니라 꾀로 자기를 죽이려 하고 있다고 말했다. 그러자 그들은 '만약 그대에게 폭행을 가하는 자가 아무도 아니고 그대가 혼자 있다면, 그대는 아마도 위대한 제우스가 보낸 그 병에서 결코 벗어날 수 없을 것'이라고 대답한다.

계몽된 인간인 오뒷세우스는 "우데이스라는 이름이 '영웅'과 '아무도 아닌 자'라는 두 의미를 가지고 있기 때문에 그 이름이 속박의 틀을 깰 수 있다"(DA, 56)는 사실을 알고 있지만 폴리훼모스는 그렇지 못하다. 그리하여 그는 "자기를 아무도 아닌 자라고 부정함으로써 자기 자신에게 자기를 인정하며, 자기를 사라지게 함으로써 자기의 생명을 구한다"(DA, 56). 달리 말하면, "주체인 오뒷세우스는 자기를 주체로 만드는 자신의 고유한 동일성을 부인하고, 형태 없는 것에 동화됨으로써 목숨을 보존한다"(DA, 62).

☞ 폴뤼훼모스 이야기에서는 『정신현상학』의 〈감각적 확신〉[die sinnliche Gewißheit]과의[246] 대응관계를 발견할 수 있는바, 『정신현상

---

246 헤겔이 〈감각적 확신〉[die sinnliche Gewißheit]이라고 부른 것을 분석해보면, 감각적 확신이 아니라 '감각적 지각의 확신['die Gewißheit der sinnlichen Wahrnehmung=The certainty of seonsory perception], 곧 '지각의 확신'[die Gewißheit der Wahrnehmung]이다. 그러므로 헤겔의 이 표현과 그것에 대한 그의 이해

학』의 해당 장에서는 언어의 보편적 성격에 관해 논하고 있다. 즉, 감각적 지각의 확신은 개별자[das Einzelne] 혹은 이것[Dieses]을 대상으로 갖고 있는데, 이것을 언표하면 개별성은 사라진다. 내가 "지금 내 앞에 있는 이것은 책이다"라고 말하는 경우, '지금', '내', '앞에', '이것', 그리고 '책'이라고 하는 것들은 모두 보편자다. 다시 말하면, 감각적 지각의 확신의 대상은 예컨대 ① '지금'이라는 특정한 이 순간[this moment]으로서의 개별자이지만, 이 개별자를 언표하면, ② 보편자로서의 '지금'이 된다. 이것을 버클리의 예를 들어 설명하면, ①에 대해 우리가 갖는 것은 구체적인 관념[idea], 표상[Vorstellung], 이미지(image)인데 반하여, ②는 보편자로서의 개념[concept, Begriff]이다. '지금'은 밤도 아니고 낮도 아니지만 또한 '지금'은 밤일 수도 있고 낮일 수도 있다(PhG., 81 f. 참조). 부정(否定)에 의해서 그리고 부정을 통해서 존재하는 것, 이것도 저것도 아닌 것, 그리고 특히 '이것이 아닌 것'이면서도 또한 이것이나 저것에 대해서 무관하게 존재하는 것, 즉 이와 같이 단순한 성질의 것을 우리는 보편자[Allgemeines]라 부른다. 즉 보편자야말로 참된 의미에서 감각적 지각의 확신의 진실이다(PhG, 82 참조). 이러한 반성을 거쳐 감각적 지각의 확신이 도달하게 된 진리는 이제 지양된 보편자로서, 처음에는 가장 직접적이고 구체적인 것으로 생각되었던 '이것'의 존재가 "가장 일반적인 것으로서만, 그리고 이로써 구별성보다는 오히려 모든 것과의 동일성으로서만이 언표된다"(PhG, 88).

는 수정되어야 한다. 나는 이것을 앞으로 "감각적 지각의 확신"으로 고쳐 쓰겠다.

감각적 확신의 분석을 통하여, 감각적 지각의 확신은 어떤 개별적인 '이것'을 감각하지만, 자기가 뜻하고 감각하는 것을 말로 정확히 나타낼 수는 없다는 사실을 알게 된다. 개별자로 사념된 대상이 보편자로 표현될 수밖에 없는 경험이 바로 감각적 지각의 확신의 경험이다.

• 브루노(Giordano Bruno, 1548-1600)는 우주는 무한하기 때문에 중심은 어디에나 있으며, 어디에도 없다고 말한 바 있다. 오뒷세우스의 계략은, 유한한 개별자인 한 인간에 대해, 마치 그가 무한자인 것처럼 언표했다는 데 있다고 하겠다. '우다이스'는 '아무도 아닌' 자라는 뜻이다. 이것은 마치 '유토피아'(u + topos)처럼 '그 어디에도 없는 자'라는 의미를 가질 수도 있지만, 어떤 특정한 자·특정인이 아니라, '그 무엇도 될 수 있는 자'라는 의미를 가지고 있을 것이다. 마치 '지금'이 오늘 낮 두시일 수도, 내일 오전 10시가 될 수 있는 것처럼 말이다.

3) 사이렌(Seirēn)자매[247][= Seirēnes (pl.)][상체는 여인이고 하체는 새임] : 제12권, 39 ff.[248]

• 사이렌 자매는 스킬라(Skylla)와 카립디스(Charybdis)에 가까운 섬에 사는 요정 자매들이다. 그들은 아름다운 노래로, 지나가는 사람들을 유혹하여 배를 암초에 부딪치게 해서 침몰시킨다. 사이렌의 노랫소리를 듣고서 그 노랫소리에 빠져들지 않는 것은 불가능하며, 사이렌에게 저항할 수도 없다. 그러나 오뒷세우스는 사이렌을 섬을 지나가지 않는 다른 항로를 택하려고 하지 않는다(DA, 55 참조). 그는 자기의 손

---

247 이 내용은 〈보론 I 〉에서만이 아니라 〈계몽 개념〉에서도 등장한다.

248 호메로스, ebd, 265 ff.

발을 묶게 하고 돛대에 밧줄의 끝을 묶도록 함으로써, 사이렌 자매의 목소리를 즐기면서 듣는 한편, 전우(戰友)들의 귀에는 꿀처럼 달콤한 밀랍을 이겨서 발라줌으로써 노래를 듣지 못하게 한다.[249] 오뒷세우스에게 "사이렌 자매의 유혹은 단순한 명상의 대상, 즉 예술로 중성화된다. 사슬에 묶인 오뒷세우스는 나중에 연주회의 청중처럼 그곳에 상주(常主)하면서 움직이지 않고 노래에 귀 기울인다"(DA, 34).

• 사이렌 이야기는 "자신 속에 신화와 합리적 노동의 착종을 포함하고 있다"(DA, 42). 선상(船上)에서는 오뒷세우스와 부하들 사이에 지배와 예속관계가 전개된다. 저자들은 "오뒷세우스의 배 위에서 사이렌과 대면하면서 수행되는 조치들은 계몽의 변증법의 불길한 비유[Allegorie]"(DA, 34)라고 말한다. 그것은, 『오뒷세이아』에 서술되고 있는 사이렌과 오뒷세우스 및 그의 부하들과의 관계가 저자들이 체험한, 그리고 우리가 지금 살고 있는 시대의 불길한 모습을 보여주고 있는 하나의 '다른 이야기[Allegorie]'로 읽힌다는 말이다. 어떤 면에서 그런가? <사이렌의 이야기>에서는 인간의 지배와 예속의 문제, 노동과 향유의 문제, 대중문화산업의 병폐문제 등, 여러 가지 불길한 문제들이 노정(露呈)되어 있기에 그러할 것이다. "위에 있는 자들은 (…) 명령하는 자기(自己)로 전적으로 경직된다. 미개인은 자연물을, 기피된 욕망대상으로서만 경험하였다"(DA, 34). "그러나 물(物)과 자기 사이에 노예를 개입시킨 주인은 이를 통해 물의 비자립성과만 결합하며 물을 순전히 향유하며, 물의 비자립성이라는 측면은 물을 가공하는 노예에게 위임한다."(PhG, 146 f.).

---

249 호메로스, 『오뒷세이아』, 천병희 역, 도서출판 숲, 2008, 267 참조.

☞ 앞에 서술된 Lōtophagoi족(族)과의 만남의 경우와는 달리, 이번에는 오뒷세우스가 『정신현상학』에서의 <주인>에 해당하고, 선원들은 <노예>에 대응한다. 오뒷세우스는 주인으로서 상부구조에 속하며, 노를 젓는 고된 노동은 선원들에게 맡긴 채, 사이렌의 노래(예술)을 감상한다[=향유, Genuß, Enjoyment]. 아렌트 식으로 말하면, 오뒷세우스는 주인으로서 정치행위, 즉 praxis (action)를 하는 자다. 이에 반하여, 선원들은 노를 젓는 고된 노동에만 종사할 뿐, 그들의 귀는 밀랍으로 막혀 있어서 사이렌의 노래(예술)을 감상할 수 없다. 아렌트 식으로 말하면, 선원들에게는 오직 노동[Arbeit, labor]만이 있을 뿐이다(토대=하부구조).

5. 보론(補論)II: 줄리엣 혹은 계몽과 도덕[Juliette oder Aufklärung und Moral. DA, 74-107]

「보론Ⅱ. 줄리엣 혹은 계몽과 도덕」이 다루게 될 내용을 저자들은 다음과 같이 말하고 있다:

두 번째 보론은 계몽의 가차 없는 완성자들인 칸트와 사드[250]와 니체를 다룬다. 그것은 모든 자연적인 것을 독재적(독단적)인 주체 밑에 굴복시키는 것이 어떻게 해서 궁극적으로는 맹목적인 객체와 자연적인 것에 대

250 Donatien Alphonse François de Sade; 1740-1814. 프랑스의 작가로서 변태적 성행위로 여러 번 투옥되었다. 도착적인 소설『쥐스틴』,『줄리엣』 등을 써서 새디즘이라는 말이 생겼다.

한 지배에서 정점(頂點)에 이르는가를 보여준다. 이러한 [계몽의] 경향은 시민적(市民的) 사유(思惟)의 모든 대립들, 특히 도덕적인 엄격함과 절대적인 무도덕(無道德)의 대립을 동일한 지평에서 해소해 버린다(DA, 5).

칸트는 1784년에 『계몽이란 무엇인가?에 대한 답변』을 썼는데, 여기서 그는 "계몽이란 우리가 마땅히 스스로 책임져야 할 미성숙 상태로부터 벗어나는 것이다. 미성숙 상태란, 타인의 지도 없이는 자신의 지성을 사용할 수 없는 상태다. 이 미성숙 상태의 책임을 스스로 져야하는 것은, 이 미성년의 원인이 지성의 결핍에 있는 것이 아니라 타인의 지도 없이도 지성을 사용할 수 있는 결단과 용기의 결핍에 있을 경우다. 그러므로 과감히 알려고 하라!(Sapere aude!) 네 자신의 지성을 사용할 용기를 가져라! 하는 것이 계몽의 표어다"[251]라고 말하고 있다.

그런데 칸트가 말한 것처럼, 계몽이 "타인의 지도 없이는 자신의 지성을 사용할 수 없는" 미성숙 상태로부터 벗어나서 용기를 내어 스스로 자신의 지성을 사용하는 것이라면, 스스로 지성을 사용하여 도덕적인 행위를 하든지(칸트의 정언명법에 따르는 행위를 하든지), (사드 소설의 줄리엣처럼) 스스로 지성을 사용하여 향락을 추구하는 행위를 하든지 아무런 차이가 없을 것이다. 두 행위 모두 〈계몽적인 행위〉인 것이다. 『계몽의 변증법』에 따르면 "사드 후작(侯爵)의 작품은 타인의 지도를 받지 않는 지성, 즉 후견인으로부터 해방된 시민적 주체를 보여

---

251 Immanuel Kant, "Beantwortung der Frage: Was ist Aufklärung?," in: Immanuel Kant, *Werke in sechs Bänden, BandVI. Schriften zur Anthropologie, Geschichtsphilosophie, Politik und Pädagogik*, hg.v. Wilhelm Weischedel, Darmstadt, 2005 (53-61), 53.

준다"(DA, 79). 따라서 도덕적 행위를 추구하는 칸트가 계몽의 한쪽 극(極)이라면, 철저한 부도덕 행위를 한 사드는 계몽의 다른 한쪽 극이다. 호르크하이머와 아도르노는 사드의 『줄리엣 이야기 혹은 부덕의 번영』(*Histoire de Juliette ou les prosperites du vice*) 속에서, 계몽의 가차 없는 귀결이 보다 철저하게 추구된 모습, 즉 타인의 지도에서 해방된 지성의 행방을 발견했다. 이 소설 속의 주인공인 줄리엣은, 모든 미신을 부정하는 계몽의 원리에 따르면, 칸트가 말하는 도덕 또한 미신적 관념에 불과하다고 주장한다. 인간이 서로를 존중해야 한다는 칸트의 도덕에 학문적 근거를 부여할 수 없으며, 타인을 존경하는 것도, 학대하는 것도 가능하며, 양자 사이에 우열을 가리기는 힘들다는 것이다.[252] 이렇게 보면, 『줄리엣 이야기 혹은 부덕의 번영』에서 누아르쾌이(Noirceuil)가 철저하게 합리적으로 사랑과 향락을 분리해서 보고, 정신(영혼)과 육체를 분리해서 보는 것이 〈계몽된 사랑〉인지도 모른다. 누아르쾌이는 다음과 같이 말한다.

> 다시 한 번 말하자면 사랑하는 것과 즐기는 것은 전적으로 다른 것으로 보입니다. (…) 왜냐하면 부드러운 감정은 상쾌한 기분과 예의범절의 관계에 상응하지만, 아름다운 목이나 엉덩이의 예쁜 곡선에서 나오는 것은 아니기 때문입니다. 우리의 취향에 따라 다르기는 하겠지만 육체의 욕정을 생생하게 자극할 수 있는 이러한 대상들은 정신적인 정동(情動)에 대해서는 아무런 권리도 갖고 있지 않은 것 같습니다. 내 생각을 완성하여 말하자면, 벨리체는 추하고 마흔 살이나 먹었고,

---

252 谷喬夫, ebd., 174 참조.

그녀의 전 인격에 있어서 고상함을 지니고 있지 않고, 균형 잡힌 용모를 갖추고 있지 않고 우아하지도 않습니다. 그러나 벨리체는 명민함과 고귀한 성격을, 그리고 나의 감정과 선호와 결합되는 수많은 것들을 소유하고 있습니다. 나는 벨리체와 자기를 원하지 않을 것입니다. 그럼에도 불구하고 나는 그녀를 미치도록 사랑할 것입니다. 이에 반해 나는 아라민트를 강렬히 욕망할 것입니다. 그렇지만 소망의 열기가 사라지자마자 나는 그녀를 진심으로 혐오할 것입니다(DA, 97).

• 칸트에 의하면 덕(德)이란, "자신의 감정이나 경향에 의해 지배받지 말라는 금지명령{무감동[*Apathie*]의 의무}에 덧붙여지는 것"[253]이라고 말하지만, 줄리엣은 "타인의 지도를 받지 않는 지성, 즉 후견인으로부터 해방된 시민적 주체"(DA, 79)로서, 자신의 행위들을 "더 이상 자연스러운 것으로서가 아니라 터부시된 것이라고 확증한다. 그녀는 자신의 행위를 근거 없이 비난하는 가치판단 — 왜냐하면 모든 가치판단은 본래 근거가 없기 때문에 — 에 대해 정반대의 가치판단을 내세움으로써 보상한다. (…) 줄리엣이 구현하고 있는 것은 — 심리학의 표현으로는 — 승화되지 않은 퇴행적 리비도가 아니라 퇴행에 대한 지적인 기쁨, 즉 지적·악마적 사랑으로서 그 자신의 무기로 문명을 파괴하는 즐거움이다. 그녀는 체계와 수미일관성을 좋아한다. 그녀는 이성적 사유라는 도구를 탁월하게 다룬다"(DA, 86).

---

253 Immanuel Kant, *Metaphysische Anfangsgründe der Tugendlehre*, in: Immanuel Kant, *Werke in sechs Bänden, Band IV. Schriften zur Ethik und Religionsphilosophie*, hg.v. Wilhelm Weischedel, Darmstadt, 2005 (501-643), 540.

6. 문화산업: 대중기만으로서의 계몽[Kulturindustrie: Aufklärung als Massenbetrug. DA, 108-150]

문화산업에 관한 장(章)은 단순히 대중문화에 대한 비판으로 이해되어서는 안 된다. 그것은 현대의 대중문화를 조종하고 있는 '문화산업'에 대한 비판이다. 저자들은, 문화산업의 추진자들이 경제원리를 문화의 영역으로 침투시켜서 이익을 창출하고 있는 메커니즘을 분석하고 비판하고 있다. 계산을 잘 해내는 계몽적 이성은 여기서 이윤창출을 목적으로 하는 하나의 이데올로기로 퇴보하고 있다. "그들의 이데올로기는 장사다"(DA, 123). 저자들은 예술과 대중문화에 대한 분석을 통해서 이러한 퇴보의 발생과 진행과정을 보여주고 있다. 문화산업에서 발견되는 계몽주의는 권력과 연계하여 생산과 분배에서 효율성과 이윤을 만들어내고자 한다. 그러면 현대의 문화산업은 어떤 문제점들을 지니고 있는지 살펴보자.

6.1. 전체주의적·획일주의적인 사유

저자들은, "문화는 오늘날 모든 것을 유사한 것으로 변화시킨다. 영화와 라디오와 잡지는 하나의 체계를 이루고 있다. 모든 분야가 그 자체로 단조롭고 모두가 같다"(DA, 108). 그리고 "독점 하에서의 모든 대중문화는 동일하다"(DA, 108)고 말한다. 이렇게 보면, "애니미즘은 물

(物)에 혼을 불어넣었고(물을 살아있는 것으로 만들었고), 산업주의는 혼을 물화(物化)한다”(DA, 29). 오늘날 우리사회에서도 개성과 다양성이 소멸되고 있는 현상을 목격하게 된다. 자기 자신의 얼굴로 살지 못하고 유명 연예인의 얼굴모습이 되도록 성형수술을 받는 것도 한 예라 할 수 있다. 다양성이 사라진 세계는 전체주의 세계다. 복수의 인간이 사라지면 정치는 소멸된다. 우리가 지향해야 할 사회는 획일성·폐쇄성이 지배하는 사회가 아니라, 다양성·다원성이 조화롭게 공존하는 개방적이고 자유로운 사회여야 한다.

6.2. 문화산업은 질보다 양을 중시한다

“가치의 통일된(단일한) 척도는 눈에 띄는 생산량, 즉 노출된 투자의 양에 존재한다. 문화산업의 상이한 예산배분에 의해 만들어진 가치의 차이는 생산물의 실제적인 가치나 의미와는 아무런 관계가 없다”(DA, 111). 문화산업에서는 최소한의 비용으로 최대의 이윤을 창출하는 것이 목적이다. 문화산업은 자신의 상품목록에 예술작품도 포함시킨다. 이러한 체제에서는 예술가나 각 문화분야의 전문가들은 문화산업에서 생산을 맡고 있는 하나의 일꾼에 불과하고, 문화산업의 궁극적인 생산주체는 바로 자본가다. 예술작품 생산과정에 참여하는 모든 예술노동자는 자본가에게 고용된 피고용인이다. 따라서 자본가는 이윤창출을 위해서는 ‘예술성’ 보다는, 어떤 생산물(작품)이 예술소비자의 구매욕구를 자극하여 더 많은 이익을 가져다 줄 수 있는가에 자신의 관심을 집중한다. 이때의 가치의 척도는 질이 아니라 양이다. 우리는 이런 예를 현실에서 많이 보게 된다. 예컨대 1천만 명 이상의 관객이 관람한 영화의 작품성이 그 외면적인 실적을 도무지 따라가지 못하는 경우를 만나게 되는 것이다.

6.3. 문화산업은 감각의 다양성을 획일화 하고, 문화의 자율성을 위협한다.

비유적으로 말하면, 칸트의 인식론에서 감각의 다양성은 지성[Verstand]의 순수개념들인 범주들[Kategorien]에 의해 통일됨으로써 하나의 인식[Erkenntnis] 내지는 현상[Phänomenon]으로 형성된다. 즉, 칸트에게 있어서 인간이 외부로부터 받아들이는 다양한 자료들은 주체의 지성에 의해 정리되고 질서 지어지는 것이다. 그러나 문화산업은 주체로부터 그러한 능력을 빼앗아버린다. 칸트에게 있어서 인간 주체가 행사하는 작용을 이제는 문화산업이 대신하게 되었다. 그뿐만 아니라 문화산업은 감각의 다양성을 정돈하는 메커니즘을 조작하기도 함으로써, 소비자가 직접 분류하고 정돈할 것은 더 이상 남지 않게 된 것이다. 따라서 예술과 대중문화의 자율성은 문화산업에 의해 침해되고 있는데, 예술과 대중문화에서 인간의 자율성을 회복하는 것이 중요한 문제다(DA, 112 참조).

6.4. 문화산업은 충동을 억압하고 현실에 대한 비판정신을 약화시킨다.

"문화산업은 (충동을: 필자 첨가) 승화시키는 것이 아니라 억압한다"(DA, 125). 문화산업은 현존하는 삶의 방식이나 조건을 당연한 것으로 인식하게 만들고, 대중으로 하여금 자본주의적 가치관을 내면화하게 만들며 정신적인 도피처를 제공하여 정치적인 무관심을 조장하는 것이다. 우리나라의 독재정권에서 잘 사용했던 소위 3S[254]정책이 대표적인 예라 할 수 있다. 사탕과 당근으로 현실의 고통을 잊게 함으로써 현실의 문제점들을 개선 내지 개혁하려는 의지를 마비시키는 문화산업의 메커니즘을 잘 이해할 필요가 있다. "즐긴다는 것은 언제나(분명히), 무엇인가에 대해 생각할 필요가 없다는 것, 고뇌가 목격되고 있는 곳에서도 고뇌를 잊어버리는 것이다. 즐기는 것의 근저에는 무력감이 존재한다. 즐기는 것은 사실은 도피다. 그러나 그 도피는 흔히 주장되듯, 나쁜 현실로부터의 도피가 아니라 무력감이 남겨놓은, 저항에 대한 마지막 생각으로부터의 도피다"(DA, 130).

문화산업은 우리에게 달콤한 것을 제공하지만 그것들이 주는 "진정한 기쁨은 가혹한 것이다(res severa verum gaudium)"(DA, 126). 즉, 문화산업이 끊임없이 "그들에게 무엇인가를 제공하는 것과 그들로부터 무엇인가를 가져오는 것은 동일한 것이다"(DA, 127). 문화산업의 상품은 소비자에게 웃음과 충동을 제공하지만 그것들은 은밀하게 사

254 3S는 소위 'sports', 'screen', 'sex'의 세 가지로 알려져 있는데, 원래는 'sports' 대신 'speed'였다고도 한다.

람들의 웃음과 충동을 제거한다. 왜냐하면 여기서 웃음과 충동과 관련하여 문제 되고 있는 욕망은 소비자들의 욕망이 아니라 문화산업자에 의해 조작된 욕망이기 때문이다.

6.5. 문화산업은 투기심리를 조장한다.

문화산업은 행운에 의한 인생역전을 조장한다. "탤런트 사냥꾼에 의해 발견되어 스튜디오에서 위대하게 공개된 인물들은 새로운 종속적 중산층의 이상형"(DA, 130)이라고 저자들은 말하고 있다. 이런 현상은 오늘날의 대한민국에서도 마찬가지로 발견할 수 있다. 가수(歌手)는 원래, 노래를 잘 해야 함에도 불구하고 오늘날 우리나라에는 '노래를 잘 하지 못하는 가수', 잘 하지 못하는 정도가 아니라 음(音)도 맞추지 못하는 가수들도 많이 있다. 그들은 어떻게 가수가 되었는가? 그들은 문화산업자에 의해 '가수로 만들어진 것'이다. 그들은 'OOO 기획사'에 의해 그렇게 의도적으로 기획된 상품인 것이다. 여성들은 탤런트, 가수 등의 연예인이 되기 위해 성형이 필수라고들 말한다. 자기보다도 노래를 못하는 사람들이 TV에 나와 인기 연예인으로 활동하는 것을 보고, "나도 연예인이 될 수 있다"는 꿈을 갖도록 문화산업은 사람들을 부추긴다. 그러나 그들은 상품가치가 있는 사람들만을 골라낼 것이고, 누구나 그 꿈을 이루기는 어려워 보인다. 그러나 사람들로 하여금, "나도 그렇게 될 수 있다는" 환상을 갖고 살아가게 만든다. 또한 "영화제작자는 이미 베스트셀러가 될 것으로 안심되지 않는 모든 원고(原稿)에 대해 의심의 눈길을 보낸다"(DA, 120). 왜냐하면 그것은 이윤창출에 방해가 되기 때문이다.

6.6. 문화산업은 소비자의 욕망을 부추긴다

"구경꾼(시청자)은 자기 자신의 생각을 필요로 해서는 안 된다. 제작물이 모든 반응을 미리 지시해준다"(DA, 123). 영화나 드라마에는 시청자들이 보이게 될 반응들을 미리 계산하고 이야기를 진행한다. 웃음·울음·분노 등의 감정표출은 제작자의 의도에 따라 구성된 것이고, 시청자는 거기에 반응할 뿐이다. 이런 면에서 보면 소비자의 욕망은 제작자에 의해 만들어진 욕망이라고 할 수도 있다. "(문화산업의: 필자 첨가) 원리는, 소비자의 모든 욕구가 문화산업에 의해 충족될 수 있는 것으로 생각할 것을 요구하기는 하지만, 다른 한편으로 이 욕구는 미리 그렇게 설정될 것을 요구한다. 그리하여 이 욕구 속에서 소비자는 자기 자신을 영원한 소비자로서만, 문화산업의 객체로서만 경험한다"(DA, 127).

여러 종류의 음식들이나 상품들에 대한 소비자의 욕구는 다양하다고 할 수 있다. 많은 경우 소비자들은 새로운 상품에 호기심을 갖고 구매욕도 갖기 마련이다. 그러나 이러한 욕구들은 과연 소비자들로부터만 발생하는 것일까? 물론 소비자 자신이 상품에 끌려 구매욕을 갖게 된다. 그런데 이러한 구매욕의 원천은 소비자 자신에게 있다고 할 수 있지만, 다른 한편으로 보면, 인간의 이런 욕구를 이용하여 이득을 보려는 상인들, 혹은 경우에 따라서는 그 배후에 있는 지배세력의 욕망에 의해 조작된 것이라고도 할 수 있다. 이것은 마르쿠제가 말한 <새로운 통제의 형태>의 하나라고 할 수 있을 것이다. 즉, 현대의 문화산업 사회에서는 우리가 현재 감지하고 있는 욕구들만이 충족되는 것이 아니라, 새로운 욕구들이 생산자들에 의해 의식적으로 만들어지는 메커니즘을 갖고 있다고 할 수 있다.[255] 우리가 매일 매스컴을 통해 접하는 수많은 광고들이 이 점을 잘 보여주고 있다. "문화산업의 지위가 확고해질수록, 문화산업은 소비자의 욕구를 더 총괄적으로 처리하고 산출하고 조종하고 훈련시키고, 심지어 재미를 앗아갈 수도 있다. 즉 문화의 진보에는 제한이 두어져 있지 않다"(DA, 129).

---

255 헤겔도 자신의 『법철학』에서 이 점에 관해 언급하고 있다: "영국인이 안락하다고 부르는 것은 좀처럼 그 속뜻을 알 수 없는 것으로, 무한히 진행하는 것이다. 왜냐하면 모든 안락함이란, 다시금 그 불편함을 드러내고, 이러한 고안(考案)은 끝이 없기 때문이다. 그러므로 욕구는, 그것을 직접적인 방식으로 가지고 있는 사람들에 의해서라기보다는 오히려, 욕구의 성립으로 인해 이득을 찾는 자들에 의해 산출된다"(§ 191 추가).

부록

후쿠야마의 인정투쟁이론에 대한 비판적 고찰

부록

후쿠야마의 인정투쟁 이론에 대한 비판적 고찰[256]

[한글 요약]

헤겔의 윤리학 내지 사회·정치철학에서 아주 많이 거론되고 있는 핵심문제들 가운데 하나가 바로 인정(認定) 내지 승인(承認)의 문제다. 그리고 많은 연구자들은 이 문제를 논의할 때 헤겔의 『정신현상학』(*Phänomenologie des Geistes*, 1807)을 그 중심 텍스트로 삼고 있다. 물론, 사회 속에서 발생하는 인간 상호간의 인정(승인)문제는 실로 중요한 문제가 아닐 수 없다. 사소한 다툼에서부터, 죽음을 초래하기까지 하는 전쟁에 이르기까지의 거의 모든 투쟁의 배경 내지 근저에는 바로 인간 상호간의 인정 내지 무시(無視)가 깔려있기 때문이다. 그러나 적어도 헤겔이 『정신현상학』에서 말하고 있는 생사를 건 인정투쟁은, 국가가 성립하기 이전의 자연상태에서 일어나는 현상이지, 결코 국가 속에서 발생하는 사건이 아니라는 점을 간과해서는 안 된다. 헤겔은 후자의 상태(조건)에서 발생하는 투쟁을 결코 '인정투쟁'이라고 부

256 이 글은 필자의 「후쿠야마의 인정투쟁이론에 대한 비판적 고찰」『철학논총』 제99집, 새한철학회, 2020.01.31. (117-143)]을 부분적으로 수정한 것이다.

르지 않고 '결투'라고 불렀다. 이 점을 많은 사람들이 혼동하고 있다. 헤겔이 말하는 맥락을 떠난 의미의 '인정투쟁'이 국가 속에서 일어나고 있다고 말할 수 있지만, 그것은 결코 헤겔이 말하는 바가 아니다. 이 점을 입증하기 위해 필자는 『정신현상학』 이전의 헤겔의 저술들인 『인륜의 체계』(*System der Sittlichkeit*, 1802/03)와 『예나체계기획』(*Jenenser Systementwürfe*, 1803/04; 1805/06)에 나타난 인정 및 인정투쟁의 문제를 함께 검토한다. 이 글에서는 후쿠야마의 경우를 예로 들어, 원 저자가 사용한 용어의 본래 의미를 벗어나 자의적(恣意的)으로 용어를 사용하는 오류를 지적하고자 한다. 아울러, 인정투쟁의 결과로 발생하는 주인과 노예와 관련된 그의 이해의 문제점, 플라톤의 혼 3분설에 대한 그의 해석과 관련된 인간본성에 대한 이해의 오류, 특히 '패기[thymos]'에 대한 이해의 문제점 등을 지적함으로써 그의 주장이 철학의 고전적인 텍스트들에 대한 깊이 있는 독서 및 정확한 이해를 결여하고 있음을 드러낸다. 이 글의 성격상, '역사의 종말'에 대한 그의 이해가 지니고 있는 문제점들에 관해서는 글의 주제와 관련해서만 언급된다.

1. 들어가는 말

본 연구는 사회철학 내지 정치철학의 핵심문제인 인정(승인)[Anerkennung/Recognition] 내지 인정투쟁(승인투쟁)[Anerkennungskampf/Struggle for Recognition][257] 개념에 관련된 후쿠야마

---

257 Anerkennung은 인정(認定) 혹은 승인(承認)으로 번역되고 있다. 독일어 erkennen

(Francis Fukuyama, 1952-)의 주장을 검토하고 그 주장의 문제점들을 드러내고자 한다. 그는 인정 및 인정투쟁에 관한 자기의 주장을 헤겔(G.W.F. Hegel)로부터 가져오는데, 이 과정에서 헤겔철학, 특히 그의 『정신현상학』의 해설자들 중의 한 사람인 코제프(A. Kojève)[258]에 주로 의존하면서 자신의 논지를 전개하고 있다. 필자는 우선, 후쿠야마가 『역사의 종말과 최후의 인간』(*The End of History and The Last Man*, NY., 2006)[259]이라는 저술에서 말하고 있는 '인정' 및 '인정받고 싶어 하

은 '어떤 대상을 인식한다'는 뜻을 지니고 있고, anerkennen은 '어떤 대상을 존중하고 소중하게 생각하고 어떤 가치를 용인한다'는 의미를 지니고 있다. 이 경우 전철(前綴) 혹은 접두사 an은 '~에 다가간다'라는 의미를 지니고 있다. 독일어에 대응하는 영어에는 두 용어가 있는데, recognize는 '인식한다'와 '인정한다'라는 두 의미를 모두 지니고 있으며, — 명사는 recognition이다 — acknowledge는 후자의 의미로 사용된다(명사는 acknowledgement이며, 접두어 'ac'도 독일어의 'an'과 같은 의미를 지니고 있다). 필자는 이 글에서 anerkennen을 '인정하다'로, Anerkennung을 '인정'으로, Anerkennungskampf를 '인정투쟁'으로 옮겨 사용한다. 왜냐하면 '승인'은 법적인 의미를 내포할 수 있어서, 예컨대 어떤 나라를 '독립국가로 승인한다'는 식의 표현이 자연스러운 반면, 예컨대 인간과 인간 사이에서, '내가 당신을 나의 스승(친구)으로 승인한다'라는 표현보다는 '내가 당신을 나의 스승(친구)으로 인정한다'라는 표현이 적합한 것으로 생각되기 때문이다. 김준수는 '승인'에는 '받듦', '받아들임'의 의미가 '인정'에서보다 더 선명하게 부각되기 때문에 대체로 '승인'으로 번역한다고 일러 있는 주장을 제기한 바 있다(김준수, 『승인이론. 독일관념론의 상호주관성 이론 연구』, 용의 숲, 2015, 12 참조). 그런데 '인정'의 '인(認)'에도 '허락(허가)한다'라는 의미가 포함되어 있음을 감안할 때, 필자는 법적인 의미와 일상적인 의미 모두를 아우를 수 있는 '인정'을 번역어로 사용하고자 한다.

258 코제프의 본명은 Kojevnikov인데, 1900년에 러시아에서 태어나서 10월 혁명이 발발하기 전에 하이델베르크를 거쳐 파리로 망명하였다. 거기에서 사회과학 고등연구원[École des Hautes-Études]의 코이레(Koyrés)의 후계자가 되었는데, 헤겔철학의 해석, 특히 그의 『정신현상학』을 주인과 노예의 관점에서 해석한 것으로 유명하며, 프랑스 철학에 큰 영향을 미쳤다. 그의 강의를 들은 사람들에는 사르트르, 아롱, 이뽈리트, 메를로-뽕띠 등이 있다(H. Ottmann, *Individuum und Gemeinschaft bei Hegel. Bd* I. *Hegel im Spiegel der Interpretationen*, Berlin/NY., 1977, 92 참조).

259 이 저술은 1992년에 초판이 발간되었는데, 이 논문에서는 2006년판을 사용하고, EH로 줄여서 인용한다.

는 욕망'이라는 개념, 그리고 이 욕망을 충족시키기 위해 인간 사이에서 벌어지는 '인정투쟁' 개념을 어떤 의미로 사용하고 있는지를 살펴본다. 그런데 그는 이 개념들을 플라톤과 헤겔 — 그리고 헤겔 해석가인 코제프 — 로부터 도출해내고 있는데, 그가 이 개념들의 원천이라고 주장하고 있는 플라톤에서의 '패기[thymos, θυμός]' 개념(EH, 164)의 의미와 그 위상을 파악하기 위하여 플라톤의 혼 3분설과, 후쿠야마에 의한 플라톤 이론의 적용내용을 검토한다. 아울러, 후쿠야마 자신이 만들어 낸 용어인 '우월욕망[megalothymia]'과 '대등욕망[isothymia]'의 의미도 살펴본다. 그리고 이러한 개념들 및 그 적용과 관련된 문제점들은 결론 부분에서 상세하게 고찰할 것이다. 그리하여 요컨대 후쿠야마가 이 개념들의 의미를 정확하게 파악하지 못하고 있을 뿐 아니라, 그 개념들을 일관된 의미로 사용하지 않음으로써 사태를 올바로 파악하지 못하고, 헤겔의 본래의 주장도 왜곡하는 결과를 초래했음을 드러낼 것이다.

요컨대, 후쿠야마는 인정 개념 및 인정투쟁이라는 개념을 헤겔이 말한 본래의 의미로 사용하는 경우도 있지만, 많은 경우에 있어서 그것과는 다른 의미로 사용하고 있다는 점을 밝히고자 한다. 그러나 이러한 사태는 비단 그에게 있어서만이 아니라 다른 많은 학자들에게서도 마찬가지로 발견된다는 것을 알 수 있다. 그들이 이러한 오류를 범하고 있는 이유는, 그들에게 헤겔의 텍스트에 대한 정확한 이해가 결여되어 있거나 혹은 헤겔이 말하고 있는 바를 알고는 있지만, 그것을 무시하고 자의적(恣意的)으로 논의를 전개하고 있기 때문이라고 생각된다. 요컨대 헤겔이 말하는 인정투쟁은 인간이 '자연상태(自然狀態)'에 있을 때에 발생하는 것이며, 인정투쟁을 거쳐 자연상태가 지양되어 국가가 성립한 이후에 인간들 간에 발생하는 투쟁에 대해서 헤겔은 더 이상 '인정투쟁'이라는 표현을 사용하지 않고 '결투'라고 부르고 있다. 그리하여 필자는 헤겔이 말하는 인정투쟁의 의미를 1802/03년의 『인륜의 체계』(*System der Sittlichkeit*), 1803/04 및 1805/06년의 『예나체계기획』(*Jenenser Systementwürfe*), 그리고 1807년의 『정신현상학』(*Phänomenologie des Geistes*) 등의 저서를 통해 명확히 밝힘으로써 이러한 오해를 불식시키고자 한다.

아울러 주인과 노예에 관련된 그의 이해에 내재해 있는 문제점들, 예컨대 주인과 노예에 있어서의 인정의 성취 가능성 문제, 정신노동(관리노동)과 육체노동의 문제, 플라톤의 혼(魂) 3분설 및 그것을 후쿠야마 자신의 이론에 적용함에 있어서 발생하는 문제들 등을 비판적으로 고찰할 것이다. 그리고 필자의 논의의 초점은, 그가 위의 저술에서 말하고 있는 '역사의 종말' 테제의 문제가 아니라,[260] 그가 사용하고 있는 '인정' 개념 및 '인정투쟁' 개념과 관련된 문제에 맞추어져 있기 때문에, '역사의 종말' 문제는 이 문제와 관련된 경우에만 언급하고자 한다는 점을 밝혀둔다.

---

260 그리고 사실 이 문제는 후쿠야마 자신이, 자기의 테제가 옳지 않았음을 고백함으로써 새로운 논의의 국면을 맞게 되었다. 즉 그가 역사의 종말을 주장하던 당시에는 유전공학과 제약산업 등의 눈부신 발전을 예견하지 못하였고, 새로운 인간이 등장하는 포스트 휴먼시대가 도래할 것을 예측하지 못했다는 것이다. 그는 「역사의 종말인가?」("The End of History?")라는 논문을 발표한 지 10년이 되던 해에 *The National Interest*지 '99년 여름 호에 회고논문을 발표했다. 그에 의하면 인간이 역사의 종말에 이를 수 있는 가능성은 두 가지 조건 하에서만 발생할 수 있는데, 첫 번째 조건은, 인간의 본성 같은 것이 존재한다는 것이고[F. Fukuyama, "Second thoughts: the last man in a bottle," in: *The National Interest* (Summer 1999), Iss. 56 (16-33), 27] 두 번째 조건은 과학의 종말이다(ebd., 17, 28). 그런데 유전공학과 제약산업을 통해 인간 본성 자체를 변화시킴으로써 인간 그 자체[human beings as such]를 철폐하게 될 것이어서 인간의 역사[human History]를 분명히 끝내고, 새로운 후인간의 역사[posthuman history]가 시작될 것이라고 주장한다(ebd., 28 f., 32 f. 참조).

2. 인정 및 인정투쟁에 대한 후쿠야마의 이해

후쿠야마(Francis Fukuyama)는 1952년에 시카고에서 출생한 일본계 미국인 정치학 박사로서, 동유럽이 붕괴되기 시작한 1989년 여름, The National Interest지(誌) 제16호에『역사의 종말인가?』("The End of History?")[261]라는 논문을 발표한 후, 이 글을 수정·보완하여『역사의 종말과 최후의 인간』(*The End of History and The Last Man*, NY, 1992)이라는 저술을 출간하였다. 여기서 그가 말하는 '역사'는 "사건의 발생[the occurrence of events]"(EH, xi와 xii)이라는 의미가 아니라 "단일하고 일관적인 진화의 과정"(EH, xii)으로서의 역사이며, 따라서 그가 말하는 '역사의 종말'이란, 종교적 의미의 '말세(末世)'나 '지구의 종말'을 의미하는 것이 아니라, 자유민주주의가 인류의 이데올로기 진화의 종점이라는 것을 가리킨다. 다시 말하면, 그가 말하는 '역사의 종말'은 사건(사실)으로서의 역사가 종언을 고하여, 더 이상의 사건이 발생하지 않는다는 의미가 아니라, "인류의 이데올로기 진화의 종점"(EH, xi)이나 '역사 발전의 종말'을 가리킨다. 헤겔이 자유주의 국가에서 역사의 종말이 이루어진다고 본 반면, 맑스는 역사발전의 종말이, 근대자본주의를 부정한 사회주의 사회를 거쳐서 마침내 공산주의 사회에 이르러서 이루어질 것으로 보았는데(EH, xii 참조), 그들이 비록 역사의 종점을 다르게 보고 있지만(전자는 자유 이념이 실현되는 사회에서, 그리고 후자는 공산주의 사회에서), 역사를 움직이는 법칙이 있다고 믿는 '역사법칙주의자'라는 점에서 공통점을 지니고 있는데, 후쿠야마 역시

---

261 "The End of History?" in: *The National Interest 16* (Summer 1989), 3-18.

이런 관점에서는, 인간의 역사가 진보하고 있고 마침내는 그 정점에 이르러 더 이상의 진보는 이루어지지 않는다고 보고 있는 점에서 그들과 공통점을 지니고 있다고 하겠다.

후쿠야마에 의하면 20세기 후반에 일어난 공산주의 체제의 붕괴로 인하여, 자유민주주의 이념은 최후의 승리를 얻은, 진보의 마지막 단계라는 것이다. 그런데 그는, 인류의 역사가 자유민주주의에 이르게 되는 데 기여한 두 가지 요인을 제시한다. 그 하나는 외적인 것으로서, 경제발전이고, 다른 하나는 내적인 것으로서, 소위 "인정을 위한 투쟁[the struggle for recognition]"(EH, x iii)이다. 이 논문의 목적은 그의 '인정' 및 '인정투쟁' 개념의 분석과 비판에 있기 때문에, 후쿠야마가 말하는 첫 번째 요인인 경제발전의 문제에 대해서는 언급하지 않을 것이다. 첫 번째 요인인 '경제' 문제는 인간의 경제적·물질적 욕망과 관련되어 있다. 그러나 인간은 물질·육체만으로 구성되어 있는 것이 아니라 정신도 지니고 있기 때문에, 물질적·육체적 욕망 외에 정신적인 욕망도 가지고 있다. 그런데 후쿠야마는 정신적인 욕망 가운데 핵심적인 것을 바로 '인정에 대한 욕망'으로 보고 있는데, 이러한 견해는 대체로 헤겔의 견해와 대동소이하지만 세부적인 점에 있어서는 차이를 보이고 있다고 하겠다. 그리고 후쿠야마 역시, 헤겔의 주장을 통하여 자신의 사상을 주장하려고 한다. 필자는 우선, 이와 관련된 그의 주장을 있는 그대로 살펴본 후, 그것이 지니고 있는 여러 문제점들은 결론 부분에서 상세히 검토하려고 한다.

1) 후쿠야마가 말하는 '인정' 및 '인정에 대한 욕망'의 의미

우선, 후쿠야마가 『역사의 종말』의 여러 곳에서 사용하고 있는 '인정' 나 지 '인정에 대한 욕망'의 의미들을 살펴보면 다음과 같다. ① 한 사람의 인간으로 인정받고 싶어 함(EH, 147참조).[262] ② "자기의 자유와 인간다움을 타인에게 인정받고 싶어 하는 욕망"(EH, 159). ③ "우리를 과소평가한 사람이 자기의 의견을 바꿔서 우리를 우리의 가치에 대한 우리 자신의 평가에 따라서 인정하기를 바라는 욕망"(EH, 165). ④ "자기 자신의 가치와 존엄성이 다른 그 누구에게라도 인정받기를"(EH, 198, 그리고 176 참조) 원함. ⑤ "자기의 성적(性的) 매력[desirability]이 타인에 의해 인정받기를"(EH, 176) 원함. ⑥ 도덕적 가치, 부(富), 권력, 육체미(신체의 아름다움)를 인정받고자 함(EH, 182). ⑦ 자신의 권위를 인정받고자 함(EH, 182). ⑧ "타인보다 우월한 자로 인정받고 싶은 욕망"(EH, 182, 304)[이것을 그는 자기가 만들어 낸 용어를 사용하여 "우월욕망[megalothymia]"(EH, 182, 189, 190, 295)이라고 부른다]. ⑨ "타인과 대등한 자로 인정받고 싶다는 욕망"(EH, 182, 190), "평등한 인정에 대한 인간적인 욕망"(EH, 292) 혹은 "각 개인의 인간의 존엄성을 평등하게 인정"(EH, 294, 295) 받으려는 욕망{이것을 그는 '대등욕망[isothymia]"(EH, 182, 190, 292, 294, 295, 그리고 305도 참조)이라고 부르며, "우월욕망과 대등욕망[263]은 인정받으려는 욕망

---

262 이것을 후쿠야마는 "(...) 타인의 욕망을 욕망한다[(...) desires the desire of other men]"(EH, 146), 혹은 "욕망에 대한 욕망[*a desire for a desire*]"(*EH*, 165)이라고 말하고 있다. 이것은 "타인의 욕망을 향한 욕망[désir du désir d'un autre]"이라는 코제프의 표현을 빌린 것이다. 독일어 번역본에는 "욕망을 향한 욕망[die sich (...) auf eine Begierde gerichtete Begierde]"으로 되어 있다(A. Kojève, *Hegel. Eine Vergegewärtigung seines* ***Denkens****. Kommentar zur Phänomenologie des Geistes*, hg.v. I. Fetscher, Ffm., 1975, 58).

263 "megalothymia"와 "isothymia"라는 용어는, 후쿠야마 자신이 'thymos(θυμός)'라는 희랍어에서 유래한 영어 thymia — 이것은 어떤 정서적 조건이나 분위기 혹은 정신상태를 가

의 두 가지 표현이며, 근대로의 역사의 이행은 이 두 개념을 중심으로 이해할 수 있다"(EH, 182)고 주장한다}. ⑩ 자기가 "최고의 미덕을 소유하고 있음을 최대한 인정받으려고 함(EH, 384)[이것은 아리스토텔레스가 『니코마코스윤리학』Ⅱ, 7-9와 Ⅳ, 3에서 주장한 내용이다]. ⑪ 사회 내에서 자신의 능력(업적)을 타인으로부터 인정받고자 함(EH, 303). ⑫ 현대의 큰 민주주의 국가의 시민으로 인정받는 일(EH, 303 f. 참조). ⑬ 공업사회 이전의 작은 농업공동체의 일원으로 인정받는 일(EH, 304 참조).

이 모든 내용을 정리하면, 그가 말하는 '인정받으려는 욕망'의 내용은 ⓐ 자유와 존엄성·자존심을 지닌 한 사람의 인간으로 인정받고 싶어 하는 욕망, ⓑ 자기 자신의 지닌 특수한 매력이나 미덕, 그리고 가치 내지 능력을 인정받고 싶어 하는 욕망, ⓒ 자기가 남보다 우월한 자라는 것을 인정받고 싶어 하는 욕망으로 요약할 수 있는데, 여기서 ⓐ는 — 뒤에서 설명할 후쿠야마의 용어를 적용하여 표현하면 — '대등욕망'으로 수렴되고, ⓒ는 '우월욕망'이며, ⓑ는 '자기의 특수성을 인정받고 싶어 하는 욕망'[264]이라고 요약할 수 있다.

리킨다 — 에(https://www.collinsdictionary.com/dictionary/english/thymia) 각각 'megalo'와 'iso'를 붙여서 만들어낸 용어다. megalo는 '큰', '위대한', '힘센', '높은', '넓은' 등을 의미하는 희랍어 megalos(μεγάλος) 혹은 megas(μέγας)로부터 나온 용어이고[H.G. Liddell and R. Scott (Compiled), *A Greek-English Lexicon*, Oxford, 1983, 1087과 1088], iso는 '동등한', '평등한', '평평한' 등을 뜻하는 isos(ἴσος)라는 희랍어에서 나온 용어다[H.G. Liddell and R. Scott(*Compiled*), *ebd.*, 839].

264 테일러(Ch. Taylor)는 이것을 개별화된 나의 특수한 정체성의 인정이라고 말하고 있다 ["The Politics of Recognition," in: *Philosophical Arguments*, Cambridge, Mass. and London, 1995 (225-256), 227 참조].

2) 후쿠야마가 말하는 '인정투쟁'

후쿠야마는 "인정받기 위한 투쟁[Struggle for Recognition]"이라는 개념을 헤겔로부터 가져오며, 이 개념의 해석과 적용에 있어서 크게 의존하고 있는 사람이 바로 코제프다. 후쿠야마에 의하면, 코제프는 역사발전을 이루는 하나의 축을 경제적인 요소로 보며, 다른 하나의 축을 인정으로 보고 있는데,[265] 이 인정이라는 개념은 인간행동의 동기를 이해하는 데 있어서 맑스의 의견 및 맑스로부터 유래하는 사회학적 전통보다 훨씬 풍부하면서도 완전히 비유물론적인 역사 변증법을 재발견하도록 한다고 주장한다. 그는 이러한 코제프의 해석에 대해서, 그것이 헤겔의 본의에 따른 것인지에 대해 의문점을 가지고 있으면서도, 당면한 논의를 위해서 헤겔 그 자체가 아니라 코제프에 의해 해석된 헤겔, 혹은 '헤겔=코제프'를 인용하여 자신의 논의를 전개해 나갈 것이라는 점을 밝히고 있다(EH, 144 참조).

후쿠야마는, "역사를 인정받기 위한 투쟁이라고 이해하는 것이 실제로는 현대세계를 아는 데에 아주 유용하고 사안을 분명하게 드러내는 방법"(EH, 145)이라고 하면서, '인정받기 위한 투쟁'은 "우리 주위 어느 곳에서나 분명하게 나타나고 있고, 오늘날 구(舊)소련이나 동유럽, 남아프리카, 아시아, 라틴 아메리카 혹은 미국에서 일어나고 있는, 자유주의적 권리를 획득하기 위한 현대의 운동의 토대를 이루고 있다"(EH, 145 f.)그 주장한다.

또한 그는, 인정받기 위한 투쟁의 밑바탕에는 우월욕망[megalcthymia]과 대등욕망[isothymia]이 있다고 하면서, 이 개념을 플

---

265 A. Kojève, ebd., 24 ff., 56 ff. 참조.

라톤의 튀모스(thymos, θυμός) 개념으로부터 가져온다.[266] 플라톤은 『파이드로스』와 『국가』에서 혼(魂)[psychē]의 세 부분에 대해서 다음과 같이 말하고 있다. 첫 번째, 이성(정신)의 혼[logistikon, λογιστικόν]은 순수한 사유와 비 감성적 직관에서 나타나고, 두 번째, 용감한 혼[thymoeides, θυμοειδές]에는 노여움, 명예욕, 용기 및 희망과 같은 고귀한 격정 등이 속하며, 마지막으로 욕망의 혼[epithymētikon, ἐπιθυμητικόν]에는 영양과 성충동 및 쾌락과 불쾌, 그리고 쉬겠다는 욕망 등이 뿌리박고 있다고 말한다.[267] 『티마이오스』에서는 혼의 이러한 부분들이 머리와 가슴과 아랫배에 위치한다고 말하고 있음에도 불구하고, 플라톤은 단 한 가지의 인간 혼밖에 인정하지 않는다. 우리는 이러한 혼의 단일성을 『파이드로스』에서 분명히 볼 수 있다. 여기서는 인간의 혼이 "날개가 달린 두 마리의 말과 마부(馬夫)의 힘이 합쳐진 것"[268]으로 비유된다. 이 중 한 마리의 말은 아름답고 고귀하고 흰 털과 검은 눈을 가지고 있으며 분별력과 수치심을 가지고 있고 명예를 사랑하고 참된 의견의 친구이어서 매 맞지 않고 오로지 명령과 이치에 의해 인도되지만, 다른 한 마리의 말은 반대의 혈통을 타고 났고 성질도 반

266 그는 특히 이 책의 PartⅢ. The Struggle for Recognition.의 15. A Vacation in Bulgaria, 16. The Beast with Red Cheeks, 그리고 17. The Rise and Fall of Thymos에서 이에 관해 논하고 있다.

267 『국가』 435c-441c. 박종현에 의하면 thymos의 어원은 thyō인데, 이것은 '힘차게 움직이거나 격노하는 것'을 나타내는 동사이어서, thymos는 우리말의 '혈기(血氣)', '활기(活氣)' 및 '격정(激情)'에 가까운 의미를 지닌 말이라고 보면서, '격정'이나 '기개(氣概)'로 번역한다고 밝히고 있다(플라톤, 『국가·정체(政體)』, 박종현 역주, 서광사, 2006, 160 참조).

268 Platon, *ΦΑΙΔΡΟΣ ΠΑΡΜΕΝΙΔΗΣ ΕΠΙΣΤΟΛΑΙ. PHAIDROS·PARMENIDES·BRIEFE*, bearbeitet von Dietrich Kurz, Darmstadt, 1983, *Phaidros*, (1-193), 246a. 해당 구절에 대한 조대호 역(『파이드로스』, 문예출판사, 2008)도 참조함.

대다. 즉 검은 피부를 가지고 눈은 잿빛이며, 난폭함과 완고함을 친구 삼으며 귀 언저리에 털이 많아 말귀를 못 알아듣고 채찍과 가시막대기를 들어야 겨우 말을 듣는다.[269] 이성의 혼은 마부가 되어서 백마(白馬)인 용감한 혼[고귀한 것임]과 흑마(黑馬)인 정욕의 혼[고귀하지 못한 것임]이라는 두 마리의 말을 몰고 간다.[270]

그런데 후쿠야마는 '패기'가 우월욕망과 관련된 것이라고 보고, "패기는, 투쟁과 희생을 신중하게 찾아내는 인간의 측면이며, 자기가 공포에 가득 차고 궁핍한 본능적인 동물과 육체적으로 제약된 동물보다 우월한 자라는 것을 입증하려고 하는 인간의 측면이다. 모든 인간이 이러한 견인력을 느끼지는 않지만, 그것을 느끼는 인간에게는 단순히 자신의 가치가 다른 모든 인간들과 같다는 것을 아는 것만으로는 패기가 만족될 수 없다"(EH, 304)고 말한다. 어쨌든 후쿠야마는 튀모스(패기)란, 이성도 아니고 욕망도 아닌 혼의 제3의 요소로서, 자기의 위신(威信)[Prestige][271]과 명예와 자존(自尊)을 위해 기꺼이 목숨을 거는 인

---

269 Platon, ebd., 246 b; 253 d-e 참조.

270 Johannes Hirschberger, *Geschichte der Philosophie. I .Teil. Altertum und Mittelater*, Freiburg u.a., 1954, 103 참조.

271 그가 말하고 있는 "위신투쟁[a prestige battle]"은 코제프가 사용한 Prestigekampf라는 표현을 빌려온 것으로 보이는데, 코제프는 위신투쟁[Prestigekampf](A. Kojève, ebd., 25, 29, 58, 191 등)이라는 표현과 함께, "위신전쟁[Prestigekriege]"(ebd., 58) 혹은 "순전한 위신을 위한 피나는 전쟁[blutige Kriege ums bloße Prestige]"(ebd., 187)이라는 표현도 사용한다. 후자는 영역본에서 "wars for prestige"(A. Kojève, *Introduction to the reading of Hegel*, tr. by J.H. Nichols, Jr., NY., 1969, 41, 62)로 번역되었고, 전자는 "fight for (pure) prestige"(ebd., 41, 231)로도 번역되었다. 코제프가 '(순수한) 위신투쟁'에 대해 본래 사용한 프랑스어는 "la lutte (…) de pur prestige"(Kojève, *Introduction à Lecture de Hegel. Leçons su la Phénoménologie de l'Esprit, professées*, de 1933 à 1939 à L'École des Hautes-Études réunies et publiées par R. Queneau, Paris, 1947, 14)이다. 후쿠야마는 예컨대 "순수한 위신[pure prestige]"(EH, 147), "순수한 위신

정투쟁에 나서게 하는 것이라고 말한다. 후쿠야마에 의하면, 헤겔이 말하는 자연상태의 인간은 "현실의 실증적인 대상들"만이 아니라, "전적으로 비물질적인 대상"을 욕망하며, "다른 인간으로부터 필요한 자가 되거나 인정받기를"(EH, 146) 욕망한다. 그뿐만 아니라 그는 단지 "타인으로부터 그저 인정받고자 하는 것이 아니라 한 사람의 인간으로 인정받고 싶어한다." 그리고 이를 위해 기꺼이 "자기의 목숨을 위험에 처하게"(EH, 146) 하는 것이다. 그리고 홉스(Th. Hobbes)가 자연상태의 인간에 있어서 가장 중요한 것을 자기보존, 즉 생명으로 보고 있고, 로크(J. Locke)가 생명유지와 재산의 보호에 두고 있는 반면, 헤겔에 있어서 가장 중요한 것은 생명도 재산도 아닌 자유라고 후쿠야마는 파악하고 있다(EH, 158 f. 참조).

아울러 후쿠야마는 자유민주주의에 위험을 주는 것으로, 과도한 〈우월욕망〉과 과도한 〈대등욕망〉을 들고 있는데, 이 가운데서도 〈대등욕망〉을 더 위험한 욕망으로 보고 있다. 제어장치가 없는 대등욕망에 빠져, 불평등을 하나도 남기지 않고 모조리 없애려고 한다면 그러한 문명은 곧 한계에 부딪힐 것이기 때문이라는 것이다. 이와는 달리, 우월욕망은 자유민주주의에 없어서는 안 되는 인간생활의 활력소라는 것이다. 이런 욕망이 인정되지 않는다면 학문도 예술도 존재하지 않을 것이다. 그러므로 우월욕망을 몰아내거나, 그것을 대등욕망으로 바꾸려 해서는 안 될 것이라고 후쿠야마는 생각한다(EH,

---

을 위한 투쟁[a battle for pure prestige]"[*EH*, 148, 150, 192, 198), "위신투쟁[a (the) prestige battle]"(EH, 155, 157, 160, 193), "prestige battles"(EH, 151, 297) 등의 표현을 사용하고 있다.

314 ff. 참조).[272]

이러한 그의 주장에는 일리가 있다. 예컨대 칸트도 『세계시민적 의도에서 본 보편사를 위한 이념들』(1784)의 제4명제에서 다음과 같이 말하고 있다: "자연이 인간들의 모든 소질의 발전을 성취하기 위해 사용하는 수단은, 사회 속에서의 인간들 상호간의 항쟁인데, 이 항쟁은 궁극적으로 사회의 합법칙적인 질서의 원인이 되는 한에서의 항쟁이다."[273] 즉 칸트에 의하면, 이기적인 개인들 간의 갈등, 즉 "비사회적 사회성[ungesellige Geselligkeit]"[274]에서 국가질서가 발생하였고, 그 뒤에 이 질서 속에서 인간의 도덕적 진보가 가능했다는 것이다. 그런데 칸트는 "비사회적 사회성"에 대해, "인간은 사회화의 경향[Hang]을 가지고 있다. 왜냐하면 인간은 이러한 상태 속에서 자신을 인간으로서 더욱더 느낄 수 있기 때문, 즉 자기의 자연소질의 발전을 느낄 수 있기 때문이다. 그러나 인간은 또한 개별화(고립화)라는 큰 경향도 갖고 있다. 왜냐하면, 인간은 모든 것을 오직 자기의 마음대로 결정하려는 비사회적 속성을 동시에 자신 속에서 발견하고, 그럼으로써 자기가 자기편에서 타인에 대해 저항하는 경향이 있다는 것을 스스로 알고 있을 뿐만이 아니라, 모든 편에서 저항을 예상하기 때문이다"[275]라고 말한다. 따라서 그가 말하는 비사회적 사회성이란, 인간이 개별화(고립화)의 경향과

---

272 후쿠야마는 대등욕망에 사로잡혀 있는 부류의 사람을, 니체의 용어를 빌려서 "마지막 인간[The Last Man]", 곧 "인간 말종"이라고 부르고 있다(EH, x x ii f., 300 f., 305 ff., 312, 336).

273 "Ideen zu einer allgemeinen Geschichte in weltbürgerlicher Absicht," in: Kant, *Schriften zur Geschichtsphilosophie*, mit einer Einleitung hg. v. Manfred Riedel, Stuttgart, 1974 (21-39), 25.

274 Ebd.

275 Ebd., 26.

사회화의 경향을 함께 지니고 있다는 것을 말한다. 다시 말하면, 사회는 '비사회적 사회성'을 통해 발전하는데, 이때에 '비사회성'은 남보다 우월하고자 하는 욕망과 관련되고, '사회성'은 남과 대등하게 되려는 욕망과 관련된다. 전자는 헤겔식으로 말하면 "독자성(대자성)[das Für-sich-sein]"이고, 후자는 "대타성[das Für-anderes-sein]"에 대응한다 하겠다. 그러면 이제 과연 후쿠야마가 말하는 인정 및 인정투쟁이 헤겔이 말하는 그것과 어떤 점에서 같고 어떤 점에서 다른지 확인하기 위해서 헤겔의 인정 개념 및 인정투쟁 개념을 살펴보아야 하겠다.

3. 헤겔이 말하는 (생사를 건) 인정투쟁

헤겔에 있어서 인정을 위한 투쟁은 『예나 체계기획』에서 비로소 등장한다.

1) 『예나 체계기획 I』(1803/04)에서의 인정투쟁

헤겔은 『예나 체계기획 I』에서 인정투쟁의 동기를 다음과 같이 설명하고 있다: "각자는 자기의 점유에 있어서 특히, 필연적으로 방해받음에 틀림없다. 왜냐하면 점유 속에는 외적인 것, 물(物), 대지(大地)의 보편적인 것이 하나의 개별자의 권한 속에 있어야 한다는 모순이 놓여있기"[276] 때문이다. 즉, 어떤 토지가 있다고 할 때, 그 토지는 처음에

---

276 Hegel, *Jenaer Systementwürfe* I (*GW* 6으로 줄임), 309. *Gesammelte Werke*, In Verbindung mit der Deutschen Forschungsgemeinschaft. hg. von der Rheinisch-

는 그 누구의 것도 될 수 있는 '보편적'인 것이다. 그러나 그것을 어떤 사람이 독점적으로 점유할 경우, 타인이 그 사람의 점유권을 인정하지 않는다면, 이를 둘러싼 투쟁이 발생할 수 있다. 헤겔은 "이러한 개별의 상태에서 각자는 개별자로서의 자신의 총체성을 절대적으로 주장함으로써, 각자가 타자의 총체성을 부정하는 현상이 나타난다"(GW 6, 309 f.)고 말한다. 헤겔은 원초적인 자연상태[Naturzustand]에서의 인간을, 전적으로 대립하고 전적으로 독자적으로 존재하는 것으로 보기 때문에(GW 6, 308 ff. 참조) 인정투쟁을 감행하는 "그들은 (…) 서로를 침해할 수밖에 없다"(GW 6, 309)고 주장한다. 이렇게 "내가 타인의 죽음을 지향함으로써 나는 나 자신을 죽음에 내어놓고 나 자신의 목숨을 건다. 나는 나의 존재 및 나의 점유의 개별성을 주장하고자 하는 모순[277]을 범한다"(GW 6, 310). 이로부터 우리는, 헤겔이 여기서 말하는 인정이란, '나의 존재 및 나의 점유의 개별성'을 타인으로부터 인정받는 것이라는 사실, 그리고 투쟁이란 이러한 것을 인정받기 위한, '목숨을 건 투쟁'이라는 사실이다.[278] 아울러 "(…) 자신의 개별성들 중 하나의 침해는 무한하게 절대적인 모욕, 전체로서의 자신의 모욕, 자기의 명예의 모욕이다. 그리고 각각의 개별자를 둘러싼 충돌은 전체를 위한 투쟁"(GW 6, 308)이므로, 여기서의 투쟁은 모욕 받은 자신의 명예를 회복하기 위한 투쟁이기도 하다.

Westfälischen Akademie der Wissenschaften, Hamburg, 1968 ff. (=GW).

277 헤겔이 여기서 말하는 '모순'[Widerspruch]은 '논리적 모순'이 아니라, '대립', '갈등', '충돌' 등을 뜻하는 소위 '변증적 모순'으로 이해해야 한다.

278 박훈승, 「찰스 테일러와 헤겔에 있어서 자아정체성 및 공동체의 형성에 관한 연구」, 『철학연구』 제100집, 대한철학회, 2006 (355-383), 373 참조.

2) 『예나 체계기획Ⅲ』(1805/06)에서의 인정투쟁

『예나 체계기획Ⅲ』에서의 인정투쟁의 출발점은 "자연상태"이며, 인정투쟁은 "자연상태에서 벗어나는 것[*exeundum e statu naturae*]"[279]이다. 그런데 여기서 헤겔이 말하는 '자연상태'는 홉스가 말하는, "만인에 대한 만인의 투쟁[bellum omnium contra omnes]"이라는, 각 개인 간의 투쟁상태가 아니라, 가족과 가족이 대립해 있는 상태를 가리킨다.[280] 그러나 여기 『예나 체계기획Ⅲ』에서도 문제가 되는 것은, 『예나 체계기획Ⅰ』에서와 마찬가지로 가족들 간의 투쟁이 아니라, 가족의 총체로부터 나오는 개별자들 간의 투쟁이다. 그리고 비록 여기서 명예 개념이 범행이론[Verbrechenstheorie]에서 비로소 등장하긴 하지만, 소유를 둘러싼 투쟁은 다시 명예를 둘러싼 투쟁으로 이행한다.[281] 그리고 이러한 "인정행위 속에서 자아는 이러한 개별자이기를 멈춘다. 자아는 인정행위 속에서 법적인 성격을 지닌다. 즉 더 이상 자기의 직접적인 현존상태로 존재하지 않는다. (…) 인간은 필연적으로 인정받으며 필연적으로 인정한다. (…) 인간 자신은 인정하는 행위로서 운동이며, 이러한 운동은 자기의 자연상태를 지양한다; 인간은 인정하는 행위다; 자연적인 것은 그냥 존재할 뿐이며, 정신적인 것이 아니다"(GW 8, 215). 그런데 여기서 헤겔이 말하는 인정이란, 한

---

279 *Jenaer Systementwürfe III* (*GW* 8로 줄임), 214.

280 "가족은 전체로서, 자체적으로 완결된 또 다른 전체와 대립해 있다. 바꾸어 말하면, 완전하고 자유로운 개체들이 서로에 대해 존재하고 있다 (...) 보통 이러한 관계가 자연상태라고 불리는 것이다. 즉, 대립하는 개인들의 자유롭고 등가적인[gleichgültige] 존재가 바로 그것이다"(GW 8, 213 f.).

281 Ludwig Siep, "Der Kampf um Anerkennung. Zu Hegels Auseinandersetzung mit Hobbes in den Jenaer Schriften," in: *Hegel-Studien Bd.* 9, Bonn, 1974, 184 ff. 참조.

개인의 점유를 소유로 인정받는 것을 가리킨다. 즉, 자연상태에서 개인이 어떤 물(物)을 점유[Besitz]했다고 해서 그것이 바로 그의 소유[Eigentum][282]로 되는 것은 아니다. 왜냐하면 점유권은 직접적으로 물을 향하는 것이지, 제3자를 향하는 것이 아니어서(GW 8, 215 f. 참조), 그의 점유 내지 "점유취득[Besitznahme]은 제3자를 배제한다는 의미도 얻게 되고"(GW 8, 216), 아직 제3자(즉, 자신도 물도 아닌 제3의 존재자로서의 타인)의 인정을 획득하지 못했기 때문이다. 점유가 소유로, 그리고 점유권이 소유권으로 확립되기 위해서는 타인에 의한 인정이 필요하다. 다시 말하면 "점유획득 [Besitzergreifung]은 감각적인 장악[sinnliche Bemächtigung]이어서, 인정행위를 통해 법적인 장악으로 되어야"(GW 8, 216)하는 것이다. 전자의 점유는 즉자적인 것인데 반하여, 후자의 소유, 법적인 장악은 대타적인 것이다. 그렇다면 결론적으로, 타인들이 인정한다고 할 때 과연 "그들은 무엇을 인정하는 것인가?"(ebd.)라고 헤겔은 묻고, 이에 대해 "현실적으로 존재하는 나"["mich, der ich *wirklich* bin"](ebd.), 즉, 타인의 점유가능성이 아니라 나의 점유의 현실성을 인정하는 것이라고 말한다.[283]

---

282 점유에 해당하는 영어는 possession과 occupation이고, 소유에 해당하는 영어는 property다. property나 Eigentum이란 용어에는 모두 '자기 자신의 것'이라는 의미를 나타내는 'proper'와 'eigen'이라는 단어가 포함되어 있다.

283 백훈승, ebd., 373 ff. 참조. 여기서 일자와 타자의 싸움은 '단순한 힘겨루기'가 아니라 "죽기 아니면 살기의 싸움"[der Kampf auf Leben und Tod](GW 8, 221)이다. 자기 것의 확보란, 타인의 배제를 뜻하고, 이러한 배제는 타인을 완전히 '해치워야' 완수되므로, 여기서 목숨을 건 싸움이 발생한다[윤병태, 「산다는 것의 인륜적 구조- 예나 시대의 헤겔을 사로잡은 문제」, 『헤겔연구』 제5권, 한국헤겔학회, 1994 (59-98), 74-5 참조].

3) 1807년의 『정신현상학』에서의 인정투쟁

『정신현상학』에서 말하는 인정투쟁[Kampf um Anerkennung, Anerkennungskampf]은 앞서 살펴본 『예나 체계기획 I』에서와 같은 자연상태에서의 투쟁이지만, 거기서와 같이 '나의 존재 및 나의 점유의 개별성'을 타인으로부터 인정받기 위한 목숨을 건 투쟁도 아니며, 또한 『예나 체계기획III』에서와 같은 '가족 간의 투쟁'이나 가족의 총체로부터 나오는 개별자들 간의 투쟁 아니라, 벌거벗은 개인과 개인 간의 투쟁으로 나타난다. 다시 말하면, 『정신현상학』에서의 '인정을 위한 투쟁'은, 『예나 체계기획』의 경우처럼 재산의 점유를 둘러싼 투쟁도 아니고, — 뒤에 살펴볼 것처럼 — 『인륜의 체계』에서와 같이 '귀족적·기사적·도덕적인 명예의 결투'도 아니다. 그것은 인간으로서의 존엄성을 인정받으려는 투쟁, 인간의 자유를 확증하기 위한 투쟁이다.

4) 『인륜의 체계』(1802/03)[284]에서의 '결투[Zweikampf]'

헤겔은 '인정투쟁'이라는 용어를, 자연상태에 있는 인간들에서 발생하는 사건에 한에서만 사용하며, 국가가 성립한 이후에 국가 속에서 일어나는 인간들 간의 투쟁을 "결투[Zweikampf]"라고 구별하여 사용하고 있는데, 예컨대 『인륜의 체계』에서는 이러한 결투를 말하고 있다. 여기에서는 절도[Diebstahl]와 강도[Raub]라는 범죄 및, 그로부터 발생하는 투쟁[Kampf]을 다루고(SdS, 43-46), c)에서는 살인[Mord] 및 그로부터 발생하는 "명예를 위한 개인 간 내지는 가족 간의 투쟁과 전쟁

---

284 *System der Sittlichkeit*, hg. v. Georg Lasson, Hamburg 1967 (SdS로 줄임).

[Krieg]"(SdS, 46-52)을 다루고 있다.[285] 그런데 헤겔이 여기서 말하는 투쟁은, 이미 사회가 성립한 후에 절도나 강도 내지는 살인으로 인해 발생하는, 명예를 위한 개인 내지는 가족 간의 투쟁이며, 따라서 헤겔은 이러한 투쟁을 '인정투쟁'이라 부르지 않고, 난외주(欄外註)에 "결투[Zweikampf]"(SdS, 48)라고 적어 구별하고 있다.[286] 다시 말하면, 이 저술에서는 국가가 이미 '인정된' 것으로서 전제되어 있기 때문에, 투쟁은 '명예를 위한 투쟁'이라는 귀족적 내지는 기사도적인 의미로 사용되고 있다(SdS, 47 참조).[287] 그러나 여기서는 '명예의 인정'이라든지 '인정을 위한 투쟁'이라는 표현은 나타나지 않는다.

이상의 고찰을 통해서 우리는 『인륜의 체계』에서의 투쟁은 사회가 성립한 후에 발생하는 개인 간의 명예를 위한 투쟁이며, 헤겔은 이것을 인정투쟁이라고 부르지 않고 결투라고 부른다는 사실을 확인하였다. 헤겔이 말하는 인정투쟁은 결코, 국가나 시민사회가 성립한 후에 국민이나 시민사회의 성원(成員)들 간에서 발생하는 투쟁을 가리키는 용어가 아니다. 헤겔은, 생사를 건 인정투쟁은 "인간이 오직 개별자로서만 존재하는 자연상태"[288]에서만 벌어지며, 이러한 인정투쟁을 "시민사회와 국가 속에서 발견되는 다소 개명된 형태"인 "결투"[289]와 혼동해

---

285 A. Wildt, *Autonomie und Anerkennung. Hegels Moralitätskritik im Lichte seiner Fichte-Rezeption*, Stuttgart, 1982, 322 참조.

286 백훈승, ebd., 372 참조.

287 다니 다까오(谷喬夫), 『헤겔과 프랑크푸르트학파』, 오세진 역, 진홍문화사, 1983, 69 ff. 참조.

288 Hegel, *Enzyklopädie der philosophischen Wissenschaften* (Enz.로 줄임) § 432 Zus. TW 10, 221.

289 Ebd.

서는 안 될 것이라고 말한다. 이에 반하여 『예나 체계기획Ⅰ』과 『예나 체계기획Ⅲ』에서 말하는 인정은, 자연상태에서의 일 개인이 자기의 신체를 포함하여 자기가 점유하고 있는 물(物)에 대한 권리를 타인으로부터 인정받음으로써 그것들에 대한 소유권 내지는 재산권을 확립하기 위한 투쟁이라는 것을 알 수 있었다. 그리고 이러한 자연상태에서의 인정을 위한 투쟁은 『정신현상학』에서 다시 서술되고 있지만, 『정신현상학』에서 서술되고 있는 투쟁은 명예를 위한 투쟁도 아니고, 재산권이나 소유권을 둘러싼 투쟁도 아니다. 그것은 인간으로서의 존엄성을 타인으로부터 인정받기 위한 투쟁이요, 자기의식의 자립성 및 자신이 자유로운 존재자라는 것을 확증받기 위한 투쟁이다.[290]

4. 후쿠야마의 주장에 대한 비판

이상에서 고찰한 내용을 토대로 하여 이제, 인정 및 인정투쟁과 관련한 후쿠야마의 주장의 여러 문제점들을 다음과 같이 정리해본다.

1) 후쿠야마는 헤겔이 '자연상태'를 상정하고 있음에도 불구하고, "헤겔 자신은 '자연상태'라는 용어를 결코 사용하지 않았다"(EH, 192)고 주장하지만, 헤겔은 자신의 저서 여러 곳에서 이 용어를 사용하고 있다. 몇 군데만 적시하면 다음과 같다: 헤겔은 홉스와 마찬가

290 백훈승, ebd., 377 참조.

지로 "만인에 대한 만인의 투쟁"[291]을 "진정한 자연상태[der wahre Naturzustand]"[292]라고 부르고 있다; "가족은 전체로서 다른 완결된 전체와 대립한다. 바꾸어 말하면 자유롭고 완전한 개체들이 서로 존재하고 있다. (…) 통상 이런 관계가 자연상태[*Naturzustand*]라고 불린다"(GW 8, 214).; 생사를 건 인정투쟁은 "인간이 오직 개별자로서만 존재하는 자연상태에서만[bloß im *Naturzustande*]"(Enz. § 432 Zus. TW 10, 221) 발생할 수 있다 (…) 등이다.

2) 헤겔이 말하는 (목숨을 건) 인정투쟁은 오직 자연상태에서만 발생한다.

후쿠야마는, "민족주의는 (…) 지난 수백 년에 걸쳐 일어난 인정받기 위한 투쟁의 매개체였다"(EH, xx), "역사를 인정받기 위한 투쟁이라고 이해하는 것이 실제로는 현대세계를 아는 데에 아주 유용하고 사안을 분명하게 드러내는 방법"(EH, 145)이라고 하면서, '인정받기 위한 투쟁'은 "우리 주위 어느 곳에서나 분명하게 나타나고 있고, 오늘날 구(舊)소련이나 동유럽, 남아프리카, 아시아, 라틴 아메리카 혹은 미국에서 일어나고 있는, 자유주의적 권리를 획득하기 위한 현대의 운동의 토대를 이루고 있다"(EH, 145 f.)고 주장하며, 20세기 후반의 자유주의 혁명은 물론 18세기의 미국과 프랑스의 혁명 이래 모든 자유주의 혁명의 원동력을, 단지 인간의 경제적인 충동만으로 설명할 수는 없는 것으로 보고 있다. 그는 국가의 번영을 가져오는 또 다른 토대는 바

291 Hegel, *Vorlesungen über die Geschichte der Philosophie II*, TW 19, 108.

292 Ebd.

로 "인정받기 위한 투쟁"이라고 말한다(EH, 143 ff. 참조). 그러나 이러한 구절들은 바로, 후쿠야마가 헤겔의 <인정투쟁>의 의미를 오해하고 있다는 사실을 나타내고 있다. 이미 말한 것처럼, 헤겔의 용법에 따르면, 이미 국가가 성립한 후에 벌어지는 투쟁은 <인정투쟁>이 아니라 "결투"인 것이다. 후쿠야마만이 아니라 많은 사람들이 헤겔이 말하는 '인정투쟁'의 의미를 오해하고 있는데, 그 이유는 그들에게 헤겔의 텍스트에 대한 정확한 이해가 결여되어 있거나 혹은 헤겔이 말하고 있는 바를 알고는 있지만, 그것을 무시하고 자의적(恣意的)으로 논의를 전개하고 있기 때문이라고 생각한다.[293] 그리고 특히 후쿠야마의 경우에는 그가 직접 헤겔의 텍스트를 정독한 후에 주장을 펼친 것이 아니

---

293 예컨대 프랑크푸르트학파의 제3세대로서 현대에 독자적인 인정이론을 전개하고 있는 호네트(A. Honneth) 역시, 헤겔의 인정투쟁 이론을 한편으로는 그대로 인정하면서도 다른 한편으로는 그 의미를 자의적으로 사용하고 있다(A. Honneth, *Kampf um Anerkennung. Zur moralischen Grammatik sozialer Konflikte*, Ffm., 1994). 그리고 서도식[「자기보존과 인정-의사소통의 사회적 투쟁모델에 대한 반성」, 『철학논총』 제51집 제1권, 2008 (183-202), 특히 195 ff.], 이성환[「개인, 자아, 대타존재: 헤겔의 '자기의식'에 관한 한 해석」, 『철학논총』 제74집 제4권, 2013 (457-481), 471 ff.]은 헤겔의 예나시기 정신철학(1803/04와 1805/06)과 『정신현상학』(1807)에서의 인정 및 인정투쟁 개념의 의미의 차이를 명확히 드러내지 않은 채 논의를 전개하고 있다. 허재훈도 『예나체계기획』과 『정신현상학』에서의 인정투쟁의 의미를 구별하지 않고 자신의 주장을 펼치고 있을 뿐만 아니라, 자연상태에서의 목숨을 건 인정투쟁을 통해 발생한 고대의 국가 속에 이미 주인과 노예가 존재함에도 불구하고, 주인과 노예를 국가 이후에 성립된 시민사회 속에 배치하고, 심지어는 주인과 노예의 인정투쟁이 시민사회 속에서 발생하는 것으로 주장함으로써 헤겔의 본래의 주장을 곡해하고 있다[허재훈, 「헤겔과 노예제」, 『철학논총』 제94집 제4권, 2018 (519-540), 특히 524 ff.]. 서영식은 국가 간의 전쟁도 헤겔이 말하는 인정투쟁의 범주에 포함시키는 오류를 범하고 있다[서영식, 「서양근대의 전쟁담론에 관한 비판적 고찰」, 『철학논총』 제86집 제4권, 2016 (167-191), 183 ff.]. 이정은도 "사회에서 무엇보다 중요한 욕구는 '인정욕구'이며" "현대사회에서도 인정을 위한 싸움이 여전히 펼쳐지고 있다. 주인-노예가 형성되는 것은 아니라고 해도 목숨을 건 인정투쟁은 계속해서" 그 양상을 드러내고 있다고 주장한다(이정은, 『사람은 왜 인정받고 싶어하나』, 살림, 2015, 54).

라, 그 자신이 "여기에 제시된, 헤겔에 대한 코제프의 해석이 헤겔 자신이 이해한 그대로의 헤겔인지 아니면 코제프 자신의 생각이 섞인 것인지", 그리고 "헤겔 자신이 하지 않았을 지도 모르는 방식으로 (...) 코제프가 헤겔의 가르침의 요소들을 취하고 있는"[EH, 144] 지의 여부를 면밀히 검토하지 않은 채, 자신의 주장을 펼치기 위해서 코제프의 헤겔 해석에 의존하고 있는 것이 큰 문제라 하겠다.[294]

물론, 헤겔의 입장을 떠나서는 이러한 주장이 충분히 가능할 것이다. 후쿠야마가 범한 오류는, 그가 말하고 있는 '인정' 내지 '인정투쟁'이 마치 헤겔 자신의 주장인 것처럼 말하고 있다는 점이다. 따라서 후쿠야마는, 예컨대 '헤겔은 인정투쟁이 자연상태에서만 발생하는 것으로 주장했지만, 나는 사회(국가)가 성립한 이후에도 인간들 사이에서는 인정받기 위한 투쟁이 여전히 존재한다고 생각한다'와 같은 설명을 반드시 덧붙였어야 했었다. 이러한 설명이 결여된다면, 사람들은 국가 속에서도 여전히 인정투쟁이 일어나고 있다고 헤겔이 말한 것으로 오해할 수밖에 없을 것이다.

그렇다면 우리는 헤겔의 주장이 과연 옳은지 생각해보아야 할 것이다. 즉 국가 속에는 과연 이미 인정된 상태가 존재하는가? 헤겔에 의하면, 인정투쟁은 국가의 성립근거는 아니지만 — 국가의 성립근거는 헤겔에 있어서는 상호인정이다 — 국가발생의 실제적인 전단계(全段階)로

---

294 정달현 역시, 데리다(*Spectres de Marx*, 1993)의 지적을 인용하면서, 후쿠야마의 학문적인 불성실성, 즉 그가 주로 의지하여 논의를 전개하고 있는 헤겔은 말할 것도 없이 맑스, 니체, 프로이트를 깊이 읽지 않았고 그가 플라톤의 혼 3분설에 있어서의 이성의 기능에 대해 오해하고 있다는 점을 지적하고 있다[정달현, 「후쿠야마의 자유 민주주의론 비판」, 『영남정치학회보』 제8호, 1998 (209-230), 특히 217 ff. 참조].

서의 기능을 하는 것이다. 그리하여 국가는 이미 인정투쟁을 거쳐서 성립한 것으로서, 국가에서는 투쟁의 소산인 '인정됨[das Anerkanntsein]' 이미 존재하고 있기 때문에 더 이상 인정투쟁이 발생하지 않는다고 헤겔은 말한다. 그러나 현실의 국가에서 모든 사람이 자유로운 자로 인정받는다는 주장은 사실과 부합하지 않는다. 고대·중세·근대에도 노예는 존재했고, 오늘날에도 자유인으로 인정받지 못하는 사람들은 도처에 존재한다. 헤겔이 말하는 상호인정의 완전한 실현은 현실적인 "특수한 국가들[besondere Staaten]"[295] 속에서는 결코 이루어질 수 없을 것이고, 오직 이념으로서의 국가, 즉 "국가의 이념[Idee des Staats]"[296] 속에서만 이루어질 수 있을 것이다. 그렇다면 현실의 국가 속에서는 명예를 위한 '결투'만이 아니라, 여전히 '인정투쟁'이 일어나고 있다고 말할 수 있을 것이다. 그러나 헤겔은 인정투쟁이라는 용어를, 부모로부터 인정받으려는 욕망, 직장의 상사나 동료로부터 인정받으려는 욕망, 즉 타인으로부터 자기의 가치나 능력 혹은 인간으로서의 존엄성을 인정받기 위한 일 개인의 일방적(一方的)인 노력에 대해서는 사용하지 않고, '자기가 자유로운 자라는 것을 타인으로부터 인정받기 위해 쌍방 모두가 자기의 목숨을 걸고 하는 투쟁'이라는 의미로 사용하고 있다. 그러므로 국가 속에서도 '인정투쟁'이 일어난다고 말할 수 있겠지만, 이러한 투쟁은 결코, 본래 헤겔 자신이 말하고 있는 인정받기 위한 "생사를 건 투쟁[der Kampf auf Leben und Tod]"(PhG, 144)은 아니라고 할 수 있다.

---

295 Hegel, *Grundlinien der Philosophie des Rechts oder Naturrecht und Staatswissenschaft im Grundrisse* (1821) § 258 Zus.

296 Ebd.

3) 생사를 건 인정투쟁 이후의 상황에 대해서 후쿠야마는 헤겔의 주장 및 헤겔 해석자인 코제프의 주장을 거의 그대로 답습하고 있다(EH, § 18. Lordship and Bondage. 192-198에서). 따라서 이와 관련된 후쿠야마의 주장에 대한 필자의 비판은 코제프와 헤겔 자신에게도 해당된다. 이를 요약하여 말하면 다음과 같다.

우선, 인정투쟁의 결과 주인과 노예가 발생한 경우에 과연 인정받으려는 욕망이 성취되었는가 하는 문제에 대해서 살펴보자. 노예는 주인으로부터 노예로 인정받는다. 그러나 '인정'이란 자기가 자유로운 자로 인정받는 것을 의미하므로, 주인에 의한 노예의 인정은 진정한 인정이 아니다. 실로 헤겔이 말하고 있는 인정이란, 진정한 인간으로, 자유로운 존재자로 인정하는 것을 말하는 것이지, 비자립적인 노예로 인정한다는 의미는 아니기 때문이다. 그렇다면 주인은 인정이라는 목표를 성취했는가? 주인이 대자존재자, 즉 자유로운 자라는 확신을 가져다주는 것은 바로 노예의 의식이다(PhG, 147). 그러나 노예는 자유로운 자가 아니므로 노예에 의한 주인의 인정 역시 진정한 인정이라고 할 수 없다.[297] 진정한 인정은 하나의 자유인이 다른 하나의 자유인을 인정할 때에 이루어지는 것이기 때문이다. 즉 진정한 인정이란 일방적인 인정이 아니라 상호인정[wechselseitige Anerkennung, reciprocal recognition]인 것이다. 여기까지의 후쿠야마의 설명은 헤겔과 코제프

---

297 그러나 후쿠야마는, 양자 모두가 생존하여, 한 사람은 주인으로, 다른 한 사람은 노예로 남게 되는 경우, 주인은 "자기가 목숨을 걸었다는 것을 다른 사람에 의해 인정받았기 때문에 만족한다"(EH, 147)고 말한다. 이러한 그의 주장을 정합적으로 해석하면, 주인은 노예에 의해 주인으로 인정받았다는 것에 만족하지만, 사실 그것은 진정한 인정이 아니라는 점을 후쿠야마도 암시하고 있다고 할 수 있을 것이다.

를 그대로 따르는 것인데, 이들의 주장에는 일리가 있다. 그러나 그렇다고 해서, 인정받고자 하는 주인의 욕망은 실현되지 못하는 것일까? 그렇지 않을 것이다. 왜냐하면 사회나 국가는 단 한 명의 주인과 단 한 명의 노예로 이루어지는 것이 아니기 때문이다. 사회 속에는 여러 명의 주인과 노예가 존재한다. 따라서 주인은 다른 주인에 의해 자유로운 자로 인정될 수 있기 때문에 인정의 욕망은 충분히 충족될 수 있는 것이다.[298]

4) 후쿠야마(그리고 헤겔과 코제프)는 노예의 노동의 가치는 과대평가하는 반면, 주인의 노동의 가치는 거의 인정하지 않고 있다. 헤겔의 설명을 들어보자. 주인은 노예에 의해 가공된 물(物)을 순전히 소비함으로써 자기의 욕망을 충족시킨다. 어떤 면에서 욕망의 이러한 충족은 단지 이기적·아욕적(我慾的)인 욕망의 충족이고 "순수한 소멸(消滅)"(PhG, 149)에 불과하다고 말할 수 있다. 이에 반하여, 노예는 주인의 욕망을 충족시키기 위해 노동해야 한다. 그런데 이러한 노동, 물(物)의 형성(形成) 내지 가공(加工)은 물을 전면적으로 파괴·부정하는 일이 아니라, 물의 일면만을 부정하여 새로운 물을 창출하는, 노예의 자기의식의 작용이다. 그러나 과연 이렇게만 생각할 수 있겠는가!? 물론 노예의 노동에 위와 같은 점이 있는 것을 인정할 수 있다. 그러나

---

298 플라므나츠는 이 점을 잘 설명하고 있다. J. Plamenatz, *Man & Society. Political and Social Theories from Machiavelli to Marx. Vol. 3. Hegel, Marx and Engels, and the Idea of Progress*, London and NY., 1993, 66 f. 참조. 또한 G. A. Kelly, "Notes on Hegels 'Lordship and Bondage'," in: *Hegel. a collection of critical essays*, hg. v. Alasdair MacIntyre, Notre Dame, 1976, 193 참조.

노예의 노동을 기획하고 지시하는 것은 누구인가? 단순하게 말하자면, 노예는 주로 육체적으로 노동하는 자이고, 주인은 주로 정신적인 노동을 하는 자라고 할 수 있을 것이다. 맑스(K. Marx)는 『경제학·철학 수고』의 〈헤겔 변증법 및 철학 일반에 대한 비판〉이라는 장(章)에서 "우리는 헤겔철학의 진정한 탄생지이자 비밀인 헤겔의 『정신현상학』과 더불어 시작해야만 한다"[299]고 말하면서, "그러므로 헤겔은 노동의 본질을 포착하고, 대상적인 인간, 현실적이기 때문에 진정한 인간을 그 자신의 노동의 결과로 파악하고 있다"[300]고 헤겔을 칭찬한다. 그런데 문제는, 맑스만이 아니라 헤겔도 — 적어도 『정신현상학』의 〈자기의식〉장에 관한 한, — 주인의 노동의 가치는 제쳐놓고 오로지 노예의 노동의 가치만을 인정하고 있다는 점이다. 그러나 맑스는, "헤겔이 오로지 알고 인정하는 노동은 추상적으로 존재하는 정신노동이다"[301]라고 헤겔을 비난하고 있는데, 맑스가 주장하고 있는 것과는 달리 헤겔은 예컨대 『정신현상학』의 〈지배와 예속〉장에서는 이와는 정반대의 주장을 하고 있다는 점을 말하지 않을 수 없다.

그러나 노예의 육체노동 못지않게 중요한 것은 주인의 통치[government] 내지 관리[management]인데, 이 역시 노동이다. 이는, 노동의 본질이 '규칙적[regular]'이고 '의무적[obligatory]'이며, '봉사

---

299 "Man muß beginnen mit der Hegelschen Phänomenologie, der wahren Geburtsstätte und dem Geheimnis der Hegelschen Philosophie"[K. Marx, *Ökonomisch-philosophische Manuskripte* (1844), in: K. Marx und F. Engels, Werke, Ergänzungsband, 1.Teil, Berlin (DDR), 1968 (465-588), 571].

300 K. Marx, ebd., 574.

301 Ebd.

[service]'라고 할 때에도 마찬가지다. 뿐만 아니라 자유민[the free]이나 억압자[the oppressors] 역시, 예속된 자[the servile]나 피억압자[the oppressed]만큼이나 생산의 향상에 관심을 갖고 있고, 그들만큼이나 그들은 자연과 자기 자신들에 대해 면밀하게 연구하며 창의적이다. 또한 어떤 면에서 보면 그들은 예속적인 자들과 피억압자들보다 훨씬 더 지적(知的)이고 성찰적인 계급이라고 할 수 있다.[302] 그러므로 "역사를 진전시킨 원동력은 주인의 게으른 자기만족이나 변치 않는 자기주장(독선적 성격)[self-identity]이 아니라, 인정에 대한 노예의 끊임없는 욕망"(EH, 198)이라는 후쿠야마의 주장은 잘못된 것이다.

5) 후쿠야마가 말하는 패기[thymos]·우월욕망[megalothymia]·대등욕망[isothymia]

후쿠야마는 '패기에 대해 여러 가지로 설명하고 있다.[303] 그의 설명을 들어보자.

① 패기로부터 발생하는 이 분노는, "바르지 못한 욕망과 어리석은 욕망을 억누르는 데 도움을 준다는 점에서는 잠재적으로는 이성과 같은 편이지만 그럼에도 불구하고 이성과는 구별된다"(EH, 164).

② 분노(화냄)는 패기로부터 발생한다(EH, 164 참조). 패기는 "인간이 날 때부터 가지고 있는 정의감(正義感) 같은 것"(EH, 165)이며, "자

---

302 Plamenatz, ebd., 67 f. 참조.

303 특히 EH, § 15. A Vacation in Bulgaria (162 ff.)에서. 그리고 *Identity. The Demand for Dignity and the Politics of Resentment* (NY., 2018)의 2. The Third Part of the Soul의 19 ff.에서.

존심(自尊心)[self-esteem]"(EH, 165)과 관계가 있을 뿐만 아니라, "자존심"이나 "자존감[a feeling of self-respect]"(EH, 181)이라고 생각할 수 있다고까지 말한다. 우리는 자기 자신의 자존심에 부응하지 못할 때 우리 자신에 대해 화를 내며, 부당한 대우를 받았을 때 더욱 화를 내므로(EH, 165 참조), 화(분노)는 패기로부터 발생한다고 본다.[304]

③ 그런데 후쿠야마는 분노를 하나의 욕망으로 말할 수 있다고 보고, 그렇다면 그것은 "자아의 외부에 있는 물질적인 대상에 대한 욕망이 아니라" "타인의 욕망에 대한 욕망", 즉 "우리를 과소평가한 사람이 자기의 의견을 바꿔서 우리를 우리의 가치에 대한 우리 자신의 평가에 따라서 인정하기를 바라는 욕망"(EH, 165)이라고 말한다. 이렇게 말함으로써 그는 분노 역시 하나의 욕망, 더 구체적으로는 '정신적인 욕망'이라고 말하기도 한다.

④ 후쿠야마는 또한 "그러므로 플라톤이 말하는 '패기'는 헤겔이 말하는 인정받고 싶어 하는 욕망의 심리학적 토대 외에 다른 것이 아닌데, (…) 패기와 인정받고 싶어 하는 욕망이 약간 다른 점은, 전자가 대상에 가치를 부여하는 혼의 부분인 데 반해서 후자는 다른 의식(意識)이 같은 가치평가를 공유하기를 요구하는, 패기의 한 활동이라는 것"(EH, 165)이라고 말한다.

⑤ "인정을 요구하는 혼의 부분인 패기"(EH, xviii).

---

304 사람들은 자기의 가치나 '존엄성[dignity]'에 손상을 입게 될 때 '분노[indignation]'하게 되는데, 이 〈화를 내는 현상(일)〉은 바로 패기와 연관되어 있으며(패기로부터 나오며), 따라서 패기는 〈자존심〉과 밀접한 관계를 가지고 있다는 것이다. 이렇게 볼 때, "패기는 인간이 태어나면서부터 갖고 있는 정의감과 같은 것"(EH, 165)이라고까지 말한다.

이와 같은 그의 주장을 살펴보면, 타자와의 관계에서 분노가 일어나는 것은 타자에 의해 인정받지 못할 때인데, <분노>라는 욕망은, 플라톤이 말한 혼의 두 부분인 이성과 욕망과는 다른 제3의 부분인 <패기>로부터 발생하는 것이다. 따라서 타인으로부터 인정받지 못할 때, 우리로 하여금 목숨을 건 인정투쟁에 나서게 하는 것이 바로 패기라고 말한다. 이와 같은 그의 주장과 관련된 몇 가지 문제점을 제기하고자 한다. 그런데 이러한 문제점은 그와 동시에 플라톤에 대해 제기되는 문제점이기도 하다. 왜냐하면 후쿠야마의 주장의 근거가 되는 것이 바로 플라톤의 이론이기 때문이다. 즉 나의 비판은 더욱 근본적으로는, 혼의 기능을 이성(정신)의 혼, 패기의 혼(용감한 혼), 그리고 욕망의 혼으로 나눈 플라톤 자신에게로 소급된다.

플라톤의 혼의 3분설에는 다음과 같은 문제가 존재한다. 통상적으로 우리는 혼 내지 정신의 기능을 지(知)·정(情)·의(意)의 세 가지로 구분한다. 그런데 이성(정신)의 혼을 지(知)라는 기능에 대응시킬 수 있다면, 욕망의 혼은 정(情)의 기능들 가운데 하나인 욕망의 일부분인 물질적인 욕망만을 가리킬 뿐이며, 패기의 혼을 '격정(激情)'이나 '기개(氣槪)'로 본다면, 이 또한 분노(憤怒)에 가까운 하나의 '감정(感情)'인 것이다. 그렇다면 플라톤에 있어서는 우리의 혼의 기능들 가운데, 의지에 대응하는 기능을 발견할 수 없을 뿐만 아니라, 정(情)의 기능들 가운데서도 많은 기능들이 존재하지 않게 된다. 예컨대 동양사상서인 『예기(禮記)』에서는 인간의 일곱 가지 감정[칠정(七情)]을 '기쁨[喜], 노여움[怒], 슬픔[哀], 두려움[懼], 좋아함[愛], 싫어함[惡], ~을 하고 싶어 함[欲]'으로 분류하고 있는데, 플라톤(그리고 후쿠야마)에 의하면 '패기'는 굳이 구분하자면 '노여움'이라는 감정을 야기하는 그 어떤 것으로서,

후쿠야마의 설명에 의하면 이것은 '우월욕망'이라고 하겠다. 그렇다면 그가 말하는 패기는 인간의 칠정(七情) 가운데 '욕망'에 속하고, 더욱 구체적으로는 '정신적인 욕망'에 속한다고 하겠다. 그렇다면 결국, 플라톤은 혼의 기능들 가운데 의지(意志)에 해당하는 기능을 할당하지 않았고, 정(情)에 있어서도 '물질적(감각적) 욕망'만을 언급할 뿐, '정신적 욕망', 그리고 욕망을 제외한 인간의 나머지 감정들[육정(六情)]이 속한 자리도 마련하지 않았다는 문제가 발생한다.

그리고 나의 생각으로는, 후쿠야마는 분노를 욕망의 하나로 이해했지만, 분노는 '~을 하고 싶어 하는 욕망'이 아닌 하나의 감정이라는 것이다. 어떤 사람이나 사안(事案)에 대해 '화 내는 것'이 어떻게 욕망일 수 있는가?! 또한 플라톤과 후쿠야마에게 있어서 thymos는 '패기'로 해석되고, 그것이 '격정'이나 '기개', 그리고 '분노'와 연관된 것으로 간주되는 이상, thymos는 '욕망'과는 구분되는, 여러 감정들 가운데 하나이지, 결코 '욕망'과 동일시될 수는 없는 것이다. 오히려 thymos를 굳이 인간의 정신 내지 혼의 기능과 관련시켜 말하자면, 그것은 '의지'에 가까운 것으로 보인다. 즉 "나는 나다"는 자아의 자립성과 자유를 주장하면서 결코 타인의 노예가 될 수 없다는 결연한 정신의 의지와 같은 것이라고 말이다.[305]

---

305 이상익은 헤겔과 그 후계자들 특히 코제프와 후쿠야마를 가리켜 "헤겔류(流)"로 표현하면서, 이들은 '패기'를, 기독교(신의 형상)와 희랍 사상(이성)과는 달리 '패기'를 인간 존엄성의 근거로 본다고 말한다[이상익, 「인간의 존엄성과 그 근거 — 헤겔流의 覇氣論과 유교의 仁德論 —」, 『율곡학연구』 제33집, 율곡학회, 2016 (63-99), 65 f., 74]. 그러나 헤겔이 국가의 성립과정에서의 '인정받으려는 욕망'을 중시하기는 하지만, 자신의 자유를 위해 목숨을 거는 용기뿐만 아니라, 인간이 신의 선물인 이성을 소유하고 있다는 데에서도 인간의 존엄성을 인정하고 있는 것도 사실이다. 즉 헤겔에 의하면 "인간의 이성은 (…) 인간 속에 있

또한, 만약에 우리가 후쿠야마의 주장을 받아들여, ‘인정투쟁’에 있어서의 ‘인정받으려는 욕망’을 ‘우월욕망’이라고 해석해보자. 그런데, 자연상태에서 목숨을 걸고 자기가 자유로운 자라는 것을 타인에게 입증하려고 하는 욕망은, 타인의 지배를 받지 않고 타인을 지배하려는 욕망, 즉 우월욕망인가, 아니면 자기가 타인과 동일한 자유로운 자라는 것을 드러내려는 욕망, 즉 대등욕망인가, 아니면 우월욕망과 대등욕망 모두를 포함하고 있는 욕망인가 하는 문제가 대두된다.

이와 더불어, 자유민주주의사회에서 우월욕망이 인정되지 않는다면 예술이나 지적인 삶은 거의 존재하지 않을 것이라고 후쿠야마는 주장한다(EH, 315 참조). 이것은 앞에서 칸트와 헤겔의 견해와도 비교하여 그 타당성이 어느 정도 인정된다. 하지만, 과연 인간의 문화의 발전의 추진력의 대부분을 〈우월욕망〉으로 볼 수 있는가 하는 것은 문제다. 왜냐하면, 예컨대 학문이나 예술활동을 하는 거의 모든 사람들이, 남보다 우월함을 드러내고 남을 능가하기 위한 이유에서 자신들의 활동을 한다고 볼 수는 없기 때문이다. 이들 중 많은 사람은 그저 ‘진리를 발견하기 위해서’, 혹은 ‘자기 자신의 깨달음이나 사상(思想)’을 다른 사람에게 전하기 위해서 학문과 예술활동을 하고 있기 때문이다.

는 신적인 것”[*Vorlesungen über die Philosophie der Religion I* (=TW 16), 40]이며, 이성의 기능은 “신의 일을 감지하는 것”[das Vernehmen des göttlichen Werkes]으로서, 이성 속에서 감지되는 것은 “신의 진리”요 “신의 모사[Abbildung](*Die Vernunft in der Geschichte*, Hamburg, 1955, 78)라고 말한다. 그러나 이상익이, ‘패기’란 인간 속에 있는 최고의 것이며, 이 패기를 되살리기 위해서는 거기에 맞서서 패기를 발휘할 불의(不義)[injustice]를 조성해야 한다는 기묘한 역설[a curious paradox](EH, 311)을 주장하는 후쿠야마를 비판하는 것은(이상익, ebd., 66, 74 ff.) 정당하다 하겠다.

5. 맺는 말

이제 이 글을 마치고자 한다. 후쿠야마는 헤겔, 그리고 헤겔철학의 해설자인 코제프 사상의 주요 모티브를 자신에 적용하여 일정 부분 의미 있는 성과들을 이루어낸 것으로 평가할 수 있다. 그러나 그는 그 적용에 있어서 헤겔의 진의(眞意)를 (본의 아니게) 왜곡함으로써 사태를 올바로 파악하지 못하게 되었다.

예컨대 그는, 헤겔이 말하는 (목숨을 건) 인정투쟁은 오직 자연상태에서만 발생한다는 사실을 제대로 파악하지 못함으로써, 국가 속에서도 헤겔이 말하는 의미의 인정투쟁이 일어난다고 주장하는 오류를 범했다. 결국 그는, 인정 개념 및 인정투쟁이라는 개념을 헤겔이 말한 본래의 의미로 사용하는 경우도 있지만, 많은 경우에 있어서 그것과는 다른 의미로 사용하고 있는 것이다. 그가 이러한 오류를 범한 이유는 우선, 헤겔의 텍스트를 직접 자세히 살펴보지 않고, 주로 2차 문헌을 통해 헤겔을 이해하고 있기 때문이라고 생각한다. 따라서 그의 오류는 이에 그치는 것이 아니라 인정투쟁의 결과로 발생한 주인과 노예 및 노동에 대한 이해 등에 있어서도 발견된다. 그런데 이 문제들에 대한 그의 오해는 비단 2차 문헌으로 인한 것만이 아니라, 헤겔 자신에게서 기인한 문제이기도 하다. 따라서 우리는 1차 문헌도 항상 비판적인 태도로 읽어나가야만 한다. 1차 문헌 자체가 지니고 있는 문제점은 예컨대 혼(魂)에 대한 플라톤의 이해에서도 발견되는데, 후쿠야마는 플라톤의 불완전한 견해를 그대로 수용하면서 자기의 주장을 거기에 억지로 끼워 맞춤으로써 자기의 주장의 정합성을 잃어버렸다. 이를 통해 우리는 1차 문헌이든 2차 문헌이든 간에, 텍스트를 정확하게 이해하기 위해 노력해야 하며, 비판은 이러한 정확한 이해를 바탕으로 수행되어야 한다는 점을 다시 한 번 생각하게 되었다. 그리고 원저자의 주장에 포함되어 있는 개념이 지닌 의미와 다른 의미로 그 개념을 사용할 경우에는 반드시 그러한 점을 명시하고 자신의 주장을 펴 나감으로써 독자들을 혼란에 빠뜨리는 일이 없어야 할 것이다.

찾아보기

찾아보기

ㄱ

ㄴ

ㄷ

ㄹ

ㅁ

ㅂ

ㅅ

ㅇ

ㅈ

ㅊ

ㅋ

ㅌ

역사철학 강의

지은이 백훈승
펴낸이 양오봉
펴낸곳 전북대학교출판문화원

초판 1쇄 발행 2024.12.30
초판 2쇄 발행 2025.12.30

전북대학교출판문화원 전북특별자치도 전주시 완산구 어진길 32 (풍남동2가)
전화 (063) 219-5319~5322
FAX (063) 219-5323
출판등록 2012년 8월 20일 제465-2012-000021호

저자 및 출판사의 허락 없이 이 책의 일부 또는 전부를 무단 복제·전재·발췌할 수 없습니다.
잘못된 책은 바꿔 드립니다.

값 28,000원

ISBN 979-11-6372-248-9 93100